유통 관리사 > 2급

기출문제 정복하기

신념을 가지고 도전하는 사람은 반드시 그 꿈을 이룰 수 있습니다.
처음에 품은 신념과 열정이 취업 성공의 그날까지 빛바래지 않도록
서원각이 수험생 여러분을 응원합니다.

Preface

유통관리사는 유통업체의 전문화, 대형화와 국내 유통시장 개방으로 판매 · 유통전문가의 양성이 필수적인 환경에서 소비자와 생산자 간의 커뮤니케이션, 소비자 동향 파악 등 판매 현장에서 활약할 전문가를 말합니다.
대한상공회의소에서 주관하는 유통관리사 시험은 국가자격시험으로 1급, 2급, 3급으로 구분되며 유통 분야의 실무경력을 필요로 하는 1급과 다르게 2급, 3급은 응시자격에 제한이 없어 매년 많은 수험생들이 응시하고 있습니다.

본서는 유통관리사 2급 시험을 준비하는 수험생들을 위해 발행된 유통관리사 2급 기출문제집입니다. 본서의 특징은 다음과 같습니다.
첫째, 2018년부터 2020년까지 3년 동안 시행된 총 9회의 기출문제를 수록하였습니다. 최근 시행된 기출문제 풀이를 통해 시험출제 경향과 난도를 파악하고 자주 출제되는 내용을 확인할 수 있습니다.
둘째, 해설을 페이지 하단에 별도로 구성하여 학습효과를 높였습니다. 문제풀이 시 정답이나 해설에 눈길이 가서 잘 모르는 문제도 아는 문제인 것 같이 느끼고 넘어가는 일이 없도록 하기 위함입니다.
셋째, 충분한 해설을 수록하였습니다. 정답을 선택하기 위한 해설뿐만 아니라 문제 출제의 바탕이 되는 개념을 이해하고 다시 한 번 확인할 수 있도록 배경이론 및 관련 지식을 체계적으로 정리하였습니다.
모든 시험은 응시자에게 있어 부담스러울 수 밖에 없습니다. 하지만 그 광범위한 학습내용 중에서도 더 중요한 내용과 자주 시험에 나오는 내용은 반드시 존재합니다. 본서를 통해 유통관리사 2급 기출문제를 정복하시어 합격이라는 전리품을 얻으시길 기원합니다.

Information

유통관리사 종목소개

유통업체의 전문화, 대형화와 국내 유동시장 개방으로 판매 · 유통전문가의 양성이 필수적이다. 〈유통관리사〉 검정은 소비자와 생산자 간의 커뮤니케이션, 소비자 동향 파악 등 판매 현장에서 활약할 전문가의 능력을 평가하는 국가자격 시험이다.

※ 구 판매관리사 취득자는 유통관리사 취득확인서 및 자격증 신청 가능함

응시자격

① 1급

㉠ 유통분야에서 만 7년 이상의 실무경력이 있는 자

㉡ 유통관리사 2급 자격을 취득한 후 만 5년 이상의 실무경력이 있는 자

㉢ 중소기업진흥에 관한 법률 제46조 제1항의 규정에 의한 경영지도사 자격을 취득한 자로서 실무경력이 만 3년 이상인 자

② 2, 3급 : 제한없음

시험과목

등급	시험방법	시험과목	출제형태	시험시간
1급	필기시험	• 유통경영 • 물류경영 • 상권분석 • 유통마케팅 • 유통정보	객관식 100문항 (5지 선다형)	100분
2급	필기시험	• 유통물류일반관리 • 상권분석 • 유통마케팅 • 유통정보	객관식 90문항 (5지 선다형)	100분
3급	필기시험	• 유통상식 • 판매 및 고객관리	객관식 45문항 (5지 선다형)	45분

※ 계산기지참 가능(단, 공학용 및 검색 가능한 계산기는 불가)

합격결정기준

매 과목 100점 만점에 과목 당 40점 이상이고 평균 60점 이상

검정수수료

27,000원(부가세 포함)

접수방법

① **1급** : 방문접수 및 우편접수(등기우편에 한함)

※ 접수기간은 기존과 동일(수험원서 접수일부터 마감일까지)

② **2, 3급** : 인터넷 접수(접수기간 중 해당 상공회의소 방문 접수 가능)

가점혜택

① **1급** : 유통산업분야의 법인에서 10년 이상 근무하거나 2급 자격을 취득하고 도·소매업을 영위하는 법인에서 5년 이상 근무한 자에 대해 5점 가산

② **2급** : 유통산업분야에서 3년 이상 근무한 자로서 산업통상자원부가 지정한 연수기관에서 40시간 이상 수료 후 2년 이내 2급 시험에 응시한 자에 대해 10점 가산

③ **3급** : 유통산업분야에서 2년 이상 근무한 자로서 산업통상자원부가 지정한 연수기관에서 30시간 이상 수료 후 2년 이내 3급 시험에 응시한 자에 대해 10점 가산

※ 과락은 가점 해당사항 없음

④ **유통연수 지정기관**(법 제23조)

㉠ 대한상공회의소

㉡ 한국생산성본부

㉢ 산업통상자원부 장관이 지정한 기관(산업통상자원부 유통물류과)

※ 통신강좌는 가점혜택을 받을 수 없음

※ 각 기관별 연수 시행 유무는 별도로 확인하시기 바랍니다.

⑤ **구비서류**

㉠ 유통관리사 양성교육 수료증 사본 1부

㉡ 유통관리사 2급 자격증(1급 응시자중 해당자에 한함)

㉢ 경력(재직)증명서(상공회의소 소정양식 별지 제1호 서식) 1부

Structure

기출문제 학습비법

기출문제를 풀어보며 실제 시험유형을 파악해 보자! 스톱워치를 활용하는 것도 좋은 TIP

step 02

정답을 맞힌 문제라도 꼼꼼한 해설을 통해 다시 한 번 내용 확인!

step 03

오답분석을 통해 내가 취약한 부분을 파악하자. 오답노트는 시험 전 큰 자산이 될 것이다.

합격의 비결은 반복학습에 있다. 반복학습을 통해 합격의 주인공이 되자!

본서의 특징 및 구성

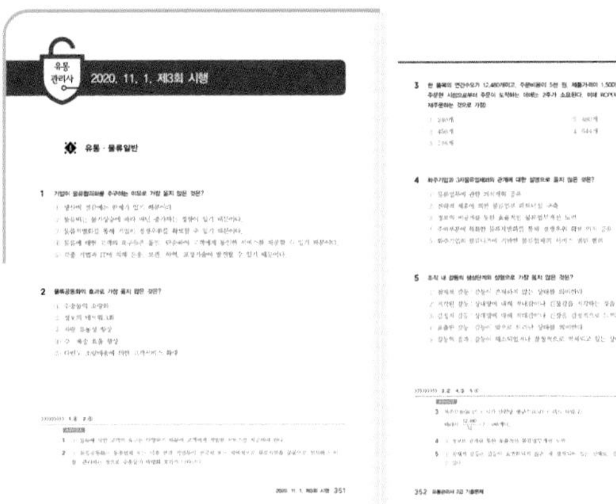

기출문제 분석

2018년부터 2020년까지 그동안 시행된 기출문제를 수록하여 출제경향을 파악할 수 있도록 하였습니다. 기출문제를 풀어봄으로써 실전에 보다 철저하게 대비할 수 있습니다.

상세한 해설

문제의 핵심을 꿰뚫는 명쾌한 해설을 통해 틀린 부분에 대한 이해와 문제와 관련된 내용을 숙지할 수 있도록 구성하여 학습효율을 높였습니다.

Contents

유통관리사 기출문제

유통관리사
2급

2018. 4. 15. 제1회 시행

유통 · 물류일반 관리

1 다음은 유통산업발전법에서 정의한 체인사업의 한 유형이다. 이에 해당하는 체인사업의 유형은?

> 독자적인 상품 또는 판매 · 경영 기법을 개발한 체인본부가 상호 · 판매방법 · 매장운영 및 광고방법 등을 결정하고, 가맹점으로 하여금 그 결정과 지도에 따라 운영하도록 하는 형태

① 프랜차이즈형 체인사업
② 임의가맹형 체인사업
③ 직영점형 체인사업
④ 조합형 체인사업
⑤ 카르텔형 체인사업

2 매슬로우(A. Maslow)의 욕구단계이론에 따라 하급욕구에서 고급욕구로 올바르게 나열한 것은?

① 생리적 욕구 – 소속 욕구 – 안전 욕구 – 자존 욕구 – 자아실현 욕구
② 생리적 욕구 – 소속 욕구 – 자존 욕구 – 안전 욕구 – 자아실현 욕구
③ 생리적 욕구 – 안전 욕구 – 소속 욕구 – 자존 욕구 – 자아실현 욕구
④ 생리적 욕구 – 안전 욕구 – 자존 욕구 – 소속 욕구 – 자아실현 욕구
⑤ 생리적 욕구 – 자존 욕구 – 소속 욕구 – 안전 욕구 – 자아실현 욕구

›››››››››› 1.① 2.③

ADVICE

1 프랜차이즈형 체인사업은 프랜차이즈 본사가 가맹점에게 자신의 상표, 상호 등을 사용하여 본사와 동일한 이미지로 상품 판매, 용역 제공 등 일정한 영업 활동을 하도록 하고, 그에 따른 각종 영업의 지원 및 통제를 하며, 본사가 가맹사업자로부터 부여받은 권리 및 영업상 지원의 대가로 일정한 경제적 이익을 지급받는 지속적인 관계를 의미한다.

2 매슬로우의 욕구이론
생리적 욕구 → 안전의 욕구 → 소속감의 욕구 → 자존(존경)의 욕구 → 자아실현의 욕구

3 유통경로가 일반적으로 창출하는 효용과 예시로 가장 옳지 않은 것은?

① 시간효용 : 편의점은 24시간 영업한다.
② 장소효용 : 소비자의 집 근처에 편의점이 있다.
③ 소유효용 : 제조업자의 제품소유권이 소비자에게 이전된다.
④ 형태효용 : 소비자가 원하는 양을 분할해서 구매 가능하다.
⑤ 정보효용 : 소비자에게 유용한 정보를 제공한다.

4 채찍효과(bullwhip effect)를 줄일 수 있는 방안으로 가장 옳지 않은 것은?

① 각각의 유통주체가 독립적인 수요예측을 통해 정확성과 효율성을 높인다.
② 공급 리드타임을 줄일 수 있는 방안을 마련한다.
③ 공급체인에 소속된 각 주체들이 수요 정보를 공유한다.
④ 지나치게 잦은 할인행사를 지양한다.
⑤ EDLP(항시저가정책)를 통해 소비자의 수요변동 폭을 줄인다.

5 유통산업발전법 제24조 1항 유통관리사의 직무에 해당하지 않는 것은?

① 유통경영 · 관리 기법의 향상
② 유통경영 · 관리와 관련한 계획 · 조사 · 연구
③ 유통경영 · 관리와 관련한 허가 · 승인
④ 유통경영 · 관리와 관련한 진단 · 평가
⑤ 유통경영 · 관리와 관련한 상담 · 자문

››››››››› 3.⑤ 4.① 5.③

ADVICE

3 정보효용의 경우 시장 참여자들 사이에서의 정보에 관한 쌍방향적인 커뮤니케이션 흐름을 만드는 것을 말한다.

4 전체적인 공급체인에 걸쳐서 수요에 관한 정보를 공유해야 채찍효과를 감소시킬 수 있다.

5 유통관리사(유통산업발전법 제24조 1항)
유통관리사는 다음의 직무를 수행한다.
㉠ 유통경영 · 관리 기법의 향상
㉡ 유통경영 · 관리와 관련한 계획 · 조사 · 연구
㉢ 유통경영 · 관리와 관련한 진단 · 평가
㉣ 유통경영 · 관리와 관련한 상담 · 자문
㉤ 그 밖에 유통경영 · 관리에 필요한 사항

6 마케팅 믹스 중 환경변화에 대응하거나 조정을 하여야 할 필요가 생겼을 경우, 가장 유연성 있게 대응하기 어려운 요소는?

① 가격
② 제품
③ 촉진
④ 유통경로
⑤ 디자인

7 기업의 외부환경분석기법으로 활용되는 포터(M. Porter)의 산업구조분석에서는 산업의 수익률에 영향을 미치는 5대 핵심요인을 제시하고 있는데, 이에 해당되지 않는 것은?

① 산업내의 경쟁
② 대체재의 위협
③ 공급자의 힘
④ 구매자의 힘
⑤ 비용구조

8 다음 글 상자 안의 경영성과를 분석하는 여러 활동성 비율들을 계산할 때, 공통적으로 반영하는 요소는?

재고자산회전율, 매출채권회전율, 고정자산회전율, 총자산회전율

① 재고자산
② 매출액
③ 영업이익
④ 자기자본
⑤ 고정자산

〉〉〉〉〉〉〉〉〉 6.④ 7.⑤ 8.②

ADVICE

6 마케팅믹스 중 유통경로의 경우 한 번 정해지게 되면 환경변화에 대응하기 위해 변경을 하게 되면 많은 시간과 비용 등이 소요된다.

7 마이클 포터의 산업구조분석의 5대 핵심요인으로는 기존 기업 간 경쟁, 공급자의 협상력, 신규진출기업, 구매자의 협상력, 대체재 등이 있다.

8 각 활동성비율은 다음과 같다.

㉠ 재고자산회전율 $= \frac{\text{재고자산}}{\text{매출액}}$

㉡ 매출채권회전율 $= \frac{\text{매출채권}}{\text{매출액}}$

㉢ 고정자산회전율 $= \frac{\text{고정자산}}{\text{매출액}}$

㉣ 총자산회전율 $= \frac{\text{총자산}}{\text{매출액}}$

∴ 이에 대한 공통적 반영요소는 매출액이다.

9 온라인 쇼핑 환경에 대한 설명으로 가장 옳지 않은 것은?

① 오프라인과 온라인을 넘나드는 O2O 서비스가 증가하고 있다.
② 고객중심으로 채널을 융합하는 옴니채널로의 전환이 확산되고 있다.
③ 방대한 데이터를 바탕으로 개인이 원하는 서비스를 큐레이션하여 제공한다.
④ 온라인 유통업체들은 신성장 전략으로 NB상품의 개발과 같은 제품 차별화에 적극적이다.
⑤ e-커머스는 식료품을 포함한 일상소비재 시장으로 확산되어 가는 추세이다.

10 다음 중 집중적 유통경로(intensive distribution channel)에 가장 적합한 것은?

① 식료품, 담배 등을 판매하는 편의점
② 카메라 렌즈를 전문적으로 판매하는 상점
③ 고급 의류 및 보석을 판매하는 상점
④ 특정 브랜드의 전자제품만 판매하는 매장
⑤ 독특한 디자인 가구를 판매하는 가구점

11 제조업체에 의해 개발, 생산, 프로모션 등에 관한 활동이 이뤄지고 여러 유통업체에 의해 판매되는 상품을 무엇이라고 하는가?

① 개별상표(Private Brand) 상품
② 전국상표(National Brand) 상품
③ 무상표(Generic Brand) 상품
④ 점포상표(Store Brand) 상품
⑤ 경쟁상표(Fighting Brand) 상품

〉〉〉〉〉〉〉〉〉 9.④ 10.① 11.②

ADVICE

9 온라인 유통업체의 경우 신성장 전략으로서 PB상품 개발과 같은 제품의 차별화에 적극적이다.

10 집중적 유통은 가능한 한 많은 소매상들로 해서 자사의 제품을 취급하게 하도록 함으로서, 포괄되는 시장의 범위를 확대시키려는 전략이다. 이러한 집약적 유통에는 대체로 편의품(담배, 비누, 치약 등이 속하는데, 이러한 편의점의 경우에 소비자는 제품구매를 위해 많은 노력을 기울이지 않기 때문이다.

11 National Brand는 판매거점을 국내 전역에 가진 회사 상품의 상표를 의미한다.

12 다음 글 상자에서 설명하는 용어는?

> – 컨테이너를 적재한 트레일러를 철도의 무개화차에 실어 수송하는 방식
> – 정식명칭은 Trailer on Flat Car임.
> – 화주의 문전에서 기차역까지는 트레일러에 실은 컨테이너를 트랙터로 견인함.

① 버디백(birdy back)
② 피기백(piggy back)
③ 피쉬백(fishy back)
④ 도기백(doggy back)
⑤ 호스백(horse back)

13 유통경로의 전방흐름 기능만으로 올바르게 짝지어진 것은?

① 협상, 소유권, 주문
② 금융, 주문, 시장정보
③ 협상, 금융, 위험부담
④ 촉진, 물리적 보유, 소유권
⑤ 대금지급, 금융, 위험부담

〉〉〉〉〉〉〉〉〉 12.② 13.④

ADVICE

12 피기백 시스템(piggy back system)은 화물을 적재한 트럭이나 트레일러를 그대로 전용 평상차에 싣고 수송하는 방식이며, 미국 등에서 채택되고 있다. 다시 말해 이 방식은 미국의 철도에서 1950년부터 채택한 철도수송과 도로수송을 원활하게 연결하는 수송방식을 의미한다.

13 유통경로의 흐름

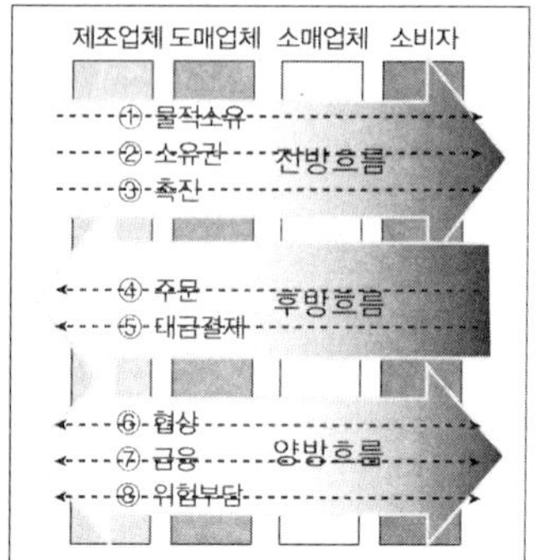

14 경로구성원들 중 재고보유에 따른 위험을 누가 감수하는지에 따라 경로구조가 결정된다는 내용을 담고 있는 이론은?

① 대리이론(Agency theory)
② 정치-경제관점 이론(Political-economy perspective)
③ 게임이론(Game theory)
④ 연기-투기이론(Postponement-speculation perspective)
⑤ 거래비용이론(Transaction cost analysis)

15 기업이 선택할 수 있는 주요 수송 수단인 철도, 육로(트럭), 해상운송, 항공, 파이프라인을 상대적으로 비교했을 때 가장 옳지 않은 것은?

① 해상수송은 광물이나 곡물을 수송하는데 경제적이다.
② 철도수송은 전체 수송에서 차지하는 비중이 감소하는 추세이나 육로의 정체현상으로 재활성화 될 가능성이 있다.
③ 파이프라인수송은 단위 당 비용, 속도, 이용 편리성 측면에서 상대적으로 우수하다.
④ 항공수송은 신속하지만 단위 거리 당 비용이 가장 높다는 단점이 있다.
⑤ 육상수송은 자체적인 운송뿐만 아니라 선박이나 항공과 결합해서 널리 활용된다.

〉〉〉〉〉〉〉〉〉 14.④ 15.③

ADVICE

14 연기-투기이론(Postponement-speculation perspective)이란 경로구성원들은 경로활동수행을 가능한 한 연기하거나 또는 투기를 선택함에 따라 경로길이가 달라지는 것을 의미한다. 또한, 경로구성원이 경로활동수행을 연기하려고 하는 경우에 경로길이가 짧아진다.

15 파이프라인 수송은 이용제품의 한정(유류, 가스 등), 특정 장소의 한정(송유관 설치 지역에 가능)되며, 초기 시설투자비가 높다.

16 유통 개방정도에 따른 내용으로 옳은 것은?

① 정해진 지역에서 특정 경로구성원만이 활동하는 유통방식은 집중적 유통이다.
② 시장을 더 넓게 개척하기 위해서 많은 경로구성원들을 이용함으로써 시장의 노출을 극대화하는 유통방식은 집중적 유통이다.
③ 슈퍼마켓에서 팔리는 대부분의 소비재는 전속적 유통이다.
④ 유통비용을 낮춤과 동시에 경로구성원의 수가 많을 때보다 구성원들과의 관계를 더 유지할 수 있는 유통방식은 집중적 유통이다.
⑤ 제품과 연관된 배타성과 유일성의 이미지를 더욱 효과적으로 소비자들에게 전달할 수 있는 유통방식은 집중적 유통이다.

17 소매업 변천과정에 관련된 가설에 대한 내용으로 옳은 것은?

① 수레바퀴가설 : 소매상은 유통시장진입 초기에 고가격, 고마진, 고서비스의 점포운영방식으로 진입하여, 경쟁우위 확보를 위해 저가격, 저마진, 저서비스 운영방식으로 전환된다.
② 수레바퀴가설 : 소매기관들이 처음에는 혁신적인 형태에서 출발하여 성장하다가 새로운 개념을 가진 신업태에게 그 자리를 양보하고 사라진다고 주장한다.
③ 수레바퀴가설 : 비가격적인 요인만을 소매업 변천의 주원인으로 보고 있다는 한계점이 있다.
④ 소매수명주기 가설 : 도입기, 성장기, 성숙기, 쇠퇴기로 구분하는데 모바일 유통(M-commerce)은 현재 쇠퇴기에 있다고 평가된다.
⑤ 소매아코디언 가설 : 소매상은 제품가격변화에 초점을 맞춘 이론으로, 높은 가격으로 판매하는 업태에서 낮은 가격으로 판매하는 업태로 변화된다는 이론이다.

〉〉〉〉〉〉〉〉〉 16.② 17.②

ADVICE

16 집중적 유통은 가능한 한 많은 소매상들로 해서 자사의 제품을 취급하게 하도록 함으로서, 포괄되는 시장의 범위를 확대시키며 소비자들에게 제품을 최대한 노출시키기 위한 전략이다.

17 수레바퀴이론은 소매기관의 발달을 설명하는데 가장 보편적으로 받아들여지고 있다. 초기의 시장에 저가격, 저비용, 저마진의 혁신적 소매형태가 나타난다.(진입기) 시간이 지남에 따라 경쟁이 과잉되고 이들은 서로 차별화를 갖기 위해 서비스의 증대를 꾀한다.(격상기) 서서히 영업의 질을 높여나가는 결과, 초기에 내세운 소구점이 퇴색하고 고가격 고비용 고마진의 소매형태로 변화하게 되며, 이는 새로운 유형의 소매형태가 저가격 저비용 저마진의 전략으로 시장에 진출할 수 있는 여지를 제공하게 된다.

18 종업원 인센티브제도에 관한 내용으로 옳지 않은 것은?

① 성과배분제는 물자, 노동의 낭비근절과 더 나은 제품과 서비스 개발을 통해 원가를 절감할 수 있다는 가정에 근거를 둔다.

② 변동급여제도 중 수수료를 통한 급여는 실적위주보상을 통해 영업활동을 관리하는 유용한 수단이 된다.

③ 주식소유권(stock ownership)은 직원들로 하여금 회사주식을 소유하게 함으로써 회사 소유주의 일부가 되기를 장려하는 방법이다.

④ 기업에서 신제품이 출시되면 업적을 치하하기 위해 감사패, 상품권, 선물 등을 나눠주는 것은 인정포상의 한 형태이다.

⑤ 팀 구성원의 존재가 개인별로 업무를 할 때보다 더욱 강력하고 지속적인 행동을 유발시키는 것은 개인 인센티브 제도에 속한다.

19 재고관리자가 고객의 수요에 대응하여 최소의 재고비용으로 적정량의 재고를 유지하기 위해 경제적 주문량(EOQ)을 계산할 때 직접적으로 필요하지 않은 항목은?

① 주문비

② 연간수요량

③ 연간주문주기

④ 평균재고유지비율

⑤ 재고품의 단위당 가치(가격)

>>>>>>>>> 18.⑤ 19.③

ADVICE

18 개인별로 업무를 하는 것이 팀 구성원으로서 하는 것보다 강력하고 지속적 행동을 유발시키는 경우에 이는 개인 인센티브에 속한다.

19 경제적 주문량

$$EOQ=\sqrt{\frac{2\times D\times S}{H}}$$

D : 연간수요량, S : 주문 당 소요비용, H : 단위 당 재고유지비용
③번의 경우 재고관리 활동에 해당한다.

20 창고관리의 기능 중 이동(movement)의 하부활동에 속하지 않는 것은?

① 주문과 선적기록에 대한 상거래 확인하기
② 상품을 보관하기 위해 창고로 이동시키기
③ 안전재고 유지하기
④ 고객의 요구에 맞게 포장하여 출고준비하기
⑤ 상품 선적하기

21 '계약물류'라고도 불리며, 물류 효율화를 위해 기업이 물류전문업체에게 짧게는 1년에서 길게는 5년 이상의 장기계약을 통해 물류기능을 아웃소싱하는 것은?

① 제1자물류
② 제2자물류
③ 제3자물류
④ 제4자물류
⑤ 자회사물류

22 포장물류의 모듈화가 지체되고 있는 이유로서 옳지 않은 것은?

① 물품형태가 모듈화에 적합하지 않은 것이 많기 때문이다.
② 포장물류 모듈화의 필요성에 대한 인식이 아직은 다른 물류분야에 비하여 낮기 때문이다.
③ 포장의 모듈화를 위해서는 기존의 생산설비 및 물류설비를 변경하여야 하는 문제가 있기 때문이다.
④ 수배송, 보관, 하역 등에 있어서는 물품의 거래단위가 한 포장단위가 안 되는 소화물인 경우가 많기 때문이다.
⑤ 다품종 대량생산과 경쟁 격화로 인하여 공업포장 중심의 생산지향형 포장으로 가는 경향이 강하기 때문이다.

›››››››› 20.③ 21.③ 22.⑤

ADVICE

20 ③번의 경우 재고관리 활동에 해당한다.

21 제3자 물류란 물류 관련비용의 절감을 위해 제품 생산을 제외한 물류 전반을 특정 물류 전문 업체에게 위탁하는 것을 의미하며 또한, 이러한 3자 물류는 계약에 기반을 두기 때문에 계약물류라고도 한다.

22 다품종 소량생산 및 경쟁격화로 인해 상업포장 중심이 판매지향형 포장으로 가는 경향이 상당히 강하기 때문이다.

23 공급사슬관리(SCM)의 성과측정 방법에 대한 설명으로 가장 옳지 않은 것은?

① SCM수행에 대한 실질적인 성과를 보여 줄 수 있어야 한다.
② 성과측정은 개별 기업의 성과에 초점을 맞춰야 한다.
③ SCM수행과 관련한 상세한 데이터를 보여줄 수 있는 매트릭스가 필요하다.
④ 주문주기 감소, 비용절감, 학습효과 향상은 프로세스 측정에 해당된다.
⑤ 판매 및 수익 증가, 고객만족 증가는 결과 측정에 해당된다.

24 수송과 배송의 효율적 관리에 대한 설명으로 가장 옳지 않은 것은?

① 소화물 수송과 비교하면 대형화물로 만들어 수송하는 경우 단위 당 고정비가 절감되어 수송비가 적게 든다.
② 공동수배송은 일정지역 내에 있는 기업이 협업함으로써 이루어질 수 있다.
③ 효율적인 수배송을 위해 복화율은 최소로 유지해야 한다.
④ 공동배송이 실시되기 위해서는 물류에 대한 기존의 통제권을 제3자에게 넘겨 줄 수 있는 제조업체의 인식전환이 필요하다.
⑤ 배송계획의 개선에 의해서 배송시간과 주행거리를 최소한으로 통제하며 화물량의 평준화를 가능하게 해야 한다.

25 최근이나 미래의 유통환경 변화에 대한 내용으로 가장 거리가 먼 것은?

① 인구성장 정체로 인해 상품시장의 양적 포화와 공급과잉을 초래하게 될 것이다.
② 노인인구 증가와 구매력을 동반한 노인인구 증가는 건강과 편의성을 추구하는 새로운 수요를 만들 것이다.
③ 나홀로 가구 증가로 인해 소용량제품, 미니가전제품 등 1인 가구를 위한 서비스가 등장하고 있다.
④ 소비사가 세품개발과 유통과정에도 참여하는 등 능동적인 소비자가 나타났다.
⑤ 블로거 마케터 등 온라인마케터의 영향력이 커져 프로슈머의 필요성은 점차 사라지고 있다.

>>>>>>>>> 23.② 24.③ 25.⑤

ADVICE

23 성과측정의 경우 기업 전체의 성과에 초점을 맞추어야 한다.

24 효율적인 수배송을 위해서는 복화율을 최대로 유지해야 한다.

25 블로거 마케터 등 온라인 마케터의 영향력이 커지면서 프로슈머의 필요성도 점차적으로 증가하고 있다.

II 상권분석

26 도시는 도심상권, 부도심상권, 지구상권, 주거지 근린상권 등으로 계층화된 상권구조를 가지며, 이들 상권은 서로 다른 카테고리의 상품을 주로 판매한다는 도시 상권구조의 계층화를 설명하는 것과 가장 관련이 있는 이론은?

① Reilly의 소매인력이론
② Converse의 소매인력법칙
③ Huff의 상권분석모델
④ Huff의 수정된 상권분석모델
⑤ Christaller의 중심지이론

27 쇼핑센터 등 복합상업시설에서는 테넌트 믹스(tenant mix) 전략이 중요하다고 하는데 여기서 말하는 테넌트는 무엇인가?

① 앵커스토어
② 자석점포
③ 임차점포
④ 부동산 개발업자
⑤ 상품 공급업자

〉〉〉〉〉〉〉〉〉 26.⑤ 27.③

ADVICE

26 중심지 이론에 따르면 통상적으로 한 지역의 중심지 기능의 수행정도는 해당 지역의 인구 규모에 비례하며, 중심 지역을 둘러싼 배후 지역에 대해서는 다양한 상품 및 서비스를 제공하고 교환의 편의를 도모해 주는 장소를 말하며, 모든 도시는 중심지 기능을 수행한다.

27 테넌트는 상업시설에서 일정 공간을 임대하는 형식으로 계약을 하고, 상업시설에 입점해 영업을 하는 일종의 임차인을 의미한다.

28 입지의 유형을 공간균배의 원리나 이용 목적에 의해 구분할 때 (ㄱ)적응형 입지와 (ㄴ)집재성 입지의 대표적인 특징을 순서대로 올바르게 나열한 것은?

가. 지역주민들이 주로 이용함
나. 동일 업종끼리 모여 있으면 불리함
다. 배후지의 중심지에 위치하는 것이 유리함
라. 고객이 특정한 목적을 갖고 방문함
마. 점포들이 모여 집적효과를 거둠
바. 거리에서 통행하는 유동인구에 의해 영업이 좌우됨

① (ㄱ)가, (ㄴ)다
② (ㄱ)바, (ㄴ)마
③ (ㄱ)가, (ㄴ)마
④ (ㄱ)라, (ㄴ)나
⑤ (ㄱ)바, (ㄴ)다

29 점포가 위치하게 되는 부지의 위치 및 특성에 대한 일반적 설명으로 옳지 않은 것은?

① 획지는 건축용으로 구획정리를 할 때 한 단위가 되는 땅을 말한다.
② 획지 중에서 두 개 이상의 도로에 접한 경우를 각지라고 한다.
③ 각지는 1면각지, 2면각지, 3면각지 등으로 불리기도 한다.
④ 각지는 일조와 통풍이 양호하고 출입이 편리하며 광고효과가 높다.
⑤ 각지는 상대적으로 소음, 도난, 교통 등의 피해를 받을 가능성이 높다는 단점이 있다.

››››››››› 28.② 29.③

ADVICE

28 ① 이용 목적에 따른 분류
㉠ 적응형 입지 : 유동인구에 의해 영향을 많이 받게 되는 입지
㉡ 목적형 입지 : 특정한 목적을 지니고 이용하는 입지
㉢ 생활형 입지 : 주변의 거주민 이용 입지
② 공간균배의 원리
㉠ 집심성 점포 : 도시의 중심에 입지해야 유리
예 백화점, 고급음식점, 보석 가게, 고급 의류, 대형 서점, 영화관 등
㉡ 집재성 점포 : 동일 업종이 서로 한 곳에 모여 있어야 유리
예 가구점, 중고서점, 전자제품, 기계점, 관공서 등
㉢ 산재성 점포 : 서로 분산입지를 하여야 유리
예 잡화점, 이발소, 세탁소, 대중목욕탕, 소매점, 어물점 등
㉣ 국부적 집중성 점포 : 어떤 특정 지역에 동업종끼리 국부적 중심지에 입지하여야 유리
예 농기구점, 석재점, 비료점, 종묘점, 어구점 등

29 각지의 경우에는 접면하게 되는 각의 수에 의해 2면각지, 3면각지, 4면각지로 불린다.

30 다양한 상권의 유형들 중에서 아래와 같은 특성을 갖는 상권은 무엇인가?

- 어느 상권보다도 유동인구가 상대적으로 많음
- 임대료나 지가의 수준이 타지역에 비해 높음
- 지상과 지하의 입체적 개발이 이루어지는 경우가 많음
- 교통의 결절점 역할을 수행하는 경우가 많음

① 근린상권
② 역세권상권
③ 아파트단지상권
④ 일반주택가상권
⑤ 사무실상권

31 소매업태별 입지전략 또는 입지에 따른 여타의 소매 전략에 대한 설명으로 가장 옳지 않은 것은?

① 기생형 점포는 목적형 점포의 입지를 고려하지 않고 독립적으로 입지하여야 한다.
② 선매품 소매점은 경합관계에 있는 점포들이 모여 있는 곳에 입지해야 한다.
③ 보완관계보다 경합관계가 더 큰 편의품 소매점들은 서로 떨어져 입지해야 한다.
④ 목적형 점포는 수요가 입지의 영향을 크게 받지 않아 입지선정이 비교적 자유롭다.
⑤ 쇼핑센터에 입지한 소규모 점포들은 앵커스토어와 표적고객이 겹치는 경우가 많다.

32 소비자들이 유사한 점포들 중에서 점포를 선택할 때는 가장 가까운 점포를 선택한다는 가정을 토대로 하며, 상권경계를 결정할 때 티센다각형(thiessen polygon)을 활용하는 방법은?

① Huff모델
② 입지할당모델
③ 유사점포법
④ 근접구역법
⑤ 점포공간매출액비율법

››››››››› 30.② 31.① 32.④

ADVICE

30 역세권 상가는 지가 수준이 상당히 높은 반면에 타 상권에 비해 많은 유동인구를 끌어당기는 특성이 있다. 또한 교통의 요지를 이루며 단독효과보다는 지상과의 결합(백화점, 할인마트 등)으로 인해 그 시너지 효과가 상당히 크다.

31 기생형 점포는 점포 자체가 소비자를 유도하지 못하므로 개별 점포로는 상권을 형성할 수 없는 점포를 의미한다. 다시 말해 쇼핑센터 또는 지역의 상권 등에 기생하는 점포를 말한다.

32 근접구역법은 소비자들이 유사한 점포들 중에서 점포를 선택할 때는 가장 가까운 점포를 선택한다는 가정을 토대로 하며, 상권경계를 결정할 때 티센다각형(Thiessen Polygon)을 활용한다.

33 넬슨(R.L.Nelson)의 입지선정 원칙과 그에 관한 설명으로 옳지 않은 것은?

① 누적적 유인력 : 동일업종의 집적에 의한 유인효과

② 성장가능성 : 상업환경, 주거환경, 소득환경, 교통환경의 변화 가능성

③ 중간저지성 : 상호보완되는 점포들이 근접하여 얻게 되는 시너지효과

④ 경제성 : 부지비용, 임대료, 권리금 등의 입지비용 정도

⑤ 상권의 잠재력 : 시장점유율이 확대될 가능성

34 경쟁분석은 입지선정과정을 위한 필수적 활동이다. 경쟁점포에 대한 조사, 분석과 관련된 설명으로 가장 옳지 않은 것은?

① 경쟁점포에 대한 방문조사가 경쟁분석의 유일한 방법으로 활용된다.

② 상품구색, 가격, 품질이 유사할수록 경쟁강도가 높은 경쟁점포이다.

③ 경쟁점포 및 경쟁구조를 분석할 때는 상권의 계층적 구조를 고려해야 한다.

④ 직접적인 경쟁점포뿐만 아니라 잠재적인 경쟁점포를 포함하여 조사·분석해야 한다.

⑤ 경쟁분석의 궁극적 목적은 효과적인 경쟁전략의 수립이다.

35 점포의 입지조건을 검토할 때 분석해야 할 점포의 건물구조와 관련된 설명으로 옳지 않은 것은?

① 도시형 점포에서는 출입구의 넓이, 층수와 계단, 단차와 장애물 등을 건물구조의 주요 요인으로 고려해야 한다.

② 교외형 점포에서는 주차대수, 부지면적, 정면너비, 점포입구, 주차장 입구 수, 장애물 등을 건물구조의 주요 요인으로 들 수 있다.

③ 점포의 정면너비는 시계성과 점포 출입의 편의성에 크게 영향을 미친다.

④ 일반적으로 점포부지의 형태는 정사각형이 죽은 공간(dead space) 발생이 적어 가장 좋다고 알려져 있다.

⑤ 점포의 형태로 인해 집기나 진열선반을 효율적으로 배치하기 어려운 경우가 있는데 이때 사용하지 못하는 공간을 죽은 공간(dead space)이라 한다.

›››››››› 33.③ 34.① 35.④

ADVICE

33 중간저지성은 경쟁점포 또는 상점군의 중간에 위치하여 상권에 진입하는 고객을 중간에서 분리 흡수할 수 있는 입지인지의 여부를 평가하는 방법이다. 최적의 저지성을 지닌 입지는 고객의 통행량과 동선을 고려하여 이동하고 있는 고객이 멈출 수 있는 가능성이 가장 큰 지역이라는 것이다.

34 경쟁점포에 대한 조사방법으로는 방문조사 외에도 제품정책조사, 고객면접조사 등 여러 방법들이 사용되어진다.

35 점포 부지의 형태는 통상적으로 정사각형이 아닌 정사각형에 비교적 가까운 직사각형이 가장 좋다고 알려져 있다.

36 소매업이 불균등하게 분포하는 실태를 반영하여 소매업 중심지와 그곳을 둘러싼 외곽지역으로 구성되는 것을 지수화한 '중심성 지수'에 대한 설명으로 옳지 않은 것은?

① 소매업의 공간적 분포를 설명하는데 도움을 주는 지표이다.
② 어느 지역에서 중심이 되는 공간이 어디인지를 지수로 파악할 수 있다.
③ 그 도시의 소매판매액을 그 도시를 포함한 광역지역의 1인당 소매판매액으로 나눈 값이 상업인구이다.
④ 상업인구보다 거주인구가 많으면 1보다 큰 값을 갖게 된다.
⑤ 중심성 지수가 1이면 상업인구와 거주인구가 동일함을 의미한다.

37 서로 떨어져 있는 두 도시 A, B의 거리는 30km이다. 이때 A시의 인구는 8만명이고 B시의 인구는 A시의 4배라고 하면 도시간의 상권경계는 B시로부터 얼마나 떨어진 곳에 형성되겠는가? (Converse의 상권분기점 분석법을 이용해 계산하라.)

① 6km ② 10km
③ 12km ④ 20km
⑤ 24km

38 상권분석에 이용할 수 있는 회귀분석 모형에 관한 설명으로 가장 옳지 않은 것은?

① 소매점포의 성과에 영향을 미치는 요소들을 파악하는데 도움이 된다.
② 모형에 포함되는 독립변수들은 서로 관련성이 높을수록 좋다.
③ 점포성과에 영향을 미치는 영향변수에는 상권내 경쟁수준이 포함될 수 있다.
④ 점포성과에 영향을 미치는 영향변수에는 상권내 소비자들의 특성이 포함될 수 있다.
⑤ 회귀분석에서는 표본의 수가 충분하게 확보되어야 한다.

›››››››› 36.④ 37.④ 38.②

ADVICE

36 중심성 지수는 상업인구보다 거주인구가 많으면 1보다 작은 값을 갖게 된다.

37 컨버스의 제1법칙을 활용하면 다음과 같다.

$$D_a = \frac{D_{ab}}{1+\sqrt{\frac{P_a}{P_b}}} = \frac{30}{1+\sqrt{\frac{80,000}{320,000}}} = 20km\text{가 된다.}$$

38 모형에 포함되는 독립변수들은 서로 관련성이 낮을수록 좋다.

39 「유통산업발전법」에서는 대규모점포 등과 중소유통업의 상생발전을 위하여 필요하다고 인정하는 경우 대형마트 등에 대한 영업시간 제한이나 의무휴업일 지정을 규정하고 있다. 이에 대한 내용으로 옳지 않은 것은?

① 특별자치시장 · 시장 · 군수 · 구청장 등은 오전 0시부터 오전 10시까지의 범위에서 영업시간을 제한할 수 있다.

② 특별자치시장 · 시장 · 군수 · 구청장 등은 매월 이틀을 의무휴업일로 지정하여야 한다.

③ 동일 상권내에 전통시장이 존재하지 않는 경우에는 위의 내용이 적용되지 아니한다.

④ 영업시간 제한 및 의무휴업일 지정에 필요한 사항은 해당 지방자치단체의 조례로 정한다.

⑤ 의무휴업일은 공휴일 중에서 지정하되, 이해당사자와 합의를 거쳐 공휴일이 아닌 날을 의무휴업일로 지정할 수 있다.

40 패션/전문센터(fashion/special center)의 입지로서 가장 적합한 지역은?

① 고속도로 분기점

② 고소득층 거주지 인근의 상업지역

③ 중산층 거주지 인근의 상업지역

④ 지방 중소도시의 중심상업지역

⑤ 할인형 쇼핑몰 인근 지역

〉〉〉〉〉〉〉〉〉 39.③ 40.②

ADVICE

39 유통산업발전법 제12조의2(대규모 점포 등에 대한 영업시간의 제한 등)

① 특별자치시장 · 시장 · 군수 · 구청장은 건전한 유통질서 확립, 근로자의 건강권 및 대규모점포 등과 중소유통업의 상생발전(相生發展)을 위하여 필요하다고 인정하는 경우 대형마트(대규모점포에 개설된 점포로서 대형마트의 요건을 갖춘 점포를 포함한다)와 준대규모점포에 대하여 다음 각 호의 영업시간 제한을 명하거나 의무휴업일을 지정하여 의무휴업을 명할 수 있다. 다만, 연간 총매출액 중 「농수산물 유통 및 가격안정에 관한 법률」에 따른 농수산물의 매출액 비중이 55퍼센트 이상인 대규모 점포 등으로서 해당 지방자치단체의 조례로 정하는 대규모점포 등에 대하여는 그러하지 아니하다.

1. 영업시간 제한
2. 의무휴업일 지정

② 특별자치시장 · 시장 · 군수 · 구청장은 제1항 제1호에 따라 오전 0시부터 오전 10시까지의 범위에서 영업시간을 제한할 수 있다.

③ 특별자치시장 · 시장 · 군수 · 구청장은 제1항 제2호에 따라 매월 이틀을 의무휴업일로 지정하여야 한다. 이 경우 의무휴업일은 공휴일 중에서 지정하되, 이해당사자와 합의를 거쳐 공휴일이 아닌 날을 의무휴업일로 지정할 수 있다.

④ 위 규정에 따른 영업시간 제한 및 의무휴업일 지정에 필요한 사항은 해당 지방자치단체의 조례로 정한다.

40 패션/전문센터의 경우 고가이면서 유니크한 제품을 판매하는 부띠끄, 고급의류점을 포함하므로 이에 대해 가장 부합하는 지역은 고소득층 거주지 인근의 상업지역이다.

41 식당이 많이 몰려있는 곳에 술집이나 커피숍 들이 있다든지, 극장가 주위에 식당들이 많이 밀집해 있는 것은 다음 중 어느 입지원칙이 적용된 것이라 할 수 있는가?

① 동반유인원칙(principle of cumulative attraction)
② 접근가능성의 원칙(principle of accessibility)
③ 보충가능성의 원칙(principle of compatibility)
④ 고객차단원칙(principle of interception)
⑤ 점포밀집원칙(principle of store congestion)

42 상권분석의 직접적 필요성에 대한 설명으로 옳지 않은 것은?

① 구체적인 입지계획을 수립하기 위해
② 잠재수요를 파악하기 위해
③ 고객에 대한 이해를 바탕으로 보다 표적화된 구색과 판매촉진전략을 수립하기 위해
④ 점포의 접근성과 가시성을 높이기 위해
⑤ 기존 점포들과의 차별화 포인트를 찾아내기 위해

〉〉〉〉〉〉〉〉〉 41.③ 42.④

ADVICE

41 보충가능성의 원칙은 2개의 사업체가 소비자들을 교환할 수 있을 정도로써 서로 인접한 지역에 위치하게 되면 매출액이 상승하게 된다는 원리이다.

42 ④번의 점포의 접근성 및 가시성 등은 상권분석의 직접적 필요성이 아닌 입지분석의 요소에 속한다.

43 레일리(Reilly) 법칙을 이용하여, C지점의 구매력이 A도시와 B도시에 흡인되는 비율을 구하면?

> A도시의 인구 : 25만 명
> B도시의 인구 : 100만 명
> A도시와 B도시 사이에 C지점이 위치해 있음.
> C지점부터 A도시까지의 거리 : 4km
> C지점부터 B도시까지의 거리 : 16km

① 4 : 1
② 1 : 4
③ 16 : 1
④ 1 : 16
⑤ 1 : 1.

44 "도시내의 상업직접시설을 단위로 하여, 상업시설의 규모와 상업시설까지 걸리는 시간거리를 중심으로 각 상업시설을 방문할 확률을 계산하고, 이를 모두 합하여 해당 상업시설의 흡인력을 계산" 한 것과 가장 관련이 깊은 사람은?

① 레일리(Reilly, W. J)
② 컨버스(Converse, P. D.)
③ 허프(Huff, D. L.)
④ 애플바움(Applebaum, W.)
⑤ 크리스텔러(Christaller, W.)

45 점포의 매출을 추정하기 위해서는 먼저 상권의 규모와 특성을 조사해야 한다. 다음 중 상권 내 소비자들에 대한 횡단조사를 통해 파악하기가 가장 어려운 상권 특성은?

① 상권의 쇠퇴 또는 팽창
② 세내의 수
③ 세대별 구성원 수
④ 연령별 인구구성
⑤ 가구별 소득 분포

>>>>>>>>> 43.① 44.③ 45.①

ADVICE

43 레일리의 소매인력법칙을 활용하면 다음과 같다.

레일리의 소매인력법칙 = $\frac{B_a}{B_b} = (\frac{P_a}{P_b}) \cdot (\frac{D_b}{D_a})^2$에 의해 $\frac{B_a}{B_b} = (\frac{250,000}{1,000,000}) \cdot (\frac{16km}{4km})^2 = 4$이므로

$4B_a = B_b$이므로 C지점에서의 A도시 및 B도시에 흡인되는 비율은 4:1이 된다.

44 1962년 중심지의 각 소매업의 상권을 예측하기 위한 확률모델을 고안하게 되었으며 허프의 확률모델의 특정지역의 소비자(인구)가 어느 정도 일정한 동일 종류의 소매점에 방문할 확률을 각각의 소매점까지의 시간, 소매점의 매장면적 등으로부터 소매흡인률을 산출하는 것이다.

45 상권의 쇠퇴 또는 팽창은 종단조사를 통해 파악이 가능한 사항이다.

Ⅲ 유통마케팅

46 다음 글상자에서 설명하고 있는 것은?

동일한 성능 · 용도를 가지거나 동일한 고객층이나 가격대를 가진 상품군

① 상품 구색(product assortment)
② 상품 품목(product item)
③ 상품 계열(product line)
④ 상품 믹스(product mix)
⑤ 상품 카테고리(product category)

47 브랜드에 대한 설명으로 옳지 않은 것은?

① 기업 브랜드(corporate brand) : 기업명이 브랜드 역할을 하는 것
② 패밀리 브랜드(family brand) : 여러 가지 종류의 상품에 부착되는 브랜드
③ 개별 브랜드(individual brand) : 한 가지 종류의 상품에만 부착되는 브랜드
④ 브랜드 수식어(brand modifier) : 브랜드 뒤에 붙는 수식어
⑤ 자체 브랜드(private brand) : 주문자 제조방식이 아닌 제조기업이 자체 제조한 상품에 부착한 브랜드

〉〉〉〉〉〉〉〉〉 46.③ 47.⑤

ADVICE

46 상품계열은 제품믹스 중에서 물리적 · 기술적 특징이나 용도가 비슷하거나, 동일한 고객집단에 의해 구매되는 제품의 집단을 의미한다. 즉, 특성이나 용도가 비슷한 제품들로 이루어진 집단이다.

47 중간상 상표(PB : Private Brand)는 보통 제조설비를 갖추지 않은 유통업체가 개발한 상표로서, 이 유통업체가 스스로 독자적인 상품을 기획하여 생산만 제조업체인 메이커에 의뢰하는 것을 말한다.

48 많은 구매자와 많은 판매자로 구성된 시장으로, 어떤 구매자나 판매자도 시장가격결정에 큰 영향을 미치지 못하는 경쟁상태는?

① 완전 경쟁
② 독점적 경쟁
③ 과점적 경쟁
④ 완전 독점
⑤ 완전 과점

49 유통업체의 서비스 품질을 평가하기 위해 고객의 피드백을 수집하는 여러 방식 중 다음에서 가장 높은 대표성과 신뢰성을 갖춘 것은?

① 서비스 피드백 카드
② 미스터리 쇼핑
③ 개별고객의 자발적인 불평 제기
④ 표적집단을 활용한 토의
⑤ 1,000명의 표본을 활용한 설문조사

〉〉〉〉〉〉〉〉〉 48.① 49.⑤

ADVICE

48 완전경쟁이란 단독으로는 가격 등의 결정에 영향력을 가질 수 없을 정도로 시장 참가자가 많고 시장에 참가하는 것이 자유로우며, 또한 각자가 거래 조건에 대해 완전한 지식을 가지고 있는 상태를 의미한다. 다시 말해 시장 참가자가 많고 자본·노동 등의 이동을 방해하는 인위적인 제약이 없으며, 수요자측 및 공급자측이 각각 최대의 경제적인 성과를 얻으려고 행동하는 경우의 경쟁을 의미한다.

49 ①②③④는 대부분이 소수의 사람들을 상대로 진행하는 것이라 대표성 및 신뢰성 등을 찾기 어렵지만, 1,000명의 표본조사는 각 표본들의 특성 및 기능을 모두 나타낼 수 있으며 해당 조사 집단에 대한 대표성을 부여할 수 있으므로 이 같은 경우 신뢰성 및 대표성 모두를 갖춘 것이라 할 수 있다.

50 CRM의 도입 배경에 대한 설명으로 가장 옳은 것은?

① 고객 데이터를 통해서 계산원의 부정을 방지하기 위한 것이다.
② 고객과의 지속적 관계를 발전시켜 고객생애가치를 극대화하려는 것이다.
③ 상품계획 시 철수상품과 신규취급 상품을 결정하는데 도움을 주려는 것이다.
④ 매장의 판촉활동을 평가하는 정보를 제공하여 효율적인 판매촉진을 하려는 것이다.
⑤ 각종 판매정보를 체계적으로 관리하여 상품 회전율을 높이고자 하는 것이다.

51 중간상의 협조를 얻기 위한 제조업자의 촉진수단에 해당하지 않는 것은?

① 거래할인
② 판촉지원금
③ 쿠폰
④ 기본계약할인
⑤ 상품지원금

›››››››› 50.② 51.③

ADVICE

50 CRM은 고객관계관리로써 일회성이 아닌 고객들과의 지속적인 관계유지 개선에 노력을 쏟게 된다. 그럼으로써 고객생애가치를 높이며 이것은 자사와 고객과의 지속적 관계를 발전시켜 나가게 되는 것이다.

51 ③번의 쿠폰은 소비자를 대상으로 하는 판매촉진수단에 해당한다.

52 카테고리 수명주기 단계 중 소매점들이 취급하는 상품 카테고리에 포함되는 품목의 다양성이 가장 높은 단계는?

① 도입기 ② 성숙기
③ 성장기 ④ 쇠퇴기
⑤ 소멸기

53 다음 글 상자에서 공통으로 설명하는 용어는?

- 매장의 개별 상품 및 상품구성을 가장 효과적이고 효율적인 방법으로 소비자에게 제시함으로써 자본과 노동의 생산성을 최대화하려는 활동
- 적절한 상품준비와 연출을 통해 소비자의 상기구매, 연관구매, 충동구매를 유도하기 위한 활동
- 소비자의 구매의욕을 불러일으키기 위한 활동

① 윈도우 디스플레이 ② 인스토어 머천다이징
③ 상품화 활동 ④ 상품 구성 전략
⑤ 판매촉진 진열

54 소매상의 강점과 약점을 파악하기 위한 분석 요인 중 소매상 내적 요인에 해당하지 않는 것은?

① 취급하는 상품의 구색
② 제공하는 대고객 서비스
③ 경영기법과 판매원 능력
④ 소비자의 기대와 욕구
⑤ 조직에 대한 종업원의 태도

›››››››› 52.② 53.② 54.④

ADVICE

52 제품수명주기 상에 포화상태인 성숙기를 유지하기 위해 사용하는 전략으로는 새로운 시장을 개척하거나 제품(품목)을 개선한다던지, 마케팅 믹스를 수정하는 방안에 대해 초점을 맞추게 된다.

53 인스토어 머천다이징은 소비자들의 구매의욕을 자극시키기 위해 점포 내 상품구성을 기획, 연출하는 것을 지칭한다. 또한 소비자들에게 일관된 이미지로 한 눈에 어필이 가능하도록 점포를 구성하는 경향이다.

54 소비자들의 기대 및 욕구 등은 내적 요인이 아닌 소매상 외적 요인에 해당한다.

55 비표본추출오류의 하나인 면접자 오류에 해당하지 않는 것은?

① 응답자 선택 오류
② 질문 오류
③ 기록 오류
④ 기만 오류
⑤ 측정 오류

56 다음 글 상자에서 설명하는 용어는?

> 지역적으로 거래조건이 상이할 때 중간상이 해당 지역에서 촉진활동의 일환으로 저렴하게 거래되는 제품을 구입하여 다른 지역에 있는 도매상이나 소매상에게 재판매하는 것

① 선물구매(forward buying)
② 전매(diversion)
③ 기회주의적 행동
④ 촉진일탈
⑤ 공제전환

57 다음 글 상자에서 공통으로 설명하는 도매상은?

> – 가장 전형적인 도매상
> – 완전서비스 도매상과 한정서비스 도매상으로 나누어짐
> – 자신들이 취급하는 상품의 소유권을 보유하며 제조업체 또는 소매상과 관련 없는 독립된 사업체

① 제조업자 도매상
② 상인도매상
③ 대리인
④ 브로커
⑤ 수수료상인

〉〉〉〉〉〉〉〉〉 55.⑤ 56.② 57.②

ADVICE

55 측정오류는 측정 대상자 요인, 측정 환경요인, 측정 도구요인과 관련된 오류에 해당한다.

56 전매는 특정 목적을 위해 특정 물품의 생산 또는 판매 등을 독점하는 일을 의미한다.

57 상인도매상은 제품의 소유권 취득을 전제로 해서, 제조업자로부터 제품을 구입하여 소매상에게 다시 판매하는 것을 의미한다.

58 점포의 내점률과 객단가에 관한 설명으로 옳지 않은 것은?

① 객단가는 매출액을 고객수로 나누어 계산한다.
② 객단가는 고객 1인당 평균구매액을 의미한다.
③ 내점률은 점포 앞을 지나가는 통행객 수 중에서 몇 명이 점포에 들어왔는지를 나타내는 비율이다.
④ 내점률은 내점객수를 점포상권 범위 내에 거주하는 사람들의 수로 나눠 구하기도 한다.
⑤ 내점률은 고객흡인율이라고도 하는데 총매출액에 영향을 미치는 구매객수와 반비례한다.

59 점포의 관리에 대한 설명으로 옳지 않은 것은?

① 점포의 상호는 짧은 시간 내에 점포특성을 전달할 수 있어야 하고, 고객의 눈길을 끌면서도 너무 길지 않아야 한다.
② 간판 중에서 돌출간판은 허가를 받아야 하고 기타 부착용 간판은 신고를 해야 한다.
③ 점포의 조명이 전체적으로 너무 밝으면 주의가 산만해져 구매의욕이 상실될 수 있으므로 적절한 스포트라이트의 활용이 필요하다.
④ 상품 진열·저장을 위한 진열장, 캐비넷, 선반 등은 집기에 포함되며, 판매를 보조하는 금전등록기, 손수레 등은 장비에 포함된다.
⑤ 쇼윈도우의 형태를 완전개방형, 반개방형, 완전폐쇄형으로 구분할 때, 고급스러운 분위기에 유리한 것은 완전개방형이다.

〉〉〉〉〉〉〉〉〉 58.⑤ 59.⑤

ADVICE

58 내점률은 고객흡인율이라고도 하는데 총매출액에 영향을 미치는 구매객수와 비례한다.

59 반개방형이 고급스러우면서도 우아한 분위기에 유리하다.

60 다음 글 상자의 ○○홈쇼핑이 실행한 마케팅조사기법은?

> ○○홈쇼핑은 지속적인 매출감소 원인을 파악하고자, 우량고객 10명을 대상으로 조사를 실행하였다. 훈련받은 사회자의 진행을 통해 고객들은 자유롭게 여러 주제에 대하여 토론하였다. 자사와 경쟁사 홈쇼핑의 상품, 방송, 배송 등에 대해 전반적인 평가를 받았고 또한 고객들이 생각하는 매출개선방안도 제안받았다.

① 민속학적 조사
② 서베이조사
③ 실험조사
④ 표적집단면접조사
⑤ 전문가조사

61 다음 사례에서 나타난 경로갈등의 원인으로 가장 적합한 것은?

> 피자 프랜차이즈 본부 ○○회사는 가맹점 계약시 가맹점 사업자에게 배타적 영업권을 보장하고 있으나, 최근 매출실적이 좋은 10여개 상권에 정당한 사유없이 기존가맹점들과의 계약을 무시하면서 직영점을 출점하였다. 이에 따라 직영점이 출점한 지역의 가맹점 사업자들은 본부에 강력히 항의하며 법적으로 공동대응을 하기로 하였다.

① 영역불일치
② 목표불일치
③ 이해불일치
④ 인식불일치
⑤ 수단불일치

›››››››› 60.④ 61.①

ADVICE

60 표적집단면접조사(FGI)는 면접진행자가 7~10명 정도의 면접 대상자들을 한 장소에 모이게 한 후에, 비체계적이면서 자연스러운 분위기에서 조사목적과 연관된 토론을 함으로써 대상자들의 생각, 태도, 의향 등을 파악하는 조사방법을 의미한다. 또한, FGI는 정성조사의 한 종류로써 주로 시장정보, 신제품개발, 광고조사, 진단조사 등을 측정하는 데 사용된다.

61 영역불일치는 상대 경로구성원이 자신이 수행해야 할 기능을 수행하지 않거나 또는 적절히 수행하지 않아 책임을 다하지 못한다고 생각할 때 발생하는 갈등을 말한다. 즉, 경로 구성원들 간 각자의 역할 또는 영역에 대해 합의가 이루어지지 않는 경우를 말한다.

62 영향력 행사 방식과 관련된 '힘의 원천'을 연결한 것으로 옳은 것은?

> ㉠ 약속 – 준거력
> ㉡ 위협 – 보상력
> ㉢ 법적 제소 – 합법력
> ㉣ 요청 – 준거력, 보상력
> ㉤ 정보교환 – 강압력

① ㉠, ㉡
② ㉠, ㉤
③ ㉡, ㉤
④ ㉢, ㉣
⑤ ㉢, ㉤

63 유통마케팅 조사에서 2차 자료를 사용하려면 먼저 품질을 평가해야 하는데, 그 품질평가 기준으로서 가장 옳지 않은 것은?

① 회사 정보시스템에 포함된 내부성
② 조사문제 해결 시점 기준의 최신성
③ 수집 및 보고 과정의 정확성
④ 수집 및 보고 과정의 객관성
⑤ 조사 프로젝트와의 적합성

64 판매자가 가격을 2% 인상했을 때 수요가 감소한다고 가정할 때, 수요의 가격탄력성은?

① −1.8
② −5
③ 0.2
④ 5
⑤ −0.2

>>>>>>>>> 62.④ 63.① 64.②

ADVICE

62 힘의 원천은 다음과 같다.
㉠ 약속 : 보상력
㉡ 위협 : 강압력
㉢ 법적 제소 : 합법력
㉣ 요청 : 강압력, 보상력, 준거력
㉤ 정보교환 : 보상력, 전문성

63 2차 자료는 기존에 조사되어진 모든 자료를 의미한다. 이 경우 목적에 맞는 것이 아닌 자료를 참고하게 되므로 이러한 때에는 정확성, 객관성, 최신성 등이 갖추어졌을 때 활용해야 한다.

64 수요 가격탄력성 $= \frac{\text{수요 변화율}}{\text{가격 변화율}} = \frac{-10}{2} = -5$ 이므로, 수요곡선은 우하향하기 때문에 이에 대한 수요 가격탄력성은 절대값으로 측정하게 된다.

65 소매점포의 구성과 배치에 관한 원칙으로 가장 옳지 않은 것은?

① 점포분위기는 표적고객층과 걸맞아야 하고, 그들의 욕구와 조화를 이룰 수 있도록 설계해야 한다.
② 점포의 구성과 배치는 고객의 충동구매를 자극하지 않도록 설계해야 한다.
③ 점포의 내부 디자인은 고객의 구매결정에 도움을 줄 수 있어야 한다.
④ 점포의 물리적 환경은 고급스러움보다 상품과 가격대와의 일관성이 더 중요하다.
⑤ 판매수익이 높고 점포의 분위기를 개선할 수 있는 품목을 점포의 좋은 위치에 배치한다.

66 다음 글 상자 안의 소비자 행동에 대응하기 위한 유통기업의 전략으로 가장 옳은 것은?

- 소비자들은 전통적인 은행 영업점포 외에도 이동식 무인점포, 스마트폰, 편의점 등으로 은행업무를 보는 공간을 다변화하고 있다.
- 소비자들은 갑작스런 강추위 때문에 외출을 꺼려하면서 온라인몰에서 상품주문을 대폭 증가하였다.

① 중간상 생략 전략
② 제3자 로지스틱스 전략
③ 전속적 유통 전략
④ 수직적 마케팅시스템 구축 전략
⑤ 복수경로 유통 전략

67 판매촉진(또는 판촉)에 관한 설명으로 가장 옳지 않은 것은?

① 판촉은 시용(trial)이나 구매와 같은 즉각적인 행동을 유발하는 것이 목적이다.
② 판촉과 광고는 상호 대체적이어서 함께 사용하지 않는 것이 원칙이다.
③ 경쟁점포와 차별화하기 어려울수록 판촉의 활용 빈도가 높아진다.
④ 푸시(push)전략에는 소비자판촉보다 영업판촉이 적합하다.
⑤ 새로운 고객을 유치하지 못한 판촉으로 인해 판촉실시 이후에 오히려 판매량이 낮아질 수 있다.

››››››››› 65.② 66.⑤ 67.②

ADVICE

65 점포의 구성 및 배치는 고객의 충동구매를 자극할 수 있도록 설계해야 한다.

66 복합적(복수) 유통경로는 한 기업이 여러 세분시장에 진출하기 위해 둘 이상의 마케팅 경로를 함께 사용하는 것으로 수직적, 수평적 유통경로를 복합적으로 사용하는 것이다.

67 판촉 및 광고는 서로 상호보완적 관계에 있으므로 혼합해서 활용하는 것이 좋다.

68 제조업자가 실행하는 촉진전략으로 푸쉬(push)와 풀(pull)전략이 있다. 다음 중 푸쉬전략의 흐름으로 옳은 것은?

① 제조업자 → 소매상 → 소비자 → 도매상
② 제조업자 → 도매상 → 소매상 → 소비자
③ 소비자 → 소매상 → 도매상 → 제조업자
④ 소비자 → 제조업자 → 도매상 → 소매상
⑤ 도매상 → 소매상 → 제조업자 → 소비자

69 항시최저가격(Every Day Lowest Price)전략에 대한 설명으로 가장 적절한 것은?

① 제품라인 가격결정 전략이다.
② 소매가격 유지 정책이다.
③ 고객가치기반 가격결정 전략이다.
④ 원가기반 가격결정 전략이다.
⑤ 경쟁기반 가격결정 전략이다.

›››››››››› 68.② 69.⑤

ADVICE

68 푸시전략은 제조업자가 소비자를 향해 제품을 밀어낸다는 의미로 제조업자는 도매상에게 도매상은 소매상에게, 소매상은 소비자에게 제품을 판매하게 만드는 전략을 말한다. 이것은 중간상들로 하여금 자사의 상품을 취급하도록 하고, 소비자들에게 적극 권유하도록 하는 데에 있다. 푸시 전략은 소비자들의 브랜드 애호도가 낮고, 브랜드 선택이 점포 안에서 이루어지며, 동시에 충동구매가 잦은 제품의 경우에 적합한 전략이다.

69 EDLP 가격전략의 경우 시장점유율 향상에 기준을 두고 있으므로 경쟁기반 가격결정 전략이 된다.

70 (㉠)과 (㉡)에 들어갈 용어를 올바르게 나열한 것은?

> (㉠)은/는 머천다이징을 시각적으로 표현하는 것으로 개별 상품이 아니라 상품기획 단계의 콘셉트가 표현되는 것을 말하며, (㉡)은/는 마케팅의 목적을 효율적으로 달성할 수 있도록 특정 타겟에 적합한 특정상품이나 서비스를 조합해 계획 · 조정 · 판매하는 모든 활동을 의미한다.

① ㉠ VP(visual presentation),
㉡ VMD(visual merchandising)

② ㉠ PP(point of sale presentation),
㉡ BI(brand identity)

③ ㉠ IP(item presentation),
㉡ VMD(visual merchandising)

④ ㉠ VMD(visual merchandising),
㉡ IP(item presentation)

⑤ ㉠ BI(brand identity),
㉡ VP(visual presentation)

›››››››››› 70.①

ADVICE

70 ㉠ VP(visual presentation) : 상품의 가치를 효과적으로 표현하여 고객에게 보여주는 것을 말한다.
㉡ VMD(visual merchandising) : 기업 또는 브랜드에서 지향하는 이미지 및 컨셉을 구체화시켜서 이를 고객에게 표현하는 수단을 의미하며, 상품기획 또는 매입단계에서부터 판매에 이르기까지 원활한 마케팅 활동을 목적으로 하는 종합적인 업무를 의미한다.

Ⅳ 유통정보

71 글 상자의 (   )안에 들어갈 용어로 옳은 것은?

> 제약조건이론(TOC) 중, (   )은/는 전체 공정의 종속성과 변동성을 관리하는 기법으로 전체 공정 중 가장 약한 것을 찾아 능력제약자원으로 두고, 이 부분이 최대한 100% 가동할 수 있도록 공정 속도를 조절하여 흐름을 관리하는 기법이다.

① DBR
② JIT
③ QR
④ 6sigma
⑤ ECR

72 데이터베이스 구축과 관련된 용어에 대한 설명으로 가장 옳지 않은 것은?

① RDB – 관계형 데이터를 저장하거나, 수정하고 관리할 수 있게 해 주는 데이터베이스
② NoSQL – Not Only SQL의 약자이며, 비관계형 데이터 저장소로 기존의 전통적인 방식의 관계형 데이터베이스와는 다르게 설계된 데이터베이스
③ RDB – 테이블 스키마가 고정되어 있지 않아 테이블의 확장과 축소가 용이
④ NoSQL – 테이블간 조인(Join)연산을 지원하지 않음
⑤ NoSQL – key-value, Document Key-value, column 기반의 NoSQL이 주로 활용되고 있음

>>>>>>>>> 71.① 72.③

ADVICE

71 DBR(Drum-Buffer-Rope)
- Drum : 시스템의 제약조건으로 이 Drum을 고려해서 전체 시스템의 속도를 결정한다.
- Buffer : 시스템에서 발생할 수 있는 혼란으로부터 제약 조건이 보호될 수 있는 완충이다.
- Rope : 제약조건을 기준으로 제약조건의 선공정을 연결함으로써, 시스템의 모든 자원을 제약 조건인 Drum에 동기화하기 위한 커뮤니케이션 장치이다.

72 관계형 데이터베이스(RDB : Relational Data Base)는 관계형 데이터 모델에 기초를 둔 데이터베이스로서 수학적 이론에 기반을 두고 있다. 관계형 데이터 모델이란 데이터 구성의 한 방법으로, 모든 데이터를 2차원의 테이블 형태로 표현한다. 이 관계형 데이터베이스 시스템은 현재 상용 데이터베이스 시장에서 가장 중심이 되는 시스템이다.

73 디지털 경제시대에 나타나는 특징으로 가장 옳지 않은 것은?

① 생산량을 증가시킴에 따라 필요한 생산요소의 투입량이 점점 적어지는 현상이 나타난다.
② 투입되는 생산요소가 늘어나면 늘어날수록 산출량이 기하급수적으로 증가하는 현상이 나타난다.
③ 시장에 먼저 진출하여 상당규모의 고객을 먼저 확보한 선두기업이 시장을 지배할 가능성이 높아진다.
④ 생산요소의 투입량을 증가시킬 때 그 생산요소의 추가적인 한 단위의 투입이 발생시키는 추가적인 산출량의 크기가 점점 감소되는 현상이 나타난다.
⑤ 생산량이 많아질수록 한계비용이 급감하여 지속적인 성장이 가능해 진다.

74 물류의 운송 및 보관 활동을 수행함으로써 창출될 수 있는 효용으로 가장 적합한 것은?

① 형태 효용, 장소 효용
② 형태 효용, 시간 효용
③ 시간 효용, 장소 효용
④ 시간 효용, 소유 효용
⑤ 장소 효용, 소유 효용

>>>>>>>>> 73.④ 74.③

ADVICE

73 디지털 경제시대에서 투입되어진 생산요소가 증가할수록 그에 따라 산출량 또한 증가하게 되는 현상이 나타난다.

74 수송활동을 통해서 제품생산 및 소비되는 시간적 제약을 벗어나게 해 주는 시간효용이 창출되며, 보관활동을 통해서 제품생산 및 소비되는 장소적 제약을 벗어나게 해 주는 장소효용이 창출되어진다.

75 아래 글상자가 뜻하는 SCM 전략으로 가장 옳은 것은?

> 제조 및 유통업체 사이에서 판매 및 재고데이터 공유를 통하여 수요 예측과 주문 관리에 이용하고, 효과적인 상품 보충과 재고 관리를 지원하는 공급망관리를 위한 비즈니스 모델이다.

① QR(Quick Response)
② CMI(Co-Managed Inventory)
③ ECR(Efficient Consumer Response)
④ CRP(Continuous Replenishment Program)
⑤ CPFR(Continuous Planning & Forecasting Replenishment)

76 e-비즈니스를 구성하는 요소를 크게 기반요소와 지원 요소로 구분할 경우, 기술적인 기반요소에 해당하지 않는 것은?

① 네트워크
② 기술표준
③ 공통서비스
④ 멀티미디어 콘텐츠
⑤ 메시지 및 정보전달

〉〉〉〉〉〉〉〉〉 75.⑤ 76.②

ADVICE

75 CPFR(Continuous Planing & Forecasting Replenishment)은 기업이 거래처와의 협력을 통해 상품 계획과 예측을 하고 상품을 보충하는 것을 의미한다. 다시 말해 수요 예측과 재고 보충을 위한 공동 사업을 뜻한다. 이는 돌발적 수요 증감을 명확하게 파악해서 보급망 전체를 최적화하는 방법이다.

76 e-비즈니스 구성요소

지원요소	인적요소	판매자, 구매자, 관리자, 중개상
	공공정책	법률, 세금, 기술표준, 규제
	공급사슬	물류, 비즈니스 파트너
	마케팅과 광고	판촉(프로모션), 시장조사
기반요소	메시지 전달 및 정보유통	전자메일, EDI, HTTP
	비즈니스 공동서비스	스마트카드/인증, 보안
	네트워크	인트라넷, 엑스트라넷, 무선인터넷, LAN, VAN
	멀티미디어 콘텐츠와 네트워크 출판	WWW, HTML, JAVA

77 데이터웨어하우스의 특징으로 가장 옳지 않은 것은?

① 주제별로 정리된 데이터베이스
② 다양한 데이터 원천으로부터의 데이터 통합
③ 과거부터 현재에 이르기까지 시계열 데이터
④ 필요에 따라 특정 시점을 기준으로 처리해 놓은 데이터
⑤ 실시간 거래처리가 반영된 최신 데이터

78 기업이 CRM의 성과를 추적하고 관리하기 위해 사용할 수 있는 지표를 크게 판매지표, 고객 서비스지표, 마케팅 지표로 구분할 때, 고객 서비스 지표에 해당하는 것은?

① 판매 요청 건수, 유지된 고객 수, 평균 해결시간
② 서비스 요청 건수, 유효한 판매 기회 건수
③ 고객만족도 수준, 고객 유지율
④ 일별 평균 서비스 요청건수, 평균 해결 시간
⑤ 잠재적 고객 수, 신규 고객 유치율

79 기업이 전략정보시스템을 통해 경쟁우위를 차지할 수 있는 정보시스템의 전략적 역할에 대한 설명으로 가장 옳지 않은 것은?

① 신규 업체가 시장에 진입하지 못하도록 진입장벽을 구축해 준다.
② 기업이 공급자와의 네트워크 연결을 통해 공급자의 교섭력을 강화시켜 준다.
③ 구매자에게 차별적인 서비스를 제공하여 업무의존도를 높게 한다.
④ 기업과 구매자 사이의 관계에 전환비용이 발생하도록 만들어준다.
⑤ 내부시스템을 통해서 업무효율성을 높일 수 있다.

〉〉〉〉〉〉〉〉〉 77.⑤ 78.④ 79.②

ADVICE

77 데이터웨어하우스의 경우 구축된 시점을 빼고는 갱신이 발생하지 않는 전용 데이터베이스이다.

78 CRM 고객서비스 지표에는 일별 평균 서비스 요청 건수, 평균 해결 시간 등이 있다.

79 전략정보시스템의 경우 공급자와의 관계에서 전략적 우위를 확보하기 위한 도구로 활용된다.

80 전자상거래 보안과 관련한 주요 관점 중 아래 글상자의 ( )안에 들어갈 내용을 순서대로 올바르게 나열한 것은?

> (가)은/는 인터넷을 이용해 전송되거나 수신되어, 웹에 표시된 정보가 승인되지 않은 다른 사람에 의해 변형이 없음을 보장하는 것이다.
> (나)은/는 메시지나 정보가 볼 수 있는 권한이 있는 사람에게만 보이게 하는 것이다.

① 가 : 인증　　나 : 프라이버시
② 가 : 가용성　　나 : 기밀성
③ 가 : 부인방지　　나 : 인증
④ 가 : 무결성　　나 : 기밀성
⑤ 가 : 가용성　　나 : 프라이버시

81 고객로열티(customer loyalty)가 형성된 소비자들의 행동 패턴으로 가장 옳지 않은 것은?

① 로열티가 있는 고객들은 교차 구매 또는 상승 구매제안에 대해 긍정적인 반응을 보인다.
② 충성스러운 고객들은 해당 기업이나 브랜드에 갖는 가격 민감도가 증가하는 경향을 보인다.
③ 로열티가 있는 고객들은 해당 기업의 제품이나 서비스에 대한 반복 구매의 행동을 보이기 시작한다.
④ 충성스러운 고객들은 해당 기업과의 관계를 더욱 폭넓게 확대하고자 하는 잠재적인 의지를 가지고 있다.
⑤ 로열티가 있는 고객들은 칭찬이나 제안과 같은 긍정적인 고객의 소리는 물론이고, 강한 불만의 소리도 제기한다.

>>>>>>>>> 80.④ 81.②

ADVICE

80 전자상거래 보안 기능
㉠ 인증(authentication) : 정보를 보내오는 사람의 신원을 확인하는 것을 의미한다.
㉡ 기밀성(confidentiality) : 전달내용을 제3자가 획득하지 못하도록 하는 것을 의미한다.
㉢ 무결성(integrity) : 정보전달 도중에 정보가 훼손되지 않았는지를 확인하는 것을 의미한다.
㉣ 부인방지(non-repudiation) : 정보제공자가 정보제공 사실을 부인하는 것을 방지하는 것을 의미한다.

81 이미 고객로열티가 형성된 다시 말해 자사에 충성스러운 소비자들의 구매패턴은 해당 기업이나 브랜드 등이 제시하는 가격에 대해서는 큰 불만 없이 만족하고 더 나아가 이들 고객들은 해당 기업에 충성하고 있는 상태의 고객이므로 제품가격에는 크게 신경을 쓰지 않는다. 그러므로 가격 민감도는 오히려 감소하는 경향을 보이게 된다.

82 아래 글상자의 내용에 부합되는 용어로 가장 옳은 것은?

> 이전에는 해당업계의 전문가들이나 내부자들에게만 접근을 허용하였던 지식을 대중에게 공유하고, 제품이나 서비스의 새로운 개발 혹은 업그레이드 과정에 전문가뿐만 아니라 비전문가나 외부전문가들의 적극적인 참여를 유도하는 것을 의미한다.

① 롱테일(long tail) 현상
② 집단 지성
③ 어텐션(attention) 이코노미
④ 크라우드소싱(crowdsourcing)
⑤ 블로그

83 인터넷에 대한 설명으로 가장 옳지 않은 것은?

① 인터넷은 '정보의 바다'(sea of information)라고도 불리고 있다.
② 인터넷은 중심이 되는 호스트 컴퓨터를 통해 서비스를 제공하고 있다.
③ 인터넷은 컴퓨터 간의 네트워크 연결로 네트워크 위의 네트워크라고 볼 수 있다.
④ 인터넷은 단일 컴퓨터 상에서 이루어졌던 정보처리 업무의 한계를 극복하기 위한 시도에서 출발하였다.
⑤ 인터넷은 전 세계 수많은 컴퓨터들이 TCP/IP(Transmission Control Protocol/Internet Protocol)라는 통신규약으로 연결되어 있는 거대한 컴퓨터 통신망이다.

〉〉〉〉〉〉〉〉〉 82.④ 83.②

ADVICE

82 크라우드 소싱(crowd-sourcing)은 기업 활동의 전 과정에 있어 소비자 또는 대중들이 참여할 수 있도록 일부를 개방하고 참여자의 기여로 기업의 활동 능력이 향상되면 그 수익을 참여자와 공유하는 방법을 의미한다. 이러한 크라우드 소싱은 외부의 자원을 활용해서 창의력과 전문성을 보완할 수 있으며, 그 대상 범위를 크게 늘려서 비용을 낮출 수 있다. 또한, 크라우드 소싱은 외부 업체에 위탁한 기존의 아웃소싱보다 비용이 저렴할 뿐만 아니라 더욱 더 다양한 아이디어를 통해서 해당 제품에 대한 호의적인 잠재 고객까지 얻을 수 있다는 이점이 있다.

83 흔히 우리가 사용하는 인터넷은 IP라는 네트워크 프로토콜을 활용하는 네트워크 집합체이다.

84 RFID에 대한 설명으로 가장 옳지 않은 것은?

① 바코드에 비해 비싼 편이다.
② 용도와 성능에 따라 읽기/쓰기 기능을 구현할 수 있다.
③ 바코드에 비해 많은 정보를 가질 수 있다.
④ 자라(Zara)는 RFID기술을 적용하여 재고관리 혁신을 이룩해 성공적인 선진 사례를 보였다.
⑤ 태그는 외부로부터의 자극이나 각종 신호를 감지, 검출하여 전기적 신호로 변환, 출력하는 장치이다.

85 피라미드와 같은 전형적인 조직구조 형태에서는 조직 수준별로 의사결정, 문제해결, 기회포착에 요구되는 정보유형이 각기 다르다. 조직 수준과 의사결정 유형, 특성에 대한 설명으로 가장 옳지 않은 것은?

① 전략적 수준은 대부분 비구조화된 의사결정 문제들이 대부분이다.
② 병가를 낸 직원이 몇 명인가?는 운영적 수준에서 관리해야 할 정보이다.
③ 효과성에 초점을 둔 핵심 성공요인은 운영적 수준에서 고려되어야 할 측정척도이다.
④ 관리적 수준의 대표적인 구성원 유형은 중간 경영자, 매니저, 감독 등이다.
⑤ 운영적 수준의 의사결정은 구조적, 반복적인 특성을 가진다.

〉〉〉〉〉〉〉〉〉 84.⑤ 85.③

ADVICE

84 센서는 외부로부터의 자극이나 각종 신호를 감지 검출할 수 있는 모든 수단이며, 유용한 신호(주로 전기적 신호)로 변환 및 출력하는 장치를 의미한다.

85 전사적 전략(기업수준 전략)에서는 사업의 영역을 선택하고 이를 기반으로 사업을 어떻게 효과적으로 관리할 것인가의 문제를 다루는 전략이다. 다시 말해 기업의 사업 분야를 기업 전체의 관점에서 어떻게 효과적으로 운영할 것인가의 문제에 초점을 맞춘다.

86 지식의 분류체계를 사물지, 사실지 및 방법지로 구분할 때, 사실지에 해당하는 것은?

① 나는 컴퓨터를 안다.
② 나는 해킹 방법을 안다.
③ 나는 상품의 제조방법을 안다.
④ 나는 컴퓨터를 조립하는 방법을 안다.
⑤ 나는 지구가 자전하고 있다는 것을 안다.

87 QR 코드의 설명으로 가장 옳지 않은 것은?

① 바코드와 동일한 양의 자료를 표현하려면 사각형의 모양이라 크기가 더 커야한다.
② 일부분이 손상되어도 바코드에 비해 인식률이 높은 편이다.
③ 바코드에 비해 담고 있는 정보의 양이 크다.
④ 여러 QR 코드로 나뉘어 저장된 정보를 1개의 데이터로 연결하는 것이 가능하다.
⑤ 360° 어느 방향에서든지 인식이 가능하다.

〉〉〉〉〉〉〉〉〉 86.⑤ 87.①

ADVICE

86 지식 내용에 대한 종류

㉠ **사물지** : 눈에 보이는 사물이 무엇인지, 이 사람이 누구인지, 눈에 보이지 않는 개념이 무엇을 의미하는지 등의 가시적이고 비가시적인 것을 떠나 사물존재 자체에 대한 인지상태를 의미한다. 다시 말해 감각기관을 통해 인지된 존재인식과 사유 활동을 통해 습득하게 된 지식을 말한다.

㉡ **사실지** : 사물을 지속적으로 접하게 되다 보면 사물을 알고 있느냐와 모르느냐에 떠나서 사물의 특징이나 상태, 원리 등을 나타내는 사실은 인지하게 되는 것을 의미한다.

㉢ **방법지** : 무엇을 할 줄 아는가를 의미한다. 다시 말해 인간의 욕구, 문제를 해결하는 방법을 인지하는 것이다.

87 QR 코드(Quick Response Code)는 사각형의 가로 세로 격자무늬에 다양한 정보를 담고 있는 2차원(매트릭스) 형식의 코드로써, 기존의 1차원 바코드가 20자 내외의 숫자 정보만 저장할 수 있는 반면 QR 코드는 숫자 최대 7,089자, 문자(ASCII) 최대 4,296자, 이진(8비트) 최대 2,953바이트, 한자 최대 1,817자를 저장할 수 있으며, 일반 바코드보다 인식속도와 인식률, 복원력이 뛰어나다. 그러므로 동일한 양의 자료표현을 할 경우에 QR 코드 사각형의 모양은 크기가 더 작아도 가능하다.

88 친화적인 모바일 웹사이트를 구축하려할 때 고려해야 할 사항으로 가장 옳지 않은 것은?

① 해상도와 비율을 모바일에 최적화된 이미지로 조정한다.
② 자바 스크립트의 사용을 최대한 많이 한다.
③ 텍스트보다는 직관적인 아이콘이나 동영상을 적절하게 사용한다.
④ 서비스의 주요 정보를 쉽게 찾을 수 있도록 배치한다.
⑤ 지리정보기술을 적절하게 융합하여 활용한다.

89 지식변환이 일어나는 과정의 사례 중, 지식변환 형태가 다른 것은?

① 공급자와 고객이 함께 직접 체험함으로서 나름의 정보를 모으는 프로세스
② 판매현장이나 제조현장에서 대화나 관찰을 통해 정보를 모으는 프로세스
③ 스스로 쌓은 경험을 자기 머리 속에 체계적으로 저장하는 프로세스
④ 자기 생각이나 신념 지식을 말이나 글로 표현하지 않고, 행동하는 것으로 보여줌으로서 동료나 부하가 나름 체득화하여 공유하는 프로세스
⑤ 아직 말이나 글로 표현되지 않은 자기의 생각, 사고, 이미지, 노하우 등을 글이나 그림과 같은 형태로 변환하여 보여주는 프로세스

90 쿠키(cookie)로부터 파악할 수 있는 정보가 아닌 것은?

① 회원정보
② 사용한 컴퓨터 서버
③ 사용한 컴퓨터 사양
④ 서치(search) 정보
⑤ 상품 구매정보

›››››››› 88.② 89.⑤ 90.③

ADVICE

88 친화적인 모바일 웹사이트를 구축할 때의 고려사항
㉠ 해상도 및 비율을 모바일에 최적화된 이미지로 조정한다.
㉡ 텍스트보다는 직관적 아이콘이나 또는 동영상을 적절하게 사용한다.
㉢ 서비스의 주요 정보를 용이하게 찾을 수 있도록 배치한다.
㉣ 지리정보기술을 적절히 융합해서 활용한다.
㉤ 자바스크립트의 지나친 사용은 하지 말아야 한다.
㉥ 사업장, 위치, 연락처 등을 용이하게 찾을 수 있도록 배치
㉦ 짧고 신선한 콘텐츠 및 단순한 디자인

89 ①②③④는 암묵지→암묵지로 변화되는 사회화이며, ⑤는 암묵지→형식지로 변화되는 외부화이다.

90 쿠키(cokie)는 임시적으로 활용하는 데이터 파일로써 개인식별정보(성명, 연락처, 이메일 주소) 등 많은 정보의 저장이 가능하다.

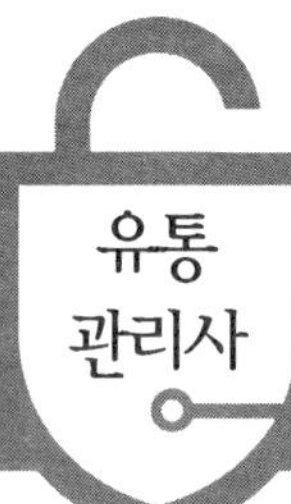

2018. 7. 1. 제2회 시행

1 유통 · 물류일반 관리

1 유통 경로상의 갈등에 대한 내용으로 옳지 않은 것은?

① 상호의존적 관계가 높을수록 구성원들 간의 갈등이 발생할 가능성이 높아진다.
② 유통업체의 규모에 따른 힘이 감소하면서 유통경로 내 갈등은 거의 사라진 상태다.
③ 영역(역할)불일치로 인한 갈등은 상권범위 혹은 각 경로구성원이 수행할 역할에 대한 구성원 간의 견해 차이에 의해 발생할 수 있다.
④ 경로구성원들이 상대방의 목표를 존중하지 않고 간섭할 때는 목표불일치로 인한 갈등이 나타날 수 있다.
⑤ 프랜차이즈에서 가맹점이 본부에 상권보장을 요구할 때 나타나는 갈등은 영역불일치로 인한 경로갈등이다.

>>>>>>>>> 1.②

ADVICE

1 유통경로가 잘 설계되고 관리가 이루어진다고 하더라도 유통경로 상의 구성원들은 자사 목표, 경로 전체의 목표 등을 달성하기 위해 협조 또는 경쟁을 지속하게 되므로 유통경로 상에서는 갈등이 지속적으로 발생할 수 밖에 없다.

2 공급자주도형재고관리(VMI)에 대한 내용으로 옳지 않은 것은?

① 제조업체나 도매업체가 재고관리를 하던 방식이 소매업에 의한 실시간 발주에 따른 조달방식으로 발전된 것이다.
② VMI구축으로 소매업체의 발주처리비용이 감소하게 된다.
③ VMI의 효과로 상품리드타임 단축, 재고감소, 품절 감소를 들 수 있다.
④ VMI를 구축하더라도 판매정보에 대한 적절한 분석이 이뤄지지 않으면 이상적인 재고량 유지가 어렵다.
⑤ 소매업체의 실시간 판매정보를 기반으로 공급자측은 정확한 판매예측과 재고조절, 상품기획이 가능하다.

3 유통과 관련된 정보기술(IT)의 영향에 대한 설명으로 옳지 않은 것은?

① 유통과 IT가 결합하면서 유통의 경쟁력이 증대되고 있다.
② IT발전 덕분에 소매업체에서 취급하는 최소유지상품 단위(SKU)의 수가 크게 감소하여 효율적인 운영이 실현되고 있다.
③ 소매업의 과학적 상품관리의 필요성이 점차 증대되고 있다.
④ 소매업체와 공급업체는 상품주문, 수배송관리, 재고관리, 판매현황 등의 정보를 공유할 수 있게 되었다.
⑤ 정보화를 통한 공급사슬 전체의 정보통합이 중요하다.

〉〉〉〉〉〉〉〉〉 2.① 3.②

ADVICE

2 공급자 주도형 재고관리(Vendor Managed Inventory)는 유통업체의 판매 및 재고정보를 분석해서 제조업체가 제품의 적정 납품량을 결정하는 시스템으로써 소매업의 점포관리를 소매업체를 대신해 공급자인 제조업 및 도매업이 하는 것이다. 이러한 VMI는 소매업에 따른 발주단위가 아닌 재고관리를 제조업 및 도매업이 하므로 이로 인한 리드타임의 감소 및 재고삭감이 가능해지며, 지속적인 재고보충을 통한 고객욕구에 빠르게 부합하며 동시에 비용을 감소시킬 수 있다.

3 정보기술의 발전으로 인해 SKU는 관리해야 하는 단위의 수가 증가하여 재고품의 추적관리에 대한 효율적인 운영이 실현되고 있다.

4 **최근 국내 유통의 변화와 그에 따른 시사점으로 옳지 않은 것은?**

① 유통업의 국제화와 정보화가 진전되었고 무점포 판매가 증가하고 있다.
② 제조업체, 도매업체, 소매업체, 소비자의 관계와 역할이 변화됨에 따라 전통적 유통채널이 약화되고 있다.
③ 유통업체의 대형화로 인해 유통업체 영향력이 증가하였다.
④ 소비자들의 다양한 구매패턴에 따라 '어느 점포, 어떤 매장을 이용할 것인가'의 선택이 중요하게 부각되고 있다.
⑤ 제조업자, 도매업자, 소매업자 각각의 역할이 점점 뚜렷하게 구분되고 있다.

5 **동일 업종의 소매점들이 중소기업협동조합을 설립하여 공동구매, 공동판매, 공동시설활용 등 공동사업을 수행하는 체인사업은 무엇인가?**

① 조합형 체인사업
② 임의가맹점형 체인사업
③ 프랜차이즈형 체인사업
④ 직영점형 체인사업
⑤ 자발적 체인(Voluntary chain)사업

〉〉〉〉〉〉〉〉〉〉 4.⑤ 5.①

ADVICE

4 유통산업에 있어서 도매와 소매의 개념상의 기본적 차이는 판매대상이 누군가 하는 데 있다. 하지만, 상품 조달처가 어디인가는 도매와 소매 구분의 결정요인이 되지 못한다.

5 조합형 체인사업은 동일한 업종의 소매점들이 중소기업협동조합, 협동조합, 협동조합연합회, 사회적협동조합 또는 사회적 협동조합연합회를 설립하여 공동구매 · 공동판매 · 공동시설활용 등 사업을 수행하는 형태의 체인사업을 의미한다.

6 도매상에 관련된 내용으로 옳지 않은 것은?

① 현금거래도매상은 소매상에게 현금거래조건으로 물품을 판매한다.
② 트럭도매상은 주로 한정된 제품을 취급하고, 소매상 고객들에게 직접 제품을 운송한다.
③ 직송도매상은 소매상의 주문을 받으면 해당 상품을 생산자가 직접 그 소매상에게 배송하도록 한다.
④ 소매상들이 진열도매상을 이용하는 주된 이유는 매출 비중이 낮은 품목들에 대해 소매상들이 직접 진열과 주문을 하는 것이 매우 중요하기 때문이다.
⑤ 제조업자 도매상은 독립적인 개인이 운영하는 도매상이 아니라 제조업자가 직접 운영하는 도매상이다.

7 아래 글상자는 유통의 어떤 효용에 관한 내용인가?

유통이 이루어지지 않는다면 소비자는 생산자를 일일이 방문하여 제품을 구매해야 한다. 이를 대신하여 중간상들은 적절한 곳에 물류센터와 도·소매상을 설치하여 운반의 효율성, 신속성 등을 강화하고 소비자가 편의에 맞는 장소에서 쉽게 제품을 구매할 수 있도록 시스템을 갖춘다.

① 존재효용 ② 형태효용
③ 소유효용 ④ 시간효용
⑤ 장소효용

>>>>>>>>> 6.④ 7.⑤

ADVICE

6 진열도매상은 소매상들에게 매출비중이 높지 않은 상품들을 주로 공급하게 되는데, 통상적으로 도매상들은 직접 트럭배달을 해 주며 소매상들을 대신해 제품을 진열대에 진열하거나 또는 재고관리를 해 주며, 필요하면 진열대를 공급하는 등 여러 서비스를 제공한다. 또한 도매상이 진열한 제품이더라도 판매가 된 제품에 대해서만 가격을 지불하고 팔리지 않은 제품은 반품도 가능하므로, 소매상이 제품진부화로 인해 부담해야 하는 위험도 줄여주기 때문이다.

7 장소효용은 주로 수송을 통해 소비자들이 원하는 장소에서 원하는 제품을 쉽게 구매 가능하게 하는 효용을 의미한다.

8 제조업의 수직계열화에 관련된 내용으로 옳지 않은 것은?

① 경로전체를 통합하고자 하는 제조업중심의 수직계열화는 유통기능의 중복을 최소화하는 효과를 가져올 수 있다.
② 유통업자가 자기의 정책을 실현하기 위해 대리점제, 리베이트, 재판매가격유지전략 등을 통해 제조업자를 조직화하는 행위이다.
③ 제조업체가 유통과정의 지배를 꾀하는 것을 의미한다.
④ 생산자가 자사제품을 소비자에게 직접 판매하고자 할 때도 활용된다.
⑤ 통신판매, 방문판매, 소매점 직영은 제조업의 수직계열화에 포함된다.

9 SERVQUAL이라는 서비스품질모형의 다섯 가지 구성 차원으로 옳지 않은 것은?

① 유형성
② 신뢰성
③ 응답성
④ 확신성
⑤ 공통성

>>>>>>>>> 8.② 9.⑤

ADVICE

8 수직계열화는 기업 조직이 계열사를 통해서 원재료에서부터 부품 생산, 완성품의 제조 · 판매 · 사후관리까지 수직적인 체계를 만들어 모든 과정을 자체적으로 해결하는 것을 의미한다. 또한 수직계열화는 유통의 효율성을 높이며 유통마진을 축소하고, 거래비용을 절감할 수 있다는 이점이 있다.

9 SERVQUAL 서비스품질모형 5가지 구성차원
㉠ 유형성
㉡ 신뢰성
㉢ 반응성
㉣ 확신성
㉤ 공감성

10 경로파워의 원천의 하나로서, 재판매업자가 공급업자에 대해 일체감을 갖거나 일체감을 갖게 되기를 바라는 정도를 나타내는 것은?

① 강제력(coercive power)
② 보상력(reward power)
③ 합법력(legitimate power)
④ 준거력(referent power)
⑤ 전문력(expert power)

›››››››› 10.④

ADVICE

10 유통경로의 힘

유통경로의 힘	내용
보상력/보상적 파워	• 경로 구성원들에 대해서 공급자가 보상을 제공할 수 있는 능력 • 판매지원, 관리기법, 영업활동지원, 금융지원, 시장정보, 특별할인, 신용조건, 리베이트, 마진폭 증대, 판촉물지원, 광고지원, 지역독점권 제공 등
강권력/강압적 파워	• 경로 구성원 B가 공급자 A의 영향력 행사에 대해 따르지 않을 경우 B를 처벌할 수 있는 A의 능력이나 힘 • 상품공급의 지연, 마진폭 인하, 대리점 보증금의 인상, 전속적 지역권 철회, 대금결제일의 단축, 밀어내기, 끼워팔기, 기타 보상적 파워의 철회 등
전문력/전문적 파워	• 공급자가 가지고 있는 특별한 지식 또는 기술의 신뢰 등이 경로 구성원들에게 미치는 영향력 • 경영관리에 대한 상담 및 조언, 종업원의 교육 및 훈련, 영업사원의 전문지식, 경영정보, 시장정보, 상품의 진열 및 전시조언, 신제품 개발 능력 등
준거력/준거적 파워	• 상대방 A가 매력이 있기 때문에 경로구성원 B가 A와 일체감을 원하기 때문에 A가 B에 대해서 갖게 되는 영향력 또는 힘 • 상호 간 목표의 공유, 유명상표를 취급한다는 긍지 및 보람, 상대방의 신뢰 및 결속, 유명업체 또는 관련 산업의 선도자와 거래한다는 긍지 등
합법력/합법적 파워	• 경로구성원들의 행위를 강제할 수 있다고 인식되는 공급자의 인식된 권리를 의미하며, 이에는 법률에 따른 합법력과 제도화된 전통, 관습에 따라 합법력이 있다. • 관습 또는 상식 등에 따라 당연하게 인정되는 권리, 상표등록, 계약, 프랜차이즈 협약, 특허권, 기타 법률적 권리 등
정보력	• 경로구성원들이 알고 있지 않은 정보를 A가 제공함에 따라 갖게 되는 영향력 또는 힘

11 아래 글상자에서 설명하는 현대적 리더십은?

> – 리더는 부하들에게 자신의 관심사를 조직 발전 속에서 찾도록 영감을 불러일으킬 수 있게 하고 비전을 제시함
> – 리더는 부하들로부터 존경받고 신뢰를 받음
> – 이 리더십의 구성요소는 이상적 영향, 영감적 동기부여, 지적자극, 개별적 배려임

① 카리스마 리더십
② 상호거래적 리더십
③ 변혁적 리더십
④ 민주적 리더십
⑤ 코칭 리더십

12 서로 경쟁하던 슈퍼마켓과 할인점의 복합 형태인 수퍼 센터의 등장을 설명해 줄 수 있는 소매업태 혁신과정 이론으로서 가장 옳은 것은?

① 진공지대이론
② 변증법적이론
③ 소매차륜이론
④ 아코디언이론
⑤ 소매수명주기이론

››››››››› 11.③ 12.②

ADVICE

11 변혁적 리더십은 조직구성원들로 하여금 리더에 대한 신뢰를 갖게 하는 카리스마는 물론, 조직변화의 필요성을 감지하고 그러한 변화를 이끌어 낼 수 있는 새로운 비전을 제시할 수 있는 능력이 요구되는 리더십을 의미한다.

12 소매점 변증법적 과정 … 소매점의 진화 과정을 변증법적 유물론에 입각하여 해석하고 있다. 즉, 고가격, 고마진, 고서비스, 저회전율 등의 장점을 가지고 있는 백화점이 출현하면 이에 대응하여 저가격, 저마진, 저서비스, 고회전율 등의 반대적 장점을 가진 할인점이 나타나 백화점과 경쟁하게 되면, 그 결과 백화점과 할인점의 장점이 적절한 수준으로 절충되어 새로운 형태의 소매점인 할인 백화점으로 진화해 간다는 이론으로 소매점의 진화 과정을 정반합 과정으로 설명한다.

13 물류 환경의 최근 변화에 대한 설명으로 가장 옳지 않은 것은?

① 적정물류 서비스에 대한 고객의 욕구가 점점 증가하고 있다.
② 빠른 배송, 짧은 리드타임 요구 등 시간 단축의 중요성이 커지고 있다.
③ 조직들의 통합화보다 개별화의 움직임이 더 커졌다.
④ 아웃소싱을 통한 물류비 절감효과가 커졌다.
⑤ 물류기업 및 물류시장의 경쟁범위가 글로벌화 되었다.

14 공급사슬관리 상의 채찍효과가 일어나는 원인으로 가장 옳지 않은 것은?

① 가격할인을 통해 일시적으로 수요량이 증가한 것을 인지하지 못하고 주문을 할 때
② 인기가 높은 제품을 판매하기 위해 소매상이 실제 수요보다 과대 주문을 할 때
③ 주문을 할 때 긴 리드타임의 안전재고까지 포함해서 주문할 때
④ 공급사슬을 통합해서 수요 예측을 한 구성원이 담당할 때
⑤ 공급사슬의 구성원이 증가하여 단계가 늘어날 때

15 아래 글상자 (　　)안에 알맞은 도매상의 유형은?

> (　　　　　)은/는 소매상이 아니라 제조업자들을 대상으로 상품을 판매하는 도매상이다. 재고유지, 신용판매, 배달 등의 다양한 유통 서비스를 제공한다. 주로 제조업체에 필요한 MRO나 OEM 품목을 취급한다.

① 산업재 유통업체　　② 전문품 도매상
③ 도매상인　　④ 브로커
⑤ 제조업체 도매상

›››››››› 13.③ 14.④ 15.①

ADVICE

13 물류환경의 최근 변화는 조직들의 개별화보다는 통합화의 움직임이 더 커졌다.

14 공급사슬관리 상의 채찍효과 발생원인
㉠ 수요예측의 실패
㉡ 일괄주문의 방식
㉢ 생산업체의 유동적인 가격정책
㉣ 공급망에서의 분배문제

15 산업재 유통업체는 소매상이 아닌 제조업자를 대상으로 하여 제품을 판매하는 도매상을 의미한다. 신용판매, 재고유지, 배송 등의 여러 유통서비스를 제공한다. 통상적으로 이들은 제조업자에게 필요한 MRO 품목, OEM 품목 또는 장비 등과 같은 제품계열을 취급한다.

16 경쟁강도를 반영하여 상품가격을 결정하는 방법으로 보기가 가장 어려운 것은?

① 단수가격 결정법　　② 경쟁대응가격 결정법
③ 상시저가 결정법　　④ High/Low 결정법
⑤ 벤치마킹 결정법

17 경제적 주문량(EOQ)을 적용하기 위한 전제로 옳지 않은 것은?

① 재고유지비용은 시간의 변화에 관계없이 일정하다.
② 발주 상품의 주문은 다른 상품과 관계가 없다.
③ 발주 비용은 최근의 것일수록 높은 가중치를 가진다.
④ 연간 수요량은 알려져 있다.
⑤ 발주시점과 입고시점 사이의 간격인 리드타임이 알려져 있다.

18 소비자기본법[시행 2017.10.31] [법률 제15015호, 2017.10.31.,일부개정]에서는 조정위원회가 분쟁조정을 신청 받은 때에는 신청을 받은 날부터 며칠 이내에 분쟁조정을 마치도록 정하고 있는가?

① 10일　　② 14일
③ 15일　　④ 21일
⑤ 30일

›››››››› 16.① 17.③ 18.⑤

ADVICE

16 ①번은 소비자들의 심리를 이용한 심리적 가격결정방법에 해당한다.

17 경제적 주문량(EOQ : economic order quantity)의 기본가정
㉠ 발주비용은 발주량의 크기와 관계없이 매 주문마다 일정하다.
㉡ 재고유지비는 발주량의 크기와 정비례하여 발생한다.
㉢ 구입단가는 발주량의 크기와 관계없이 일정하다.
㉣ 수요율과 조달기간은 일정하며 확정적이다.
㉤ 단일품목을 대상으로 한다.
㉥ 주문한 양은 조달기간이 지나면 즉시 일시에 전량이 들어온다.
㉦ 연간수요량은 알려져 있다.
㉧ 발주시점 및 입고시점 사이의 간격인 리드타임이 알려져 있다.

18 소비자기본법〈제66조 분쟁조정의 기간〉 ①항 … 조정위원회는 분쟁조정을 신청 받은 때에는 그 신청을 받은 날부터 30일 이내에 그 분쟁조정을 마쳐야 한다.

19 최근 유통업계에서는 모바일 쿠폰을 매장에서 사용하거나 앱(app)을 통해 음식을 배달하는 등의 변화가 일어나고 있다. 이와 같이 온라인과 오프라인을 유기적으로 결합해서 새로운 가치를 창출해내는 서비스를 나타내는 용어로 옳은 것은?

① Brick-and-Mortar
② B2B
③ O2O
④ C2B
⑤ IoT

20 아래 글상자 ( )안에 들어갈 조직의 유형을 순서대로 옳게 나타낸 것은?

> (가)은 책임과 권한이 병행되고, 모든 사람들이 한 명의 감독자에게 보고하며, 조직의 상부에서 하부로 전달되는 의사소통의 흐름을 가진 조직을 말한다.
> (나)은 한시적 개별프로젝트에 사람을 임명하는데 유연성이 있다. 조직 내의 협력과 팀 활동을 촉진시킨다는 장점이 있지만, 비용이 많이 들고 복잡하다는 단점도 있다.

① 가 : 라인-스태프 조직 나 : 교차기능 자율경영팀
② 가 : 라인 조직 나 : 교차기능 자율경영팀
③ 가 : 라인 조직 나 : 매트릭스 조직
④ 가 : 라인-스태프 조직 나 : 매트릭스 조직
⑤ 가 : 교차기능 자율경영팀 나 : 라인-스태프 조직

›››››››› 19.③ 20.③

ADVICE

19 O2O(Online To Offline)는 온라인 및 오프라인을 연결하는 방식의 서비스를 의미한다. 정보가 빠르게 유통되는 온라인과 실제 소비가 일어나는 오프라인의 특징을 결합한 개념이다. 특히 모바일을 활용하는 경우가 많으며 마케팅부터 결제, 쿠폰 제공 등의 모바일 정보 및 오프라인 구매를 연결·확장한다. 이러한 O2O 서비스는 다양한 분야에서 활용되고 있는데, 모바일에서 결제하면 오프라인 점포에서 제품을 받아갈 수 있는 형태부터, 모바일 배달 주문 서비스 또는 택시 호출 서비스 등이 대표적인 O2O 서비스라 할 수 있다.

20 ㉠ 라인조직은 기업의 관리 조직의 하나로, 직선식 조직. 각 종업원은 자기가 속한 명령 계통에서 바로 위의 한 사람으로부터 명령을 받을 뿐이며, 다른 명령 계통의 상위자로부터는 지휘 ·명령을 받지 않는 형태를 말한다.
㉡ 매트릭스 조직은 서로 다른 기능부서에 속해 있는 전문 인력들이 프로젝트 관리자가 이끄는 프로젝트에서 함께 일하는 형태를 말한다. 이러한 매트릭스 조직에 속한 개인은 두 명의 상급자로부터 지시를 받으며 보고를 하게 된다.

21 기업이 고려해야 할 사회적 책임은 그 대상에 따라 기업의 유지, 발전에 대한 책임과 이해관계자에 대한 책임으로 나눌 수 있다. 이해관계자에 대한 책임에 해당되지 않는 것은?

① 주주에 대한 책임
② 종업원에 대한 책임
③ 경쟁사에 대한 책임
④ 소비자에 대한 책임
⑤ 정부에 대한 책임

22 공급사슬관리(SCM)가 전통적인 자재관리나 생산관리와 다른 이유로 옳지 않은 것은?

① 공급사슬관리는 전략적 의사결정을 요구하기 때문이다.
② 공급사슬관리는 정보시스템에 대한 새로운 접근 방법을 요구하며, 통합이 아닌 인터페이스가 그 초점이 되기 때문이다.
③ 공급사슬관리는 균형을 잡기 위한 메카니즘의 마지막 보루로 이용되는 재고에 대한 새로운 접근 방법을 요구하기 때문이다.
④ 공급사슬관리를 하나의 실체로서 간주하고, 공급사슬 상의 여러 세그먼트에 대한 단편적인 책임을 구매, 생산, 판매, 배송 등과 같은 기능부문에 귀속시키지 않기 때문이다.
⑤ 공급사슬관리에서 공급이란 실질적으로 공급사슬 상의 모든 기능의 공유된 목표이며, 전체 원가와 시장점유율에 미치는 영향 때문에 전략적 중요성을 가지기 때문이다.

>>>>>>>>> 21.③ 22.②

ADVICE

21 이해관계자에 관한 책임
㉠ 주주에 관한 책임
㉡ 정부에 관한 책임
㉢ 종업원에 관한 책임
㉣ 소비자에 관한 책임

22 SCM이 기존의 관리 방식과 다른 점은 구매, 생산, 물류, 영업의 기능별 영역 관리에서 하나의 개체인 공급사슬 관점의 관리를 하는 것이다 또한 정보시스템 구축이 단순히 시스템 간 인터페이스가 목적이 아닌 통합된 정보시스템을 구축하는 것이며, 기존 경쟁관계가 기업 간이 아닌 하나의 공급사슬별로 이루어진다.

23 신속반응(quick response)시스템의 효과에 대한 설명으로 가장 옳지 않은 것은?

① 소매업자 측면에서는 수익증대와 고객서비스 개선 효과를 누릴 수 있다.
② 제조업자 측면에서는 생산 및 수요예측이 용이하고 상품 품절을 방지할 수 있다.
③ 원자재로부터 최종 제품에 이르는 리드타임의 단축과 재고감소가 일어난다.
④ 안전재고가 늘어나 고객서비스가 높아진다.
⑤ 소매업자와 제조업자가 시장변화를 감지할 수 있다.

24 경로커버리지 유형 중 전속적 유통(exclusive channel)에 대한 설명으로 가장 옳지 않은 것은?

① 극히 소수의 소매점포에게만 자사 제품을 취급하도록 하는 것이다.
② 브랜드 충성도가 매우 높은 제품을 생산하는 제조업체가 채택하는 경향이 높은 전략이다.
③ 제조업체는 소매점포에 대한 통제력을 강화함으로써 자사 브랜드이미지를 자사 전략에 맞게 유지할 수 있다.
④ 중소슈퍼, 식당, 주점 등을 대상으로 하는 주류 제조업체나 약국을 대상으로 하는 제약업체의 영업이 대부분 여기에 해당한다.
⑤ 소비자들은 브랜드 충성도가 높은 브랜드를 구매하기 위해 기꺼이 많은 노력을 기울이기 때문에 적은 점포 수로도 원활한 유통이 가능하다.

>>>>>>>>> 23.④ 24.④

ADVICE

23 안전재고가 늘어나게 되면 이를 관리하기 위한 각종 비용이 증가하는 것이므로 이런 경우 고객에 대한 서비스는 낮아지게 된다.

24 ④ 전속적 유통은 각 판매지역별로 하나 또는 극소수의 중간상들에게 자사제품의 유통에 대한 독점권을 부여하는 방식의 전략을 의미한다. 소비자 자신이 제품구매를 위해 적극적으로 정보탐색을 하고, 그러한 제품을 취급하는 점포까지 가서 기꺼이 쇼핑하는 노력도 감수하는 특성을 지닌 전문품에 적절한 전략이다. 중간상들에게 독점판매권과 함께 높은 이익을 제공함으로써, 그들의 적극적인 판매노력을 기대할 수 있고, 중간상의 판매가격 및 신용정책 등에 대한 강한 통제를 할 수 있다. 동시에, 자사의 제품 이미지에 적합한 중간상들을 선택함으로써 브랜드 이미지 강화를 꾀할 수 있다. 하지만, 제한된 유통으로 인해 판매기회가 상실될 수 있다. 주로 명품시계, 명품가방 등이 이에 속한다.

25 보관 효율화를 위한 기본원칙으로 옳지 않은 것은?

① 유사성의원칙 : 유사품을 인접하여 보관하는 원칙이다.
② 중량특성의 원칙 : 물품의 중량에 따라 장소의 높고 낮음을 결정하는 원칙이다.
③ 명료성의 원칙 : 시각적으로 보관물품을 용이하게 식별할 수 있도록 보관하는 원칙이다.
④ 통로대면보관의 원칙 : 보관할 물품을 입출고 빈도에 따라 장소를 달리하여 보관하는 원칙이다.
⑤ 위치표시의 원칙 : 보관물품의 장소와 랙 번호 등을 표시함으로써 보관업무 효율화를 기하는 원칙이다.

›››››››››› 25.④

ADVICE

25 보관의 기본원칙

㉠ **통로대면의 원칙** : 제품의 피킹을 용이하게 하고 효율적으로 보관하기 위하여 통로 면에 보관하는 것이 물류센터 레이아웃의 기본원칙이 된다.
㉡ **높이 쌓기의 원칙** : 제품을 고층으로 다단 적재하기 위하여 지게차와 파렛트 등을 이용하게 되며, 이는 공간효율(용적률)을 향상시킨다.
㉢ **선입선출의 원칙**(FIFO First In First Out) : 먼저 보관한 물품을 먼저 끄집어내는 원칙으로 제품의 라이프사이클이 짧은 경우에만 적용된다. 특히 유통기한을 중요시하는 식품류에 있어서는 선입선출이 필수적이며, 그 외의 대부분의 제품에 있어서도 선입선출을 원칙으로 보관하여야 한다. 선입선출에 가장 효율적인 랙은 슬라이딩 랙으로 뒤에서 제품을 보충하고 앞에서 피킹을 한다.
㉣ **회전대응의 원칙** : 제품의 회전율, 즉 입출하 빈도에 따라서 보관 장소를 결정하는 것을 말하며, 입출하 빈도가 높은 제품을 출입구에 가까운 장소에 보관하게 된다. 이는 제품의 출하량 관련 ABC분석에 따른 제품의 차등 관리를 말하는 것이다.
㉤ **동일성 및 유사성의 원칙** : 동일 품종은 동일 장소에 보관하고 유사품은 근처 가까운 곳에 보관한다는 원칙으로 입고 및 재고관리를 편리하게 한다.
㉥ **중량특성의 원칙** : 제품의 중량에 따라서 보관 장소를 결정해야 한다는 원칙으로 중량물은 보관 랙의 하단에 경량물은 랙의 상단에 보관하게 된다.
㉦ **형상특성의 원칙** : 제품 형상의 특성에 따라서 보관방법을 결정한다는 원칙으로 보관 랙 및 보관박스의 선정을 제품특성에 맞게 선정하는 것을 말한다.
㉧ **위치표시의 원칙** : 제품의 보관 장소와 랙의 번호 등을 표시함으로써 업무의 효율을 증대시킨다는 원칙으로 로케이션 코드에 대한 지식과 방법론을 잘 인식하여야 한다.
㉨ **명료성의 원칙** : 시각적으로 제품을 식별하기 용이하도록 보관한다는 원칙으로 눈으로 보이는 물류를 추구하여야 한다.
㉩ **네트워크 보관의 원칙** : 서로 관련성이 있는 품목을 한 장소에 보관하여 피킹 작업이 용이하도록 한다는 원칙을 말하는 것으로 피킹 효율을 극대화시키기 위한 방안이다.

Ⅱ 상권분석

26 좋은 여건의 입지라고 보기가 가장 어려운 것은?

① 지형상 고지대보다는 낮은 저지대 중심지
② 동일 동선에서 출근길 방향보다는 퇴근길 방향에 있는 곳
③ 상대적으로 권리금이 낮거나 없는 곳
④ 대형 평형보다 중소형 평형 아파트단지 상가
⑤ 대형 사무실보다 5층 이하 사무실이 많은 곳

27 사람들은 눈 앞에 보여도 간선도로를 건너거나 개울을 횡단해야 하는 점포에는 접근하지 않으려는 경향이 있다. 이런 현상에 대한 설명으로 가장 옳은 원칙은?

① 사람이 운집한 곳을 선호하는 인간집합의 원칙
② 득실을 따져 득이 되는 쪽을 선택하는 보증실현의 원칙
③ 위험하거나 잘 모르는 길을 지나지 않으려는 안전 추구의 원칙
④ 목적지까지 최단거리로 가려고 하는 최단거리 추구의 원칙
⑤ 자신의 자아이미지에 가장 합당한 공간을 추구하는 자아일치의 원칙

28 점포의 입지와 관련된 아래 주장 중 가장 옳지 않은 것은?

① 점포의 주된 매출원천은 입지의 상권에 포함되는 고객들이다.
② 다른 조건이 모두 같다면, 구매빈도가 높은 업종일수록 더 큰 상권이 필요하다.
③ 상권 범위는 도로 및 교통기관의 발달 상태에 따라 달라진다.
④ 업종구성이 상권 범위에 미치는 영향은 무시할 수 없다.
⑤ 상권의 크기와 함께 인구밀도도 점포의 매출에 영향을 미친다.

〉〉〉〉〉〉〉〉〉 26.③ 27.③ 28.②

ADVICE

26 각 점포마다 처해진 상황이 다르므로 권리금이 낮거나 또는 없다고 해서 무조건적으로 좋은 입지라고 할 수 없다.

27 안전추구의 원칙은 사람이 느끼는 의심 가능성 및 위험 등이 없는 것을 말한다.

28 상권이란 고객이 흡인되는 지리적 범위, 다시 말해 해당 점포 또는 사무실을 활용하는 고객들의 거주 지역을 말하는데, 구매빈도가 낮은 업종일수록 넓은 상권, 구매빈도가 높은 업종일수록 좁은 상권을 지닌다.

29 상권의 계층성을 최초로 주장한 '중심지이론' 과 관련이 깊은 사람은?

① 컨버스(Converse, P. D.)
② 크리스탈러(Christaller, W.)
③ 라일리(Reilly, W. J.)
④ 허프(Huff, D.)
⑤ 애플바움(Applebaum, W.)

30 서비스업종의 매출액을 추정하기 위한 아래의 공식에서 (　　)에 들어갈 적합한 용어는?

> 매출액 = 좌석수 * 좌석점유율 * (　　　　) * 객단가 * 영업일수

① 실구매율
② 내점률
③ 회전율
④ 내점객수
⑤ 매출실현율

31 회원제도매클럽은 대규모 매장에서 낮은 마진으로 상품을 판매한다. 회원제 도매클럽의 입지로 가장 적합한 곳은?

① 중심상업지역
② 커뮤니티센터
③ 네이버후드센터
④ 패션/전문센터
⑤ 파워센터

›››››››› 29.② 30.③ 31.⑤

ADVICE

29 크리스탈러의 중심지 이론은 도시 계층과 분포의 규칙성을 밝히려는 이론이다.

30 서비스업종에서의 매출액=좌석 수×좌석점유율×회전율×객단가×영업일 수

31 파워센터는 기존의 백화점, 양판점과는 달리 할인점이나 전문할인점 등의 저가를 무기로 하여 강력한 집객력을 지닌 염가전들을 한 곳에 종합해 놓은 대형소매점이며 대형주차장, 각 매장이 독립적인 운영으로 특징지어진다.

32 아울렛 몰(outlet mall)에 대한 설명으로 가장 옳은 것은?

① 주로 오래된 공장건물이나 창고에 입지한다.
② 하자상품이나 이월상품을 판매하는 점포들만 입점한다.
③ 스스로 고객을 흡인할 수 있는 규모와 점포구성을 가진다.
④ 비교구매를 돕기 위해 다른 지역쇼핑센터 인근지역에 입지한다.
⑤ 입지 특성 때문에 상권의 범위는 소재지 도시를 벗어나지 않는다.

33 해당 입지의 상권 발전에 긍정적인 영향을 미칠 가능성이 가장 높은 것은?

① 도보로 접근하기에 약간 먼 거리에 대형 할인점이 개점한다.
② 도보로 접근하기에 약간 먼 거리에 중심상업지역이 개발된다.
③ 해당 지역의 용도가 전용공업지역으로 바뀐다.
④ 인근에 지하철역이 새로 들어선다.
⑤ 사람들이 걸어 다니던 주변 도로에 새로 마을버스가 통과한다.

34 도매상의 입지전략에 대한 설명으로 가장 옳지 않은 것은?

① 영업성과에 대한 입지의 영향은 소매상보다 도매상의 경우가 더 작다.
② 분산도매상은 물류의 편리성을 고려하여 입지를 결정한다.
③ 수집도매상의 영업성과에 대한 입지의 영향은 매우 제한적이다.
④ 도매상은 보통 소매상보다 임대료가 저렴한 지역에 입지한다.
⑤ 도매상은 보통 최종소비자의 접근성을 고려하여 입지를 결정한다.

〉〉〉〉〉〉〉〉〉 32.③ 33.④ 34.⑤

ADVICE

32 아울렛 몰은 제조업자와 백화점의 비인기상품, 재고상품, 사용상에는 아무 문제가 없는 하자상품, 이월상품 등을 대폭적인 할인가격으로 판매하는 상설할인점포(outlet store) 또는 점포로 구성되는 판매지역 내지 공간을 일컫는 것으로 이러한 아울렛 센터의 핵심 콘셉은 가치이다. 유명 메이커의 재고 처리점인 팩토리 아울렛(factory outlet)과 일반 소매점의 재고처리점인 리테일 아울렛(retail outlet) 스토어들이 군집형태로 모여 있는 곳으로 자체적으로 소비자들을 흡인할 수 있는 규모 및 점포구성을 지닌다.

33 인근에 지하철역이 새로 들어서면 역 기준으로 지하쇼핑몰이 입점하게 되며 계단 또는 엘리베이터를 통한 각종 대형 점포, 백화점과의 연계성으로 인해 많은 인구를 유입시키게 되어 해당 상권에 대해 긍정적인 영향을 끼치게 된다.

34 도매상은 제품을 재판매하거나 산업용 또는 업무용으로 구입하려는 재판매업자(reseller)나 기관구매자(Institutional Buyer)에게 제품이나 서비스를 제공하는 상인 또는 유통기구를 의미한다. 최종 소비자에게 직접 제품과 서비스를 제공하여 소매활동을 하는 것은 소매상이다.

35 매장면적비율법은 상권 내 동일업종의 총 매장면적에서 점포의 매장면적이 차지하는 비율을 이용하여 해당 점포의 매출액을 추정한다. 매장면적비율법의 내용으로 가장 옳지 않은 것은?

① 상권의 총잠재수요는 해당 업종에 대한 1인당 총지출액과 상권인구를 곱해서 구한다.
② 상권의 총예상매출액은 총잠재수요와 상권인구의 상권 밖에서의 구매비율을 곱해서 구한다.
③ 해당 점포의 매출은 상권의 총예상매출액과 매장면적 비율을 곱해서 구한다.
④ 경쟁점포에 대한 경쟁력이 약하면 매장면적비율보다 더 작게 매출액비율을 추정한다.
⑤ 유동인구의 효과를 가중하여 매장면적비율에 따른 추정매출액을 조정할 수 있다.

36 특정 상권의 수요를 추정하려면 경쟁자 분석도 실시해야 하는데 가장 용이하게 경쟁자 분석을 실시할 수 있는 점포는?

① 상품구색이 독특한 선물가게
② 희귀한 수입 애완동물을 판매하는 소매점
③ 디자이너 브랜드 패션을 판매하는 부티크
④ 지역 거점도시의 도심에 개업한 프랑스요리 전문식당
⑤ 전국에 걸쳐 수 많은 점포를 개설한 프랜차이즈 편의점

〉〉〉〉〉〉〉〉〉 35.② 36.⑤

ADVICE

35 매장면적비율법
자기점포의 쉐어를 판단하는 방법으로서 적당하다. 자기점포를 상권내의 경쟁점포(자기점포 포함)를 합한 것을 나누면 된다. 매장의 크기가 그대로 매출에 작용하는 것은 아니다. 그러나 소매점의 경우에는 적합성이 높다.
= 전체수요액/[(자점의 매장면적/(상권 내 경쟁점포의 전 매장면적+자점의 매장면적)]
※ 경쟁력평가(케인법)=(매출쉐어 비율/매장면적비율)×100 = 1
※ 매출쉐어비율=(자기점포의 매출액 / 상권 내 잠재수요액)×100
※ 매장면적비율=(자기점포매장면적 / 상권내경쟁점+자기점포의 면적)×100
이 방법에서 산출된 수치가 1>이면 영업실적이 저조한 편이며, 1<이면 영업실적이 양호한 편이다.

36 전국에 걸쳐 수 많은 점포를 개설한 프랜차이즈 편의점의 경우 주로 유동인구가 많은 도심지, 역세권, 쇼핑몰 등 쉽게 찾을 수 있는 곳에 많이 입점해 있으므로 경쟁자 분석 시 용이하게 활용된다.

37 동일업종의 선매품 소매점포들이 서로 인접하여 입지하는 경향을 설명하는 것은?

① 소매중력이론
② 중심지이론
③ 누적흡인력의 원칙
④ 경쟁회피성의 원칙
⑤ 양립성의 원칙

38 점포의 경쟁상황을 분석할 때는 경쟁의 다양한 측면을 다루어야 한다. 대도시의 상권을 도심, 부도심, 지역중심, 지구중심 등으로 분류하고 각 수준별 및 수준간 경쟁 관계의 영향을 함께 고려하는 것은?

① 업태간 · 업태내 경쟁구조 분석
② 위계별 경쟁구조 분석
③ 절대위치별 경쟁구조 분석
④ 잠재 경쟁구조 분석
⑤ 경쟁 · 보완관계 분석

39 어느 지역의 대체적인 수요를 측정하기 위해 활용하는 구매력지수(BPI : buying power index)를 구할 때 필요한 구성요소들 중 일반적으로 사용되는 표준공식에서 가장 높은 가중치를 부여받는 변수는?

① 인구관련 변수
② 소득관련 변수
③ 소매매출액관련 변수
④ 소매점면적관련 변수
⑤ 경쟁자관련 변수

>>>>>>>>> 37.③ 38.② 39.②

ADVICE

37 누적흡인력은 동일하거나 또는 유사상품을 취급하는 소매점들이 밀집되어 있는 경우, 고객의 흡인력이 더욱 커지는 것을 의미한다.

예 가구거리, 가전제품, 귀금속점

38 상권 경쟁분석

㉠ 위계별 경쟁구조 분석 : 도심, 부심, 지역중심, 지구중심의 업종을 파악 및 분석
㉡ 업태별/업태 내 경쟁구조 분석 : 신규출점 예정 사업체의 분석은 업태 내 경쟁구조분석이며 재래시장, 슈퍼마켓, 대형 전문점 등의 분석은 업태별 경쟁구조 분석
㉢ 잠재경쟁구조 분석 : 신규소매업 진출예정 사업체 및 업종의 파악 및 분석
㉣ 경쟁보완관계분석 : 단골고객의 선호도 조사, 고객 특성 및 쇼핑경향 분석, 소득, 연령, 직업 등의 인구통계학적 특성, 문화, 사회적 특성을 파악 및 분석

39 구매력지수(BPI : buying power index)를 구할 때 필요한 구성요소들 중 일반적으로 사용되는 표준공식에서 벌어들인 소득의 실질구매력을 측정하는 것이므로 가장 높은 가중치를 부여받는 변수는 소득관련 변수이다.

40 상권분석을 통해 고객의 분포상황을 보면 일반적으로 점포에 가까울수록 고객의 밀도가 높고, 점포로부터 멀어질수록 고객의 밀도가 낮아지는 경향을 설명하는 단어는?

① 거리감소효과
② 거리증대효과
③ 밀도집중효과
④ 밀도분산효과
⑤ 고객점표효과

41 상권분석에서 기술적 조사방법인 유추법(analog method)의 진행과정을 설명한 것이다. 일반적인 진행순서로 보아 세 번째 단계에 해당되는 것은?

> 가. 각 지역(zone)에서의 1인당 매출액 추정
> 나. 유사점포(analog store)의 선정
> 다. 출점예상 상권을 소규모지역(zone)으로 구분
> 라. 신규점포의 예상총매출액 추정
> 마. 자사(신규)점포의 입지조건 파악

① 가
② 나
③ 다
④ 라
⑤ 마

››››››››› 40.① 41.③

ADVICE

40 거리감소효과는 상권분석을 통해 소비자들의 분포상황을 보면 통상적으로 점포에 가까울수록 소비자들의 밀도가 높고, 점포로부터 멀어질수록 소비자들의 밀도가 낮아지는 경향을 지칭한다.

41 유추법 분석 절차

㉠ 1단계 : 비교대상 유사 점포의 선정 – 신규 점포 및 점포의 특성, 고객의 쇼핑유형, 고객의 사회 및 경제 인구통계학적 및 특성에 대상 점포와 유사한 기존의 점포를 선정한다.
㉡ 2단계 : 유사점포의 상권범위 결정 – 유사점포의 상권범위는 매출액을 기준으로 하여 매출액의 60% 정도를 차지하는 범위를 1차 상권으로 나머지 지역을 2차 상권으로 확정
㉢ 3단계 : 상권규모(매출액) 분석 – 유사 점포의 상권규모(매출액)는 유사점포를 이용하는 소비자들과 직접 면접이나 실제 리서치를 통해 해당 규모를 추정한다.
㉣ 4단계 : 유사점포의 1인당 매출액 산정 : 전체 상권을 단위거리에 따라 구분한 후 각 구역 내에서 유사점포가 발생시키는 매출액을 그 구역 내 인구수로 나누어 각 구역별 1인당 매출액을 산정
㉤ 5단계 : 대상 점포의 매출액 추정 : 신규점포가 입점하려고 설정된 상권범위 내에 있는 각 구역별 인구수에 유사점포의 1인당 매출액을 각각 곱하여 신규점포의 예상매출액을 1차적으로 산정

42 점포의 입지결정이나 소매마케팅 전략의 수립에 필요한 상권분석 과정에서 다양하게 활용되고 있는 CST(customer spotting technique) map과 상대적으로 관련성이 낮은 것은?

① 점포의 물리적 조건 파악
② 고객점표법
③ 고객특성 조사
④ 유추법
⑤ 상권잠식 파악

43 상권분석이 실행되는 경우는 신규점포개설 상황과 기존점포관리 상황으로 나누어 볼 수 있다. 기존점포의 상권분석 상황에 해당되지 않는 것은?

① 상권 내의 소비자특성과 경쟁상황에 맞는 소매믹스 전략을 도출하는 상황
② 경쟁력이 떨어지는 점포를 포기하고 점포의 이전여부를 분석하는 상황
③ 점포의 경영성과가 좋아 점포면적을 확장하여 매출 확대를 도모하는 상황
④ 점포주변 인구구성이 변화하여 상권범위의 확대와 축소를 확인하려는 상황
⑤ 상권 내에서 생존가능성이 낮다고 인식하여 폐점여부를 분석하는 상황

›››››››››› 42.① 43.①

ADVICE

42 CST(customer spoting technique) Map 관련 요소
㉠ 유추법
㉡ 고객점표법
㉢ 고객특성 조사
㉣ 상권잠식 파악

43 ②③④⑤는 기존점포들에 대해 전략의 실행, 환경의 변화 등으로 인한 결과가 도출되어 이를 지속할지 말아야 할지에 대한 결정을 해야 하는 상황이다.

44 지역시장의 성장가능성이 높지만 기존 점포 간의 경쟁이 치열하여 매출 쟁탈을 위한 적극적인 판매노력이 요구되는 상황은?

① 소매포화지수(IRS)와 시장성장잠재력지수(MEP)가 모두 높은 경우
② 소매포화지수(IRS)는 높지만 시장성장잠재력지수(MEP)가 낮은 경우
③ 소매포화지수(IRS)는 낮지만 시장성장잠재력지수(MEP)가 높은 경우
④ 소매포화지수(IRS)와 시장성장잠재력지수(MEP)가 모두 낮은 경우
⑤ 소매포화지수(IRS)와 시장성장잠재력지수(MEP) 만으로는 알 수 없음

45 자가용차를 소유한 소비자의 증가추세가 상권에 미치는 영향을 설명한 내용으로 옳지 않은 것은?

① 소비자의 이동성을 높여 저밀도의 넓은 영역으로 주택 분산이 가능해지고 인구의 교외화가 진행된다.
② 소비수요가 중심도시로부터 교외로 이동하고 다양한 상업기회가 교외에서 생겨난다.
③ 소비자의 지리적 이동거리가 확대되고 이동속도가 빨라지는 동시에 소비자가 감당하는 물류기능은 감소한다.
④ 자가용차 이용은 유류비와 차량 유지비용 발생으로 다목적 쇼핑외출과 같은 새로운 쇼핑패턴을 생성하여 유통시스템에 영향을 미친다.
⑤ 자가용차 이용으로 소비자가 여러 도시를 자유롭게 이동할 수 있어 소매상의 시장범위가 비약적으로 확대된다.

›››››››››› 44.③ 45.③

ADVICE

44 IRS의 값이 작을수록 수요보다 공급이 많은 즉, 시장이 포화정도가 높다는 것을 의미하는데, 이는 경쟁이 심하여 신규점포를 개설할 수 있는 시장기회가 적음을 뜻하며, MEP 값이 높다는 것은 시장성장잠재력이 큰 경우이다.

45 자가용차를 소유한 소비자들의 지리적 이동거리가 확대됨에 따라 물품구입 시 대량으로 구매하게 되므로 이로 인해 소비자가 감당해야 하는 물류기능은 더욱 증가하게 된다.

Ⅲ 유통마케팅

46 매장배치와 관련하여 옳은 설명만을 묶어놓은 것은?

> (가) 매장의 전면부는 통행하는 소비자들의 시선을 끌어야 한다.
> (나) 매장 전면부의 통로에는 진입고객의 위험성을 줄이기 위해 충동성이 있는 제품들은 진열하지 않는다.
> (다) 매장 앞에는 입간판을 놓아서 지나가는 사람들이 볼 수 있도록 한다.
> (라) 점포 내에서 가장 잘 팔리는 물건은 점포의 입구 쪽이나 가장 끝 쪽에 진열한다.
> (마) 매장 내 배치의 기본 원칙은 고객이 원하는 상품을 신속히 발견하고, 최대한 빠른 시간 내에 매장을 떠날 수 있게 하는 것이다.

① (가), (나), (다)
② (가), (다), (라)
③ (나), (다), (라)
④ (나), (다), (마)
⑤ (다), (라), (마)

〉〉〉〉〉〉〉〉〉 46.②

ADVICE

46 매장 전면부의 통로에는 고객들의 관심 및 흥미 등을 이끌어내기 위해 충동성이 있는 제품을 전진 배치시켜야 한다. 매장 내 배치의 기본원칙은 고객이 원하는 상품을 신속히 발견하고, 최대한 오랫동안 고객을 매장에 머물 수 있게 하는 것이다.

47 인적판매에 대한 설명으로 옳지 않은 것은?

① 소비자와 대화를 나누며 상품 관련 정보를 제공하고 설득하여 판매활동을 종결한다.
② 소비자의 질문이나 요구에 대하여 즉각적인 피드백이 가능하다.
③ 소비자마다 다르게 요구하는 사항들을 충족시키기 위해 필요한 방법을 신속하게 제시할 수 있다.
④ 다른 촉진활동에 비해 더 효과적으로 소비자 반응을 유도해 낼 수 있다.
⑤ 백화점의 판매원과 같은 주문창출자와 보험판매원과 같은 주문수주자의 두 가지 유형으로 구분된다.

48 소매점 촉진수단으로서의 광고에 대한 설명으로 옳지 않은 것은?

① 유통광고는 소매점이 상권 내에 있는 목표소비자들에게 직접 수행하는 촉진활동이다.
② 일반적으로 저렴한 상품가격과 구매행동의 즉각성을 강조한다.
③ 유통점의 이미지를 제고함으로써 소비자 방문율을 높이기 위한 이미지광고가 촉진광고에 해당한다.
④ 특정 기간 동안 실시되는 바겐세일을 알리는 특매 광고가 촉진광고에 해당한다.
⑤ 상권 내의 다른 점포나 제조업자와 비용을 부담해서 수행하는 협동광고형식을 활용하기도 한다.

›››››››› 47.⑤ 48.③

ADVICE

47 판매원의 역할

기본역할	활동
주문수주자 (=주문처리)	제품을 구입하기로 결정한 소비자에게 판매를 완료하는 역할을 말한다. 점포를 방문한 소비자의 상품선택을 도와주고, 계산 및 포장 등의 서비스를 제공하는 판매원이나 다른 판매원 또는 광고 등의 촉진수단을 이용하여, 확보된 소비자를 기간을 설정해서 주기적으로 방문하고, 주문을 받아오는 판매원을 포함한다.
주문창출자 (=창조적 판매)	잠재소비자를 물색하고, 그들에게 제품정보를 제공하여 구매할 수 있도록 설득하여 일을 성사시키는 역할이다. 이는 제품이나 소비자, 판매기법에 대한 전문적인 지식이나 높은 수준의 커뮤니케이션 및 사교능력, 적극적이고 끈기있는 성격이 필요하다.
지원판매 (=판매지원자)	소비자나 경로구성원들과 좋은 관계를 지속시키며, 자사제품의 수요를 조장하기 위해서 전도사와 같은 역할을 수행하는 사람을 말한다. 이는 소비자나 중간상들과 정기적으로 만남을 가짐으로써 경영자문 및 판매원 훈련 등이 서비스를 제공함으로써 유대를 강화하는 데 있다.

48 판매촉진은 자사의 제품이나 서비스의 판매를 촉진하기 위해서 단기적인 동기부여 수단을 사용하는 방법을 총망라한 것으로, 광고가 서비스의 구매이유에 대한 정보를 제공하고, 이에 따른 판매를 촉진시키는 방법을 의미하는 반면에 이미지 광고의 경우 이미지 광고의 경우 회사, 제품, 상표 등의 실체에 대해 특별한 이미지를 창조하려는 것으로써 오랜 시간에 걸쳐 소비자들에게 좋은 인상을 남기고 자사의 제품을 찾게 하는 것이므로 단기적으로 촉진수단을 활용하여 성과를 나타내는 소매점 촉진수단과는 차이가 있다.

49 매장 내부의 특성과 추구하는 매장 이미지를 모두 옳게 짝지어 놓은 것은?

(가) – 백화점의 의류코너
(나) – 식품매장
(다) – 공산품 매장

① (가) 화려한 매장 (나) 깨끗한 매장 (다) 편리한 매장
② (가) 화려한 매장 (나) 편리한 매장 (다) 깨끗한 매장
③ (가) 편리한 매장 (나) 화려한 매장 (다) 깨끗한 매장
④ (가) 편리한 매장 (나) 깨끗한 매장 (다) 화려한 매장
⑤ (가) 깨끗한 매장 (나) 화려한 매장 (다) 편리한 매장

50 풀(pull)과 푸시(push) 전략에 대한 설명으로 가장 옳지 않은 것은?

① 풀과 푸시 전략은 제조업체들이 이용하는 가장 기본적인 촉진전략으로 소구대상이 서로 다르다.
② 풀 전략은 제조업체가 최종소비자들을 상대로 촉진활동을 하여 소비자들로 하여금 중간상에게 자사 제품을 요구하도록 하는 것으로, TV광고를 예로 들 수 있다.
③ 푸시 전략에는 가격할인, 수량할인, 인적판매, 협동 광고 등이 있다.
④ 산업재의 경우에는 풀 전략, 소비재의 경우에는 푸시 전략이 중요하다.
⑤ 많은 제조업체들은 풀 전략과 푸시 전략을 병행해서 사용한다.

〉〉〉〉〉〉〉〉〉 49.① 50.④

ADVICE

49 백화점의 의류코너는 패션과 관계되므로 주의를 끌 수 있는 화려한 매장이어야 하며, 식품매장은 식생활과 관련되므로 깨끗한 매장이어야 한다. 또한 공산품 매장은 사람들이 부문별로 찾기 쉽게끔 이용이 편리한 매장이어야 한다.

50 푸시전략은 판매하는 기업이 흥정의 상대방에게 판매촉진활동을 요청하는 전략이다. 이 전략은 영업사원에 의해 진행되므로 판매점의 마진폭을 올려주거나 판매점에 상품진열 전문가를 파견하기도 하여 자사 제품의 취급을 유리하게 한다. 통상적으로 보면 기술적 특성이 높은 생산재의 판매에 주로 활용하는 전략이며, 일종의 고압적 마케팅으로도 간주되고 있다. 또한 대부분의 산업재 판매에 해당하는 전략이다.

51 중간상이 제조업자를 위해 지역광고를 하거나 판촉을 실시할 경우 이를 지원하기 위해 지급되는 보조금으로, 중간상이 제조업자에게 물품대금을 지불할 때 그 금액만큼 공제하는 가격할인 유형으로 옳은 것은?

① 수량 할인
② 거래 할인
③ 현금 할인
④ 상품 지원금
⑤ 판매촉진 지원금

52 소매점포는 시각적 커뮤니케이션 요소, 조명, 색상, 음악, 향기 등을 종합적으로 이용하여 내점고객의 지각 및 감정 반응을 자극하고 나아가서 구매행동에 영향을 미치려고 노력한다. 이러한 소매점포 관리 활동을 나타내는 용어로 옳은 것은?

① 점포 배치
② 점포 진열
③ 점포내 머천다이징
④ 점포 분위기관리
⑤ 감각적 머천다이징

53 오프 프라이스(off price) 의류점에서 격자형(grid) 점포 배치를 피해야 할 이유로서 가장 옳은 것은?

① 격자형 배치는 비용 효율성이 낮다.
② 격자형 배치는 공간이용의 효율성이 낮다.
③ 격자형 배치는 고객들을 자연스럽게 매장 안으로 유인하지 못한다.
④ 격자형 배치는 고객이 계획에 없던 부문매장(department)을 방문하게 만든다.
⑤ 격자형 배치는 상품진열에 필요한 걸이(fixtures)의 소요량을 대폭 증가시킨다.

›››››››› 51.⑤ 52.④ 53.③

ADVICE

51 판매촉진 지원금은 중간상 할인에 관한 방법 중 하나로써 중간상이 제조업자를 위해 실시하는 판촉에 대한 지원금을 의미한다.

52 점포 분위기관리는 고객들의 동향이나 또는 각종 성향을 파악하여 차별화를 제공하며 점포분위기를 고객에게 관심을 끌 수 있도록 항상 청결하면서도 쾌적한 실내공간을 연출하여 최상의 서비스를 제공해야 하는 것을 의미한다.

53 격자형 배치는 소비자들이 점포 내의 전체 제품에 노출되지 않는다는 문제점이 있으며 소비자들의 이동 동선을 제한시키므로 소비자들을 점내로 자연스럽게 유인하지 못한다는 문제점이 발생하게 된다.

54 기술진보가 마케팅에 미치는 영향으로서 가장 타당한 것은?

① 단편화된 다수의 소규모 세분시장들이 소수의 매스 마켓으로 통합된다.
② 판매를 위해 산업재 생산자는 더 많은 중간상을 활용한다.
③ 마케터가 제공하는 정보에 대한 소비자의 의존도가 과거에 비해 감소한다.
④ 마케터가 매스마케팅 기법을 활용하는 비중이 증가한다.
⑤ 마케터가 소비자에게 정보를 제공하기 위한 비용이 증가한다.

55 고가격 전략을 수립할 수 있는 경우로서 옳지 않은 것은?

① 최신의 특정상품을 세심한 고객응대를 통해 판매하는 전문점
② 고객의 요구에 맞춘 1:1 고객서비스에 중점을 두는 소매점
③ 품위 있는 점포분위기와 명성을 중요시하는 고객을 타겟으로 하는 소매점
④ 고객 맞춤형 점포입지를 확보하고 맞춤형 영업시간을 운영하는 소매점
⑤ 물적유통비용의 절감을 통해 규모의 경제를 실현하고자 하는 소매점

〉〉〉〉〉〉〉〉〉 54.③ 55.⑤

ADVICE

54 기술이 진보하기 이전에는 마케터의 정보에 소비자들이 많이 의존했지만 기술이 진보함으로써 소비자들은 빠르고 정확한 정보를 용이하게 얻을 수 있으므로 마케터가 제공하는 정보에 대한 소비자의 의존도 과거에 비해서는 감소될 수밖에 없다.

55 고가격 전략을 수립할 수 있는 경우
㉠ 최신의 특정상품을 세심한 고객응대를 통해 판매하는 전문점
㉡ 고객의 요구에 맞춘 1:1 고객서비스에 중점을 두는 소매점
㉢ 품위 있는 점포분위기와 명성을 중요시하는 고객을 목표로 하는 소매점
㉣ 고객 맞춤형 점포입지를 확보하고 맞춤형 영업시간을 운영하는 소매점

56 소셜 미디어 마케팅의 장점으로 옳은 것은?

① 소셜 미디어는 표적화되어 있고 인적(personal)인 속성이 강하다.
② 소셜 미디어 캠페인의 성과는 측정이 용이하다.
③ 마케터의 메시지 통제 정도가 강하다.
④ 기업과 제품에 대한 정보를 푸시를 통해 적극적으로 제공한다.
⑤ 소셜 미디어 캠페인은 실행이 단순하고 역효과가 없다.

57 광고매체를 선정할 때는 도달범위(reach)와 도달빈도(frequency)의 상대적 중요성을 고려해야 한다. 도달빈도보다 도달범위가 더 중요한 상황으로 옳은 것은?

① 강력한 경쟁자가 있는 경우
② 표적 청중을 명확히 정의하기 어려운 경우
③ 광고 메시지가 복잡한 경우
④ 표적청중이 자사에 대해서 부정적 태도를 갖고 있는 경우
⑤ 구매주기가 짧은 상품을 광고하는 경우

58 소매수명주기 중 판매증가율과 이익수준이 모두 높은 단계에 수행해야 하는 소매업자의 전략으로 옳은 것은?

① 성장유지를 위한 높은 투자
② 특정 세분시장에 대한 선별적 투자
③ 소매개념을 정립 및 정착시키는 전략
④ 소매개념을 수정하여 새로운 시장에 진출하는 전략
⑤ 자본지출을 최소화하는 탈출전략

〉〉〉〉〉〉〉〉〉 56.① 57.② 58.①

ADVICE

56 소셜 미디어 마케팅은 기업에서 소셜 미디어를 이용해 고객들과 직접적으로 소통하면서 상품이나 또는 서비스 등을 홍보하는 것을 의미한다. 이 방식은 텔레비전, 신문 등과 같은 전통적 대중매체를 통해 광고, 홍보를 했던 기존의 마케팅과는 다르게 목표로 하는 고객을 네트워크를 통해 표적화 할 수 있으며, 사용자 간의 인적관계를 형성할 수 있는 웹 기반의 플랫폼인 소셜 네트워크 서비스를 활용하여 고객들과 소통하는 이점이 있다.

57 광고 도달범위는 광고매체의 도달 지역이나 또는 광고에 노출되는 세대 수, 인원 수 등을 의미한다. 만약 표적청중을 정확하게 정의하기 어려운 경우에는 더욱 많은 비용 및 노력 등이 수반된다.

58 이에 속한 사업부를 가진 기업은 시장 내 선도기업의 지위를 유지하고 성장해가는 시장의 수용에 대처하고, 여러 경쟁기업들의 도전에 극복하기 위해 역시 자금의 투하를 필요로 한다.

59 유통산업발전법[2018. 1. 18시행] 상의 대규모점포 등에 대한 영업시간 제한에 관한 내용으로 옳지 않은 것은?

① 특별자치시장, 시장, 군수, 구청장은 건전한 유통질서확립과 근로자의 건강권 및 대규모점포 등과 중·소 유통업의 상생발전을 위해 필요한 경우 영업시간 제한을 명할 수 있다.
② 여기서 대형마트는 대규모점포에 개설된 점포로서 대형마트의 요건을 갖춘 점포를 포함한다.
③ 대형마트와 준대규모점포에 대하여 오전 0시부터 오후 10시까지의 범위에서 영업시간을 제한할 수 있다.
④ 영업시간 제한과 의무휴업일 지정에 필요한 사항은 해당 지방자치단체의 조례로 정한다.
⑤ 매월 이틀을 의무휴업일로 지정하여야 하는데 이 경우 의무휴업일은 공휴일 중에서만 지정한다.

60 경로구성원 관계에서 작용하는 경로파워의 원천과 그 예들을 옳게 짝지은 것은?

① 보상적 파워 – 경영관리에 대한 조언, 종업원교육
② 강압적 파워 – 마진폭의 인하, 밀어내기, 끼워팔기
③ 합법적 파워 – 유명상표 취급에 대한 긍지, 상대방의 신뢰
④ 준거적 파워 – 판매지원, 시장정보, 특별할인
⑤ 전문적 파워 – 계약, 상표등록, 특허권, 프랜차이즈 협약

›››››››››› 59.⑤ 60.②

ADVICE

59 유통산업발전법〈제12조의2 대규모 점포 등에 대한 영업시간의 제한 등〉 ③항
특별자치시장·시장·군수·구청장은 매월 이틀을 의무휴업일로 지정하여야 한다. 이 경우 의무휴업일은 공휴일 중에서 지정하되, 이해당사자와 합의를 거쳐 공휴일이 아닌 날을 의무휴업일로 지정할 수 있다.

60 유통경로의 힘

유통경로의 힘	예시
보상력/보상적 파워	판매지원, 관리기법, 영업활동지원, 금융지원, 시장정보, 특별할인, 신용조건, 리베이트, 마진폭 증대, 판촉물지원, 광고지원, 지역독점권 제공 등
강권력/강압적 파워	상품공급의 지연, 마진폭 인하, 대리점 보증금의 인상, 전속적 지역권 철회, 대금결제일의 단축, 밀어내기, 끼워팔기, 기타 보상적 파워의 철회 등
전문력/전문적 파워	경영관리에 대한 상담 및 조언, 종업원의 교육 및 훈련, 영업사원의 전문지식, 경영정보, 시장정보, 상품의 진열 및 전시조언, 신제품 개발 능력 등
준거력/준거적 파워	상호 간 목표의 공유, 유명상표를 취급한다는 긍지 및 보람, 상대방의 신뢰 및 결속, 유명업체 또는 관련 산업의 선도자와 거래한다는 긍지 등
합법력/합법적 파워	관습 또는 상식 등에 따라 당연하게 인정되는 권리, 상표등록, 계약, 프랜차이즈 협약, 특허권, 기타 법률적 권리 등

61 상품의 판매동향을 탐지하거나 상품개발, 수요예측 등을 위하여 실험적으로 운영되는 점포들로 짝지어진 것은?

① 플래그숍, 안테나숍
② 테넌트숍, 파일럿숍
③ 마크넷숍, 플래그숍
④ 파일럿숍, 안테나숍
⑤ 센싱숍, 마그넷숍

62 업셀링(upselling)과 연관성이 가장 낮은 것은?

① 교차판매
② 격상판매
③ 고부가가치 품목 유도
④ 거래액 증가
⑤ 객단가 향상

63 소매업체들이 해외시장에 진입하는 방식으로서 가장 옳지 않은 것은?

① 아웃소싱
② 직접투자
③ 합작투자
④ 전략적 제휴
⑤ 프랜차이즈

〉〉〉〉〉〉〉〉〉 61.④ 62.① 63.①

ADVICE

61 파일럿숍은 상품의 판매동향을 탐지하기 위해 메이커나 도매상이 직영하는 소매점포를 의미한다. 주로 의류 등 유행에 따라 매출액이 좌우되기 쉬운 상품에 관해 재빨리 소비자의 반응을 파악하여 상품개발이나 판매촉진의 연구를 돕는 전략점포이며, 다른 말로 안테나숍이라 하기도 한다.

62 업셀링(upselling)은 격상판매 또는 추가판매라고도 하며 특정 상품 범위 내에서 상품구매액을 늘리도록 업그레이드 된 상품의 구매를 유도하는 판매활동의 하나이다. 교차판매는 연결판매라고도 하며 기존 상품을 구입했던 고객이 다른 연관된 상품의 구매로 이어질 수 있도록 하는 마케팅 방법이다.

63 아웃소싱(outsourcing)은 기업 내부의 정보화나 정보 시스템의 개발, 운영 등과 같은 일부 서비스를 외부 회사에 일괄 위탁하는 것을 의미한다. 아웃소싱은 주로 기업 감량화를 통한 인원 절감, 가격경쟁력 확보, 생산성 향상을 위해 도입한다.

64 소매상의 유통전략에 대한 내용으로 옳지 않은 것은?

① 편의점들은 도시락, 커피판매, 자체 브랜드(PB) 상품과 택배 · 금융 · 사무 보조 등 생활편의 서비스를 확대한다.
② 대형마트는 항시염가전략과 PB, 무상표 상품을 포함한 고회전전략을 추구한다.
③ 전문 할인점은 의약품이나 화장품, 생활용품 등을 취급하는 복합점포로서 건강/미용 상품에 특화하고 있다.
④ 회원제도매클럽은 일반적으로 일정 회비를 내는 회원들에게 할인된 정상제품을 판매하는 유통업태이었지만 비회원제로 운영하는 경우도 생겼다.
⑤ 매장 자체를 소비자를 위한 놀이터 개념으로 유통과 엔터테인먼트를 결합시킨 리테일먼트 전략을 추구하는 소매점포도 생겼다.

65 어느 백화점의 경영 현황을 파악하기 위해 2차 자료를 수집하였다. 2차 자료에 해당하지 않는 것은?

① 제품계열별 판매액
② 지점별 주요 제품 재고
③ 직접 조사한 지점별 고객 만족도
④ 고객별 지출액
⑤ 연간 성장률

66 제조업자의 중간상 촉진과정에서 발생하는 문제점 중 도매상이나 소매상이 판매촉진기간 동안에 판매할 수 있는 수량보다 더 많은 상품을 저렴한 원가로 구매하여 판촉기간 후에 판매함으로써 높은 이익을 얻으려는 것은?

① 전매
② 공제전환
③ 선물구매
④ 촉진일탈
⑤ 기회주의적 행동

〉〉〉〉〉〉〉〉〉 64.③ 65.③ 66.③

ADVICE

64 전문 할인점은 한 가지 또는 한정된 제품을 깊게 취급하며, 할인점보다 저렴하게 판매하는 소매업태이다. 특히, 깊이 있는 제품구색과 우수한 고객서비스, 고가격의 점포 특성을 가지는 전문점과 일정 정도의 깊이를 가진 여러 제품군을 취급하는 할인점 및 양판점과 차별화되는 점포형태이다.

65 2차 자료는 현재 조사목적에 도움을 줄 수 있는 기존의 모든 자료를 의미한다. ③은 조사자가 필요에 의해 직접 수집한 1차 자료이다.

66 제조업자의 중간상 촉진과정에서 발생하는 문제점 중 도매상이나 소매상이 판매촉진기간 동안에 판매할 수 있는 수량보다 더 많은 상품을 저렴한 원가로 구매하여 판촉기간 후에 판매함으로써 높은 이익을 얻는 것을 선물구매라 한다.

67 아래 글상자 내용이 설명하는 판매촉진 기법은?

> – 비가격 판매촉진 방법 중 하나
> – 상품의 이미지를 향상시키고 호감을 심어주기 위해 사용
> – 판촉물로 자사의 로고가 새겨진 무료선물이나 상품을 제공

① 견본품
② 컨테스트
③ 프리미엄
④ 시연회
⑤ 쿠폰

68 아래 글상자가 설명하고 있는 용어는?

> 각 제품 대안들에 대한 선호순위의 분석을 통해 선호도 예측, 시장점유율 예측이 가능한 분석기법

① 컨조인트분석
② 다차원적 척도법
③ 군집분석
④ 비율분석
⑤ 회귀분석

》》》》》》》》》 67.③ 68.①

ADVICE

67 프리미엄 (사은품 제공)은 자사의 제품이나 서비스를 구매하는 고객에 한해 다른 상품을 무료로 제공하거나 저렴한 가격에 구입할 수 있는 기회를 제공하는 것을 말한다. 사은품은 구매 즉시 제공되거나 리베이트와 같이 구매증거를 제시할 경우에 제공된다. 만약, 우편으로 사은품을 배포하는 경우에 고객 데이터베이스를 구축할 수 있으며, 사은품 제공이 브랜드 이미지의 향상과 더불어 브랜드 자산을 강화시킬 수 있다.

68 컨조인트 분석(Conjoint Analysis)은 어떠한 제품 또는 서비스 등이 지니고 있는 속성 하나하나에 소비자가 부여하는 가치를 추정함으로써, 해당 소비자가 어떠한 제품을 선택할지를 예측하는 기법이다. 또한 이 방식은 구체적인 소비자 행동의 요인을 측정하기 위한 방법의 하나이다.

69 (가), (나)안에 들어갈 용어로 가장 옳은 것은?

> – 소매점의 목표 달성 여부를 판정하는 기준으로는 (가)와 (나)가 사용된다.
> – (가)는 제품의 판매상황을 알려주는 재고회전율과도 관계된다. 재고회전율은 (가)를 평균 재고자산액으로 나누어 얻는다.
> – GMROI(Gross Margin Return On inventory Investment)는 (나)와 재고회전율을 동시에 감안한 개념이다.

① (가) : 연간 매출액 (나) : 경상이익
② (가) : 매출 총이익 (나) : 경상이익
③ (가) : 연간 매출액 (나) : 총이익률
④ (가) : 총영업이익 (나) : 연간 매출액
⑤ (가) : 총매출이익률 (나) : 순매출액

70 고객관계관리(CRM)에 대한 설명으로 가장 옳지 않은 것은?

① 신규고객의 유치로부터 시작하는 고객관계를 고객 전생에 걸쳐 유지함으로써 장기적으로 고객의 수익성을 극대화하는 것이 중요한 목적이다.
② 고객충성도를 극대화하기 위해 개별고객의 구체적 정보를 관리하고 고객과의 접촉점을 세심하게 관리하는 과정, 고객 획득, 유지, 육성 모두를 다룬다.
③ 신규고객확보, 기존고객유지 및 고객수익성 증대를 위하여, 지속적인 커뮤니케이션을 통해 고객행동을 이해하고 영향을 주기 위한 광범위한 접근으로 정의하고 있다.
④ 소비자에 대한 정보를 분석하고 장기적인 관계를 통해 이익을 극대화하기 위한 기법으로 전적으로 기업에게만 유익한 마케팅 방법이라는 비판을 받는다.
⑤ 고객에 대한 매우 구체적인 정보를 바탕으로 개개인에게 적합하고 차별적인 제품 및 서비스를 제공하여 고객관계를 유지하고 일대일 커뮤니케이션을 가능하게 해준다.

〉〉〉〉〉〉〉〉〉 69.③ 70.④

ADVICE

69 연간 매출액은 상품의 판매상황을 알려주는 재고회전율과 연관성을 지니며, 재고회전율은 연간 매출액을 평균 재고자산액으로 나누어 얻는다. GMROI는 총이익률과 재고회전율을 동시에 고려한 개념이다.

70 CRM은 기업이 고객과 관련된 내외부 자료를 분석 · 통합해 고객 중심의 자원을 극대화하고 이를 토대로 고객특성에 맞게 마케팅 활동을 계획 · 지원 · 평가하는 과정을 의미한다. CRM은 고객관리를 통해 고객과 기업이 함께 상생할 수 있도록 하는 역할을 수행한다.

Ⅳ 유통정보

71 아래 글상자 (　) 안에 공통적으로 들어갈 알맞은 용어는?

> e-커머스가 등장하게 된 주요 원인 중 하나인 (　　)비용은 거래를 위해 구매자 · 판매자 탐색, 제품정보 수집, 가격협상, 계약서 작성, 제품 운송 등을 하는데 소요되는 제반 비용을 지칭한다. 인터넷 기반 상거래는 인터넷기술의 이용을 통해 (　　)비용을 현저하게 감소시킨다.

① 거래
② 협업
③ 분배
④ 독립
⑤ 기회

72 빅데이터 솔루션에서 처리하는 다양한 데이터는 정형, 반정형, 비정형 데이터로 구별해 볼 수 있다. 이들에 대한 설명으로 가장 옳은 것은?

① 정형 데이터는 데이터 모델 또는 스키마를 따르며 주로 테이블 형식으로 저장된다.
② 비정형 데이터는 ERP, CRM 시스템과 같은 기업의 정보시스템에서 자주 생성된다.
③ 반정형 데이터는 구조가 정의되어 있지 않은, 일관성이 없는 데이터이다.
④ 비정형 데이터는 계층적이거나 그래프 기반이다.
⑤ 은행거래 송장 및 고객기록정보 등이 반정형 데이터의 유형이다.

›››››››› 71.① 72.①

ADVICE

71 e-커머스가 등장하게 된 주요 원인 중 하나인 거래 비용은 거래를 위해 구매자 · 판매자 탐색, 제품정보수집, 가격협상, 계약서 작성, 제품 운송 등을 하는데 소요되는 제반비용을 지칭한다. 인터넷 기반 상거래는 인터넷기술의 이용을 통해 거래비용을 현저하게 감소시킨다.

72 정형 데이터는 데이터 모델 또는 스키마를 따르며 주로 테이블 형식으로 저장되는데, 이는 다시 말해 즉시 통계적 분석에 사용될 수 있을만한 형태로 정리되고 가공된 데이터를 의미한다.

73 SCOR모델의 성과측정요소에 대한 설명으로 가장 옳지 않은 것은?

① 성과측정 항목 중 대표적인 비용은 공급사슬관리비용, 상품판매비용 등이다.
② 내부적 관점은 고객의 측면, 외부적 관점은 기업측면에서의 성과측정 항목을 지칭한다.
③ 외부적 관점의 성과측정 항목으로는 유연성, 반응성, 신뢰성 등이 있다.
④ 공급사슬의 반응시간, 생산 유연성 등은 외부적 관점 중 유연성 측정항목의 요소이다.
⑤ 공급재고 일수, 현금순환 사이클 타임, 자산 회전 등은 자산에 대한 성과측정 항목의 요소이다.

74 아래 글상자 (　) 안에 들어갈 알맞은 용어는?

> 월마트는 점포가 위치한 해당지역의 고객정보를 많이 가지고 있고, 모기약 공급사인 워너램버트사는 자사의 제품정보에 강점을 가지고 있다. 따라서 이들을 이용한 (　　)(으)로 알려진 새로운 프로그램을 도입하여, 월마트의 수요예측 정확성이 크게 향상되었다.

① CPFR　　② RossettaNet
③ QR　　④ ECR
⑤ CAO

〉〉〉〉〉〉〉〉〉 73.② 74.①

ADVICE

73 SCOR모델 성과측정요소
㉠ SCOR모델의 대표적 비용으로는 공급사슬관리비용, 제품판매비용 등이 있다.
㉡ SCOR모델의 외부관점에서의 성과측정항목으로는 유연성, 반응성, 신뢰성 등이 있다.
㉢ 외부적 관점 중 유연성 측정항목의 요소에는 생산 유연성, 공급사슬의 반응시간 등이 있다.
㉣ 자산에 관한 성과측정 항목의 요소로는 자산회전, 공급재고 일수, 현금순환 사이클 타임 등이 있다.

74 CPFR(Collaborative Planning Forecasting & Replenishment)은 협력적 예측·보충 시스템을 의미하는데 판매·재고 데이터를 이용해 제조·유통업체가 상호 협력하여 공동으로 예측하고 계획하며 상품을 보충하는 업무 프로세스이다. 제조와 판매를 담당하는 각각의 기업이 도소매 예측치를 공유해서 재고 삭감이나 판매 증가를 목표로 하는데, 이때 공유하는 판매 예측치에 대해서 미리 설정하고자 하는 치를 초과한 경우에만 생산·판매 계획 등을 인정하게 된다.

75 전자상거래를 위한 웹 사이트 시스템을 개발하는 순서로 가장 옳게 나열된 것은?

가. 시스템 구축	나. 실행 / 서비스 제공
다. 시스템 설계	라. 시스템 분석
마. 테스트	

① 가 – 나 – 다 – 라 – 마
② 다 – 라 – 가 – 나 – 마
③ 라 – 다 – 가 – 마 – 나
④ 다 – 라 – 마 – 가 – 나
⑤ 나 – 마 – 라 – 다 – 가

76 전자상거래 상에서 발생할 수 있는 보안 위협과 관련된 설명 중 가장 옳지 않은 것은?

① 자기 자신을 복제하여 다른 파일에 확산시키는 컴퓨터 프로그램을 바이러스라 한다.
② 사용자의 동의 없이 설치되는 프로그램인 애드웨어 자체는 불법이 아니지만 그에 따르는 보안상의 문제가 위험요소가 된다.
③ 스푸핑은 네트워크에 돌아다니는 정보들을 감시하는 일종의 도청 프로그램이다.
④ 파밍은 웹 링크가 목적지 주소를 사칭하는 다른 주소의 웹으로 연결해 주는 것이다.
⑤ 핵티비즘은 정치적인 목적을 위한 사이버 반달리즘과 정보도용이다.

〉〉〉〉〉〉〉〉〉 75.③ 76.③

ADVICE

75 전자상거래를 위한 웹 사이트 시스템 개발 순서
시스템 분석 → 시스템 설계 → 시스템 구축 → 테스트 → 실행 및 서비스의 제공

76 스푸핑(spoofing)은 승인받은 사용자인 것처럼 시스템에 접근하거나 네트워크상에서 허가된 주소로 가장하여 접근 제어를 우회하는 공격 행위 즉, 의도적인 행위를 위해 타인의 신분으로 위장하는 것으로 매체접근제어(MAC) 주소, 인터넷 프로토콜(IP) 주소, 포트(port), 전자우편(이메일) 주소 등을 이용한다.

77 공개키 암호화 방식의 과정을 가장 옳게 나열한 것은?

> 가. 송신자가 디지털 메시지를 만든다.
> 나. 송신자가 공용디렉토리에서 수신자의 공개키를 얻은 후 메시지에 적용한다.
> 다. 암호화된 메시지가 인터넷상으로 전송된다.
> 라. 수신자 키 적용 후 암호화된 암호문이 생성된다.
> 마. 수신자가 개인키를 사용해 메시지를 복호화한다.

① 가 – 다 – 마 – 라 – 나
② 마 – 라 – 다 – 가 – 나
③ 다 – 마 – 라 – 나 – 가
④ 가 – 나 – 라 – 다 – 마
⑤ 가 – 나 – 다 – 라 – 마

78 커뮤니케이션 측면에서 볼 때, 데이터 시각화의 특성에 대한 설명으로 가장 옳지 않은 것은?

① 정보 전달에 있어서 문자보다 이해도가 높다.
② 데이터 이면에 감춰진 의미는 찾아내지 못한다.
③ 많은 데이터를 동시에 차별적으로 보여줄 수 있다.
④ 눈에 보이지 않는 구조나 원리를 시각화함으로써 이해하기 쉽다.
⑤ 인간의 정보처리 능력을 확장시켜 정보를 직관적으로 이해할 수 있게 한다.

〉〉〉〉〉〉〉〉〉 77.④ 78.②

ADVICE

77 공개키 암호화 방식 절차

송신자가 디지털 메시지를 만든다. →송신자가 공용 디렉토리에서 수신자의 공개키를 얻은 후 메시지에 적용한다. →수신자 키 적용 후에 암호화된 암호문이 생성된다. →암호화된 메시지가 인터넷상으로 전송된다. →수신자가 개인키를 사용하여 메시지를 복호화 한다.

78 데이터 시각화의 특징

㉠ 시각화는 인간의 정보처리 능력을 확장시켜 정보를 직관적으로 이해할 수 있게 한다.
㉡ 수 많은 데이터를 동시에 차별적으로 보여줄 수 있다.
㉢ 시각화는 다른 방식으로는 어려운 지각적인 추론을 가능하게 한다.
  예 눈에 보이지 않는 구조나 원리를 다양한 다이어그램, 상징, 기호로 시각화할 때 이해하기 쉽다.
㉣ 시각화는 보는 이로 하여금 흥미를 유발하며, 주목성이 높아지며 인간의 경험을 풍부하게 한다.
㉤ 시각화를 통해 문자보다 친근하게 정보를 전달하며, 여러 계층의 사람들에게 쉽게 다가갈 수 있다.
㉥ 시각화는 데이터 간의 관계와 차이를 명확하게 드러냄으로써 문자나 수치에서 발견하기 어려운 이야기를 창출할 수 있다. 즉, 데이터 시각화는 데이터 이면의 내러티브를 만든다.
㉦ 시각화를 통해 데이터를 입체적으로 만들 수도 있으며, 필요에 따라 거시적 혹은 미시적으로 표현이 가능하고 위계를 부여할 수도 있다.

79 컴퓨터를 바이러스로부터 보호하기 위한 방법으로 가장 옳지 않은 것은?

① 방화벽 사용하기
② 윈도우 업데이트 하기
③ 브라우저에서 팝업 차단하기
④ 바이러스 백신 소프트웨어 설치하기
⑤ 인터넷 캐시 및 검색 기록 저장하기

80 아래 글상자가 설명하고 있는 용어는?

> 최근 많은 이슈가 되고 있는 비트코인의 기반 기술로, 원장을 금융기관 등 특정 기관의 중앙서버가 아닌 P2P(Peer to Peer · 개인간) 네트워크에 분산해 참가자가 공동으로 기록하고 관리하는 기술이다.

① 핀테크 ② 비콘
③ O2O ④ 블록체인
⑤ IDS

›››››››››› 79.⑤ 80.④

ADVICE

79 컴퓨터를 바이러스로부터 보호하기 위한 방법
㉠ 방화벽의 사용
㉡ 윈도우 업데이트
㉢ 브라우저에서 팝업 차단
㉣ 바이러스 백신 소프트웨어의 설치

80 블록체인은 블록(Block)을 잇따라 연결(Chain)한 모음을 말한다. 관리 대상 데이터를 '블록'이라고 하는 소규모 데이터들이 P2P 방식을 기반으로 생성된 체인 형태의 연결고리 기반 분산 데이터 저장환경에 저장되어 누구라도 임의로 수정할 수 없고 누구나 변경의 결과를 열람할 수 있는 분산 컴퓨팅 기술 기반의 데이터를 방지할 수 있다. 블록체인 기술이 쓰인 가장 유명한 사례는 가상화폐인 비트코인이다.

81 소매점 입장에서 POS시스템을 도입함으로써 얻을 수 있는 효과로서 가장 옳지 않은 것은?

① 고객의 대기시간이 줄어들어 계산대의 수를 줄일 수 있다.
② 잘 팔리는 제품과 잘 팔리지 않는 제품을 찾아내어 단품관리에 유리하다.
③ 전자주문시스템과 연계하여 신속한 주문이 가능하다.
④ 판매원 교육과 훈련 시간 및 입력 오류가 줄어든다.
⑤ 생산계획을 보다 효과적으로 세울 수 있어 제품 다양화가 가능하다.

82 바코드와 관련된 설명으로 가장 옳지 않은 것은?

① 국내에서 사용되는 표준형 KAN코드는 13자리로 바와 스페이스로 구성되어 있다.
② 국가식별, 상품품목, 제조업체, 체크디지트 순서로 구성되어 있다.
③ 효과적인 사용을 위해서는 코드번호에 따른 상품정보 등을 미리 등록해 둔다.
④ 주로 제조업자나 중간상에 의해 부착된다.
⑤ 생산시점에 바코드를 인쇄하는 것을 소스마킹이라고 한다.

››››››››› 81.⑤ 82.②

ADVICE

81 소매점 입장에서 POS 시스템을 도입함으로써 얻는 효과
㉠ 고객 대기시간이 감소되어 계산대의 수를 줄일 수 있다.
㉡ 전자주문시스템과 연계하여 신속한 주문이 가능하다.
㉢ 판매원 교육과 훈련 시간 및 입력 오류 등이 감소된다.
㉣ 잘 팔리는 제품과 잘 팔리지 않는 제품을 찾아내어 단품관리에 유리하다.

82 바코드는 가드 바(전세계 공통), 국가코드, 제조업체 코드, 상품품목 코드, 검증코드(체크디지트) 등으로 구성되어져 있다.

83 디지털 경제 성장 과정에서 나타나는 주요 변화로 가장 옳지 않은 것은?

① 인터넷을 통한 정보전달 속도 증대
② 고객에 대한 서비스의 효율성 증대
③ 인터넷을 통한 콘텐츠 전송 증대
④ 인터넷을 통한 물리적 제품의 소매 거래 감소
⑤ 영업 및 마케팅 비용 감소

84 지식을 크게 암묵지와 형식지로 구분할 경우 이에 대한 설명으로 가장 옳지 않은 것은?

① 철학자 폴라니가 우리는 우리가 말할 수 있는 것 이상의 것을 알 수 있다라고 한 말은 암묵지와 더 관련이 깊다.
② 암묵지는 언어나 구조화된 체계를 가지고 존재한다.
③ 제품 사양, 문서, 데이터베이스, 매뉴얼, 화학식 등의 공식, 컴퓨터 프로그램 등의 형태로 표현되는 것은 형식지로 분류된다.
④ 암묵지는 개인, 집단, 조직의 각 차원에서 개인적 경험이나 이미지, 혹은 숙련된 기능, 조직 문화, 풍토 등의 형태로 나타난다.
⑤ 형식지는 서술하기 쉽고 객관적, 논리적인 디지털 지식 등이 포함된다.

〉〉〉〉〉〉〉〉〉 83.④ 84.②

ADVICE

83 디지털 경제성장 과정에서의 변화
㉠ 인터넷을 통한 정보전달 속도 증대
㉡ 고객에 대한 서비스의 효율성 증대
㉢ 인터넷을 통한 콘텐츠 전송 증대
㉣ 인터넷을 통한 물리적 제품의 소매 거래 증대
㉤ 영업 및 마케팅 비용 감소

84 업무지식에는 명시적으로 언어표현(문자언어, 음성언어, 컴퓨터언어)이 가능한 지식이 있는 것을 명시지라고 하며, 행동방식이나 일처리 태도 등에서 느낌(feeling)이나 분위기(mood)로 나타나고 소통(communication)이 되는 암묵적인 지식 즉, 암묵지가 있다.

85 인스토어 마킹(instore marking)에 대한 설명으로 가장 옳은 것은?

① 제품의 생산 및 포장단계에서 마킹된다.
② 각각의 소매업체에서 나름의 기준으로 자유롭게 설정한 별도의 표준 코드체계에 의해 표시된다.
③ 가공식품, 잡화 등 일반적으로 공장에서 제조되는 제품에 붙여진다.
④ 전세계적으로 공통으로 사용 가능하다.
⑤ 제조업체에서 포장지에 직접 인쇄하기 때문에 인쇄에 따른 추가비용이 거의 없다.

>>>>>>>>> 85.②

ADVICE

85 소스마킹 및 인스토어마킹 비교

	소스마킹	인스토어 마킹
마킹 장소	생산, 포장단계(제조, 판매원)	가공, 진열단계(점포, 가공센터)
표시 내용	국가식별코드, 제조업체코드, 상품품목코드, 체크디지트	별도의 표준코드체계 설정(소매업체 자유설정)
대상 상품	잡화, 가공식품 등 통상적으로 공장에서 제조되어지는 제품	생선, 정육, 청과 및 소스마킹이 되지 않는 가공식품 및 잡화류
활용 지역	세계적으로 공통으로 활용 가능	인스토어 마킹을 실시하는 해당 업체에서만 사용이 가능
비용면	제조업체에서 포장지에 직접 인쇄하는 것으로써 인쇄에 의한 추가비용이 거의 없다.	각각의 소매 점포에서 바코드 라벨을 한 장씩 발행해서 일일이 제품에 부착하는 것으로, 부착 작업을 전담할 인원이 필요하다.
포장 이미지	인쇄하기 때문에 모든 색상을 전부 사용할 수 있으므로, 포장지 전체 이미지를 손상하지 않는다.	라벨러 또는 컴퓨터에서 발행되므로 바코드의 색상이 백색 바탕에 흑색 bar만을 활용하여 포장이미지를 손상시킬 우려가 있다.
판독률	포장지에 직접적으로 인쇄되므로 오손이나 지워지는 등의 염려가 없으며, 판독오류도 거의 없지만 포장재, 인쇄방법, 인쇄 색에 따른 주의가 필요하다.	라벨을 제품에 붙이므로 라벨이 떨어질 경우가 있으며, 장기간 지나면 바코드의 흑색 bar가 퇴색되므로 판독 시 오독의 우려가 있다.

86 유통 분야의 RFID 도입효과로 가장 옳지 않은 것은?

① 검수 정확도가 향상된다.
② 효과적인 재고관리가 가능하다.
③ 입 · 출고 리드타임이 늘어난다.
④ 도난 등 상품 손실비용이 절감된다.
⑤ 반품 및 불량품을 추적하고 조회할 수 있다.

87 기업에서 지식경영을 활성화하기 위해 학습조직을 구축할 때 구비조건으로 가장 옳지 않은 것은?

① 학습 결과에 대한 측정이 가능해야 한다.
② 자신의 업무와 지식관리는 별도로 수행되어야 한다.
③ 아이디어 교환을 자극할 수 있도록 조직 내의 장벽을 없애야 한다.
④ 학습 목표를 명확히 하고 학습포럼 등의 프로그램이 활성화되도록 지원해야 한다.
⑤ 자율적인 환경을 만들어 창의력을 개발하고 학습에 도움이 되는 환경을 조성해야 한다.

〉〉〉〉〉〉〉〉〉 86.③ 87.②

ADVICE

86 유통 시스템의 RFID 도입효과
㉠ 효과적인 재고관리
㉡ 입출고 리드타임의 감소 및 검수 정확도 향상
㉢ 도난 등 상품 손실 절감
㉣ 반품 및 불량품 추적 및 조회

87 학습조직 구축 시 구비조건
㉠ 학습결과에 대한 측정이 가능해야 함
㉡ 아이디어 교환 자극이 가능하도록 조직 내 장벽을 제거해야 함
㉢ 명확한 학습목표 및 학습포럼 등의 프로그램이 활성화되도록 지원해야 함
㉣ 자율적 환경 하에 창의력 개발 및 학습에 도움이 되는 환경을 조성해야 함

88 데이터마이닝의 분석기법 중 아래의 글상자가 설명하고 있는 기법은?

> n개의 개체들을 대상으로 p개의 변수를 측정하였을 때, 관측한 p개의 변수 값을 이용하여 n개 개체들 사이의 유사성 또는 비유사성의 정도를 측정하여 개체들을 유사성의 정도에 따라 그룹화하는 기법

① OEM분석
② 교차분석
③ RFM 모형
④ 군집분석
⑤ 연관성분석

89 시스템이 의사결정자와 외부환경과의 인터페이스를 원활하게 수행하여 추구하는 목적을 달성하기 위해 지녀야 할 특성으로 가장 옳지 않은 것은?

① 시스템은 반드시 목적을 가지고 있어야 하며, 이를 위해 구성요소간의 상호작용이 원활하게 이루어져야 한다.
② 시스템은 시스템의 조건이나 상황의 변화에 대해 시기 적절하게 대응·처리할 수 있도록 설정되어야 한다.
③ 시스템은 정해진 궤도나 규정으로부터 이탈되는 사태의 발생을 사전에 감지하여 수정해 나갈 수 있어야 한다.
④ 시스템은 하나 이상의 하위시스템으로 구성되고 이들 시스템 간의 상호작용을 통해 목적을 달성할 수 있어야 한다.
⑤ 시스템은 시스템을 구성하는 개별개체가 얻은 결과의 합이 전체로 통합된 개체로서 얻은 결과를 초과하여야 한다.

›››››››››› 88.④ 89.⑤

ADVICE

88 군집분석은 비슷한 특성을 가진 집단을 확인하기 위해 시도하는 통계적 분석방법을 말하는 것으로 데이터 간 유사도를 정의하고, 그 유사도에 가까운 것부터 순서대로 합쳐가는 방식이다.

89 시스템이 의사결정자와 외부환경과의 인터페이스를 통해 지녀야 하는 특성
㉠ 시스템은 반드시 목적을 가지고 있어야 하며, 이를 위해 구성요소간의 상호작용이 원활하게 이루어져야 함
㉡ 시스템은 조건이나 상황의 변화에 대해 시기적절하게 대응·처리할 수 있도록 설정되어야 함
㉢ 시스템은 정해진 궤도나 규정으로부터 이탈되는 사태의 발생을 사전에 감지하여 수정해 나갈 수 있어야 함
㉣ 시스템은 하나 이상의 하위시스템으로 구성되고 이들 시스템 간의 상호작용을 통해 목적을 달성할 수 있어야 함

90 CAO(Computer Assistant Ordering)를 성공적으로 운영하기 위해서 필요한 조건으로 가장 옳지 않은 것은?

① 유통업체와 제조업체가 규격화된 표준문서를 사용하여야 한다.

② 유통업체와 제조업체 간 데이터베이스가 다를 때도 EDI와 같은 통합 소프트웨어를 통한 데이터베이스의 변환은 요구되지 않는다.

③ 유통업체와 제조업체 간 컴퓨터 소프트웨어나 하드웨어 간 호환성이 결여될 때는 EDI문서를 표준화해야 한다.

④ 제조업체는 유통업체의 구매관리, 상품 정보를 참조하여 상품 보충계획 수립을 파악하고 있어야 한다.

⑤ 유통업체는 제품의 생산과 관련된 정보, 물류관리, 판매 및 재고관리 수준을 파악하고 있어야 한다.

››››››››› 90.②

ADVICE

90 CAO(Computer Assistant Ordering) 성공운영을 위한 조건

㉠ 유통업체 및 제조업체 간 서로 규격화 된 표준문서를 활용하여야 함

㉡ 유통업체 및 제조업체 간 컴퓨터 소프트웨어 또는 하드웨어 간의 호환성 결여 시에 EDI 문서를 표준화해야 함

㉢ 제조업체는 유통업체의 구매 관리 및 제품정보를 참조해서 제품보충계획 수립을 파악하고 있어야 함

㉣ 유통업체는 제품생산과 연관된 정보, 물류관리, 판매 및 재고관리 수준 등을 인지하고 있어야 함

2018. 11. 4. 제3회 시행

Ⅰ 유통 · 물류일반 관리

1 **지속적 상품보충(continuous replenishment)에 대한 내용 설명으로 옳지 않은 것은?**

① 지속적 상품보충이란 소비자수요에 기초하여 소매점에 상품을 공급하는 방식이다.
② 지속적 상품보충은 기존에 소매점에 재고가 있음에도 불구하고 상품을 공급하는 방식인 풀(pull) 방식과는 차이가 있다.
③ 포스 데이터(POS data)를 사용하면 지속적 상품보충 프로세스를 더 개선할 수 있다.
④ 지속적 상품보충이 구현되면 배송이 신속하게 되어 소매업체의 재고수준을 낮출 수 있다.
⑤ 전자자료교환(EDI)을 통해 정보를 교환할 수 있다.

2 **경쟁우위를 강화하기 위한 종업원에 대한 인적자원관리 활동으로 옳은 것은?**

① 고용보장 : 회사가 장기적인 안목으로 종업원을 대하고 있음을 알려주는 신호이다.
② 인센티브 제도 : 종업원들을 회사의 주주로 만들어 종업원의 이익과 주주의 이익을 일치시켜 준다.
③ 종업원지주제 : 다양한 업무를 수행함으로써 보다 흥미롭게 일할 수 있도록 하는 것이다.
④ 권한강화 : 경영성과로 인한 이윤을 직원들에게 배분하는 것으로 더욱 열심히 일하고자 하는 동기를 부여한다.
⑤ 순환근무 : 기존의 위계적 통제체제에서 업무활동의 조화를 이룰 수 있는 체계로의 전환을 수반하여 자율성을 증대시키는 것이다.

›››››››››› 1.② 2.①

ADVICE

1 지속적 상품보충은 상품을 소비자수요에 기초하여 유통소매점에 공급하는 방법(Pull)으로 기존에 유통소매점에 재고가 있음에도 불구하고 상품을 공급하는 것(Push)과는 차이가 있다.

2 고용보장은 종업원들의 고용을 보장함으로써 회사가 종업원들을 믿고 장기간 함께할 수 있다는 믿음을 심어주는 신호이다.

3 소매업발전이론에 대한 설명이나 한계점으로 옳지 않은 것은?

① 소매수명주기이론 : 소매점 유형이 도입기, 성장기, 성숙기, 쇠퇴기 단계를 거친다.
② 아코디언이론 : 원스톱 쇼핑이나 전문점을 찾는 다양한 소비자층이 존재한다는 것은 설명하지 못한다.
③ 빅미들(big middle)이론 : 최초의 소매업발전이론으로, 과거에는 백화점이 지배적인 대형 중간상이었으나 현재는 온라인 쇼핑몰이 지배적인 이유를 설명한다.
④ 아코디언이론 : 저관여제품, 고관여제품의 소매업태를 설명하지 못한다.
⑤ 소매업수레바퀴이론 : 편의점의 고가격이나 상품구색, 24시간 영업 등의 비가격적인 요소들은 설명하지 못한다.

4 소매상의 구매관리에서 적정한 공급처를 확보하기 위한 평가 기준으로 가장 옳지 않은 것은?

① 소매상의 목표 달성에 부합되는 적정 품질
② 최적의 가격
③ 적정서비스 수준
④ 역청구 활성화 정도
⑤ 납기의 신뢰성

›››››››› 3.③ 4.④

ADVICE

3 Big Middle 이론은 혁신과 저가격 이라는 무기를 가지고 주류 소매시장(Big Middle)으로 진입한 소매업태가 치열한 업태 간 경쟁 속에서 경쟁력을 유지함에 따라 지속성장을 할 수 있다는 이론을 의미한다. 면세점의 경우 빅 미들 이론을 기반으로 주류 소매 채널로써 빠르게 성장했으나 소비의 70% 이상이 중국 도매상 거래로 변질되었다. 하지만 추후엔 글로벌 포트폴리오를 지닌 국내의 면세점, 글로벌 브랜드 및 국내 브랜드의 합작을 이루어내는 백화점을 중심으로 성장성이 집중될 것으로 보이고 있다.

4 적정공급처 확보를 위한 평가기준
- 최적 가격
- 납기 신뢰성
- 적정서비스 수준
- 소매상의 목표 달성에 부합하는 적정의 품질

5 전통적 경로와 계약형 경로의 특징을 비교한 것으로 옳지 않은 것은?

구분		전통적 경로	계약형 경로
㉠	계약 성격	개별주문에 의한 교섭	개발된 장기적 계약
㉡	경로의사 결정 위치	개별구성원	경로조직내 승인된 업체 및 본부
㉢	권한위치	개별구성원에 주로 존재	개별구성원에 배타적으로 존재
㉣	구조화된 분업	존재하지 않음	경로기능의 분업동의
㉤	규모의 경제 실현가능성	낮다	높다

① ㉠
② ㉡
③ ㉢
④ ㉣
⑤ ㉤

›››››››› 5.③

ADVICE

5 전통형 마케팅시스템 및 수직적 마케팅시스템의 조직특성 비교

특성	전통형 경로	수직적 마케팅시스템		
		관리형	계약형	기업형
개별 구성원과 전반적 경로 목표와의 관계	전반적 경로목표가 없음	개별구성원 별로 독자적인 목표를 가지고 있지만 전반적인 경로목표를 달성하기 위해 비공식적으로 협력	개별구성원별로 독자적인 목표를 가지고 있지만 전반적 경로목표를 달성하기 위해 공식조직을 형성	전반적 경로목표달성을 위해 개별구성원을 조직화함
전반적 경로의 사결정의 위치	개별구성원	공식적인 경로조직구조 없이 개별 구성원 간의 상호작용에 의함	개별 구성원의 승인을 얻은 경로 조직구조 내의 상위기구	경로조직 구조내의 상위 기구
권한의 위치	개별 구성원에 배타적으로 존재	개별 구성원에 배타적으로 존재	개별 구성원에 주로 존재	공식적 경로조직 구조의 상위계층
개별 구성원 간 분업의 구조화 여부	경로 전체의 관점에서 공식적으로 구조화 된 분업이 존재하지 않음	개별 구성원이 공식적인 구조화 없이 그때 그때 분업에 동의	개별 구성원이 경로 조직에 영향을 미칠 수 있는 경로기능의 분업에 동의	공식적 경로조직 내에 개별 구성원 간 분업의 공식적 구조화가 이루어짐
경로리더의 경로시스템에의 몰입	거의 없음	낮은 몰입수준	중간수준의 몰입	높은 수준의 몰입
개별 구성원의 규정화된 집단 지향성	거의 없음	다소 낮음	다소 높음	높음

6 유통효용의 종류와 내용이 올바르게 나열된 것은?

① 장소효용 : 중간상을 통해 제조업자의 소유권을 소비자에게 이전하는 효용
② 시간효용 : 결제시스템을 도입하거나 현금, 신용카드, 계좌이체, 모바일결제 등 다양한 결제수단 적용
③ 시간효용 : 중간상이 시즌이 지난 의류를 재고로 보관 후 다음해 시즌에 재판매
④ 소유효용 : 운반, 배송을 통한 구매접근성 향상
⑤ 장소효용 : 신용, 할부, 임대, 리스판매

7 물류와 고객서비스에 대한 내용으로 가장 옳지 않은 것은?

① 재고수준이 낮아지면 고객서비스가 좋아지므로 서비스 수준의 향상과 추가재고 보유비용의 관계가 적절한지 고려해야 한다.
② 주문을 받아 물품을 인도할 때까지의 시간을 리드타임이라고 한다면 리드타임은 수주, 주문처리, 물품준비, 발송, 인도시간으로 구성된다.
③ 리드타임이 길면 구매자는 그 동안의 수요에 대비하기 위해 보유재고를 늘리게 되므로 구매자의 재고비용이 증가한다.
④ 효율적 물류관리를 위해 비용과 서비스의 상충(trade-off) 관계를 분석하고 최상의 물류서비스를 선택할 수 있어야 한다.
⑤ 동등수준의 서비스를 제공할 수 있는 대안이 여럿 있을 때 그 중 비용이 최저인 것을 선택하는 것이 물류관리의 과제 중 하나이다.

›››››››› 6.③ 7.①

ADVICE

6 유통효용의 종류
- 장소효용 : 소비자들이 원하는 장소에서 제품을 용이하게 구매하게 해 주는 효용이다.
- 시간효용 : 소비자들이 원하는 시간대에 제품구매를 가능하게 해 주는 효용이다.
- 소유효용 : 생산자의 제품에 대한 소유권이 소비자에게 이전해 가는 효용이다.
- 형태효용 : 소비자들이 원하는 제품의 양을 분할하여 구매가능하게 해 주는 효용이다.

7 재고수준이 낮아지게 되면 해당 제품을 찾는 소비자들은 적시에 제품을 공급받지 못해 고객 스스로의 니즈에 충족하지 못하므로 고객서비스가 좋아진다고 할 수 없다.

8 아웃소싱을 제공받는 기업이 얻을 수 있는 효과로 가장 옳지 않은 것은?

① 아웃소싱 파트너 통제가 자회사 통제보다 용이하다.
② 아웃소싱 파트너의 혁신과 신기술 개발의 혜택을 얻을 수 있다.
③ 규모의 경제 효과를 기대할 수 있다.
④ 아웃소싱을 통하여 고정비를 변동비로 전환시킬 수 있다.
⑤ 분업의 원리를 이용하여 아웃소싱 파트너의 특화를 통해 이득을 얻을 수 있다.

9 제품의 단위 당 가격이 4,000원이고, 제품의 단위 당 변동비가 2,000원 일 때, 이 회사의 손익 분기점은 몇 개일 때인가? (단, 총 고정비는 200만 원이다.)

① 100개
② 500개
③ 1,000개
④ 5,000개
⑤ 10,000개

>>>>>>>>> 8.① 9.③

ADVICE

8 아웃소싱을 제공받는 기업 조직이 받게 되는 효과
- 규모의 경제효과를 얻을 수 있다.
- 아웃소싱을 통해 고정비를 변동비로 전환시킬 수 있다.
- 아웃소싱 파트너의 혁신 및 신기술 개발의 혜택을 얻을 수 있다.
- 분업의 원리를 활용해서 아웃소싱 파트너의 특화를 통해 이득을 얻을 수 있다.

9 $\text{손익분기점의 연간판매량} = \frac{\text{고정비}}{\text{판매단가} - \text{변동비}} = \frac{2,000,000}{4,000 - 2,000} = 1,000$개가 된다.

10 레버리지 비율에 대한 설명으로 옳은 것을 모두 고르면?

> ㉠ 레버리지 비율은 총자산/순자본으로 계산된다.
> ㉡ 레버리지 비율이 높을수록 부채보다는 소유주의 자본의 지원을 더 많이 받았다는 것을 의미한다.
> ㉢ 레버리지 비율이 높다는 것은 경영이 보수적이고 위험회피적이라는 것을 반영한다.
> ㉣ 레버리지 비율이 과도하게 높다는 것은 자본을 수익률이 높은 다른 용도로 활용할 기회를 잃고 있다는 것을 의미한다.
> ㉤ 레버리지 기회는 낮은 이자율로 자본을 차입하여 더 높은 수익을 낼 수 있는 곳에 투자하는 경우에 발생한다.

① ㉠
② ㉡, ㉢, ㉣
③ ㉢, ㉣
④ ㉠, ㉤
⑤ ㉡, ㉢

11 재무제표와 관련된 각종 회계정보에 대한 설명 중 가장 옳지 않은 것은?

① 재무상태표(구 대차대조표)를 통해 자산 중 자기자본이 얼마인지 확인할 수 있다.
② 포괄손익계산서를 통해 세금을 낸 이후의 순이익도 확인할 수 있다.
③ 일정 기간 영업실적이 얼마인지 포괄손익계산서를 통해 알 수 있다.
④ 자본변동표는 일정 시점에서 기업의 자본의 크기와 일정 기간 동안 자본 변동에 관한 정보를 나타낸다.
⑤ 재무제표는 현금주의에 근거하여 작성하기 때문에 기업의 현금가용능력을 정확하게 파악할 수 있다.

〉〉〉〉〉〉〉〉〉 10.④ 11.⑤

ADVICE

10 레버리지 비율은 기업이 어느 정도 타인자본에 의존하고 있는지를 측정하기 위한 비율인데, 다른 말로 부채성비율이라고도 한다. 레버리지는 기업의 부채의존도를 의미하는데 통상적으로 부채비율이 높을수록 기업의 재무위험이 높으며 존속능력이 약화되는 것으로 본다.

11 재무제표는 발생주의에 근거하여 작성하기 때문에 기업의 현금가용능력을 제대로 표시하지 못하는 한계를 지니고 있다.

12 목표에 의한 관리(MBO) 이론에 대한 설명으로 가장 옳은 것은?

① 종업원은 다른 사람과 보상을 비교하여 노력과 보상 간에 공정성을 유지하려 한다는 이론이다.
② 긍정적 또는 부정적 강화요인들이 사람들을 특정방식으로 행동하게 한다는 이론이다.
③ 높지만 도달 가능한 목표를 제공하는 것이 종업원을 동기 부여할 수 있다는 이론이다.
④ 종업원이 특정 작업에 투여하는 노력의 양은 기대하는 결과물에 따라 달라진다는 이론이다.
⑤ 목표 설정 및 수행을 위한 장기계획을 수립할 수 있을 만큼 안정적인 기업에 더 적합한 이론이다.

〉〉〉〉〉〉〉〉〉 12.⑤

ADVICE

12 목표에 의한 관리방식은 종업원이 직속상사와 협의하여 작업 목표량을 결정하고, 이에 대한 성과를 부하와 상사가 함께 측정하고 또 고과하는 방법이다. 다시 말해, 조직의 종업원에게 구체적이면서도 도전감을 표출하게끔 하고, 상사하고의 협의에 의해 목표가 수립되며 지속적인 피드백이 가능한 목표를 기반으로 조직의 성과와 더불어 종업원 개인의 만족도를 동시에 향상시키는 현대적 경영관리 기법이라 할 수 있다.

13 최고 경영자가 사원에 대해 지켜야 하는 기업윤리에 해당하는 것을 모두 고르면?

> ㉠ 차별대우 금지
> ㉡ 회사기밀 유출 금지
> ㉢ 부당한 반품 금지
> ㉣ 위험한 노동 강요 금지
> ㉤ 허위광고 금지
> ㉥ 자금 횡령 금지

① ㉠, ㉡, ㉥
② ㉡, ㉥
③ ㉠, ㉣
④ ㉠, ㉡, ㉣, ㉥
⑤ ㉢, ㉤

〉〉〉〉〉〉〉〉〉 13.③

ADVICE

13 주요 윤리 원칙

구분	주요 윤리 원칙
고객	• 고객 요구에 알맞은 최고의 품질과 서비스를 제공한다. • 고객 불만 해소 노력과 최고의 서비스를 포함한 모든 거래 고객에게 공정한 대우를 한다. • 고객의 건강과 안전을 위하여 최선을 다한다.
종업원	• 종업원 삶의 환경 개선을 위한 적절한 보수를 제공한다. • 종업원의 제안 및 의견, 불만 등을 듣고 처리할 수 있도록 하고, 직장에서 재해나 질병으로부터 보호한다. • 적절하고 이전 가능한 기술과 지식을 습득할 수 있도록 장려한다.
주주	• 투자에 대한 보답으로 전문적이고 근면하고 경영하여 주주의 투자액을 보전, 보호, 증진한다. • 주주 투자가의 요구, 제언, 공식적인 결정을 존중한다.
협력업체	• 가격 결정, 허가, 판매권 등 모든 활동에 공정성과 정직성을 추구하고 협력업체와 정보를 공유한다. • 계획 단계에서 협력 업체를 참여시켜 일체감을 형성하고 계약에 따라서 적시에 대금을 지급한다.
지역사회	• 건강, 교육 및 경제적인 복지 수준을 높이고자 기여하는 지역사회 단체와 협력한다. • 지구의 자연보존 및 환경 유지에 선도적인 역할을 하고 지역 문화의 보존을 존중하며 교육, 문화에 자선 기부한다. • 종업원의 사회 활동 참여를 유도한다.

14 '전자상거래 등에서의 소비자보호에 관한 법률'(법률 제15698호, 2018.6.12., 일부개정)에서 정의한 용어로 옳지 않은 것은?

① "전자상거래"란 전자거래(「전자문서 및 전자거래기본법」 제2조 제5호에 따른 전자거래를 말한다)의 방법으로 상행위(商行爲)를 하는 것을 말한다.

② "통신판매"란 우편 · 전기통신, 그 밖에 총리령으로 정하는 방법으로 재화 또는 용역의 판매에 관한 정보를 제공하고 소비자의 청약을 받아 재화 또는 용역을 판매하는 것을 말한다.

③ "통신판매업자"란 통신판매를 업(業)으로 하는 자 또는 그와의 약정에 따라 통신판매업무를 수행하는 자를 말한다.

④ "거래중개"란 사이버몰의 이용을 허락하거나 그 밖에 대통령령으로 정하는 방법으로 거래 당사자 간의 통신판매를 알선하는 행위를 말한다.

⑤ "사업자"란 물품을 제조(가공 또는 포장을 포함) · 수입 · 판매하거나 용역을 제공하는 자를 말한다.

15 아래 글 상자의 A가맹점에 의하여 발생한 유통경로 갈등의 원인은?

> 전국적인 삼겹살 전문 ○○프랜차이즈의 본부는 최근 A가맹점이 매월 매출액을 지속적으로 줄여서 신고하는 것을 발각하였다. 해당 본부는 매출액 기준으로 가맹점에게 로열티를 부과하는 계약을 체결했기 때문에, 심각한 계약위반을 이유로 해당 가맹점과의 가맹계약 해지를 고려하고 있다.

① 역할의 불일치
② 인식의 불일치
③ 기회주의적 행동
④ 영역의 불일치
⑤ 목표의 불일치

>>>>>>>>> 14.④ 15.③

ADVICE

14 전자상거래 등에서의 소비자보호에 관한 법률〈제2조 정의〉
"통신판매중개"란 사이버몰의 이용을 허락하거나 그 밖에 총리령으로 정하는 방법으로 거래 당사자 간의 통신판매를 알선하는 행위를 말한다.

15 기회주의적 성향 및 행동은 중간상들이 스스로의 이익을 위해 유통비용을 올려서 받는 것을 의미한다. 이러한 기회주의적 성향 및 행동으로 인해 거래비용이 증가하게 되고 동시에 시장실패가 야기될 수 있다.

16 도매상의 제조업체에 대한 기능으로 옳지 않은 것은?

① 시장확대 기능
② 재고유지 기능
③ 제품의 소량분할공급 기능
④ 주문처리 기능
⑤ 시장정보제공 기능

17 유통경로구조의 결정이론과 설명하는 주요 내용의 연결로서 옳지 않은 것은?

① 연기-투기이론 : 누가 재고보유에 따른 위험을 감수하는가?
② 기능위양이론 : 누가 어떤 기능을 얼마나 효율적으로 수행하는가?
③ 거래비용이론 : 기업이 어떻게 유통경로 구조의 수평적 통합을 통해 경로 구성원들과의 시너지 효과를 창출하는가?
④ 게임이론 : 경쟁관계에 있는 구성원들이 어떻게 자신의 이익을 극대화하는가?
⑤ 대리인이론 : 의뢰인에게 최선의 성과를 가져다주는 효율적인 계약인가?

〉〉〉〉〉〉〉〉〉 16.③ 17.③

ADVICE

16 제조업자를 위해 도매상이 수행하는 기능
㉠ 시장확대 기능 : 소비자가 생산자의 제품을 필요로 할 때, 쉽게 구매할 수 있도록 생산자는 합리적인 비용으로 필요한 시장 커버리지를 유지하는 데 있어 도매상에게 의존한다. 동시에 도매상을 활용하여 많은 수의 소매상 고객들을 접촉한다면 제조업자는 상당한 비용절감의 효과를 얻을 수 있다.
㉡ 재고유지 기능 : 도매상들은 생산자의 재무 분담 및 많은 재고보유에 따른 생산자의 위험을 감소시켜 준다.
㉢ 주문처리 기능 : 생산자의 제품을 구비하고 있는 도매상들은 소비자의 소량주문에 대해 효율적으로 대처할 수 있다.
㉣ 시장정보 기능 : 도매상은 생산자에 비해 소비자들의 제품이나 서비스에 요구에 대해서 파악하기가 쉽다.
㉤ 서비스 대행 기능 : 생산자의 입장에서는 도매상이 소매상에게 각종 서비스제공을 대행 또는 보조하도록 하는 것이 생산성을 향상시키는 방법이 된다.

17 거래비용이론은 어떠한 재화 또는 서비스 등을 거래하는 데 수반되는 비용을 의미한다. 즉, 시장에 참여하기 위해 드는 비용이라 할 수 있다.

18 종업원 훈련과 개발에 관한 내용으로 옳지 않은 것은?

① 훈련 · 개발 방법은 전문 강사의 지도로 이루어지는 직장 내 훈련(on the job training : OJT)과 선임자에 의해 이루어지는 직장 외 훈련(off the job training : Off-JT)으로 구분된다.
② 강의와 세미나 방식은 종업원들로 하여금 필요한 지식을 습득하게 하고 자신의 개념적, 분석적 능력을 개발하는 기회를 제공한다.
③ 도제훈련방식은 특히 숙련공을 필요로 하는 금속, 인쇄, 건축 같은 업종의 기업에서 하는 훈련방식으로 고도의 기술수준이 필요한 경우에 적합하다.
④ 인턴제도는 수련훈련방식에 포함되는 것으로 졸업을 앞둔 대학생이 직무에 배치되어 배우면서 일하는 프로그램이다.
⑤ 가상훈련장 훈련방식은 실제 작업환경과 비슷한 가상의 작업환경 속에서 직무를 학습하게 하는 훈련을 말한다.

19 포장물류의 사회성에 따른 문제점과 고려할 사항으로 옳지 않은 것은?

① 소비자의 요구에 부합하여 과대포장이 되지 않도록 포장의 적정화를 기하여야 한다.
② 적절한 회수 및 폐기 시 환경문제를 고려하여 포장재를 선택하여야 한다.
③ 포장재에 대한 특징, 사용상의 주의, 포장해체에 대한 절차를 정확하게 표기하여야 한다.
④ 포장재료나 용기의 유해성과 위생성 등은 일차적으로 고려하지 않아도 된다.
⑤ 포장재료의 주를 이루는 판지, 플라스틱, 금속 및 목재 등 상당수의 포장재는 자원절약과 효율적인 활용차원에서의 재활용을 고려하여야 한다.

20 물적 흐름과정에 따라 분류한 영역별 물류비에 해당하지 않는 것은?

① 조달물류비
② 물류정보관리비
③ 판매물류비
④ 역물류비
⑤ 사내물류비

>>>>>>>>> 18.① 19.④ 20.②

ADVICE

18 훈련 · 개발 방법은 전문 강사의 지도로 이루어지는 직장 외 훈련(off the job training : Off-JT)과 선임자에 의해 이루어지는 직장 내 훈련(on the job training : OJT)으로 구분된다.

19 포장물류에 있어서 사회성 및 환경친화성 기능은 공익성 및 환경 친화적인 요소를 고려하는 기능이다.

20 영역별 물류비는 조달 물류비, 사내 물류비, 판매 물류비, 역 물류비 등으로 나뉘어진다.

21 조직 내에서 발생할 수 있는 갈등에 대한 대응방식과 관련된 설명으로 옳지 않은 것은?

① 양보 : 자신의 이해관계보다는 상대의 요구에 맞춰 갈등해결을 추구한다.
② 타협 : 자신의 실익 및 상대와의 관계를 적절히 조화시키려 한다.
③ 경쟁 : 자신의 입장을 고수하기 위해 자신의 능력을 사용한다.
④ 협력 : 갈등에 대한 언급 자체를 피한다.
⑤ 회피 : 갈등상태에 있는 자신의 목표 달성을 추구하지 않는다.

22 ABC재고관리방법에 대해 옳게 기술한 것은?

① 정성적 예측기법을 활용한 재고관리방법이다.
② 마케팅 비용에 따른 수요예측을 근거로 경제적 주문량을 결정한다.
③ A그룹에 포함되는 품목은 대체로 수익성이 낮은 품목이다.
④ C그룹에 포함되는 품목은 단가가 낮아 재고관리가 소홀한 경우가 발생하기도 한다.
⑤ 파레토 법칙과는 상반되는 재고관리방법이다.

>>>>>>>>> 21.④ 22.④

ADVICE

21 협력은 갈등에 대한 언급을 함으로써 서로가 상생할 수 있는 방안을 마련하는 것이다.

22 ABC 재고관리기법은 기업이 관리하고자 하는 상품의 수가 많아, 모든 품목을 동일하게 관리하기가 어려울 때 사용하는 방법으로써, 보통 어떠한 기준에 의해 품목을 그룹화하고 그러한 그룹에 대해 집중관리를 하는 방식을 의미한다.

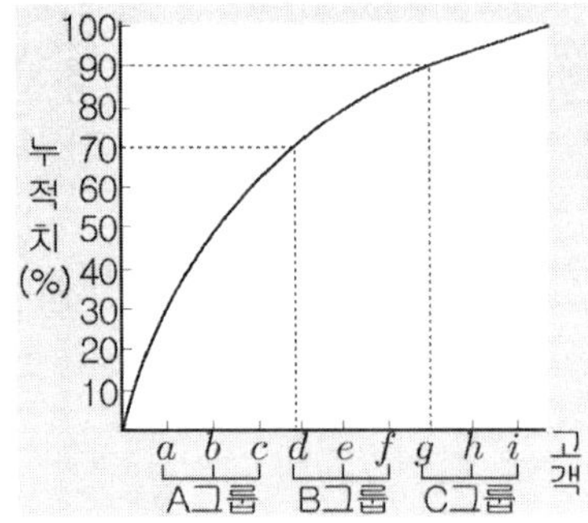

A 그룹 = 소수 고액품목으로 이루어지는 제품집단
B 그룹 = 그 중간적 성격을 갖는 제품집단
C 그룹 = 다수 저액품목으로 이루어지는 제품집단

23 재고관리에 대해서 옳게 기술한 것을 모두 고르면?

> ㉠ 재고에 관한 비용은 재고유지비용, 주문비용, 재고 부족비용 등 3가지가 있다.
> ㉡ 재고품절로 인하여 발생하는 손실을 비용화한 것이 재고유지비용이다.
> ㉢ 주문비용은 구매나 생산주문을 하는데 직접 소요되는 비용으로 수송비, 하역비, 검사료 등을 포함한다.
> ㉣ 파이프라인 재고는 운반중인 제품이나 공장에서 가공하기 위하여 이동 중에 있는 재공품 성격의 재고를 의미한다.
> ㉤ 이자비용, 창고사용료, 창고유지관리비는 주문 비용에 속하지만, 재고감손비용은 재고유지비용에 포함된다.

① ㉡, ㉢
② ㉢, ㉣
③ ㉠, ㉡, ㉤
④ ㉠, ㉢, ㉣
⑤ ㉠, ㉢, ㉤

24 물류 관리에서 배송 합리화의 방안으로 공동배송을 실시하려고 할 때 유의해야 할 사항과 가장 거리가 먼 것은?

① 제품이나 보관 특성상의 유사성이 있을 때 효과적이다.
② 거리가 인접하여 화물 수집이 용이해야 한다.
③ 대상화물이 공동화에 적합한 특성을 가지고 있어야 한다.
④ 일정 지역 내에 배송하는 화주가 독점적으로 존재해야 한다.
⑤ 참여 기업의 배송조건이 유사해야 한다.

》》》》》》》》》 23.④ 24.④

ADVICE

23 ㉡ 재고유지비용은 제품의 한 단위를 재고로 일정기간 동안 유지하는 데 있어 소요되는 비용으로 자본비용, 기회비용, 보관비용, 진부화에 따른 비용 등을 포함한다.
㉤ 재고유지비용은 창고비용, 보험료 등이며 재고를 보충할 때마다 발생하게 되는 비용으로 주문처리비, 발송비, 자재취급비 등이 포함된다.

24 공동수배송의 전제조건
㉠ 일정지역 내 공동수배송에 참가하는 다수의 업체가 존재해야 한다.
㉡ 배송지역의 일정구역 내에 분포되어야 한다.
㉢ 대상기업의 배송조건이 서로 비슷해야 한다.
㉣ 대상화물의 공동배송 조건이 비슷해야 한다.
㉤ 공동수배송을 주도하는 중심업체 또는 주도업자가 있어야 한다.
㉥ 공동수배송에 대한 이해가 일치되어야 한다.
㉦ 물류표준화가 선행되어야 한다.

25 소매상의 분류로 옳은 것을 모두 고르면?

구분		분류기준	유형
㉠	점포 유무	일정한 형태의 점포유무에 따라	점포 소매상, 무점포 소매상
㉡	상품 계열	상품의 다양성 및 구색에 따라	다양성 高/구색 高, 다양성 低/구색 高 등
㉢	소유권	소유 및 운영 주체에 따라	독립소매기관, 체인 등
㉣	사용 전략	마진 및 회전율에 따라	고회전-고마진, 고회전-저마진 등
㉤	서비스 수준	고객에게 제공되는 서비스 수준에 따라	완전서비스, 한정서비스, 셀프서비스 등

① ㉠
② ㉠, ㉡
③ ㉠, ㉡, ㉢
④ ㉠, ㉡, ㉢, ㉣
⑤ ㉠, ㉡, ㉢, ㉣, ㉤

〉〉〉〉〉〉〉〉〉 25.⑤

ADVICE

25 ㉠, ㉡, ㉢, ㉣, ㉤ 모두 옳은 내용이다.

Ⅱ 상권분석

26 구체적 상권분석 기법 중 하나로 유추법 등에서 활용되는 CST map은 유통기업의 CRM에서 소비자를공간적으로 분석하는데 이용되기도 하는데 다음 중 이와 관련한 설명으로 적합하지 않은 것은?

① 최근 점점 더 활용도가 높아지고 있는 GIS의 다양한 분석기능들을 활용하면 2차원 또는 3차원의 공간데이터를 가공하여 상권과 관련한 의사결정에 도움을 줄 수 있다.

② 새롭게 개발하는 신규점포가 기존점포의 상권을 얼마나 잠식할 가능성이 있는가를 분석하여 점포 개설, 점포 이동, 점포 확장계획을 만들 수 있다.

③ 2차 자료인 공공데이터를 활용해 점포 이용자 중 특정 속성을 가진 표적소비자들을 추출하고 그들만을 대상으로 하는 차별적 판촉전략을 수행할 수 있다.

④ 자사 점포 및 경쟁사의 점포 위치와 각 점포별 상권 범위 분석을 통해 점포들 간의 상권잠식 상태와 경쟁 정도를 측정할 수 있다.

⑤ 점포를 이용하고 있는 현재의 소비자나 잠재적 소비자들의 공간적 위치를 분석하여 상권의 범위를 파악할 수 있으며, 1차 상권, 2차 상권 및 한계상권을 구획할 수 있다.

27 점포의 입지유형을 집심성(集心性), 집재성(集在性), 산재성(散在性)으로 구분할 때 넬슨의 소매입지 선정원리 중에서 집재성 점포의 기본속성과 연관성이 가장 큰 것은?

① 양립성의 원리

② 경쟁위험 최소화의 원리

③ 경제성의 원리

④ 누적적 흡인력의 원리

⑤ 고객 중간유인의 원리

>>>>>>>>> 26.③ 27.④

ADVICE

26 CRM은 자점의 고객들과 함께 소통을 하며 관계를 지속해 나가면서 서로 간 이익을 취하는데, 특정 속성만을 지닌 소비자를 골라내어 이들만을 대상으로 차별적 프로모션을 수행하는 것은 옳지 않다.

27 누적적 흡인력은 동일하거나 또는 유사한 상품을 취급하는 소매점들이 밀집되어 있을 경우 고객의 흡인력이 더욱 커진다는 의미한다. 특히 집재성 점포의 경우 누적적 흡인력의 고려가 중요하다.

28 대표적 상권분석 기법 중 하나인 Huff모형과 관련된 설명으로 옳은 것은?

① 점포선택행동을 확률적 분석이 아닌 기술적 방법(descriptive method)으로 분석한다.
② Huff모형은 상권 내의 매출액을 추정하지만 점포별 점유율은 추정하지 못한다.
③ 소매상권이 공간상에서 연속적이고 타 점포 상권과 중복가능함을 인정한다.
④ 소비자 거주지와 점포까지의 거리는 이동시간으로 대체하여 분석할 수 없다.
⑤ Huff모형은 점포이미지 등 다양한 변수를 반영하여 상권을 분석할 수 있다.

29 지역상권의 매력도를 평가할 때는 먼저 수요요인과 공급 요인을 고려해야 한다. 이 요인들을 평가하는데 소매포화지수(IRS : Index of Retail Saturation)와 시장성장잠재력지수(MEP : Market Expansion Potential)를 활용할 수 있다. 이 두 지수들을 기준으로 평가할 때 그 매력성이 가장 높은 지역상권은?

① IRS가 작고 MEP도 작은 지역상권
② IRS가 작고 MEP는 큰 지역상권
③ IRS가 크고 MEP는 작은 지역상권
④ IRS가 크고 MEP도 큰 지역상권
⑤ IRS의 크기와는 상관없이 MEP가 큰 지역상권

›››››››› 28.③ 29.④

ADVICE

28 HUFF 모형은 소매상권이 연속적이면서도 중복적인 구역이라는 관점에서 분석한다. 또한, 거리가 가깝고 매장면적이 큰 점포가 커다란 효용을 준다고 보고 있으며, 소비자의 점포선택행동을 확률적 현상으로 해석한다.

29 입지는 한번 설정하게 되면 바꿀 수 없는데, 그 만큼 높은 이점을 얻을 수 있다. 유리한 입지는 항상 부족한 상태에 처해 있는데, IRS가 크고 MEP가 큰 것이 좋은 입지이다.

30 점포의 매력도를 평가하는 입지조건의 특성과 그에 대한 설명이 올바르게 연결된 것은?

① 가시성 – 얼마나 그 점포를 쉽게 찾아 올 수 있는가 또는 점포 진입이 수월한가를 의미
② 접근성 – 점포를 찾아오는 고객에게 점포의 위치를 쉽게 설명할 수 있는 설명의 용이도
③ 홍보성 – 점포 전면을 오고 가는 고객들이 그 점포를 쉽게 발견할 수 있는지의 척도
④ 인지성 – 사업 시작 후 고객에게 어떻게 유효하게 점포를 알릴 수 있는가를 의미
⑤ 호환성 – 점포에 입점 가능한 업종의 다양성 정도 즉, 다양한 업종의 성공가능성을 의미

31 지리정보시스템(GIS)의 활용으로 과학적 상권분석의 가능성이 높아지고 있는데 이와 관련한 설명으로 적합하지 않은 것은?

① 컴퓨터를 이용한 지도작성(mapping)체계와 데이터베이스관리체계(DBMS)의 결합이라고 볼 수 있다.
② GIS는 공간데이터의 수집, 생성, 저장, 검색, 분석, 표현 등 상권분석과 연관된 다양한 기능을 기반으로 한다.
③ 대개 GIS는 하나의 데이터베이스와 결합된 하나의 지도 레이어(map layer)만을 활용하므로 강력한 공간정보표현이 가능하다.
④ 지도레이어는 점, 선, 면을 포함하는 개별 지도형상(map features)으로 주제도를 표현할 수 있다.
⑤ gCRM이란 GIS와 CRM의 결합으로 지리정보시스템(GIS) 기술을 활용한 고객관계관리(CRM) 기술을 가리킨다.

>>>>>>>>> 30.⑤ 31.③

ADVICE

30 점포의 매력도를 평가하는 입지조건의 특성
㉠ 가시성 : 고객이 점포를 쉽게 발견할 수 있는 정도를 가리키는 것을 의미한다.
㉡ 접근성 : 고객이 점포에 얼마나 쉽게 갈 수 있는지를 가리키는 것을 의미한다.
㉢ 인지성 : 점포 위치를 쉽게 설명할 수 있는 정도를 의미한다.
㉣ 홍보성 : 고객들에게 해당 점포를 알릴 수 있는 정도를 의미한다.

31 GIS는 단순한 지도제작 및 디스플레이를 지향하지 않으며, 수치화된 공간 데이터(data) 제공보다는 여러 프로세스를 거친 결과로 생성되는 고품질의 공간 정보(information) 제공을 목적으로 한다. 따라서 중간 과정으로서 다양한 공간 분석 등이 사용되는데, 이는 사용자의 목적, 용도에 따라 적합한 GIS 데이터가 적용되며 최종적인 결과로서 공간 정보를 효율적으로 표현하는 방식 등이 결정된다.

32 점포의 경영성과에 영향을 미치는 다양한 입지조건에 대한 설명 중에서 일반적으로 타당하다고 볼 수 없는 것은?

① 시장규모에 따라 점포는 적정한 크기가 있어서 면적이 일정 수준을 넘게 되면 규모의 증가에도 불구하고 매출은 증가하지 않는 경향이 있다.

② 주로 대로변에서 발견되는 특정 점포의 건축선 후퇴는 자동차를 이용하는 소비자에게 가시성을 높여 매출에 긍정적 영향을 미친다.

③ 도로에 접하는 점포의 정면너비가 건물 안쪽으로의 깊이보다 큰 장방형 형태의 점포는 가시성 확보에 유리해 바람직하다.

④ 점포의 출입구에 높낮이 차이가 있으면 출입을 방해하는 장애물로 작용하게 된다.

⑤ 점포의 형태가 직사각형에 가까우면 집기나 진열선반 등을 효율적으로 배치하기 쉽고 이용할 수 없는 공간(dead space)이 발생하지 않는다.

33 아래 글상자에 열거된 사항들 가운데 입지 선정을 위한 상권의 경쟁구조 분석의 대상들만을 묶은 것은?

> 가. 동일업태 소매점과의 경쟁
> 나. 다른 업태 소매점과의 경쟁
> 다. 상권위계가 다른 소매점과의 경쟁
> 라. 잠재적 경쟁
> 마. 주변 점포와의 보완관계

① 가, 나, 다, 라, 마 ② 가, 나, 다, 라
③ 가, 나, 다, 마 ④ 가, 나, 다
⑤ 가, 나

›››››››› 32.② 33.①

ADVICE

32 점포의 건축선이 후퇴되면 자동차를 사용하는 소비자들에게는 가시성을 감소시켜 이는 매출에 부정적인 영향을 미치게 된다.

33 입지선정을 위한 상권 경쟁구조 분석대상
㉠ 잠재적 경쟁
㉡ 주변 점포와의 보완관계
㉢ 타 업태 소매점들과의 경쟁
㉣ 동일 업태 소매점들과의 경쟁
㉤ 상권의 위계가 서로 다른 소매점들과의 경쟁

34 아래 글상자에 출점과 관련된 몇 가지 의사결정 사안들이 제시되어 있다. 다음 중 출점 의사결정 사안을 논리적 과정에 따라 가장 올바르게 배열한 것은?

> 가. 출점할 점포 결정
> 나. 머천다이징 결정
> 다. 점포의 층별 배치 결정
> 라. 점포의 확보 및 사용과 관련된 행정처리

① 가→나→다→라
② 라→가→나→다
③ 가→라→다→나
④ 나→다→가→라
⑤ 나→라→가→다

35 점포와의 거리를 기준으로 상권구성을 구분할 때 1차 상권, 2차 상권, 3차 상권으로 구분한다. 이에 대한 내용으로 옳지 않은 것은?

① 1차 상권은 경쟁점포들과의 상권중복도가 낮다.
② 1차 상권은 2, 3차 상권이 비해 상대적으로 내점고객의 밀도가 높다.
③ 2차 상권은 1차 상권에 비해 소비자의 내점빈도가 낮다.
④ 3차 상권은 소비수요의 흡인비율이 가장 높은 지역이다.
⑤ 3차 상권은 한계상권이라고 부르기도 한다.

››››››››› 34.③ 35.④

ADVICE

34 출점 의사결정 사안의 과정
출점점포의 결정→점포확보 및 활용과 관련된 행정처리→점포의 층별 배치 결정→머천다이징의 결정

35 3차 상권은 고객흡인율이 가장 낮은 지역이다.
고객 분포(밀집도)에 따른 상권 분류

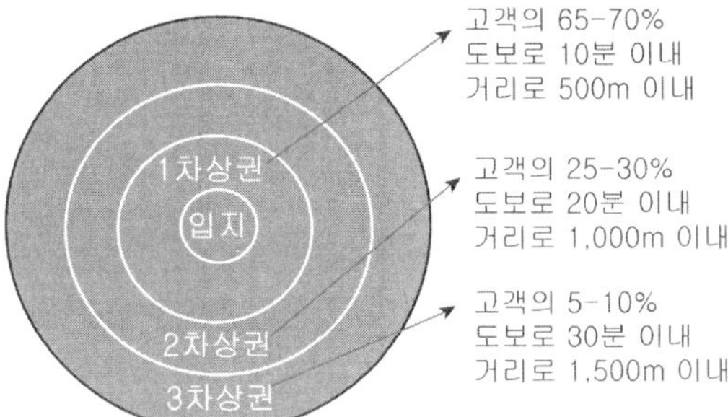

36 상권분석에서 활용하는 조사기법 중에서 조사대상과 조사 장소가 점두조사법과 가장 유사한 것은?

① 가정방문조사법
② 지역할당조사법
③ 고객점표법
④ 내점객조사법
⑤ 편의추출조사법

37 점포개설과정에서 점포의 매매와 임대차 거래 전에 반드시 확인해야 할 공부서류와 그 내용을 위쪽 괄호부터 순서대로 바르게 연결한 것은?

건축물관리대장	( )
등기사항전부증명서	( )
토지이용계획확인원	( )
토지대장	( )

가. 토지의 지번, 지목(사용용도), 면적, 토지등급
나. 소유자 인적사항, 권리관계, 매매과정, 압류, 저당권 등의 설정내용
다. 점포의 면적, 구조, 용도, 연면적, 건폐율, 용적률, 건축연도 등
라. 용도지역 · 용도지구 · 용도구역, 토지거래 규제 여부, 도로개설 여부 등

① 가 – 나 – 라 – 다
② 나 – 가 – 라 – 다
③ 다 – 나 – 가 – 라
④ 다 – 나 – 라 – 가
⑤ 나 – 다 – 가 – 라

〉〉〉〉〉〉〉〉〉 36.④ 37.④

ADVICE

36 내점객조사법은 해당 직접 방문한 고객들을 대상으로 하는 자료수집 방식이며, 점두조사법은 방문객의 주소를 파악해서 점포상권을 조사하는 방법으로써 구체적으로는 쇼핑을 마친 내점객들을 대상으로 하여 직접 면접을 통해 주소를 물어 점포예정지의 상권범위를 조사하는 방법을 말한다. 그렇기 때문에 점두조사법과 내점객조사법은 서로 유사한 성격을 지닌다.

37 건축물관리대장은 건축물의 현황을 파악하고자 상세하게 기록한 문서를 의미하는 것으로 이에는 점포면적, 구조, 용도, 연면적, 건폐율, 용적률, 건축연도 등이 표기된다. 등기사항전부증명서에는 소유자의 인적사항, 매매과정, 권리관계, 압류, 저당권 등의 설정내용 등이 표기된다. 토지이용계획확인원에는 용도지역, 용도지구, 용도구역, 토지거래 규제여부, 도로개설여부 등이 표기된다. 토지대장은 토지 지번, 지목(사용 용도), 면적, 토지등급 등이 표기된다.

38 **점포임차시 임대차계약을 체결하는 과정에서 확인해야할 환산보증금에 대한 설명으로 옳지 않은 것은?**

① 환산보증금은 상가건물임대차보호법에서 규정하고 있다.
② 상가건물임대차보호법은 영세상인을 보호하기 위해 제정된 보호법이다.
③ 환산보증금 기준은 영세상인의 범위를 규정하기 위해 정한 보증금 수준을 의미한다.
④ 우선변제를 받을 환산보증금의 기준은 지역별 차등적용에서 전국적으로 표준화된 동일기준으로 변경되었다.
⑤ 경제발전 정도에 따라서 우선변제의 기준액이 변경될 수 있으므로 실제 거래가 일어나는 시기에 해당 법령 조항을 확인해야 한다.

39 **좋은 입지의 선정은 소매점 성공의 핵심요인의 하나이다. 공간균배의 원리는 경쟁관계에 있는 점포들이 서로 공간을 나누어 사용하는 방식에 따라 입지와 점포의 적합성이 달라진다고 주장한다. 다음 중 점포유형별로 적합한 입지에 대한 공간균배원리의 설명에 부합하는 것은?**

① 가구점은 도심입지가 유리한 집심성(集心性) 점포이다.
② 백화점은 서로 분산하여 입지하는 것이 유리한 산재성(散在性) 점포이다.
③ 고급의류점은 동일업종 점포들이 국부적 중심지에 집중하는 것이 유리한 산재성(散在性) 점포이다.
④ 대중목욕탕은 동일업종이 함께 모여 있는 입지가 유리한 집재성(集在性) 점포이다.
⑤ 먹자골목이나 약재시장은 집재성 입지의 대표적 사례에 해당한다.

〉〉〉〉〉〉〉〉〉 38.④ 39.⑤

ADVICE

38 임대차보증금 이외에 차임(월세)이 있는 경우 차임에 100을 곱하여 보증금으로 환산해 기존의 보증금에 합산한 금액을 환산보증금이라고 하는데, 이 환산보증금을 기준으로 해당 지역별 상가임대차보호법 기준금액에 따라 적용대상 유무가 결정된다. 상가건물의 모든 임차인에 대하여 적용되는 것이 아니라 환산보증금이 해당 지역별로 차등 적용된다.

39 공간균배의 원리의 따른 분류
㉠ 집심성 점포 : 도시의 중심지에 입지해야 유리하다.
예 백화점, 고급음식점, 보석가게, 고급의류점, 대형서점, 영화관
㉡ 집재성 점포 : 동일 업종이 서로 한 곳에 모여 있어야 유리하다.
예 먹자골목, 약재시장, 가구점, 중고서점, 기계점, 전자제품, 관공서 등
㉢ 산재성 점포 : 서로 분산해서 입지해야 유리하다.
예 이발소, 잡화점, 세탁소, 대중목욕탕, 소매점포 등
㉣ 국부적 집중성 점포 : 어떠한 특정 지역에 동 업종끼리 국부적 중심지에 입지해야 유리하다.
예 석재점, 비료점, 종묘점, 어구점, 농기구점 등

40 상권들에 대한 점포의 출점 여부와 출점 순서를 결정할 때는 상권의 시장 매력성과 자사 경쟁력을 고려해야 한다. 시장 매력성은 시장의 규모와 성장성, 자사 경쟁력은 경쟁 강도 및 자사 예상매출액 등을 결합하여 추정한다. 점포 출점에 대한 다음의 원칙들 가운데 가장 옳지 않은 것은?

① 경우에 따라 자사 경쟁력보다 시장 매력성을 우선적으로 고려할 수도 있다.

② 경쟁 강도가 낮아도 자사 예상매출액 또한 낮으면 출점하지 않는 것이 바람직하다.

③ 무조건 큰 규모로 개점하여 경쟁력을 강화하기보다 적정규모로 출점한다.

④ 시장 매력성은 큰 데 예상매출액이 작으면 경쟁력을 개선할 수 있을 때만 출점하는 것이 바람직하다.

⑤ 더 큰 시너지를 얻을 수 있으므로 자사 점포간 상권 잠식은 오히려 유리한 현상이다.

41 상권과 입지는 혼용되는 경우가 있지만 엄밀하게 보면 기본개념이나 성격 및 평가방법 등의 측면에서 구분할 수 있다. 이러한 구분을 시도하는 경우 그 연결이 적절한 것은?

가 – 지점(point)
나 – 범위(boundary)
다 – 소비자의 분포범위, 유효수요의 크기로 평가
라 – 배후인구 및 유동인구, 대지특성, 접근성, 가시성, 시설 등으로 평가
마 – 점포의 부지와 점포주변의 위치적 조건
바 – 다수 점포의 집단이 존재하는 지역을 의미하기도 함
사 – 점포를 경영하기 위해 선택한 장소 또는 그 장소를 결정하는 행위

① 상권 – 나, 다, 사
② 상권 – 가, 바, 사
③ 상권 – 나, 라, 바
④ 입지 – 가, 라, 마
⑤ 입지 – 나, 라, 사

>>>>>>>>> 40.⑤ 41.④

ADVICE

40 큰 시너지를 얻을 수 있다 하더라도 상권의 잠식이 심해지게 되면 시장의 균형이 깨지면서 오히려 불리한 현상이 발생하게 된다.

41 상권은 고객이 자신의 점포에 내점하는 지역범위를 말하며, 상업상의 거래를 행하는 공간적인 범위를 말한다. 또한 한 점포가 고객을 흡인하거나 흡인할 수 있는 지역으로, 다수의 상업시설이 고객을 흡인하는 공간적 범위를 말한다.

42 소매점에서 좋은 입지와 나쁜 입지의 일반적 특성에 대한 아래의 내용 중에서 가장 옳지 않은 것은?

① 출근길보다는 퇴근길 방향에 있는 곳은 좋은 입지이다.
② 주변 가게가 기술 위주 서비스업종이나 저가 상품 위주인 곳은 나쁜 입지이다.
③ 주변에 노점상이 많은 입지는 좋은 입지이다.
④ 버스정류장이나 지하철역을 끼고 있는 입지는 매우 좋은 입지이다.
⑤ 일방(편도)통행 도로변이나 맞은편에 점포가 없는 곳은 좋은 입지이다.

43 고객유도시설을 점포의 유형에 따라 도시형, 교외형, 인스토어형으로 구분할 때 도시형점포의 고객유도시설이라고 볼 수 없는 것은?

① 지하철역
② 철도역
③ 버스정류장
④ 버스터미널
⑤ 인터체인지

>>>>>>>>> 42.⑤ 43.⑤

ADVICE

42 일방(편도)통행 도로변이나 또는 맞은편 등에 점포가 없으면 고객을 유입할 수 있는 시설 등이 없는 것이므로 좋은 입지가 될 수 없다.

43 점포 유형에 따른 고객유도시설

㉠ 도시형 유도시설 : 역(개찰구), 대규모 소매점(백화점, E마트 등), 대형 교차로, 기타(지하철역, 대형상가점 입구, 버스정류장, 고속버스터미널, 심야버스터미널, 경기장, 공원, 관공서, 오락시설, 유원지, 관광지의 관광시설 등)
㉡ 교외형 유도시설 : 대규모 소매점, 간선도로 교차점, 간선도로, 대형 레저시설(어린이공원, 서울대공원, 용인자연농원 등), 기타(공원, 관공서, 경기장, 경마장, 경륜장, 유원지, 관광시설)
㉢ 인스토어형(instore) 유도시설 : 건물의 메인 출입구 앞, 에스컬레이터 앞, 엘리베이터 앞, 계단 앞, 기타(휴식공간, 식품매장, 대형매장, 푸드 코트 등)

44 유동인구 조사를 통해 유리한 입지조건을 찾는 방안으로 옳지 않은 것은?

① 교통시설로부터의 쇼핑동선이나 생활동선을 파악한다.
② 주중 또는 주말 중 조사의 편의성을 감안하여 선택적으로 조사한다.
③ 조사시간은 영업시간대를 고려하여 설정한다.
④ 유동인구의 수보다 인구특성과 이동방향 및 목적 등이 더 중요할 수도 있다.
⑤ 같은 수의 유동인구라면 일반적으로 출근동선보다 퇴근 동선에 위치하면 더 유리하다.

45 21km의 거리를 두고 떨어져 있는 두 도시 A, B가 있는데 A시의 인구는 3만명이고 B시의 인구는 A시의 4배라고 하면 도시간의 상권경계는 A시로부터 얼마나 떨어진 곳에 형성되겠는가? Converse의 상권분기점 분석법을 이용해 계산하라.

① 5.25km
② 6km
③ 7km
④ 13km
⑤ 14km

〉〉〉〉〉〉〉〉〉 44.② 45.③

ADVICE

44 유동인구는 주말이라 해도 토요일과 공휴일에 따라, 그리고 날씨에 따라 차이가 나게 되므로 조사의 편의성을 감안하여 선택적으로 조사하는 것은 좋지 않다. 유동인구 중 학생을 대상으로 할 때에는 하교시간대, 직장인을 대상으로 할 때는 퇴근시간대, 주부를 대상으로 할 때에는 오전 11시~오후 5시 사이에 정밀 조사하는 것이 좋다.

45 $D_a = \dfrac{D_{ab}}{1+\sqrt{\dfrac{P_b}{P_a}}} = \dfrac{21km}{1+\sqrt{\dfrac{120,000}{30,000}}} = 7km$가 된다.

Ⅲ 유통마케팅

46 아래 글상자에서 설명하는 이것은?

> 이것은 점포의 판매공간에서 고객의 시선으로 확인할 수 있는 상품의 가로 진열수량과 진열위치를 정하는 것을 의미하며, 각 부문 안에서 어떻게 품목별로 진열 스페이스를 할당할 것인가를 정하는 것을 뜻한다.

① 조닝(zoning)
② 페이싱(facing)
③ 브레이크업(break up)
④ 블랙룸(black room)
⑤ 랙(rack)

47 판매촉진의 목표와 판촉수단을 가장 옳게 연결한 것은?

① 시험구매 촉진 – 견본품 제공
② 재구매 촉진 – 시제품 제공
③ 연속구입 촉진 –시연회
④ 시험구매 촉진 – 고객멤버십행사
⑤ 재구매 촉진 – 시식 행사

〉〉〉〉〉〉〉〉〉 46.② 47.①

ADVICE

46 페이싱(facing)은 페이스의 수량을 의미하는 것으로써 정면에서 보았을 시에 하나의 단품을 옆으로 늘어놓은 개수를 말하는데 이는 진열량과는 다르다.

47 견본품은 주로 신제품의 경우, 구매자들이 시험 삼아 사용할 수 있을 만큼의 양으로 포장하여 무료로 제공하는 것을 말한다. 화장품 및 샴푸 등이 이에 속하는데, 이렇듯 샘플은 잠재고객들로 하여금 제품의 시용을 통해서 반복사용을 유도함으로써 판매가 일어나도록 하는 방법이다.

48 유통경로에 참여하는 구성원 간의 관계에서 작용하는 경로파워의 원천을 구분하여 설명할 때, ㈎와 ㈏에 들어갈 용어가 순서대로 옳게 나열된 것은?

> ㈎ 마진폭의 인하, 밀어내기, 끼워팔기
> ㈏ 판매지원, 시장정보, 특별할인, 리베이트

① 보상적 파워, 준거적 파워
② 강압적 파워, 보상적 파워
③ 합법적 파워, 강압적 파워
④ 준거적 파워, 전문적 파워
⑤ 전문적 파워, 합법적 파워

〉〉〉〉〉〉〉〉〉 48.②

ADVICE

48 유통경로의 힘

유통경로의 힘	내용
보상력/보상적 파워	• 경로 구성원들에 대해서 공급자가 보상을 제공할 수 있는 능력 • 판매지원, 관리기법, 영업활동지원, 금융지원, 시장정보, 특별할인, 신용조건, 리베이트, 마진폭 증대, 판촉물지원, 광고지원, 지역독점권 제공 등
강권력/강압적 파워	• 경로 구성원 B가 공급자 A의 영향력 행사에 대해 따르지 않을 경우 B를 처벌할 수 있는 A의 능력이나 힘 • 상품공급의 지연, 마진폭 인하, 대리점 보증금의 인상, 전속적 지역권 철회, 대금결제일의 단축, 밀어내기, 끼워팔기, 기타 보상적 파워의 철회 등
전문력/전문적 파워	• 공급자가 가지고 있는 특별한 지식 또는 기술의 신뢰 등이 경로 구성원들에게 미치는 영향력 • 경영관리에 대한 상담 및 조언, 종업원의 교육 및 훈련, 영업사원의 전문지식, 경영정보, 시장정보, 상품의 진열 및 전시조언, 신제품 개발 능력 등
준거력/준거적 파워	• 상대방 A가 매력이 있기 때문에 경로구성원 B가 A와 일체감을 원하기 때문에 A가 B에 대해서 갖게 되는 영향력 또는 힘 • 상호 간 목표의 공유, 유명상표를 취급한다는 긍지 및 보람, 상대방의 신뢰 및 결속, 유명업체 또는 관련 산업의 선도자와 거래한다는 긍지 등
합법력/합법적 파워	• 경로구성원들의 행위를 강제할 수 있다고 인식되는 공급자의 인식된 권리를 의미하며, 이에는 법률에 따른 합법력과 제도화된 전통, 관습에 따라 합법력이 있다. • 관습 또는 상식 등에 따라 당연하게 인정되는 권리, 상표등록, 계약, 프랜차이즈 협약, 특허권, 기타 법률적 권리 등
정보력	경로구성원들이 알고 있지 않은 정보를 A가 제공함에 따라 갖게 되는 영향력 또는 힘

49 **백화점 운영방식 유형을 거래조건, 재고부담, 소유권 등을 기준으로 구분할 때 설명이 옳지 않은 것은?**

① 백화점 내 점포의 소유권이 백화점에 있으면 직영매장이고, 입점업체에 있으면 임대매장이다.

② 직매입 매장은 백화점이 제조업체나 벤더업체 등 납품업체로부터 상품을 매입하여 운영하는 매장이다.

③ 특정매입매장을 운영하는 납품업체는 판매가 이루어지지 않은 상품을 모두 재고로 떠안아야 하며 상품판매는 백화점의 명의로 이루어진다.

④ 임대갑매장은 전형적인 임대차거래에 의한 매장으로 백화점 입점 시 적정액의 임대보증금을 지급하고 임대료로 월정액의 임대료를 지급하는 매장이다.

⑤ 직매입과 특정매입매장은 직영매장에 해당하고, 임대갑매장과 임대을매장은 임대매장으로 구분한다.

50 **가격전술과 내용이 가장 옳지 않은 것은?**

① 유인가격전술 : 보다 많은 소비자를 자사점포로 유인하기 위한 가격전술

② 변동가격전술 : 가격을 동일하게 제시하는 것이 아니라 소비자와의 흥정을 통해 최종가격을 설정하는 가격전술

③ 명성가격전술 : 상품의 고품질과 높은 명성을 상징적으로 나타내기 위해 고가격을 설정하는 가격전술

④ 묶음가격전술 : 상품 단위당 이익을 높이기 위해 상품을 큰 묶음 단위로 제공하는 가격전술

⑤ 가격대전술 : 상품계열별로 취급상품들을 몇 종류의 가격대로 묶어 가격을 설정하는 전술

››››››››› 49.① 50.④

ADVICE

49 백화점의 경우 직매입 매장보다는 마진 또는 수수료 매장이나 임대 매장 등의 비중이 매우 높다.

50 묶음가격은 두 가지 또는 그 이상의 제품 및 서비스 등을 결합해서 하나의 특별한 가격으로 판매하는 방식의 마케팅 전략으로서, 이는 제품이나 서비스의 마케팅 등에서 종종 활용하는 기법이다.

51 아래 글상자 ㈎와 ㈏에 들어갈 용어가 순서대로 옳게 나열된 것은?

> – 마트에서도 (가) 매대의 매출이 다른 매대에 비해 3-4배 정도 더 높다.
> – 고객이 점원의 도움 없이 스스로 물건을 고르는 매장이라면 매대는 입구의 (나)에 두는 것이 좋다.

① ㈎ 중앙(center), ㈏ 왼쪽
② ㈎ 중앙(center), ㈏ 오른쪽
③ ㈎ 엔드(end), ㈏ 양쪽
④ ㈎ 엔드(end), ㈏ 오른쪽
⑤ ㈎ 엔드(end), ㈏ 왼쪽

52 마케팅 믹스전략에 대한 설명으로 가장 옳지 않은 것은?

① 소매상의 상품 전략은 표적 시장의 욕구를 충족시키기 위해 상품 믹스를 개발하고 관리하는 것이다.
② 대형 유통업체의 PB(Private Brand)출시는 상품 전략 중에서 상표 전략에 속한다.
③ 가격 전략에서 특정 소매상이 시장 점유율을 증대시키고자 한다면 고가격전략을, 이익 증대가 목표라면 저가격 전략을 수립한다.
④ 촉진이란 소비자가 특정 소매상이나 상품을 인지하고 구매하도록 유도하는 활동을 말한다.
⑤ 광고와 인적판매, 판촉, 홍보는 대표적인 촉진 방법이다.

〉〉〉〉〉〉〉〉〉 51.④ 52.③

ADVICE

51 마트에서도 엔드 매대의 매출이 다른 매대에 비해 3~4배 정도 높으며, 고객이 점원의 도움 없이 스스로 물건을 고르는 매장이라면 매대는 입구의 오른쪽에 두는 것이 좋다.

52 시장 진입 초기에는 비슷한 제품보다 상대적으로 가격을 저렴하게 정한 후에 실질적인 시장점유율을 확보하고 나서부터는 서서히 가격을 올리는 저가격 전략을 수립하고 자사가 신제품으로 타사에 비해 높은 경쟁우위를 가질 때 효과적으로 적용시킬 수 있는, 다시 말해 자사가 신제품으로 타사에 비해 높은 경쟁우위를 가질 때 효과적으로 적용시킬 수 있는 고가격 전략을 수립한다.

53 경쟁의 유형에 대한 설명으로 옳게 짝지어진 것을 모두 고르면?

> 가. 수평적 경쟁의 예로 자동차 제조사 간, 배관 공급업자 간, 혹은 슈퍼마켓 간의 경쟁을 들 수 있다.
> 나. 업태 간 경쟁은 동일한 경로 수준에서 다른 형태의 기업 간 경쟁을 의미한다.
> 다. 최근 업태 간 경쟁은 전통적인 매장 위주의 판매점들 사이에서만 발생한다.
> 라. 수직적 경쟁은 소매상과 도매상 간, 도매상과 제조업자 간, 혹은 제조업자와 소매상 간의 경쟁을 의미한다.
> 마. 경로 간 경쟁이란 불완전한 경로 간의 경쟁을 의미한다.

① 가, 나, 다
② 가, 나, 라
③ 나, 다, 라
④ 나, 다, 마
⑤ 다, 라, 마

54 아래 글상자의 사례에서, 전문컨설팅업체가 시행한 SWOT분석 내용 중 위협요인으로 잘못 분석한 것은?

> 전국적으로 오프라인 매장 100개를 운영 중인 ㅇㅇ마트는 경영환경의 급격한 변화에 대응하기 위해서, 전문컨설팅업체에 환경분석을 의뢰하였다. 외부환경의 위협요인을 분석한 결과, ㉠ 온라인 쇼핑몰 매출 증가, ㉡ 스마트폰 확산으로 인한 모바일 쇼핑의 증가, ㉢ 고령인구의 증가로 인한 직접 구매 감소, ㉣ 경기침체로 소비위축, ㉤ ㅇㅇ마트 PB 상품매출 둔화 등이 중요한 요인으로 밝혀졌다.

① ㉠
② ㉡
③ ㉢
④ ㉣
⑤ ㉤

›››››››› 53.② 54.⑤

ADVICE

53 다. 유통업태 간의 전통적인 경계가 허물어지고, 다른 형태의 유통업체들 간의 전략적 제휴가 이루어지면서 유통업은 새로운 전환기를 맞이하고 있다.
마. 경로 간 경쟁은 도매상 또는 소매상과 같은 수직적인 관계에서도 존재한다. 물론 도매상 및 소매상은 서로 협력적 관계를 유지하고 있지만 이들 역시 갈등으로부터 자유롭기 어렵다.

54 SWOT 분석에서 말하는 위협(Threat)은 통상적으로 외부적인 환경으로부터의 위협을 의미한다. ㉠~㉣은 모두 외부적 환경에 의해 발생한 내용이지만, ㉤의 경우 자사가 운영 중인 ㅇㅇ마트의 상품매출 둔화를 말하고 있으므로 이는 내부적 환경에 해당하는 내용이다.

55 소매업체의 상품구색계획(assortment plan)에 대한 설명으로 가장 옳은 것은?

① 소매업체의 전반적인 재무목표
② 상품 카테고리별 매입 절차 및 조직
③ 상품의 점포별 할당 계획
④ 특정 상품 카테고리에서 취급할 상품 목록
⑤ 특정 상품 카테고리별 성과 통제

56 아래 글상자 ㈎와 ㈏에 들어갈 용어가 순서대로 바르게 나열된 것은?

> 상품수명주기이론의 (가) 단계에서는 시장수요가 증가함에 따라 시장 커버리지를 확대하고 이용가능성을 높이기 위해 개방 경로 정책을 수립해야 하며, (나) 단계에서는 판매가 안정되고 경쟁이 심화되기 때문에 새로운 시장을 찾거나, 그 상품에 대한 새로운 용도를 개발하거나 사용빈도를 제고하기 위한 다양한 노력을 기울여야 한다.

① ㈎ 도입기, ㈏ 쇠퇴기
② ㈎ 도입기, ㈏ 성숙기
③ ㈎ 성장기, ㈏ 성숙기
④ ㈎ 성장기, ㈏ 쇠퇴기
⑤ ㈎ 성숙기, ㈏ 쇠퇴기

〉〉〉〉〉〉〉〉〉 55.④ 56.③

ADVICE

55 구색계획(Assortment Planning)은 특정 상품 카테고리에 대한 재무 및 상품기획 상의 목표를 계획하는 것이다.

56 성장기에서는 도입기의 제품이 초기수용자들에게 호평을 받게 되면, 대중소비자들이 이들을 따라서 제품을 수용하게 되어 판매가 급격히 증가하기 때문이다. 무엇보다도 새로운 시장이나 유통경로를 설정하고, 광고 전략에 초점을 두고 제품의 인지도를 높이는 단계에서 나아가 상표충성도를 높이는 방향으로 움직여야 한다.
성숙기에서는 성숙기에 접어들면, 기업은 경쟁자에 대한 시장점유율을 방어하면서, 이익을 극대화하려고 노력한다. 이 단계에서는 시장을 확장하고, 제품수정을 한다. 이들 제품은 시장에 출시된 지 오래되고, 이미 구매자들에게 브랜드 인지도가 뚜렷이 인식되고 그들의 취향에 맞추어 제품개선을 지속적으로 해 오기 때문이다.

57 아래 글상자의 사례에서 나타난 두 소비자의 구매행동을 기술하는 가장 적절한 용어는?

> 결혼을 앞둔 김○○군과 박□□양은 새로 마련한 신혼살림집 주변의 여러 가구점들을 돌아보며 구입할 가구들을 살펴보았다. 이들은 스마트폰을 통해 제조업체와 가격 정보를 확인한 다음, 결국 구입하기로 마음먹은 가구품목들을 온라인 쇼핑몰에서 구매했다.

① 쇼루밍(showrooming)
② 역 쇼루밍(reverse showrooming)
③ 웹루밍(webrooming)
④ 윈도우 쇼핑(window shopping)
⑤ 오프라인 쇼핑(offline shopping)

58 POP(Point of Purchase) 및 그 유형별 활용 방안에 대한 설명으로 가장 옳지 않은 것은?

① POP는 소비자가 구매하는 시점에서 판매를 촉진하는 수단으로서, 소비자에게 보다 직접적인 커뮤니케이션 메시지를 전할 수 있다는 장점이 있다.
② 광고 POP는 소비자를 유인하는 수단이 될 뿐만 아니라 광고를 상기시키는 역할을 한다.
③ 광고 POP물은 사인(sign)물처럼 장기간 사용되기에 강렬한 인상을 줄수록 바람직하다.
④ 판촉 POP의 메시지는 알기 쉽고 명확해야 하며, 디자인도 복잡하지 않아야 한다.
⑤ 상품 POP는 헤드라인, 보디 카피, 그리고 그래픽으로 구성된다.

〉〉〉〉〉〉〉〉〉 57.① 58.③

ADVICE

57 쇼루밍(showrooming)은 소비자들이 오프라인 점포에서 제품들을 살펴본 후에 실제 구입은 온라인사이트를 통하는 쇼핑 행태를 의미한다. 이러한 쇼루밍 현상이 증가하는 이유는 스마트폰 또는 태블릿 PC 등의 모바일기기가 확산되면서 소비자들이 온라인상에서 제품 쇼핑에 필요한 정보 및 리뷰 탐색 등에 사용하는 시간이 많아지며, 결과적으로 오프라인보다 온라인상에서의 구매가 제품가격 경쟁력에서 우위를 차지하기 때문이다.

58 광고 POP물은 경도 등이 약해 외부로부터의 작은 힘에도 파손되므로 단기간 사용에 적합하다.

59 서비스업체의 각 포지셔닝 전략 대안에 대한 예시가 옳지 않은 것은?

① 서비스 등급 : 우리는 신속하게 고객을 도울 준비가 되어 있습니다.
② 서비스 이용자 : 우리는 비즈니스 여행자를 위한 호텔입니다.
③ 서비스 용도 : 우리 헬스클럽은 다이어트 전문입니다.
④ 경쟁자 : 우리는 2위 편의점입니다. 1위가 되기 위해 최선을 다합니다.
⑤ 공감성 : 고객 한분 한분을 가족처럼 모시겠습니다.

60 고객관계관리(CRM : Customer Relationship Management)에 대한 설명으로 가장 옳지 않은 것은?

① 기업의 입장에서 신규고객을 확보하기보다는 기존 고객을 유지하고 관리하는 것이 더 효율적이다.
② 고객 1인으로부터 창출될 수 있는 이익규모는 오래된 고객일수록 높다.
③ CRM의 주된 목적은 고객에 대한 상세한 지식을 토대로 그들과의 장기적 관계를 구축하는 것이다.
④ 고객생애가치(CLV: Customer Lifetime Value)란 한 고객이 고객으로 존재하는 전체 기간 동안 기업에게 제공하는 이익의 합을 의미한다.
⑤ 고객이탈률이 낮을수록 고객생애가치는 감소한다.

61 셀프서비스 매장의 구성 및 설계에 대한 설명으로 가장 옳지 않은 것은?

① 상품은 개방진열을 하는 것이 좋다.
② 상품의 앞면(face)을 고객이 볼 수 있도록 배열한다.
③ 브랜드, 제조자, 가격 등의 정보가 상품 포장에 표시되어야 한다.
④ 고객이 판매직원을 쉽게 찾을 수 있고 자유롭게 도움을 요청할 수 있도록 해야 한다.
⑤ 고객이 편리하게 상품을 이동할 수 있는 쇼핑카트나 바구니가 비치되어 있어야 한다.

〉〉〉〉〉〉〉〉〉 59.① 60.⑤ 61.④

ADVICE

59 서비스의 등급은 시스템 접속 상 서비스의 좋고 나쁨을 표시하는 것을 의미하는데, 일종의 서비스 정도라 할 수 있다.

60 고객이탈률이 낮다는 것은 기업의 서비스에 대해 소비자들이 만족하고 있다는 것이므로 고객생애가치는 증가하게 된다.

61 셀프서비스 매장은 점포의 운영을 위한 최소한의 인력만으로 구성되어져 있다. 이러한 매장은 소비자들 스스로가 제품의 정보를 파악하고 고르는 구조이므로 소비자들이 스스로 쇼핑할 수 있는 적절한 환경만 구축하면 되므로 ④번의 경우는 셀프서비스 매장의 구성 및 설계와는 관련성이 없다.

62 상품기획 또는 상품화계획 등으로 불리는 머천다이징(merchandising)과 관련된 설명으로 옳지 않은 것은?

① 머천다이징의 성과를 평가하는 대표적 지표인 재고총이익률(GMROI)은 평균재고자산 대비 총마진을 의미한다.
② Merchandiser(MD)는 해당 카테고리에 소속되어 있는 소분류, 세분류, SKU(Stock Keeping Unit) 등을 관리한다.
③ SKU는 가장 말단의 상품분류단위로 상품에 대한 추적과 관리가 용이하도록 사용하는 식별관리코드를 의미한다.
④ SKU는 문자와 숫자 등의 기호로 표기되며 구매자나 판매자는 이 코드를 이용하여 특정한 상품을 지정할 수 있다.
⑤ 일반적으로 SKU는 상품의 바코드에 표기되는 상품 단위와 동일한 개념으로 사용되며 보통 유통업체에 의해 정해진다.

63 수익성이 낮은 고객과의 거래를 축소하려는 도매업체의 고객응대 방식으로서 가장 옳은 것은?

① 품목별 판매촉진 확대
② 독점적인 상품라인의 취급
③ 재고관리시스템 관리의 강화
④ 소량 구매에 대해 주문처리비용 부과
⑤ 소량 구매에 대한 배달비용 인하

>>>>>>>>> 62.⑤ 63.④

ADVICE

62 SKU는 재고 관리를 위한 상품 분류로 일반적으로 창고에서 사용되는 재고보관 단위이며, 주로 개별적인 상품에 대한 재고관리 목적으로 한다.

63 수익성이 낮은 고객은 도매업체에게 큰 이익을 주지 못하므로 이러한 고객과 거래를 축소하기 위해서는 갑자기 서비스의 제공을 중단하거나 하는 등의 눈에 띄는 행동을 할 수 없으므로 이들이 적은 양의 제품을 구입할 시 그에 따른 각종 주문처리비용을 부과함으로써 이들에 대한 차별적인 부분을 적용해 감으로써 거래를 축소해 나가야 한다.

64 아래 글상자에서 설명된 진열방법으로 옳은 것은?

> 가. 연관되는 상품을 하나의 세트로 진열하는 방식
> 나. 고객이 상품을 자유롭게 선택할 수 있도록 진열하는 방식
> 다. 상품 계열에 속한 상품들을 분류하여 진열하는 방식으로 특히 수퍼마켓이나 대형마트에서 주로 사용
> 라. 고객층의 상품에 대한 관심과 태도 등을 반영하여 진열하는 방식
> 마. 계절별, 행사별, 상품별로 적합한 컨셉을 만들어 부문별로 진열하는 방식

① 가 – 조정형 진열(coordinated display)
② 나 – 라이프 스타일형 진열(life-style display)
③ 다 – 개방형 진열(open display)
④ 라 – 주제별형 진열(theme display)
⑤ 마 – 임의적 분류 진열(classification display)

65 고객의 행동에 대처하는 판매자의 적합한 행동으로 보기 어려운 것은?

① 고객이 특정상품을 주시한다. → 재빠른 동작으로 다가가 주시한 상품의 특 장점을 설명한다.
② 특정상품을 주목하고 만져본다. → 고객의 시선이나 동작을 주목하고 타이밍 좋게 어프로치 한다.
③ 특정 상품의 가격표를 본다. → 제품을 갖고 싶은 욕망을 보이므로 소비상황 및 구매동기를 상기시켜 준다.
④ 특정상품과 비슷한 다른 상품에 대해 질문한다. → 고객 욕망을 파악하고 셀링 포인트를 강조한다.
⑤ 판매원에게 '이것 주세요' 한다. → 판매가 이루어지는 귀중한 시간이므로 판매가 끝날 때까지 그 분위기를 잘 이끌어간다.

››››››››› 64.① 65.①

ADVICE

64 앙상블 디스플레이는 서로 관련성이 있는 제품을 함께 디스플레이하는 방식이라고 한다. 예를 들어 의류 진열에서 구두, 셔츠, 허리띠, 양말, 모자 등을 함께 하나의 조합으로 진열하는 것이라 할 수 있다. 이는 다른 말로 조정형 디스플레이(coordinated display)라고도 하는데, 상품 간의 관련성은 특정의 효과를 가지거나 특정의 문제를 해결하는 데 함께 쓰이는 상품인 경우에도 적용할 수 있는데, 예를 들면 침대와 이불 등은 함께 진열하는 것이 좋다.

65 고객이 특정 상품을 주시한다고 해서 고객이 그 제품만을 염두에 두는 것은 아니므로 무조건적으로 해당 상품에 대한 특장점을 설명하게 되면 고객이 주시하는 제품마다 설명이 이어지게 되므로 고객으로서는 제품구매에 있어서 상당한 부담감을 느끼게 된다.

66 표본추출 유형에 대한 설명으로 옳지 않은 것은?

① 단순무작위표본추출법에서는 모집단의 모든 원소가 알려져 있고 선택될 확률이 똑같다.

② 층화표본추출방법은 모집단이 상호 배타적인 집단으로 나누어지며, 각 집단에서 무작위표본이 도출되는 방식이다.

③ 편의표본추출방식은 조사자가 가장 얻기 쉬운 모집단 원소를 선정하는 방식이다.

④ 판단표본추출방식은 조사자가 모집단을 상호 배타적인 몇 개의 집단으로 나누고 그 중에서 무작위로 추출하는 방식이다.

⑤ 할당표본추출방식은 몇 개의 범주 각각에서 사전에 결정된 수 만큼의 표본을 추출하는 방식이다.

67 경로 구성원의 성과평가기준과 성과척도의 연결이 옳지 않은 것은?

① 매출성과 – 총이익

② 매출성과 -판매 할당량

③ 판매 능력 -전체 판매원 수

④ 재고 유지 -시장점유율

⑤ 재고 유지 -평균재고유지율

〉〉〉〉〉〉〉〉〉 66.④ 67.④

ADVICE

66 판단표본추출법은 연구 조사자가 조사의 목적에 적합하다고 판단되는 구성원들을 표본으로 추출하는 것으로써 해당 분야에 있어서의 전문가들의 의견 등이 표적모집단의 대표성을 지닌다고 가정한다. 또한, 해당 분야의 전문가로 판단되어 선정된 표본들이 현실적으로 유용한 정보의 제공이 가능하다면 판단표본 추출법은 매우 유용한 방식이다.

67 경로 구성원의 성과평가기준 및 성과척도

평가 기준	성과 척도
매출 성과	총이익, 매출성장성, 매출액, 판매 할당, 시장점유율
재고 유지	평균재고유지율, 매출액에서 차지하는 재고 비율, 재고 회전율
판매 능력	전체 판매원 수, 제조업자의 상품에 할당된 판매원

68 신제품 출시 및 브랜드 개발에서 선택할 수 있는 전략과 그에 대한 설명으로 가장 옳지 않은 것은?

① 라인확장(line extention)은 제품범주 내에서 형태, 색상, 사이즈 등을 변형한 신제품에 대해 기존 브랜드명을 함께 사용하는 것이다.
② 브랜드확장(brand extention)은 기존의 브랜드명을 새로운 제품범주의 신제품으로 확장하는 것이다.
③ 복수브랜딩(multibranding)은 다양한 소유 욕구를 가진 소비자들을 위해 동일 제품범주 내에 여러 개의 브랜드 제품을 도입하는 것이다.
④ 공동브랜딩(co-branding)은 기존 브랜드명의 파워가 약해졌을 때 기존브랜드와 동일한 브랜드명의 신제품을 도입하는 것이다.
⑤ 신규브랜드는 새로운 브랜드명을 도입하는 것으로 신제품에 사용될 적절한 기존 브랜드명이 없을 때 주로 선택한다.

69 아래 글상자에서 설명하는 소매융합의 결과로 가장 옳은 것은?

> 소매업체들은 빠르게 변화하는 환경 속에서 영업하고 있다. 최근에는 서로 다른 업태의 소매점들이 같은 고객층에게 같은 상품을 같은 가격에 판매하는 소위 소매융합(retail convergence) 현상이 트렌드로 자리잡아 가고 있다.

① 소매업태 간 차별화의 감소
② 소매업태 간 경쟁의 감소
③ 소매업체별 판매의 증가
④ 특정 소매업태 수익률의 상대적 증가
⑤ 소매업체별 광고비의 감소

〉〉〉〉〉〉〉〉〉 68.④ 69.①

ADVICE

68 공동 브랜딩(Co-branding) 전략은 새로운 제품이 이미 구축된 연상을 가지고 있는 두 개 이상의 회사의 브랜드를 서로 합하여 사용하는 것을 의미한다.

69 서로 다른 업태의 소매점들이 동일한 고객층에게 동일한 상품을 동일한 가격으로 판매한다고 되어 있으므로 소매업태들이 제공하는 유형의 제품 및 무형의 서비스에 대한 차별화는 감소되어 있다고 할 수 있다.

70 프랜차이즈 시스템에서 가맹점(franchisee)이 되었을 때의 장점으로 옳지 않은 것은?

① 본부(franchisor)가 개발한 사업 상품 및 경영방식으로 인해 쉽게 사업을 시작할 수 있다.
② 지명도가 높은 상표명을 사용하므로 초기부터 소비자의 신뢰 확보가 가능하다.
③ 본부가 일괄적으로 매장의 종업원을 채용하고 관리하므로 노사문제에 대한 우려가 낮다.
④ 본부가 계속적으로 기존 제품을 개선하고 신제품을 개발해주므로 시장여건변화에 적절히 대응할 수 있다.
⑤ 본부가 점포개설, 브랜드인지도 제고, 지원시스템 구축 등에 많은 투자를 하기 때문에, 가맹점은 판매 활동에만 전념할 수 있다.

》》》》》 70.③

ADVICE

70 가맹점은 본부에서 상품개발, 경영지원, 인지도 제고 등을 지원하지만 매장의 종업원은 본부와는 관계없이 가맹점이 자체적으로 채용하는 방식이므로 노사문제와는 관련이 없다.

Ⅳ 유통정보

71 아래 글상자의 괄호 안에 공통적으로 들어갈 알맞은 단어는?

> A몰은 PB제품을 가진 대형 유통업체이다. 발주 및 재고정보를 제조업체들과 공유하므로서 적절한 재고관리를 가능하게 해 주는 (　　　)을 구축하였다.
> (　　　)(으)로 구축된 A몰의 시스템은 재고정보 등 일부 비즈니스 정보들을 승인된 제조업체, 공급업체, 협력업체, 고객 또는 다른 비즈니스 업체들과 안전하게 정보를 공유할 수 있도록 지원한다.

① 인트라넷
② 인터넷
③ 통합프로토콜
④ 엑스트라넷
⑤ 이더넷

72 카플란(Kaplan)과 노튼(Norton)이 제시한 균형성과표에 의한 성과측정 요소로 가장 거리가 먼 것은?

① 학습과 성장 관점
② 내부 비즈니스 프로세스 관점
③ 전사적 자원관리 관점
④ 재무적 관점
⑤ 고객 관점

›››››››› 71.④ 72.③

ADVICE

71 엑스트라넷(extranet)은 인터넷 기술을 활용해 공급자 · 소비자 · 협력업체 사이의 인트라넷을 연결하는 일종의 협력적인 네트워크를 의미한다. 이 구조 하에서 정보를 활용하는 사람과 정보를 창출하는 사람 사이에는 즉시적인 상호작용이 가능해, 반응을 실시간으로 입수할 수 있으므로 소비자들의 의견을 제품의 품질향상에 즉각적으로 반영할 수 있고, 더 나아가 제품개발 속도를 빠르게 할 수 있다.

72 카플란(Kaplan)과 노튼(Norton)이 제시한 균형성과표에 의한 성과측정 요소

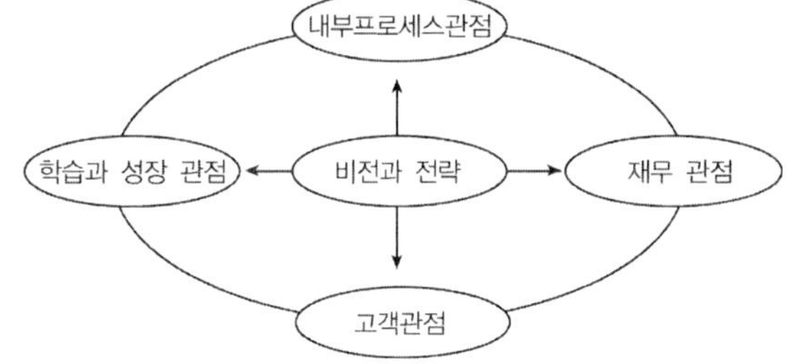

73 괄호 안에 들어갈 알맞은 단어를 가장 적절하게 나열한 것은?

> – 사용자가 특정한 목적을 달성하기 위해 수집하여 분석한 사실은 (가)라/이라 구분할 수 있다.
> – 사용자에게 특정한 목적이 부여되지 않은 사실이거나, 가공되지 않은 사실은 (나)라고/이라 구분할 수 있다.
> – (다)은/는 정황적이고 어떤 행위를 가능하게 하는 실천적인 ㈎로/으로 주어진 상황에 대한 많은 경험과 깊은 사례에 기반을 두고 있다.

① 가 : 자료, 나 : 정보, 다 : 시스템
② 가 : 자료, 나 : 정보, 다 : 지식
③ 가 : 정보, 나 : 자료, 다 : 지식
④ 가 : 정보,나 : 지식, 다 : 자료
⑤ 가 : 지식, 나 : 자료, 다 : 정보

74 조직을 운영하면서 발생하는 거래 데이터를 신속, 정확하게 처리하는 거래처리시스템과 관련된 설명 중 가장 거리가 먼 것은?

① 일상적인 업무와 거래를 처리하기에 운영절차가 표준화되어 있다.
② 문제에 대해 효과적인 의사결정을 할 수 있도록 다양한 기능들을 제공한다.
③ 다른 정보시스템에서 필요로 하는 원천 데이터를 제공한다.
④ 상대적으로 짧은 시간에 많은 양의 데이터를 처리한다.
⑤ 고객과 접점에서 발생하는 데이터를 관리하는 정보시스템이다.

〉〉〉〉〉〉〉〉〉 73.③ 74.②

ADVICE

73 가. 정보는 관찰 또는 측정 등을 통해 수집한 것을 실제 문제에 도움이 될 수 있도록 정리한 것을 의미한다.
나. 자료는 가공되지 않은 상태의 다양한 것들로서 연구, 조사의 바탕이 되는 것을 의미한다.
다. 지식은 어떤 대상에 대하여 배우거나 실천을 통하여 알게 된 명확한 인식이나 이해를 의미한다.

74 거래처리시스템은 운영 수준의 관리 업무를 지원하고 있으며, 상위의 의사결정을 위한 기본적인 데이터를 제공한다.

75 빅데이터 분석 특성에 대한 설명으로 가장 적합하지 않은 것은?

① 정보기술의 발전으로 실시간으로 다량의 데이터를 수집할 수 있다.
② 빅데이터 분석은 정형 데이터 분석은 가능하지만, 비정형 데이터에 대한 분석은 불가능하다.
③ 빅데이터는 거대한 규모의 디지털 정보량을 확보하고 있다.
④ 빅데이터 분석은 새로운 가치를 창출하기 위한 정보를 제공해 준다.
⑤ 시계열적 특성을 갖고 있는 빅데이터는 추세 분석이 가능하다.

76 노나카의 지식전환 프로세스인 'SECI모델'에 대한 설명으로 가장 옳지 않은 것은?

① 사회화는 암묵지에서 암묵지를 얻는 과정이다.
② 외재화는 암묵지에서 형식지를 얻는 과정이다.
③ 공동화는 형식지에서 형식지를 얻는 과정이다.
④ 내재화는 형식지에서 암묵지를 얻는 과정이다.
⑤ 지식 변환과정은 직선적이 아닌 복합상승작용이 나타나는 나선형 프로세스로 진행된다.

›››››››› 75.② 76.③

ADVICE

75 빅데이터에는 정형 데이터뿐만 아니라 비정형데이터까지 포함되며, 빅데이터의 분석기술 및 표현기술은 지속적으로 발전되고 있는 상황이다.

76 노나카 이쿠지로 : 암묵지와 명백지의 사회적 상호작용(명백지 = 형식지)
㉠ 공동화(socialization) : 암묵지를 암묵지로 전환
㉡ 표출화(externalization) : 암묵지를 명백지(형식지)로 전환
㉢ 연결화(combination) : 명백지(형식지)를 명백지(형식지)로 전환
㉣ 내면화(internalization) : 명백지(형식지)를 암묵지로 전환

77 아래 글상자에서 설명하는 e-비즈니스 시스템 내에서 구현해야 할 보안 기능으로 가장 적합한 것은?

> 정보의 송·수신 도중에 데이터가 훼손되거나 데이터에 변화가 생기지 않았는지에 대해 확인을 하는 것이다.

① 인증
② 기밀성
③ 무결성
④ 부인방지
⑤ 전자서명

78 e-비즈니스의 특징으로 가장 적합하지 않은 것은?

① 생산자 파워의 증대를 들 수 있다.
② e-비즈니스는 인터넷을 기반으로 한다.
③ 정보 공개를 통한 오픈 경영이 실시된다.
④ 고객 데이터베이스를 기반으로 한 고객 맞춤 서비스가 가능해 진다.
⑤ 모든 업무환경이 인터넷을 통해 이루어지므로 업무통합현상이 나타난다.

〉〉〉〉〉〉〉〉〉 77.③ 78.①

ADVICE

77 무결성(integrity)은 정밀성, 정확성, 완전성, 유효성 등의 의미로 사용되고 있으며, 주로 데이터베이스의 정확성을 보장하는 문제를 말한다. 예를 들어, 데이터 무결성이라고 하면 이는 데이터를 보호하며 언제나 정상인 데이터를 유지하는 것이며, 어떠한 파일의 갱신을 특정인에게만 인정하는 연구나 또는 만일의 파괴 등에 대비해서 다른 매체에 사전에 복사해 두는 경우가 있다.

78 e-비즈니스의 특징

㉠ 인터넷을 기반으로 함
㉡ 정보의 공개를 통한 오픈 경영의 실행
㉢ 고객 DB를 기반으로 한 고객맞춤서비스
㉣ 인터넷 기반 업무환경으로 인해 나타나는 업무통합현상

79 아래 글상자에서 설명하는 e-비즈니스 간접 수익창출방식으로 가장 적합한 것은?

> 네트워크에 의한 수확체증 효과를 얻을 수 있는 가장 빠른 방법으로, 멀티미디어 기술을 이용해 밀접한 관련이 있거나 인지도가 높은 웹사이트에 자사의 광고를 끼워 넣은 형태이다.

① 배너광고
② 스폰서십
③ 무료메일 제공
④ 제휴 프로그램
⑤ 프로그램 무상 배포

80 RFID의 특징으로 가장 적합하지 않은 것은?

① 태그는 데이터를 저장하거나 읽어낼 수 있어야 한다.
② 태그는 인식 방향에 관계없이 ID 및 정보 인식이 가능해야 한다.
③ 태그는 직접 접촉을 하지 않아도 자료를 인식할 수 있어야 한다.
④ 태그는 바코드에 비해 적은 양의 데이터만을 보내고, 받을 수 있어야 한다.
⑤ 능동형 태그는 수동형 태그에 비해 일반적으로 데이터를 보다 멀리 전송할 수 있다.

81 TCP/IP 계층별 프로토콜(protocol)에 관한 설명 중에서 가장 옳지 않은 것은?

① UDP(User Datagram Protocol) : 사용자 데이터를 데이터그램(datagram)의 형태로 전송하기 위한 프로토콜
② ICMP(Internet Control Message Protocol) : IP 데이터그램의 전송중에 생기는 여러 예외사항에 관한 정보를 전송하기 위한 프로토콜
③ IGMP(Internet Group Management Protocol) : 멀티캐스팅(multicasting)을 위한 프로토콜
④ FTP(File Transfer Protocol) : 인터넷에서 원격 컴퓨터와 파일을 송수신할 때 이용되는 프로토콜
⑤ ARP(Address Resolution Protocol) : 하드웨어 주소를 IP 주소(address)로 매핑(mapping)하는 프로토콜

›››››››› 79.① 80.④ 81.⑤

ADVICE

79 배너광고(banner)는 인터넷 홈페이지에 띠 모양으로 만들어 부착하는 광고형태로써 인기 있는 홈페이지의 한 쪽에 특정 웹사이트의 이름이나 내용을 부착하여 홍보하는 그래픽 이미지를 의미한다.

80 RFID 태그는 데이터를 읽는데 매우 빠른 속도로 인식하며, 많은 양의 데이터를 보내거나 받을 수 있다.

81 ARP(Address Resolution Protocol)는 네트워크상에서 IP 주소를 물리적 네트워크 주소로 대응시키기 위해서 활용되는 프로토콜을 의미한다.

82 파일의 데이터 계층구조를 순차적으로 나열한 것으로 가장 올바른 것은?

① 바이트(byte) → 비트(bit) → 필드(field) → 레코드(record) → 파일(file)
② 바이트(byte) → 비트(bit) → 레코드(record) → 필드(field) → 파일(file)
③ 바이트(byte) → 필드(field) → 비트(bit) → 레코드(record) → 파일(file)
④ 비트(bit) → 바이트(byte) → 레코드(record) → 필드(field) → 파일(file)
⑤ 비트(bit) → 바이트(byte) → 필드(field) → 레코드(record) → 파일(file)

83 사물인터넷(IoT) 시대의 특징을 인터넷 시대 및 모바일 시대와 비교하여 설명한 것으로 가장 거리가 먼 것은?

① IoT 시대는 사람과 사람, 사람과 사물, 사물과 사물 간으로 연결범위가 확대되었다.
② 정보가 제공되는 서비스방식이 정보를 끌어당기는 풀(pull)방식에서 푸시(push)방식으로 전환되었다.
③ 정보 제공 방식이 '24시간 서비스(Always-on)' 시대에서 '온디맨드(On-demand)' 방식으로 전환되었다.
④ IoT 시대에서는 단순히 원하는 정보를 얻는 데 그치는 것이 아니라 정보를 조합해 필요한 지혜를 제공해 준다.
⑤ 정보를 얻는 방식이 내가 원하는 무언가를 내가 찾는 것이 아니라, 내가 원하는 무언가를 주변에 있는 것들이 알아서 찾아주는 것이다.

84 e-CRM을 기업에서 성공적으로 도입하기 위해 필요한 발전 전략으로 가장 적합하지 않은 것은?

① 다양한 커뮤니케이션 수단을 활용하여 고객 접촉경로의 다양화가 필요하다.
② 소비자의 트렌드를 분석하기보다는 소비자의 유행을 따라가는 서비스를 구사하여야 한다.
③ 고객의 입장에서 꼭 필요한 콘텐츠 구성이 필요하다.
④ 개인의 특성에 맞게 맞춤 서비스로 타사와의 차별화 전략이 필요하다
⑤ 커뮤니티, 오락 등 콘텐츠의 다양화를 통한 활성화 전략이 필요하다.

››››››››› 82.⑤ 83.③ 84.②

ADVICE

82 파일의 데이터 계층구조 순서(작은 것→큰 것)
비트(bit)→바이트(byte)→필드(field)→레코드(record)→파일(file)

83 정보화 혁명이 거듭되면서 컴퓨터·인터넷에 이어 IoT·AI·로보틱스·빅데이터 등의 지능기술이 범용기술(GPT)로 부상, 혁신적인 지능화 시대 패러다임을 견인하는 역할을 하고 있다.

84 단순한 소비자들의 유행을 따라가는 것이 아닌 소비자가 추구하고자 하는 트렌드를 분석할 수 있어야 한다.

85 암묵지에 관한 설명으로 가장 옳지 않은 것은?

① 전수하기 어려운 지식
② 경험을 통해 체화된 지식
③ 숙련된 기능 또는 노하우(know-how)
④ 논리적 추론 및 계산에서 생기는 인식
⑤ 말 또는 언어로 표현할 수 없는 주관적인 지식

86 아래 글상자의 괄호 안에 들어갈 가장 적절한 용어는?

> 위치정보 시스템(GPS)과 (   )기술 기반으로 개발된 '포켓몬 고'는 출시와 동시에 선풍적인 인기를 끌었다. (   )은(는) 우리 주변에 포켓몬이 진짜로 있는 것 같이 합성하여 보여준다.

① 증강현실
② 머신러닝
③ 모션임팩트
④ 인공지능
⑤ 딥러닝

〉〉〉〉〉〉〉〉〉 85.④ 86.①

ADVICE

85 암묵지의 특징
㉠ 경험을 통해 체득한 지식
㉡ 언어 등으로 표현할 수 없는 주관적 지식
㉢ 전수가 어려운 지식
㉣ 노하우 또는 숙련된 기능

86 증강현실(Augmented Reality)은 현실을 기반으로 하여 정보를 추가 및 제공하는 기술이다. 다시 말해 현 세계의 이미지 또는 배경 등에 가상 이미지를 추가해서 보여주게 되는 발전된 가상현실기술이다.

87 디지털(digital) 기술의 특성으로 가장 올바르지 않은 것은?

① 빛과 같은 속도로 이동하면서 정보를 전달할 수 있는 광속성
② 반복해서 사용해도 정보가 줄어들거나 질이 떨어지지 않는 무한 반복 재현성
③ 정보를 다양한 형태로 가공하고 확대 재생산할 수 있는 용이성
④ 송수신자가 동시에 서로 정보를 주고받을 수 있는 쌍방향성
⑤ 메트칼프(Metcalfe)의 법칙이 적용되는 수확체감의 법칙성

88 지식인 또는 지식근로자에게 필요한 자질로 가장 적합하지 않은 것은?

① 자신의 일하는 방법을 부단히 개선 · 개발 · 혁신시켜야 한다.
② 자신이 터득한 노하우를 체계적으로 정리하고 기록해야 한다.
③ 자신의 지식을 다른 사람과 자유롭게 공유할 수 있어야 한다.
④ 희소 가치가 있는 지식이나 노하우는 암묵지 형태로 존재시켜야 한다.
⑤ 일하는 방법을 개선 · 개발 · 혁신함으로써 얻은 아이디어는 구체적인 상품가치를 창출하는 데 연계시켜야 한다.

››››››››› 87.⑤ 88.④

ADVICE

87 수확체감의 법칙은 자본과 노동 등 생산요소가 한 단위 추가될 때 이로 인해 늘어나는 한계생산량은 점차 줄어든다는 것을 의미하는데 다시 말해 어떤 산업이든지 일정 수준에 도달하면 성장이 정체될 수밖에 없다는 결론에 도달하게 된다는 것이다. 하지만 디지털 기술은 지속적으로 발전하고 있는 형태이므로 수확체감의 법칙과는 맞지 않다.

88 암묵지는 학습과 경험을 통하여 개인에게 체화되어 있지만 겉으로 드러나지 않는 지식을 의미한다. 반면 형식지는 문서나 매뉴얼처럼 외부로 표출되어 여러 사람이 공유할 수 있는 지식으로 과학 원리, 수학 공식, 논리적 문장들과 같은 객관적이며 언어로 상술 가능한 지식을 의미한다. 그러므로 지식인 또는 지식근로자들은 희소가치가 있는 지식이나 노하우 등은 형식지 형태로 존재시켜 많은 사람들이 공유할 수 있도록 해야 한다.

89 물류의 5대 기능에 대한 설명으로 가장 옳지 않은 것은?

① 포장기능은 내용물의 변형, 또는 변질을 막기 위한 본질적인 기능 및 판매 촉진 효과까지 수행한다.
② 하역기능은 물품의 운송과 보관 활동의 전후에 부수하여 행하는 물품의 반·출입 및 단거리 이동 작업을 의미한다.
③ 보관기능은 물품을 물리적으로 보존하고 관리하는 것이다.
④ 정보처리기능은 정보기술을 활용하여 효율적인 물류 활동을 지원하도록 모든 영역의 정보 흐름을 유기적으로 적시에 제공함으로써 물류비용 절감 및 고객서비스 향상을 도모하는 것을 의미한다.
⑤ 수주기능은 일반적으로 지역 간 또는 도시 간의 상품 이동으로서, 지역 거점에서부터 소형 운송수단을 통해 소매점 또는 소형 고객에게 물품을 단거리 이동시키는 활동이다.

90 POS시스템의 도입으로 얻을 수 있는 국민경제 측면과 소비자에 대한 효과로 가장 옳지 않은 것은?

① 소비자는 신속하고 정확한 정산 및 상품구입으로 쇼핑시간을 절약할 수 있다.
② 품목별 시장규모의 파악으로 중복투자를 회피할 수 있다.
③ 품목별 재고수준은 증가하나 전체 품목의 재고수준은 감소한다.
④ 품절과 과잉재고 등의 조정으로 물가안정을 도모할 수 있다.
⑤ 컴퓨터산업 및 정보산업 발전 등에 효과가 있다.

>>>>>>>>> 89.⑤ 90.③

ADVICE

89 차량을 통해 제품을 이동하는 것으로 물류에서는 공간효율을 창출해 주는데 생산지역과 소비지역의 상이함을 해결해주기 위해서 운송이 그 역할을 하는 것이다. 또한, 공장에서 물류센터로 운반해주는 장거리 운송의 개념이며 물류센터에서 각 점포로 제품을 운송하는 것을 말한다.

90 POS 시스템 도입으로 인한 국민경제측면과 소비자에 대한 효과
㉠ 소비자는 신속정확한 정산 및 상품구입으로 등으로 인한 쇼핑시간 절약
㉡ 품목별 시장규모의 파악으로 인한 중복투자의 회피
㉢ 품절 및 과잉재고 등의 조정으로 물가안정을 도모
㉣ 컴퓨터산업 및 정보산업 발전 등에 관한 효과

2019. 4. 14. 제1회 시행

Ⅰ 유통물류 일반관리

1 공급사슬관리(SCM)에서 활용하는 지연전략(postponement strategy)에 대한 내용으로 옳은 것은?

① 지연전략은 고객의 수요를 제품설계에 반영시킴으로서 생산 후 재고보유 시간을 최대한 연장시키는 전략이다.

② 주문을 받기 전까지 모든 자동화의 기본 색을 유지시키고 이후 색상주문이 들어오면 페인트 칠을 하는 것은 지리적 지연전략이다.

③ 가장 중요한 창고에 재고를 유지하며, 지역 유통업자들에게 고객의 주문을 넘겨주거나 고객에게 직접 배송 하는 것은 제조 지연전략이다.

④ 컴퓨터의 경우, 유통센터에서 프린터, 웹캠 등의 장치를 최종적으로 조립하거나 포장하는 경우는 결합 지연 전략이다.

⑤ 신차판매 시 사운드 시스템, 선루프 등을 설치옵션으로 두는 것은 지리적 지연전략이다.

〉〉〉〉〉〉〉〉〉〉 1.④

ADVICE

1 ① 지연전략은 제품을 공장에서 출하 시 완성된 형태로 출하하는 것이 아니고 유통 과정 중에 고객의 의사를 반영하고, 시장의 상황을 반영하여 제품을 만드는 전략이다.

② 주문을 받기 전까지 모든 자동화의 기본 색을 유지시키고 이후 색상주문이 들어오면 페인트칠을 하는 것은 생산지연전략이다.

③ 가장 중요한 창고에 재고를 유지하며, 지역 유통업자들에게 고객의 주문을 넘겨주거나 고객에게 직접 배송하는 것은 유통지연전략이다.

⑤ 신차판매 시 사운드 시스템, 선루프 등을 설치옵션으로 두는 것은 완전지연전략이다.

2 채찍효과(bullwhip effect)의 대처방안으로 옳지 않은 것은?

① 일괄주문 방식을 소량 다빈도 주문방식으로 전환한다.
② 고객이 선호할만한 대규모 할인정책을 실시한다.
③ 과거의 판매실적을 활용한 배분을 실시한다.
④ 전략적 파트너십을 활용한다.
⑤ 일괄수요예측을 실시한다.

3 고객이 요구하는 서비스의 수준에 맞추어 물류활동이 '적절하다(Right)'라는 의미와 관련된 물류의 7R의 내용으로 옳지 않은 것은?

① 적절한 상품(Right goods)
② 적절한 품질(Right quality)
③ 적절한 시간(Right time)
④ 적절한 장소(Right place)
⑤ 적절한 판촉활동(Right promotion)

›››››››››› 2.② 3.⑤

ADVICE

2 채찍효과는 공급사슬에서 가장 하류에 있는 고객의 수요에 대한 정보가 상부 단계로 전달될수록 정보가 왜곡되고 확대되는 현상이기 때문에 대규모 할인정책보다 주기적인 가격 판촉을 통한 변동적 할인정책 보다는 안정된 패턴의 할인정책으로 더 안정된 수요형태를 유도할 수 있다.

3 물류의 7R
㉠ 적절한 상품(Right goods)
㉡ 적절한 품질(Right quality)
㉢ 적절한 시간(Right time)
㉣ 적절한 장소(Right place)
㉤ 적절한 양(Right Quantity)
㉥ 적절한 인상(Right Impression)
㉦ 적절한 가격(Right Price)

4 **화주기업과 제3자 물류업체 사이의 관계개선의 방안으로 옳지 않은 것은?**

① 물류업무에 관한 협력(collaboration)
② 전략적 제휴에 의한 파트너십 구축
③ 정보의 비공개에 의한 효율적인 업무개선
④ 주력부문에 특화된 차별화를 통한 경쟁우위 확보
⑤ 물류아웃소싱을 탄력적으로 선별할 수 있는 화주기업의 능력배양

5 **신제품의 경우 기존 자료가 없어서 보완제품이나 대체제품, 경쟁제품 등의 자료를 사용하여 수요를 예측하기도 한다. 이러한 수요예측 방법에 관한 용어로서 가장 옳은 것은?**

① 패널동의법(panel discussion)
② 델파이법(Delphi method)
③ 역사적 유추법(historical analog)
④ 시나리오 기법(scenario technique)
⑤ 회귀분석법(regression method)

›››››››››› 4.③ 5.③

ADVICE

4 화주기업과 제3자 물류업체 사이의 관계개선 방안으로 정보의 공유에 의한 효율적인 업무개선방안이 있다.

5 ① 패널동의법(panel discussion) : 경영자, 소비자, 판매원 등 패널을 구성하여 자유로운 의견제시를 통해 예측치 추정하는 방법
② 델파이법(Delphi method) : 전문가 그룹을 선정한 다음, 전문가들에게 의견을 도출하여 합의한 형태의 예측치를 구하는 방법
④ 시나리오 기법(scenario technique) : 단편적인 예측이 아니라 여러 가지 시나리오를 구성하여 각각의 전개과정을 추정하는 방법
⑤ 회귀분석법(regression method) : 수요에 영향을 주는 요인들을 독립변수, 수요를 종속변수로 하고 독립변수에 대한 함수로서 수요를 통계적으로 모형화하는 방법

6 **택배운송에 대한 설명으로 옳지 않은 것은?**

① 택배란 운송물을 고객의 주택, 사무실 또는 기타의 장소에서 수탁하여 수하인의 주택, 사무실 또는 기타의 장소까지 운송하여 인도하는 것을 말한다.
② 일반적으로 소형, 소량화물의 배송에 적합한 운송체제이다.
③ 원칙적으로 화물운송 전 과정에 걸쳐 운송인이 일관적으로 책임을 부담한다.
④ 도시 간 지선수송과 도시 내 집배송, 간선배송을 연계시키는 운송이다.
⑤ 택배운송업의 집배송차량이 도시 내에서 화물을 집화하고 배송하기 위해서는 도심 내 권역별 화물터미널의 확보를 통한 서비스 네트워크 구축이 필요하다.

7 **공급사슬관리(SCM)의 효과를 제대로 발휘하고 충족시키기 위한 기본요건으로 옳지 않은 것은?**

① 공급체인 구성원은 경쟁관계에서 동반관계로 전환해야 한다.
② 수요기업과 공급기업 간의 진실한 협력(true-collaborative) 체제가 이루어져야 한다.
③ 소매업체와 제조업체 간 협력과 원활한 커뮤니케이션이 이루어져야 한다.
④ 물류활동의 통합을 위해, 체인 내의 파트너들이 수요, 판매, 재고, 수송 등의 자료를 공유해야 한다.
⑤ 전사적자원관리(ERP), 고객관계관리(CRM) 등의 통합 정보시스템 지원은 필수적인 것은 아니다.

>>>>>>>>> 6.④ 7.⑤

ADVICE

6 택배운송은 도시 간 간선운송과 도시 내 집배송, 지선배송을 연계시키는 운송이다.

7 공급사슬관리는 제품의 생산과 유통 과정을 하나의 통합망으로 관리하는 경영전략시스템으로, 효율화하기 위해서는 사내·외 공급망을 통합하여 계획적으로 관리해야 하며, 각 단위 시스템의 통합은 반드시 필요한 요소로 고려되어야 한다.

8 직무의 특성이 직무수행자의 성장욕구수준에 부합할 때, 직무가 그/그녀에게 보다 큰 의미와 책임감을 주게 되므로 동기유발측면에서 긍정적인 성과를 낳게 된다고 주장하는 동기부여이론으로 옳은 것은?

① 해크만과 올담의 직무특성이론
② 매슬로의 욕구단계이론
③ 알더퍼의 ERG이론
④ 맥클리랜드의 성취동기이론
⑤ 허즈버그의 2요인이론

9 아래 글상자 내용은 소매상의 직무설계과정을 구성하는 단계들이다. 올바른 수행순서에 따라 단계들을 나열한 것은?

㉠ 과업규명	㉡ 과업도식화
㉢ 직무기술과 직무명세의 개발	㉣ 직무분석 및 장 · 단기평가

① ㉠ - ㉡ - ㉢ - ㉣
② ㉠ - ㉢ - ㉡ - ㉣
③ ㉡ - ㉢ - ㉣ - ㉠
④ ㉢ - ㉣ - ㉠ - ㉡
⑤ ㉣ - ㉠ - ㉡ - ㉢

›››››››› 8.① 9.①

ADVICE

8 ② 매슬로의 욕구단계이론 : 인간의 욕구는 위계적으로 조직되어 있으며 하위 단계의 욕구 충족이 상위 계층 욕구의 발현을 위한 조건이 된다는 동기 이론
③ 알더퍼의 ERG이론 : 매슬로의 5단계 욕구이론을 수정하여 인간의 욕구를 생존욕구, 관계욕구, 성장욕구 등 3단계로 단순화시킨 이론이다.
④ 맥클리랜드의 성취동기이론 : 높은 성취 동기의 사람들로 구성된 조직 또는 사회가 발전이 빠르고 보다 더 훌륭한 경영자로서 성공한다는 이론이다.
⑤ 허즈버그의 2요인이론 : 인간의 욕구를 동기요인과 위생요인으로 나누어 서로 상호 독립되어 있다는 욕구이론이다.

9 직무설계는 과업규명–과업도식화–직무기술과 직무명세의 개발– 직무분석 및 장단기평가 단계를 거쳐 조직목표의 달성을 위해 종업원의 동기부여를 위한 전략이다. 직무만족 증대, 작업생산성 향상, 이직 및 결근율 감소 등을 목적으로 둔다.

10 여러 재무비율들 간의 상호관계를 이용하여 경로성과를 평가하는 방법을 전략적 이익모형(strategic profit model)이라고 한다. 전략적 이익모형의 시사점으로 옳지 않은 것은?

① 모형에 의하면 기업의 중요한 재무적 목표는 순자본 투자에 대한 충분한 수익률을 올리는 것이다.
② 모형은 목표투자수익률을 달성하기 위해 다른 기업들이 채택한 재무전략들을 평가하는데 유용한 기준이 된다.
③ 모형은 경로성과를 높이는 데 있어 경영의사결정의 주요 영역들 즉 자본관리, 마진관리, 재무관리들을 제시한다.
④ 자본, 마진, 재무계획들 간의 관계를 잘 활용하는 기업은 높은 수익을 올릴 수 있다.
⑤ 모형은 수익성 향상을 위한 3가지 가능한 방법들을 제시하는데, 자산회전율을 낮추거나, 이익마진을 감소시키거나, 레버리지 효과를 낮추는 것 등이다.

11 아래 글상자 내용 중 물류아웃소싱의 성공전략을 모두 고른 것은?

> ㉠ 물류아웃소싱 목적은 기업의 전략과 일치해야 한다.
> ㉡ 물류아웃소싱이 성공하려면 반드시 최고경영자의 관심과 지원이 필요하다.
> ㉢ 물류아웃소싱의 궁극적인 목표는 현재와 미래의 고객 만족에 있음을 잊지 말아야 한다.
> ㉣ 물류아웃소싱은 지출되는 물류비용을 정확히 파악하여, 비용절감효과를 측정하도록 해 주어야 한다.
> ㉤ 물류아웃소싱의 주요 장애요인 중 하나는 인원감축 등에 대한 저항이므로 적절한 인력관리 전략으로 조직구성원들의 사기저하를 방지해야 한다.

① ㉠
② ㉠, ㉡
③ ㉠, ㉡, ㉢
④ ㉠, ㉡, ㉢, ㉣
⑤ ㉠, ㉡, ㉢, ㉣, ㉤

〉〉〉〉〉〉〉〉〉 10.⑤ 11.⑤

ADVICE

10 전략적 이익모형(SPM)에 따르면 수익성 향상을 위해 순이익률, 자산회전율, 레버리지 비율을 각각 높이는 것이 필요하다고 제시한다.

11 물류아웃소싱의 5가지 성공전략
㉠ 고객서비스와 비용절감을 목적으로 기업의 전략과 일치해야 한다.
㉡ 최고경영자(CEO)의 관심과 지원이 필요하다.
㉢ 현재와 미래의 고객 만족에 목표를 둔다.
㉣ 지출되는 물류비용을 정확히 파악하여 아웃소싱 시 비용절감효과를 측정해야 한다.
㉤ 적절한 인력관리로 사기저하를 방지해야 한다.

12 재고총이익률(GMROI : gross margin return on inventory investment)에 대한 내용으로 옳은 것은?

① 매출 총마진을 직접제품이익으로 나눈 값이다.
② 이익관리와 재고관리를 결합한 성과측정치이다.
③ 매출을 일정수준 이상으로 유지하면서도 판매비와 광고비를 감소시키는 것을 목적으로 한다.
④ 가격경쟁이 치열하다면 총마진 증대가 어려우므로 시설고정비를 최소화하여 재고투자 총이익을 높일 수 있다.
⑤ 순매출을 총자산으로 나눈 비율을 의미한다.

13 마이클포터(Michael Porter)가 제시한 기업의 경쟁을 결정하는 5가지 요인으로 옳지 않은 것은?

① 공급자의 교섭력
② 구매자의 교섭력
③ 보완재의 유무
④ 잠재적 진입자와의 경쟁
⑤ 기존 기업들 간의 경쟁

14 유통기업의 외부적 환경의 내용으로 옳지 않은 것은?

① 인공지능 및 자율주행기술 등 급격한 기술발전을 포함하는 환경
② 자사의 핵심역량, 비전, 목표, 정책 등의 전략적 환경
③ 시장의 인구증가율, 연령, 직업, 소득수준 등의 인구 통계적 환경
④ 건강, 웰빙, 힐링 같은 소비자들의 가치관, 의식, 생활양식 등의 사회적 환경
⑤ 법률, 제도, 각종 규제 등의 정치적 · 법률적 환경

〉〉〉〉〉〉〉〉〉 12.② 13.③ 14.②

ADVICE

12 재고총이익률(GMROI)은 총 재고 투자액에서 매출 총 이익에 대한 투자 수익률의 척도로 매출 총이익을 평균 재고로 나눈 값으로 유통업체에서 카테고리별 재무목표를 설정하기 위해 이익, 매출, 회전률을 결합하여 판단하는 목적으로 사용하는 재무비율이다.

13 마이클 포터의 시장 구조 분석 5가지 요소로 공급자 교섭력, 잠재력 진입자 위협, 기존 기업간 경쟁, 구매자 교섭력, 대체품의 위협이 있다.

14 자사의 핵심역량, 비전, 목표, 정책 등의 전략적 환경은 유통기업의 내부적 환경요인에 해당한다.

15 전통적 전략과 가치혁신 전략의 비교 설명으로 옳지 않은 것은?

구분	항목	전통적 전략	가치혁신 전략
㉠	업종에 대한 가정	주어진 경영조건 및 경영환경에 최선을 다함	산업조건을 초월하여 경쟁과 무관하게 전략 성공을 위한 아이디어와 기회를 모색하여 신시장 창출
㉡	전략적 초점	단순히 경쟁사와 싸워 이기고 앞서는데 초점	경쟁사들과 직접 경쟁하기 보다는 새로운 가치를 창출하여 차별적 우위 확보
㉢	고객 초점	고객의 드러난 욕구를 충족하며 고객기반을 확대	고객이 가치를 두는 특성에 내포된 강력한 공통성을 기반으로 전략수립
㉣	자산과 능력	만약 새롭게 시작하면 어떨까하는 방법을 연구	현재 가지고 있는 것으로 최대한 성과를 개선할 수 있는 방법을 연구
㉤	제품/서비스의 제공	그 산업이 전통적으로 제공하는 상품과 서비스에 의해 정의되며 명확하게 설정된 한계 내에서 제품/서비스를 실현	구매자들이 원하는 문제의 총체적인 해결측면을 고려하고, 그 산업이 고객에게 강요해온 불편한점을 극복

① ㉠
② ㉡
③ ㉢
④ ㉣
⑤ ㉤

〉〉〉〉〉〉〉〉〉 15.④

ADVICE

15 전통적 전략에서 자산과 능력을 현재 가지고 있는 것으로 최대한 성과를 개선할 수 있는 방법을 연구하고 가치혁신 전략에서는 새롭게 시작하면 어떠할지 방법을 연구한다.

16 기업의 사회적 책임과 그 내용의 연결이 옳은 것은?

① 경제적 책임 – 도덕적 가치의 수호
② 윤리적 책임 – 이윤극대화
③ 재량적 책임 – 기업의 자발적인 윤리적 행위
④ 법적 책임 – 기업윤리의 준수
⑤ 본질적 책임 – 기부활동

17 사업이 성장하면 유통경로의 적절한 관리전략이 필요하다. 유통경로의 성장전략들에 대한 설명으로 옳지 않은 것은?

① 통제전략은 유통경로기관보다 기업(channel leader)의 힘이 더 강할 때만 활용할 수 있는데, 통제, 이행, 순응을 지시한다.
② 권한위임전략은 유통경로기관보다 기업(channel leader)이 더 잘 알려져 있고 자금력도 있으며 지역에서 영향력이 있을 때 사용된다.
③ 협력전략은 유통경로기관과 기업(channel leader)의 힘이 비슷할 때 사용되는데, 신뢰와 관계의 중요성을 인정한다.
④ 합작투자는 시장점유율의 성장을 위해 둘 이상의 개별 기업에 의해 형성되는 기업형태이다.
⑤ 전략적 제휴는 다른 회사의 매입, 매각과 결합을 다루는 기업전략이다.

》》》》》》》》》 16.③ 17.⑤

ADVICE

16 기업의 사회적 책임
㉠ 경제적 책임 : 이윤 극대화, 고용 창출 등
㉡ 법적인 책임 : 회계의 투명성, 성실한 세금 납부, 소비자의 권익 보호 등
㉢ 윤리적 책임 : 환경 · 윤리경영, 제품 안전, 기업의 자발적인 윤리적 행위 등
㉣ 자선적 책임 : 사회공헌 활동, 자선 · 교육 · 문화 · 체육활동 등에 대한 기업의 지원 등

17 전략적 제휴는 상호협력을 바탕으로 기업 기능의 모든 부분에 걸쳐 2개 또는 다수의 기업이 제휴하는 것을 말한다. 다른 회사의 매입, 매각과 결합을 다루는 기업전략은 M&A 전략이다.

18 “전통시장 및 상점가 육성을 위한 특별법”(법률 제15689호, 2018.6.12., 일부개정)의 용어의 정의로 옳지 않은 것은?

① “상가건물”이란 같은 건축물 안에 판매 및 영업시설을 갖추고 그 밖에 근린생활시설을 갖춘 건축물을 말한다.

② “복합형 상가건물”이란 같은 건축물 안에 판매 및 영업시설 외에 공동주택이나 업무시설을 갖추고 그 밖에 근린생활시설 등을 갖춘 건축물을 말한다.

③ “상업기반시설”이란 시장 · 상점가 또는 상권활성화 구역의 상인이 직접 사용하거나 고객이 이용하는 상업 시설, 공동이용시설 및 편의시설 등을 말한다.

④ “상인조직”이란 전통시장 또는 상점가의 점포에서 상시적으로 직접 사업을 하는 상인들로 구성된 법인 · 단체 등으로서 중소벤처기업부장관이 정하는 것을 말한다.

⑤ “상권활성화구역”이란 시장 또는 상점가가 하나 이상 포함된 곳으로서 시장 · 군수 · 구청장이 지정한 구역을 말한다.

19 경로상에서 재고보유에 따른 위험을 어느 경로 구성원이 부담하느냐에 따라 적절한 서비스의 제공, 제품 분류 작업의 이행, 경로구성원 사이의 적절한 이윤 배분 등이 이루어진다고 설명하는 이론은?

① 기능위양이론

② 연기-투기이론

③ 거래비용이론

④ 커버리지이론

⑤ 체크리스트이론

›››››››› 18.④ 19.②

ADVICE

18 “상인조직”이란 전통시장 또는 상점가의 점포에서 상시적으로 직접 사업을 하는 상인들로 구성된 법인 · 단체 등으로서 대통령령으로 정하는 것을 말한다.

19 연기-투기이론이란 경로구성원들 중 누가 재고보유에 따른 위험을 감수하느냐에 의해 경로구조가 결정되는 것으로 고객이 요구하는 시점까지 최종제품의 생산공급을 가능한 한 연기시킴으로 경로효율성의 확보가 가능하다.

20 아래 글상자 내용은 경로시스템 내 구성원들 간에 이루어지는 거래관계의 유형인 단속형 거래(discrete transaction)와 관계형 교환(relational exchange)의 비교 설명이다. 가장 옳지 않은 것은?

구분	항목	단속형 거래	관계형 교환
㉠	거래처에 대한 관점	단순고객으로서의 거래처	동반자로서의 거래처
㉡	지배적 거래 규범	계약	거래 윤리
㉢	거래경험의 중요성	높음	낮음
㉣	신뢰의 중요성	낮음	높음
㉤	잠재거래선의 수	다수의 잠재거래선	소수의 잠재거래선

① ㉠
② ㉡
③ ㉢
④ ㉣
⑤ ㉤

21 유통산업의 경제적 · 사회적 역할로서 옳지 않은 것은?

① 고용창출
② 물가조정
③ 제조업 발전의 저해
④ 소비문화의 창달
⑤ 생산자와 소비자 간 매개 역할

››››››››› 20.③ 21.③

ADVICE

20 단속형 거래 vs 관계형 교환

항목	단속형 거래	관계형 교환
거래처에 대한 관점	단순고객으로서의 거래처	동반자로서의 거래처
지배적 거래 규범	계약	거래 윤리
거래경험의 중요성	낮음	높음
신뢰의 중요성	낮음	높음
잠재거래선의 수	다수의 잠재거래선	소수의 잠재거래선

21 유통산업의 경제적, 사회적 역할로서 제조업 발전의 기여한다.

22 아래 글상자 내용 중 업종개념과 업태개념의 비교 설명으로 옳지 않은 것은?

구분	항목	업종 개념	업태 개념
㉠	시각	생산자	소비자
㉡	주도자	제조업체	소매업체
㉢	분류기준	제품성격	소매전략
㉣	점포크기	대규모	소규모
㉤	장점	제품업체의 통제 용이	소비자 편리, 소매효율 증대, 거래촉진

① ㉠
② ㉡
③ ㉢
④ ㉣
⑤ ㉤

23 아래 글상자에서 설명하는 수배송 공급모형으로 옳은 것은?

> 이 모형은 수리적인 방법의 적용이 곤란하거나 불가능 할 때, 최후의 수단으로 이용되는 기법이다.

① 세이빙(saving)법 모형
② 수배송선형계획법 모형
③ 시뮬레이션(simulation) 모형
④ 최적화(optimization) 모형
⑤ 휴리스틱(heuristic) 모형

〉〉〉〉〉〉〉〉〉 22.④ 23.③

ADVICE

21 업종개념과 업태개념의 비교

항목	업종 개념	업태 개념
시각	생산자	소비자
주도자	제조업체	소매업체
분류기준	제품성격	소매전략
점포크기	소규모	대규모
장점	제품업체의 통제 용이	소비자 편리, 소매효율 증대, 거래촉진

23 세이빙법 모형 : 주행거리를 단축하여 배송하는 기법
수배송선형계획법 모형 : 한정된 자원으로 최대의 목적을 이루기 위해 효율적 배분을 계획하는 기법
최적화 모형 : 최적경로의 해를 찾는 기법

24 유통과 유통경로에 관련된 설명으로 옳은 것은?

① 유통의 상적기능에는 소유권이전기능, 매매기능, 장소적 조정기능이 포함된다.
② 수직적 경로시스템이란 생산자가 제품을 최종 소비자에게 제시하는 유통구조의 통로를 말한다.
③ 유통경로에서 중간상이 생략됨으로써 유통이 단순화, 통합화되어 실질적인 거래비용이 감소되는 것을 총 거래수 최소원칙이라고 한다.
④ 제조분야는 변동비 비중이 고정비보다 커서 생산량이 증가할수록 단위당 생산비용이 감소하지만, 유통은 고정비 비중이 커서 규모의 경제가 작용하는 고정비 우위의 원리가 적용된다.
⑤ 도매상이 대량으로 보관하고 소매상은 적정량만 보관하므로 상품의 사회적 보관 총량을 감소시킬 수 있는 것을 집중준비의 원리라고 한다.

25 소매업태 발전에 관한 이론 중 소매차륜(수레바퀴)이론에 해당하는 내용만을 나열한 것은?

㉠ 가격이나 마진이 아니라 상품믹스의 변화에 초점을 두고 있다.
㉡ 소매기관들이 처음에는 혁신적인 형태에서 출발하여 성장하다가 새로운 개념을 가진 신업태에 그 자리를 양보하고 사라지게 된다.
㉢ 진입단계–성장단계–쇠퇴단계의 세 단계로 구성되어 있다.
㉣ 한 소매기관이 출현하여 사라지기까지의 전 과정에 대해 설명하는 이론으로 두 개의 서로 다른 경쟁 적인 소매업태가 하나의 새로운 소매업태로 합쳐지는 현상을 설명한다.
㉤ 고서비스 · 고가격과 저서비스 · 저가격 소매기업 사이의 경쟁이 선호분포의 중심을 향해 이동하여 기존의 서비스 · 가격수준을 제공해 주는 소매기관은 없어지게 된다고 설명한다.

① ㉠, ㉡
② ㉡, ㉢
③ ㉢, ㉣
④ ㉣, ㉤
⑤ ㉠, ㉢, ㉤

〉〉〉〉〉〉〉〉〉 24.⑤ 25.②

ADVICE

24 ① 유통의 상적기능에는 소유권이전기능, 지각조정기능, 수량적 조정기능 등을 말한다. 물적 유통기능은 장소적 조정기능인 수송기능과 보관기능, 하역기능, 포장기능, 물류정보기능 등을 포함한다.
② 수직적 경로시스템이란 도매상과 슈퍼센터의 경쟁과 같이 서로 다른 경로수준에 위치한 경로구성원 간의 경쟁을 말한다.
③ 유통경로에서 중간상이 개입함으로써 유통이 단순화, 통합화되어 실질적인 거래비용이 감소되는 것을 총 거래수 최소원칙이라고 한다.
④ 유통은 변동비 비중이 커서 규모의 경제가 작용하는 변동비 우위의 원리가 적용된다.

25 ㉠ 소매아코디언이론 : 가격이나 마진이 아니라 상품믹스의 변화에 초점을 두고 있다.
㉡ 변증법적 과정 : 한 소매기관이 출현하여 사라지기까지의 전 과정에 대해 설명하는 이론으로 두 개의 서로 다른 경쟁적인 소매업태가 하나의 새로운 소매업태로 합쳐지는 현상

II 상권분석

26 **입지결정과정에서 고려하는 다양한 요소 중 용적률과 건폐율에 대한 설명으로 옳지 않은 것은?**

① 용적률과 건폐율은 입지결정시 해당 지역의 개발밀도를 가늠하는 척도로 활용한다.
② 건폐율은 대지면적에 대한 건축면적의 비율을 말한다.
③ 용적률은 부지면적에 대한 건축물 연면적의 비율로 산출한다.
④ 용적률과 건폐율의 최대한도는 관할 구역의 면적과 인구 규모, 용도지역의 특성 등을 고려하여 「국토의 계획 및 이용에 관한 법률」에서 정한다.
⑤ 건폐율을 산정할 때는 지하층의 면적, 지상층의 주차용으로 쓰는 면적, 초고층 건축물의 피난안전구역의 면적은 제외한다.

27 **아래 글상자의 사항들 가운데 상권내 경쟁구조분석에 포함될 내용으로 가장 옳은 것은?**

㉠ 업태내 경쟁구조	㉡ 업태간 경쟁구조
㉢ 위계별 경쟁구조	㉣ 잠재적 경쟁구조
㉤ 업체간 보완관계	

① ㉠
② ㉠, ㉡
③ ㉠, ㉡, ㉢
④ ㉠, ㉡, ㉢, ㉣
⑤ ㉠, ㉡, ㉢, ㉣, ㉤

〉〉〉〉〉〉〉〉〉 26.⑤ 27.⑤

ADVICE

26 용적률을 산정할 때는 지하층의 면적, 지상층의 주차용으로 쓰는 면적, 초고층 건축물의 피난안전구역의 면적은 제외한다.

27 상권 내에서 경쟁구조분석을 위해서는 업태 내 경쟁구조, 업태 간 경쟁구조, 위계별 경쟁구조, 잠재적 경쟁구조, 업체 간 보완관계 모두 포함되어야 한다.

28 토지의 이용 및 건축물의 용도 등을 제한하는 용도지역 중 "국토의 계획 및 이용에 관한 법률 시행령" (대통령령 제 29284호, 2018. 11. 13., 일부개정)에 따라 정한 상업지역에 해당하지 않는 것은?

① 중심상업지역
② 일반상업지역
③ 전용상업지역
④ 근린상업지역
⑤ 유통상업지역

29 상권의 크기에 대한 일반적인 설명으로 가장 옳지 않은 것은?

① 구매빈도가 높은 업종보다 낮은 업종의 상권이 더 크다.
② 배후지의 인구밀도가 높을수록 소매점포의 상권은 더 크다.
③ 배후지의 소득수준이 낮을수록 소매점포의 상권은 더 크다.
④ 폐쇄된 배후지를 대상으로 영업하는 소매점의 상권은 배후지에 한정된다.
⑤ 구성업종들의 연계성이 낮은 소매단지보다 연계성이 높은 소매단지의 상권이 더 크다.

30 소매점 건물의 너비와 깊이 같은 건물의 구조도 소매 매출에 영향을 미친다. 소매점의 건물 구조에 대한 아래의 내용 중에서 옳은 것은?

① 점포의 너비에 비해 깊이가 깊으면 구매빈도가 높은 일용품이나 식품의 매장으로 적합하다.
② 정면너비가 깊이에 비해 2배 이상이 되면 고객이 편안한 느낌을 느껴 객단가를 향상시키기가 쉽다.
③ 정면너비가 넓으면 외부에서 점포에 대한 가시성이 높아져 고객의 내점률을 높이는 데 도움을 준다.
④ 소매점의 넓은 정면너비는 시계성과 편의성에 악영향을 미친다.
⑤ 깊이가 정면너비보다 2배 이상이 되면 고객이 안쪽 깊숙이 진입하기가 쉽다.

〉〉〉〉〉〉〉〉〉 28.③ 29.② 30.③

ADVICE

28 상업지역<국토의 계획 및 이용에 관한 법률 시행령 제30조 제1항 제2호〉
㉠ 중심상업지역 : 도심 · 부도심의 상업기능 및 업무기능의 확충을 위하여 필요한 지역
㉡ 일반상업지역 : 일반적인 상업기능 및 업무기능을 담당하게 하기 위하여 필요한 지역
㉢ 근린상업지역 : 근린지역에서의 일용품 및 서비스의 공급을 위하여 필요한 지역
㉣ 유통상업지역 : 도시 내 및 지역 간 유통기능의 증진을 위하여 필요한 지역

29 배후지(상권)의 인구밀도 보다는 상권 내 고객 밀도가 높을수록 소매점포의 상권은 더 크다고 볼 수 있다.

30 소매점의 정면너비가 넓으면 외부에서 눈에 잘 띄기 때문에 고객의 내점률을 높이는 데 도움이 된다.

31 상권분석기법 중 유추법(analog method)과 관련된 내용으로 가장 옳지 않은 것은?

① CST map
② 유사점포
③ 상권범위 추정
④ 규범적 모형
⑤ 상권내 소규모지역(zone)

32 Huff모델과 관련한 설명으로 옳지 않은 것은?

① 소비자의 점포선택행동을 결정적 현상으로 본다.
② 소비자로부터 점포까지의 이동거리는 소요시간으로 대체하여 계산하기도 한다.
③ 소매상권이 연속적이고 중복적인 공간이라는 관점에서 분석한다.
④ 특정 점포의 효용이 다른 선택대안 점포들의 효용보다 클수록 그 점포의 선택가능성이 높아진다.
⑤ 점포크기 및 이동거리에 대한 민감도계수는 상권마다 소비자의 실제구매행동 자료를 통해 추정한다.

33 아래의 상권분석 기법들 중에서 상권내에서 분석대상이 되는 점포의 상대적 매력도를 파악할 수는 있으나 예상 매출액을 추정할 수는 없는 것은?

① 유사점포법
② MNL모델
③ 체크리스트법
④ 회귀분석법
⑤ 허프모델

>>>>>>>>> 31.④ 32.① 33.③

ADVICE

31 유추법은 신규점포에 대한 상권분석 중 기술적 모형에 해당한다.

32 허프모델에서는 소비자의 점포선택행동을 확률로써 설명하였다.

33 체크리스트법은 상권에 미치는 여러 요인들을 수집 분석하고 시장을 측정하여 시장잠재력을 측정하는 방법이다.

34 상권분석 및 입지분석 과정에 점차 이용가능성이 확대되고 있는 지리정보시스템(GIS)에 관한 설명으로 옳지 않은 것은?

① GIS 소프트웨어를 사용하여 데이터베이스를 조회하고 속성정보를 요약하여 표현한 지도를 주제도(主題圖) 라고 한다.
② 상권분석에서 특정 기준을 만족시키는 공간을 파악하기 위한 조회도구로 지도를 사용하기도 한다.
③ GIS는 컴퓨터를 이용한 지도작성체계와 데이터베이스 관리체계의 결합으로 프리젠테이션 지도작업, 공간분석 등이 가능하다.
④ 버퍼(buffer)란 어떤 지도형상, 즉 점이나 선 혹은 면으로부터 특정한 거리 이내에 포함되는 영역을 의미하며, 선의 형태로 표현된다.
⑤ 중첩은 공간적으로 동일한 경계선을 가진 레이어를 겹쳐 놓고 지도형상과 속성들을 비교하는 기능이다.

35 '자신들의 일상적 필요를 충족시키는 기본 필수품을 취득하기 위해 통행할 필요가 있는 사람들로 구성된 교통'을 일컫는 용어로 옳은 것은?

① 주거 교통(living traffic)
② 통행 교통(pedestrian traffic)
③ 상업 교통(commercial traffic)
④ 기초 교통(basic traffic)
⑤ 순환 교통(circulation traffic)

36 소매점의 상권에 대한 설명으로 가장 옳지 않은 것은?

① 소매점의 상권은 지리적 거리의 한계가 있다.
② 소매점의 상권에 포함되는 소비자들은 동질적이다.
③ 소매점의 상권은 고객 흡인의 정도에 따라 설정한다.
④ 소매점의 상권은 점포의 입지조건에 따라 범위가 달라진다.
⑤ 소매점의 상권은 취급상품의 종류에 따라 범위가 달라진다.

›››››››› 34.④ 35.① 36.②

ADVICE

34 버퍼(buffer)란 GIS연산에 의해 정의되는 요소의 주위나 각 측면의 구역을 말한다.

35 주거 교통이란 일상적 필요를 충족시키기 위한 기본 필수품을 얻기 위해 필요한 교통을 말한다.

36 소매점의 상권내에 포함된다고 해서 소비자들이 동질적이라고 보기는 어렵다.

37 소규모 소매점포의 상권단절요인에 일반적으로 해당하지 않는 것은?

① 폭 100m의 하천
② 왕복 2차선 도로
③ 운동장만 있는 체육공원
④ 담으로 둘러싸인 공장
⑤ 지상을 지나는 철도

38 쇼핑센터 가운데 파워센터(power center)에 입지할 업종으로 가장 옳지 않은 것은?

① 할인점
② 할인백화점
③ 일용식품점
④ 창고형 클럽
⑤ 카테고리 킬러

39 도매업의 경우에도 입지의 결정은 매우 중요하며, 생산 구조와 소비구조의 특징에 따라 입지유형이 달라진다. 다음 중 생산구조가 소수의 대량집중생산이고 소비구조 역시 소수에 의한 대량집중소비구조일 때의 입지선택 기준으로 가장 옳은 것은?

① 수집기능, 중계기능, 분산기능이 모두 용이한 곳에 입지한다.
② 수집기능의 수행보다는 분산기능의 수행이 용이한 곳에 입지한다.
③ 수집기능의 수행이 용이하고 분산기능 수행도 용이한 곳에 입지한다.
④ 수집기능이나 분산기능보다는 중계기능의 수행이 용이한 곳에 입지한다.
⑤ 분산기능의 수행보다는 수집기능의 수행이 용이한 곳에 입지한다.

〉〉〉〉〉〉〉〉〉 37.② 38.③ 39.④

ADVICE

37 하천, 철도, 산 등은 상권을 분할하는 자연지형물과 학교나 운동장, 공장과 같은 대형시설물은 상권을 분할시키는 대표적인 요소이다.

38 파워센터는 할인점이나 카테고리 킬러 등 저가를 내세운 점포들을 한 곳에 종합해 놓은 초대형 소매센터로 할인점, 창고형 클럽 등이 입지하기에 알맞다.

39 도매업의 생산구조가 소수의 대량집중생산이고 소비구조는 소수에 대량집중소비구조일 때는 중계기능의 수행이 용이한 곳에 입지한다.

40 다음 중 상권분석을 위한 중심지이론과 관련된 내용으로 가장 옳지 않은 것은?

① 크리스탈러(W. Christaller)
② 최대도달거리(range)
③ 최소수요충족거리(threshold)
④ 체크리스트(checklist)

41 "상가건물임대차보호법"(법률 제14242호, 2016. 5. 29., 타법개정)에서는 권리금을 아래의 글상자와 같이 정의하고 있다. (　　)안에 들어갈 내용으로 옳지 않은 것은?

> 권리금이란 임대차 목적물인 상가건물에서 영업을 하는 자 또는 영업을 하려는 자가 (　　　　), 상가건물의 위치에 따른 영업상의 이점 등 유형·무형의 재산적 가치의 양도 또는 이용대가로서 임대인, 임차인에게 보증금과 차임 이외에 지급하는 금전 등의 대가를 말한다.

① 영업시설·비품
② 경쟁상황
③ 거래처
④ 신용
⑤ 영업상의 노하우

>>>>>>>>> 40.④ 41.②

ADVICE

40 크리스탈러의 중심지 이론에서 가장 이상적인 배후 상권의 모양은 정육각형이며, 이 형상에서는 최대도달거리와 최소수요 충족거리가 일치한다. 또한 상위 계층의 중심지는 하위 계층의 중심지가 가지는 기능과 자기 특유의 기능을 더 보유하게 된다.

41 제10조의3(권리금의 정의 등)
권리금이란 임대차 목적물인 상가건물에서 영업을 하는 자 또는 영업을 하려는 자가 영업시설·비품, 거래처, 신용, 영업상의 노하우, 상가건물의 위치에 따른 영업상의 이점 등 유형·무형의 재산적 가치의 양도 또는 이용대가로서 임대인, 임차인에게 보증금과 차임 이외에 지급하는 금전 등의 대가를 말한다.

42 소비자들이 상품을 구매하기 위해 거주지 등 특정장소에서 점포로 향하는 동선을 파악할 때 활용하는 원리 중에서 아래 글상자의 내용에 해당하는 것은?

> 원하는 상품을 구매하기 위해 방문하려는 점포를 사전에 정하고 이동하는 상황이라고 가정하자. 이 때 길을 건너야 하는 상황에서 선택할 수 있는 복수의 횡단보도가 있다면 사람들은 일단 최초로 만나는 횡단보도를 이용하려는 성향이 있다.

① 안전 증시의 법칙
② 최단거리 실현의 법칙
③ 보증실현의 법칙
④ 집합의 법칙
⑤ 직진선호의 법칙

43 임차할 점포를 평가할 때 고려해야할 사항으로 가장 옳지 않은 것은?

① 입점 가능한 업종
② 임대면적 중 전용면적
③ 점포 소유자의 전문성
④ 점포의 권리관계
⑤ 점포의 인계 사유

44 유통가공을 수행하는 도매업체의 입지선정에는 공업입지 선정을 위한 베버(A. Weber)의 "최소비용이론"을 준용 할 수 있다. 총물류비만을 고려하여 이 이론을 적용할 때, 원료지향형이나 노동지향형 대신 시장지향형입지를 택하는 것이 유리한 조건으로 가장 옳은 것은?

① 유통가공으로 중량이 감소되는 경우
② 부패하기 쉬운 완제품을 가공 · 생산하는 경우
③ 제품수송비보다 원료수송비가 훨씬 더 큰 경우
④ 미숙련공을 많이 사용하는 노동집약적 유통가공의 경우
⑤ 산지가 국지적으로 몰려 있는 편재원료의 투입 비중이 높은 경우

››››››››› 42.③ 43.③ 44.②

ADVICE

42 최초로 만나는 횡단보도를 이용하려는 성향과 같이 제일 먼저 득이 되는 쪽을 선택하는 원리를 말한다.

43 점포를 평가할 때 임차할 곳에 입점 가능한 업종이 무엇인지, 임대면적 중 전용면적은 얼마나 되는지, 점포의 권리관계 및 인계 사유 등을 확인해야 하며 점포 소유자의 전문성은 참고사항으로 반드시 고려해야할 사항에 해당하지 않는다.

44 시장지향형입지는 제조 과정에서 제품의 무게나 부피가 증가하거나, 제품이 쉽게 변질 혹은 손상될 우려가 있는 경우 공장이 소비자 가까이 입지하는 것이 좋다.

45 지역상권의 매력도를 평가할 때는 먼저 수요요인과 공급 요인을 고려해야 한다. 이 요인들을 평가하는데 소매 포화지수(IRS: Index of Retail Saturation)와 시장성장 잠재력지수(MEP : market expansion potential)를 활용 할 수 있다. 이 두 지수들을 기준으로 평가할 때 그 매력성이 가장 높은 지역상권은?

① IRS가 작고 MEP도 작은 지역상권
② IRS가 작고 MEP는 큰 지역상권
③ IRS가 크고 MEP는 작은 지역상권
④ IRS가 크고 MEP도 큰 지역상권
⑤ IRS의 크기와는 상관없이 MEP가 큰 지역상권

>>>>>>>>> 45.④

ADVICE

45 소매포화지수는 지역시장의 매력도를 측정하는 것으로 값이 클수록 시장의 포화정도가 낮다는 것을 의미하고, 시장의 포화정도가 낮다는 것은 공급보다 수요가 많기 때문에 매력성이 높은 상권이라고 할 수 있다.
시장성장 잠재력은 지역시장이 미래에 신규 수요를 창출할 수 있는 잠재력을 반영하는 지표를 말한다. 타 지역의 쇼핑정도가 높을수록 시장성장잠재력이 커진다.
따라서 매력성이 가장 높은 곳은 시장성장잠재력(IRS)가 크고 소매 포화지수(MEP)가 큰 지역상권이다.

Ⅲ 유통마케팅

46 재무적 성과평가를 위한 자료 중 손익계산서에 대한 설명으로 옳은 것은?

① 일정 회계기간 동안의 경제적 사건과 그 기간 말의 경제적 상태를 나타내는 보고서
② 소매점의 자금이 어떻게 조달되었고 어디에 사용되고 있는지를 나타내주는 보고서
③ 일정기간의 모든 수익과 비용을 대비시켜 당해 기간의 순이익을 계산한 보고서
④ 일정기간 동안의 소매점의 현금의 유입과 유출내용을 표시한 보고서
⑤ 한 기간의 매출액이 당해 기간의 총비용과 일치하는 점을 분석한 보고서

47 소매점의 신제품 조사를 위해 표적시장을 잘 반영하리라 생각되는 집단을 대상으로 설문조사를 했다면 어떤 표본 추출방법에 해당하는가?

① 편의표본추출
② 판단표본추출
③ 확률비례추출
④ 집락표본추출
⑤ 층화표본추출

>>>>>>>>> 46.③ 47.②

ADVICE

46 손익계산서는 회사의 경영 성과를 명확히 보고하기 위해 그 회계 기간에 속하는 모든 수익과 이에 대응하는 모든 비용 및 총 포괄손익을 적정하게 표시해야 한다.

47 판단표본추출 … 모집단의 특성을 잘 반영하는 표본을 분간해 낼 수 있다고 생각되는 전문가의 의견에 따라서 표본을 추출하는 것을 말한다. 판단표본추출은 편리하지만 어떤 객관적 기준에 의해서 표본을 선정하는 것이 아니기 때문에 객관적인 분석이 곤란하고 표본의 결과를 이용하여 모집단의 특성을 추정하는 것이 불확실하다는 단점이 있다.

48 아래 글상자의 (㉠)과 (㉡)에 들어갈 용어로 가장 옳은 것은?

> 고객 신상정보와 구매자료를 결합하여 어떤 고객이 어떤 제품을 언제, 어느 정도의 양을, 얼마에 구매하였는가를 파악할 수 있으며 이는 (㉠)에 이용될 수 있다. 또한 기업의 전략변수와 고객특성 변수, 구매 정보를 결합하여 어떤 고객이 기업의 (㉡)에 어떤 반응을 보였는가를 파악할 수 있다.

① ㉠ 점포입지선정, ㉡ 유통경로 계열화
② ㉠ 유통경로관리, ㉡ 서비스 품질
③ ㉠ 상권분석, ㉡ 소매점 포지셔닝
④ ㉠ 공급사슬관리, ㉡ 상품공급
⑤ ㉠ 시장세분화, ㉡ 4P전략

49 고객의 구매심리 단계별 고객응대로 옳지 않은 것은?

① 주의 단계에서는 미지의 판매원과 상품에 대한 불안을 안고 있으므로 일단 대기한다.
② 흥미 단계에서는 구매 욕구를 지속시켜 소개 판매를 유도해야 한다.
③ 연상 및 욕구 단계에서는 정확한 셀링포인트를 설명하여 상품가치를 인식시킨다.
④ 확신 단계에서는 판매조건을 제시하며 구매 단계로 유도한다.
⑤ 구매 단계 후에는 사후관리를 통해 만족을 심어주고 재판매를 유도해야 한다.

››››››››› 48.⑤ 49.②

ADVICE

48 시장세분화는 모다 효과적인 마케팅믹스의 개발을 위해 전체시장을 상품에 대한 욕구가 비슷하거나, 영업활동에 의미있는 동질적인 부분시장으로 나누는 것을 말한다. 또한 기업의 전략변수와 고객특성 변수, 구매 정보를 결합하여 어떤 고객이 기업의 상품(Product), 가격(Price), 촉진(Promotion), 유통(Place)에 어떤 반응을 보였는가를 파악할 수 있다.

49 고객의 구매심리 단계 중 흥미단계에서는 상품에 대한 흥미를 느끼고 좀 더 관찰을 위해 걸음을 멈추는 경우이며, 고객의 흥미는 다양한 형태로 나타난다.

50 아래 글상자의 사례를 통해 해당 기업이 사용한 신제품 가격전략으로 옳은 것은?

> IKEA가 2002년 중국에 처음으로 점포를 열었을 때 사람들은 가구제품을 구매하는 것 이외의 여러 목적으로 몰려들었다. 그들은 무료로 제공되는 여러 서비스를 누리기 위해 점포를 방문했는데, 에어컨디셔닝, 청결한 화장실, 실내장식 아이디어 등이 그 예이다.
> 중국 소비자는 근검절약하는 것으로 유명하다. 실제로 구매해야 하는 시점이 되면, 그들은 IKEA의 디자인을 불법으로 복제한 저가제품을 취급하는 인근점포에서 쇼핑을 했다. 까다로운 중국고객을 끌어들이기 위해 IKEA는 세계에서 가장 저렴한 가격을 책정했는데, 이는 중국시장에 진출한 많은 서구 소매업체들과는 상반되는 접근방식이었다. 중국 내 점포에서 취급하는 상품 중에서 중국산 제품의 비중을 높임으로써 IKEA는 일부 품목에 대해 중국 밖의 IKEA 점포에서 판매되는 가격보다 70%나 저렴하게 책정하였다.

① 시장침투가격(market penetration pricing)
② 스키밍가격(skimming pricing)
③ 경쟁가격(competitive pricing)
④ 종속제품 가격(captive product pricing)
⑤ 묶음가격(bundle pricing)

51 단품관리에 대한 설명으로 옳지 않은 것은?

① 제품을 더 이상 분류할 수 없는 최소 단위로 분류해서 관리하는 방식이다.
② 인기상품과 재고비용이 발생하는 비인기상품을 구분해 나갈 수 있다.
③ 실적 향상 및 생산성 증가를 위해 상품 판매에 따라 매대 할당이 이루어진다.
④ 인기 있는 상품이 품절된 경우 대체상품을 구매하도록 소비자를 유인할 수 있다.
⑤ 단품별 매출액 기여도 등과 같은 책임소재가 명확해진다.

›››››››› 50.① 51.④

ADVICE

50 ① 시장침투가격 : 우수한 품질에 저렴한 가격, 단기이익을 조금 희생하더라도 장기적인 이익을 실현하는 경우
② 스키밍가격 : 경쟁이 거의 없는 동안 최적 이익을 얻기 위하여 신제품 가격을 높게 책정하는 경우
④ 종속제품 가격 : 주제품과 종속제품의 상호관련성을 고려하여 결정하는 경우
⑤ 묶음가격 : 여러 개의 제품이나 서비스를 묶어서 하나의 가격으로 판매하는 경우

51 단품관리 방식은 판매추세에 따라 진열 면적이 조정되므로 품절이 줄어든다.

52 아래 글상자의 내용 중에서 마케팅 역량 향상에 해당하는 고객관계관리(CRM) 시스템의 데이터 이용 효과로 가장 옳은 것은?

> ㉠ 유통채널과의 관계 개선을 위한 정보 획득
> ㉡ 시장세분화 능력 개선을 위한 정보 획득
> ㉢ 제품 개선을 위한 피드백 정보 획득
> ㉣ 기업내부의 조직역량 강화를 위한 정보 획득

① ㉠, ㉡　　② ㉢, ㉣
③ ㉠, ㉣　　④ ㉠, ㉢, ㉣
⑤ ㉠, ㉡, ㉢, ㉣

53 소매가격전략에 대한 설명으로 옳지 않은 것은?

① EDLP는 Every Day Low Price의 준말로, 상품의 일시 적인 가격할인이 아닌 항상 저렴한 가격으로 판매 하는 전략을 의미한다.
② EDLP는 경쟁자와의 지나친 가격전쟁의 압박을 덜어 주며 가격이 자주 변하지 않는다는 장점이 있다.
③ High-Low가격 전략은 일반적으로 저가격을 지향하기 보다는 품질이나 서비스를 강조하는 가격정책이다.
④ High-Low가격 전략은 소비자들을 유인하기 위해 필요한 시기에 적극적으로 할인된 낮은 가격을 제공 한다.
⑤ High-Low가격 전략의 경우 EDLP에 비해 수요변동성이 낮고 상품의 재고관리가 용이하다는 장점이 있다.

〉〉〉〉〉〉〉〉〉 52.⑤ 53.⑤

ADVICE

52 CRM은 고객정보를 바탕으로 고객을 세분화하여 각 개인에게 차별화 및 개인화된 상품과 서비스를 제공하여 장기적인 고객관계를 유지하고 기업의 수익성을 극대화하는 전략을 말한다. 기업은 이러한 CRM을 통해 마케팅 역량의 향상하는데 유통채널과 관계 개선, 고객의 행동정보를 이용한 시장세분화 능력의 향상, 지속적인 고객의 요구 정보를 통한 시장 변화에 대한 피드백 정보 획득, 기업 내부의 정보까지 활용하여 시너지 효과에 의한 기업 내부조직의 역량 강화 등이다.

53 High-Low가격 전략이란 EDLP 전략보다 고가를 유지하면서 상황에 따라 저가로 할인하는 전략으로써, EDLP에 비해 수요변동성이 높고 상품의 재고관리가 어렵다는 단점이 있다.

54 아래 글상자 (㉠)과 (㉡)에 들어갈 용어를 순서대로 옳게 나열한 것은?

> (㉠)은 유통경로의 동일한 단계에 있는 경로 구성원들 간의 경쟁을 의미하며, 주로 도·소매상들보다는 생산자나 제조업자들과 관련된다. 한편, (㉡)은 서로 다른 경로수준에 위치한 경로구성원 간의 경쟁을 뜻하며, 이와 관련된 사례로는 세계적 브랜드의 제조업자와 소매업체의 자체 상표간의 경쟁이 있다.

① ㉠ 업태내 경쟁, ㉡ 업태간 경쟁
② ㉠ 업태간 경쟁, ㉡ 업태내 경쟁
③ ㉠ 수평적 경쟁, ㉡ 수직적 경쟁
④ ㉠ 수직적 경쟁, ㉡ 수평적 경쟁
⑤ ㉠ 업태내 경쟁, ㉡ 수직적 경쟁

55 가격전략에 대한 설명으로 옳지 않은 것은?

① 수요탄력성이 낮은 경우 고가전략을 사용한다.
② 진입장벽이 낮은 경우 저가전략을 사용한다.
③ 성장률 및 시장점유율 극대화를 위해서는 고가전략을 사용한다.
④ 원가우위를 통한 생존전략을 목표로 하기 위해서는 저가전략을 사용한다.
⑤ 가격–품질 연상효과를 극대화하기 위해서 고가전략을 사용한다.

》》》》》》》》》 54.③ 55.②

ADVICE

54 ㉠은 수평적 경쟁, ㉡은 수직적 경쟁에 대한 설명이다.
※ 업태 내 경쟁과 업태 간 경쟁
㉠ 업태 내 경쟁 : 유사한 상품을 판매하는 서로 동일한 형태의 소매업체간 경쟁 (ex. 백화점과 백화점 간의 경쟁)
㉡ 업태 간 경쟁 : 유사한 상품을 판매하는 서로 상이한 형태의 소매업체간 경쟁 (ex. 슈퍼마켓과 편의점)

55 저가전략은 수요의 가격탄력성이 크고, 대량생산으로 생산비용이 절감될 수 있는 경우, 고가 전략은 수요의 가격탄력성이 낮고, 소량 다품종생산일 경우 사용된다.

56 포지셔닝과 차별화 전략에 대한 설명으로 옳지 않은 것은?

① 포지셔닝은 표적시장 고객들의 인식 속에서 차별적인 위치를 차지하기 위해 자사제품이나 기업의 이미지를 설계하는 행위를 말한다.

② 성능, 디자인과 같이 제품의 물리적 특성을 통한 차별화를 제품 차별화(product differentiation)라고 한다.

③ 기업들은 제품의 물리적 특성 이외에 제품의 서비스에 대해서도 차별화가 가능하며, 이를 서비스 차별화 (services differentiation)라고 한다.

④ 포지셔닝 전략의 핵심은 고객에게 품질이나 디자인에서 어떤 결정적 차이점(decisive difference)을 제시하느냐에 있다.

⑤ 기업 이미지나 브랜드 이미지로 인해 동일한 제품을 제공하더라도, 소비자들은 그 제품을 다르게 인식할 수 있는데, 이를 이미지 차별화(image differentiation) 라고 한다.

57 아래 글상자의 사례와 관련된 기업의 마케팅 관리 철학으로 옳은 것은?

> 코카콜라는 비만과의 전쟁에 적극 동참하겠다고 발표했다. 코카콜라가 비만과의 전쟁에 동참하게 된 이유는 탄산음료가 비만의 주원인이고 건강에 나쁘다는 인식이 전 세계적으로 확산됨에 따라 매출이 지속적으로 감소해 왔기 때문인데, 코카콜라의 전체매출 중 60%가 탄산음료에서 나온다. 이에 따라 코카콜라는 모든 자사제품에 칼로리 정보를 표시하고 12세 미만 어린이를 대상으로 한 광고를 중단하기로 결정했다. 그리고 저칼로리제품 개발에 집중하고 지역주민이 참여 할 수 있는 다양한 운동프로그램을 개발 운영하기로 했다.

① 생산개념(production concept)

② 제품개념(product concept)

③ 판매개념(selling concept)

④ 마케팅개념(marketing concept)

⑤ 사회지향적 마케팅개념(societal marketing concept)

›››››››››› 56.④ 57.⑤

ADVICE

56 포지셔닝 전략의 핵심은 고객의 인식 상의 지점을 경쟁사들과의 비교우위를 찾는 것이다. 차별화 전략의 핵심으로 고객에게 품질이나 디자인에서 어떤 결정적 차이점을 제시하느냐에 있다.

57 사회지향적 마케팅이란 개념은 기업이 마케팅활동에 대한 의사 결정 시 사회전체의 이익과 복지를 고려해야 한다는 개념으로 고객지향개념(마케팅 개념)의 마케팅 활동에서 소비자의 만족을 통한 이윤추구만 하다 보면 사회복지를 저해할 수 있다는 개념에서 출발하였다.

58 구매욕구세분화에 대한 설명으로 옳지 않은 것은?

① 구매욕구는 소비자가 '왜?' 제품을 구매하는가를 설명한다.
② 구매욕구차원에는 기능적 편익, 감각적 편익, 상징적 편익이 있다.
③ 기능적 편익은 다양한 상품구색, 좋은 위치, 정보제공 등의 구매상의 실질적인 혜택을 의미한다.
④ 감각적 편익은 구매자가 제품을 구매할 때 느끼는 오감적 즐거움과 느낌을 말한다.
⑤ 상징적 편익이란 구매자가 느끼는 경쟁사 대비 특정 소매점의 상대적 차이를 말한다.

59 마케팅에 대한 설명으로 옳지 않은 것은?

① 마케팅은 소비자의 필요와 욕구를 충족시키기 위해 시장에서 교환이 일어나도록 하는 일련의 활동들을 말한다.
② 마케팅관리란 표적시장을 선택하고 뛰어난 고객가치의 창출, 전달 및 알림을 통해 고객을 획득, 유지, 확대 하는 기술과 과학을 의미한다.
③ 생산개념의 마케팅철학에서는 기술적으로는 뛰어나지만 시장에서는 외면당하는 제품들이 출시되는 경우를 흔히 볼 수 있다.
④ 판매개념은 공격적인 영업 및 촉진활동을 펼쳐야만 고객이 제품이나 서비스를 충분히 구입할 것이라고 가정한다.
⑤ 마케팅개념을 경영철학으로 채택하고 있는 기업에서는 고객이 상품과 관련하여 갖고 있는 문제들을 완전히 해결하여 만족을 얻을 수 있도록 하는 것을 목표로 한다.

›››››››››› 58.⑤ 59.③

ADVICE

58 상징적 편익이란 제품을 소유함으로서 자신을 외부에 설명하거나 나타냄으로써 얻는 효용, 자신의 이미지 투영이나 자아고양, 지위관련 특성을 말한다.

59 제품개념의 마케팅 철학에서는 기술적으로는 뛰어나지만 시장에서는 외면당하는 제품들이 출시되는 경우를 흔히 볼 수 있다.

60 아래 글상자의 사례에서 사용된 소비자 판촉도구로 옳은 것은?

> 제품의 구매를 유도하기 위해 무료 혹은 낮은 비용으로 제공되는 상품이다. 이것은 패키지 안에 포함되거나 패키지 밖에 따로 준비되거나, 또는 우편으로 전달될 수도 있다. 예를 들어, 맥도널드(McDonald)는 해피밀 구매자에게 영화 〈아바타〉, 〈My Little Pony〉, 〈쿵푸 팬더〉 등에 등장하는 캐릭터 장난감 같은 다양한 상품을 제공했다.

① 쿠폰(coupon)
② 샘플(sample)
③ 현금환불(cash refunds)
④ 프리미엄(premiums)
⑤ 가격할인 패키지(price packs)

61 "유통산업발전법"(법률 제14997호, 2017.10.31., 일부개정) 에서 명시적이고 직접적으로 규정하고 있는 유통관리사의 직무에 해당하지 않는 것은?

① 유통경영 · 관리 기법의 향상
② 유통경영 · 관리와 관련한 계획 · 조사 · 연구
③ 유통경영 · 관리와 관련한 교육
④ 유통경영 · 관리와 관련한 진단 · 평가
⑤ 유통경영 · 관리와 관련한 상담 · 자문

〉〉〉〉〉〉〉〉〉 60.④ 61.③

ADVICE

60 프리미엄은 제품 구매와 관련된 보상으로 주는 것으로 무료로 주는 경우가 많지만 매우 저렴하게 주기도 한다.
① **쿠폰** : 할인이나 덤 등을 증정하여 구매를 촉진하기 위한 도구
② **샘플** : 잠재 소비자들이 구매의사결정을 하기 전에 제품이나 서비스를 사용할 수 있도록 기회를 제공

61 제24조 제1항 … 유통관리사는 다음 각 호의 직무를 수행한다.
1. 유통경영 · 관리 기법의 향상
2. 유통경영 · 관리와 관련한 계획 · 조사 · 연구
3. 유통경영 · 관리와 관련한 진단 · 평가
4. 유통경영 · 관리와 관련한 상담 · 자문
5. 그 밖에 유통경영 · 관리에 필요한 사항

62 아래 글상자에서 설명하는 촉진믹스 전략으로 옳은 것은?

> - 대가를 지불하고 비인적 수단을 통하여 기업의 정보를 알리는 촉진 수단
> - 짧은 시간 내에 불특정 다수의 고객에게 접근할 수 있어 단위당 비용이 비교적 저렴한 장점은 있으나, 효과 측정이 어렵다는 단점이 있음
> - 소비자를 설득하기 위한 것보다는 사실 그대로의 정보제공을 통하여 소비자가 판단을 하는데 도움을 주는 방향으로 이루어져야 함

① 홍보(publicity)
② 광고(advertising)
③ 인적 판매(personal selling)
④ 다이렉트 마케팅(direct marketing)
⑤ 카탈로그 마케팅(catalog marketing)

63 제조업체의 푸시(push)전략에 대한 설명으로 옳지 않은 것은?

① 최종 소비자가 아닌 중간상들을 대상으로 하여 판매 촉진활동을 하는 것을 말한다.
② 소비자를 대상으로 촉진할 만큼 충분한 자원이 없는 소규모 제조업체들이 주로 사용하는 촉진 전략이다.
③ 판매원의 영향이 큰 전문품의 경우 푸시전략이 효과적이다.
④ 가격할인, 수량할인, 협동광고, 점포판매원 훈련프로그램들을 활용하여 촉진한다.
⑤ 제조업체가 중간상들로부터 자발적으로 주문을 받기 위해 행하는 촉진 전략을 말한다.

〉〉〉〉〉〉〉〉〉 62.② 63.④

ADVICE

62 ① 홍보 : TV, 뉴스, 신문 등으로 기업이나 제품이 매체를 통해 소비자에게 전달되는 것
③ 인적판매 : 광고나 PR등 간접매체를 이용하지 않고 판매업체가 직접 소비자에게 마케팅하는 방법
④ 다이렉트 마케팅 : 중간 상인이나 다른 유통 과정이 없이 직접 소비자에게서 주문을 받아 판매하는 방법
⑤ 카탈로그 마케팅 : 고객에게 카탈로그를 발송하거나 점포에 비치하는 마케팅 방법

63 풀 전략은 최종 구매자를 대상으로 직접 프로모션을 하는 것으로 가격할인, 수량할인, 협동광고 등을 활용하여 촉진한다.

64 **머천다이징(merchandising)에 대한 설명으로 옳지 않은 것은?**

① 머천다이징은 우리말로 상품기획, 상품화계획 등으로 불린다.
② 머천다이저(merchandiser)는 소매점의 특정 카테고리의 상품을 담당하고 있다. 그렇기 때문에 머천다이저를 카테고리 매니저라 부르기도 한다.
③ 머천다이징은 유통업체만의 고유 업무로 고객의 니즈에 부합하는 상품을 기획하여 판매하며 제조업체, 서비스 업체에는 해당되지 않는다.
④ 머천다이징은 구매, 진열, 재고, 가격, 프로모션 등 광범위한 활동을 포함한다.
⑤ 머천다이징의 성과를 평가하는 대표적인 지표 중 하나는 재고총이익률(GMROI)이다.

65 **아래 글상자가 나타내는 구매시점(POP : Point Of Purchase)촉진의 유형으로 옳은 것은?**

> – 사용목적은 행사분위기와 시즌감의 연출이다.
> – 높이 조절을 통해 고객에게 심리적 부담이 없도록 유의한다.
> – 주로 주동선에 부착한다.
> – 위치를 설정하고 걸고리를 점검한다.

① 현수막
② 포스터
③ 배너
④ 정보안내지
⑤ 가격표쇼카드

〉〉〉〉〉〉〉〉〉 64.③ 65.③

ADVICE

64 머천다이징은 고객의 니즈에 부합하는 상품을 기획하여 판매하며 상품의 기획에서부터 구매, 진열, 판매 등을 총괄하는 일을 담당하고 통신업체, 의류업체, 유통업체, 서비스 업체 등 다양한 분야에서 업무를 수행한다.

65 배너는 POP촉진 유형 중 하나로 길쭉한 플랜카드나 현수막, 또는 특정한 의미를 담은 로고나 표식 등이 새겨진 천조각 등을 말한다.

66 아래 글상자는 진열유형 중 하나에 대한 설명이다. 관련 진열유형으로 옳은 것은?

> 진열대 내에서 잘 팔리는 상품 곁에 이익은 높으나 잘 팔리지 않는 상품을 진열해서 고객 눈에 잘 띄게 하여 판매를 촉진하는 진열이다. 이 진열은 무형의 광고효과가 있기 때문에 진열대 내에서 사각공간을 무력화시키는 효율 좋은 진열방법이다.

① 수직진열
② 수평진열
③ 샌드위치 진열
④ 라이트 업(Right up) 진열
⑤ 전진입체진열

67 아래 글상자의 (㉠)과 (㉡)에 들어갈 용어를 순서대로 옳게 나열한 것은?

> (㉠)은 진열 쇼케이스, 진열대, 계산대 등이 직각 상태로 배치된 것으로 소비자가 원하는 상품을 찾기가 쉽다는 장점이 있다. (㉡)은 백화점, 의류점, 컴퓨터 판매점 등에서 많이 이용되는 형태로 소비자가 쇼핑하기에 편하고 점포 내 이동이 자연스럽다.

① ㉠ 수직형, ㉡ 자유형
② ㉠ 수직형, ㉡ 수평형
③ ㉠ 격자형, ㉡ 자유형
④ ㉠ 격자형, ㉡ 수평형
⑤ ㉠ 표준형, ㉡ 자유형

〉〉〉〉〉〉〉〉〉 66.③ 67.③

ADVICE

66 ① 수직진열 : 동종의 상품을 진열대의 상하로 배치하여 고객이 좌우로 움직이지 않아도 상하의 움직임만으로도 상품을 구매할 수 있다는 이점이 있다.
② 수평진열 : 진열대에 고객이 섰을 때 상품이 시야의 가로선을 꽉 채우는 진열방식
④ 라이트업 진열 : 동일한 상품부문 중에서 우측에 고이익 · 대용량의 상품을 진열해야 하는 방식
⑤ 전진입체진열 : 적은 수량의 상품을 팔 경우, 일부러 점두(점포 앞으로)에 진열하여 상품을 쌓는 방식

67 ㉠은 격자형, ㉡은 자유형에 대한 설명이다.
※ 수직진열과 수평진열
㉠ 수직진열 : 동종의 상품을 진열대의 상하로 배치하여 고객이 좌우로 움직이지 않아도 상하의 움직임만으로도 상품을 구매할 수 있다는 이점이 있다. 상품의 위치가 빠르게 와닿기 때문에 가장 팔고 싶은 진열에 이용된다.
㉡ 수평진열 : 진열대에 고객이 섰을 때 상품이 시야의 가로선을 꽉 채우는 진열방식으로 진열대의 상하단에 다른 상품을 진열하여 종합적으로 구매할 수 있도록 유도하는 것이 중요하다.

68 점포 내부 환경관리에 대한 설명으로 옳지 않은 것은?

① 점포의 주체적 기능은 판촉이므로 조명은 진열에 대해 상품을 부각시켜 고객을 유인하는 효과적인 역할을 한다.

② 점포 안의 조명은 항상 밝게 하여 화사한 분위기를 조성해야 한다.

③ 소매상에서는 색채 배색과 조절을 통해 고객의 주의를 끌어들이면서 구매의욕을 환기시킨다.

④ 여성을 상대로 하는 사업은 흰색과 파스텔 톤을, 어린이가 주 고객인 유치원이나 장난감 가게 등은 노랑, 빨강과 같은 원색을 사용하는 것이 좋다.

⑤ 벽면에 거울을 달거나 점포 일부를 계단식으로 높이면 실제 점포보다 넓어 보일 수 있다.

69 점포에서의 활동 역할에 따른 공간구성에 대한 설명으로 옳지 않은 것은?

① 판매 예비 공간은 소비자에게 정보를 전달하거나 결제를 도와주는 공간이다.

② 인적 판매 공간은 판매원이 상품을 보여주고 상담을 하기 위한 공간이다.

③ 서비스 공간은 휴게실, 탈의실과 같이 소비자의 편익을 위하여 설치되는 공간이다.

④ 판촉 공간은 판촉상품을 전시하거나 보호하는 공간이다.

⑤ 진열 판매 공간은 상품을 진열하여 셀프 판매를 유도하는 곳이다.

70 다음 중 유통업체가 고객에게 적정 수량의 적정 상품 구색을 적시에 제공하는 동시에 자사의 재무적 목표를 달성 하려고 노력하는 과정을 나타내는 용어로 가장 옳은 것은?

① 카테고리관리(category management)

② 고객관계관리(customer relationship management)

③ 상품관리(merchandise management)

④ 점포관리(store management)

⑤ 전략적 이익관리(strategic profit management)

〉〉〉〉〉〉〉〉〉 68.② 69.① 70.③

ADVICE

68 점포 안의 조명은 취급하는 상품에 따라 다르게 연출해야 한다.

69 ① 판매 예비 공간은 판매원이 소비자에게 정보를 전달하거나 상담을 하기 위한 공간이다.

70 −카테고리 관리 : MD가 상품의 매출액 증대를 위하여 소비자의 욕구를 충족시킬 수 있는 상품을 개발하고 카테고리화 하는 상품구색계획이다.

−전략적 이익관리 : 목표투자수익률을 달성하기 위해 다른 기업들이 채택한 재무전략들을 평가하는데 유용한 기준이 된다. 경로성과를 높이는 데 있어 경영의사결정의 주요 영역들 즉 자본관리, 마진관리, 재무관리들을 제시한다.

Ⅳ 유통정보

71 유통정보시스템과 관련된 용어에 대한 설명으로 옳은 것은?

① 인바운드 콜(inbound call)은 유통업체에서 전화를 이용해 고객을 대상으로 영업하는 방법이다.
② 크로스 셀링(cross selling)은 고객을 대상으로 한 단계 더 업그레이드된 제품을 상향 판매하는 전략이다.
③ 업 셀링(up selling)은 고객을 대상으로 서로 관련성이 없는 제품을 판매하는 전략이다.
④ 오더피킹시스템(order picking systems)은 수주 받은 물품을 창고에서 출하하는 업무를 지원하는 시스템이다.
⑤ 쇼루밍(showrooming)은 온라인 매장에서 제품을 보고, 오프라인 매장에서 제품을 구매하는 소비행태이다.

72 디지털 경제하에서의 유통업 패러다임 변화로 가장 옳지 않은 것은?

① 생산요소를 투입하다 보면 어느 순간 투입 단위당 산출량이 감소하는 수확체감의 법칙이 적용된다.
② 자산의 의미도 유형자산(Tangible Assets)에 국한되지 않고 무형자산(Intangible Assets)으로까지 확대되고 있다.
③ "네트워크의 가치는 가입자 수에 비례해 증대하고 어떤 시점에서부터 그 가치는 비약적으로 높아진다."는 메트칼프(Metcalf)의 법칙이 적용된다.
④ 인터넷의 쌍방향성이라는 특성으로 인해 구매자는 복수의 판매자를 비교하고 가격협상까지 할 수 있는 구매자 주도 시장으로 변화하고 있다.
⑤ 생산자는 제품당 이윤이 줄어들 가능성이 있지만, 거래비용이 낮아져 소비자 수요가 확대되고, 제품의 판매량이 증가함으로써 오히려 전체적으로는 이윤이 늘어날 수 있다.

>>>>>>>>> 71.④ 72.①

ADVICE

71 ① 아웃바운드 콜(outbound call)은 유통업체에서 전화를 이용해 고객을 대상으로 영업하는 방법이다.
② 업 셀링(up selling)은 고객을 대상으로 한 단계 더 업그레이드된 제품을 상향 판매하는 전략이다.
③ 크로스 셀링(cross selling)은 고객을 대상으로 서로 관련성이 없는 제품을 판매하는 전략이다.
⑤ 쇼루밍(showrooming)은 오프라인 매장에서 제품을 보고, 온라인 매장에서 제품을 구매하는 소비행태이다.

72 수확체감의 법칙은 생산요소를 투입하다보면, 수확량의 증가가 노동력의 증가를 따라가지 못하는 현상을 말한다.

73 온라인(모바일 포함) · 오프라인을 넘나들면서 제품의 정보를 수집하여 최적의 제품을 찾아내는 소비자를 일컫는 용어는?

① 쓰루쇼퍼(Through-shopper)
② 스마트쇼퍼(Smart-shopper)
③ 크로스쇼퍼(Cross-shopper)
④ 엑스쇼퍼(X-shopper)
⑤ 프로슈머(Prosumer)

74 제4차 산업혁명 시대의 사회 특성에 대한 설명으로 옳지 않은 것은?

① 기술 발전에 따라 단순 반복 작업을 수행하는 직종이 줄어든다.
② 공유경제의 확대에 따라 상품 및 서비스를 협력 소비하는 개념이 활성화된다.
③ 인공지능 기술을 활용하는 혁신적인 산업이 발전한다.
④ 사이버 물리 시스템(Cyber Physical Systems)의 이용이 줄어든다.
⑤ 정보기술의 융복합으로 새로운 산업이 나타난다.

75 아래 글상자의 내용에 부합되는 OLAP(Online Analytical Processing)의 기능으로 가장 옳은 것은?

> 이것은 데이터 분석 차원의 깊이를 마음대로 조정해 가며 분석할 수 있는 기능이다.

① 드릴링(drilling)
② 리포팅(reporting)
③ 분해(slice & dice)
④ 피보팅(pivoting)
⑤ 필터링(filtering)

>>>>>>>>> 73.③ 74.④ 75.①

ADVICE

73 크로스쇼퍼의 유형
㉠ 매장에서 상품만 확인하고 구매는 온라인에서 하는 쇼루밍
㉡ 온라인에서 본 상품을 오프라인에서 구매하는 역쇼루밍
㉢ 필요에 의해 온오프라인을 동시에 활용하는 옴니채널 쇼핑

74 제4차 산업혁명 시대의 특성으로 사이버 물리 시스템의 이용이 늘어난다.
사이버물리 시스템은 모든 사물들이 서로 연결되어 정보를 교환하는 사물인터넷에서 컴퓨터를 이용한 사이버세계와 물리 세계가 발전된 IT 기술을 통해 유기적으로 융합되어 사물들이 서로 소통하며 자동적, 지능적으로 제어되는 시스템을 말한다.

75 OLAP(온라인 분석 처리)는 다차원 데이터 구조를 이용해 다차원의 복잡한 질의를 고속으로 처리할 수 있도록 지원하는 데이터 분석 기술로 이 중에서도 시스템과 상호작용을 통해 정보를 분석하고 원하는 정보를 얻을 때까지 계속해서 분석을 수행하는 기능은 Drilling이다.

76 아래 글상자의 ㉠, ㉡, ㉢에 들어갈 용어로 옳은 것은?

> ㉡와(과) ㉢의 역할은 흔히 유통업에 비유된다.
> ㉠이(가) 데이터라는 상품을 생산하는 곳이라면, ㉡은(는) 이를 소비자들에게 판매하기 위해 체계적으로 분류해서 저장하고 분배하는 기능을 수행하는 도매상으로, ㉢은(는) 도매상과 소비자 사이에 위치하는 소매상으로 비유할 수 있다. 소비자들은 일상적으로 필요한 대부분의 물품들을 소매상으로부터 쉽고 빠르고 간편하게 구매할 수 있다.

① ㉠ 거래처리시스템 ㉡ 데이터웨어하우스 ㉢ 빅데이터
② ㉠ 거래처리시스템 ㉡ 데이터웨어하우스 ㉢ 데이터마트
③ ㉠ 의사결정시스템 ㉡ 그룹의사결정시스템 ㉢ 데이터웨어하우스
④ ㉠ 거래처리시스템 ㉡ 의사결정시스템 ㉢ 그룹의사결정시스템
⑤ ㉠ 데이터마트 ㉡ 데이터웨어하우스 ㉢ 빅데이터

77 XML에 대한 설명으로 옳지 않은 것은?

① 마크업언어 중 가장 사용하기 어렵고 불편한 언어로 꼽힌다.
② 사용자가 사용할 태그를 정의하여 사용할 수 있다.
③ 데이터를 저장하고 전달할 목적이 주요 기능이다.
④ 서로 다른 시스템간 다양한 종류의 데이터를 쉽게 교환할 수 있도록 한다.
⑤ 표준SGML과 HTML의 장점을 취한 언어이다.

〉〉〉〉〉〉〉〉〉 76.② 77.①

ADVICE

76 거래처리시스템은 반복적이고 일상적인 거래를 처리하고 그 거래로 발생하는 여러 가지 데이터를 저장하고 관리하는 정보시스템이다. 데이터웨어하우스는 방대한 조직 내에서 분산 운영되는 각각의 데이터 베이스 관리 시스템을 효율적으로 통합하여 관리하는 방법이고, 데이터마트는 다양한 정보를 사용자의 욕구 항목에 따라 체계적으로 분석하여 기업의 경영활동을 돕기 위한 시스템을 말한다.

77 XML은 마크업 언어 중에서 데이터의 저장 및 전송에 최적화된 언어이다.

78 아래 글상자의 내용에 부합되는 공유유형에 따른 물류 공동화의 종류로 가장 옳은 것은?

> 제조 및 판매업체, 도매상 간의 물류공동화로서 제조업체가 계획적으로 물류센터를 구축하여 재고 등을 확보하면, 도매상은 재고 없이 판매업체와 도매상의 배송 상품을 공동으로 배송하는 형태를 말한다.

① 수직적 공동화
② 수평적 공동화
③ 물류기업간 공동화
④ 경쟁업체간의 공동화
⑤ 화주와 물류업체의 파트너십

79 m-비즈니스의 모바일 환경적 특징(무선인터넷 서비스가 가능한 지역 내)으로 가장 옳지 않은 것은?

① 실시간 정보를 어디서나 받을 수 있는 특성
② 시간과 공간의 제약없이 접속할 수 있는 특성
③ 작고 가벼운 의사소통 도구
④ 사용자 동의 없이도 사용자 위치정보를 항상 알 수 있는 특징
⑤ 신속하게 접속하여 정보를 탐색할 수 있는 특징

〉〉〉〉〉〉〉〉〉 78.① 79.④

ADVICE

78 ② 수평적 물류공동화 : 동종의 다수 생산자와 다수의 도매점이 공동으로 정보네트워크와 물류시스템을 공동화하는 형태
③ 물류기업간 공동화 : 물류기업이 동업형식으로 물류시스템을 공동화하는 형태
④ 경쟁업체간의 공동화 : 서로 경쟁관계에 있는 기업들이 모여 물류의 효율화를 위해 공동화를 이룩하는 형태
⑤ 화주와 물류기업의 파트너십 : 전문 사업자로서 화주의 물류합리화나 시스템화로 적극 참여하는 제안형 기업이 되어 상호신뢰를 확립하는 형태

79 모바일 환경적 특징으로 사용자의 위치정보는 반드시 사용자의 동의가 필요하다.

80 바코드의 설명으로 가장 옳지 않은 것은?

① 대형상품(중량 13kg 이상, 길이 45cm이상)의 경우 앞면과 뒷면 2개의 바코드를 인쇄한다.
② 표준물류식별코드(GTIN-14)는 일반적으로 다수의 낱개 상품이 포함된 박스 단위상품에 적용하는 코드이다.
③ UPC(Universal Product Code)는 주로 유럽과 아시아에서 사용하는 바코드이다.
④ 바코드 스캐너는 적색계통의 색상을 모두 백색으로 감지하여 백색과 적색으로 이루어진 바코드는 판독이 불가능하다.
⑤ 일반적으로 소매상품의 경우 상품의 뒷면 우측 하단에 바코드를 인쇄한다.

81 RFID 시스템 구성요소에 대한 설명으로 가장 옳지 않은 것은?

① Read/Write 태그는 몇 번이고 데이터의 입력 및 변경이 가능하다.
② Read Only 태그는 제조 시 입력된 데이터를 변경할 수 없다.
③ RFID 리더기는 태그의 정보를 활용하기 위해 태그와 송·수신하거나 태그에서 수집된 정보를 전송하는 장치이다.
④ 능동형 태그는 읽기/쓰기가 가능하고 태그 자체에 전원 공급 장치를 가지고 있기 때문에 수동형 태그에 비해 원거리에서도 인식이 가능하다.
⑤ 수동형 태그는 전원을 공급받아야 하기 때문에 낮은 출력의 리더기가 필요하고 인식거리도 짧아서 크기나 가격 측면에서 능동형 태그에 비해 경쟁력이 떨어진다.

›››››››› 80.③ 81.⑤

ADVICE

80 UPC(Universal Product Code)는 주로 미국에서 사용하는 바코드이다.

81 수동형 태그는 리더로부터 전원을 공급받을 수 있는 거리가 제한되어 있기 때문에 인식거리가 짧고 저전력을 요구로 많은 기능을 집적할 수 없지만, 칩의 크기를 작게 제작할 수 있고, 저전력으로 동작이 가능하기 때문에 저비용으로 제작이 가능하다.

82 (주)대한상의의 A상품의 연간 수요량이 10,000개, 주문 비용은 매 주문마다 200원, 단위당 재고유지비용은 연간 400원이라 할 때, 경제적 1회 발주량(EOQ)으로 옳은 것은?

① 100개
② 200개
③ 300개
④ 400개
⑤ 500개

83 온라인 마케팅 기법에 대한 설명으로 가장 옳지 않은 것은?

① 퍼미션 마케팅(Permission Marketing): 소비자와의 장기적인 대화식 접근법으로 소비자를 자발적으로 마케팅과정에 참여하게 하는 것이다.
② 버즈 마케팅(Buzz Marketing): 하나의 웹사이트가 다른 웹사이트에게 그 사이트를 소개함에 따라 새로운 비즈니스 기회를 갖는 것에 대한 커미션을 지불하기로 동의하는 것이다.
③ 바이러스 마케팅(Virus Marketing): 온라인 버전의 구전 마케팅으로 고객들이 기업의 마케팅 메시지를 친구, 가족 혹은 동료들에게 전달하면서 새로운 고객을 확대하는 것이다.
④ 블로그 마케팅(Blog Marketing): 블로그를 판매를 목적으로 하는 광고뿐만 아니라, 판매를 직접적인 목적으로 하지 않는 브랜드 광고를 게재하는 측면에도 활용하는 것이다.
⑤ 소셜 네트워크 마케팅(Social Network Marketing): 소셜 네트워크 서비스 이용환경에서 마케팅 활동을 수행하는 것이다.

›››››››››› 82.① 83.②

ADVICE

82 $\text{경제적 발주량}(EOQ) = \sqrt{\frac{2*\text{연간수요량}*\text{주문비용}}{\text{재고유지비용}}}$

$EOQ = \sqrt{\frac{2*10,000*200}{400}} = \sqrt{\frac{4,000,000}{400}} = \sqrt{10,000}$ 따라서, 100개가 된다.

83 버즈 마케팅이란 소비자들이 자발적으로 메시지를 전달하게 하여 상품에 대한 긍정적인 입소문을 내게 하는 마케팅 기법이다.

84 POS시스템 구성기기에 대한 설명으로 가장 옳지 않은 것은?

① 스캐너(Scanner)는 상품에 인쇄된 바코드를 판독하는 장치이다.
② 스토어 컨트롤러는 판매, 재고, 구매파일 등을 갱신하고 기록하는 기능을 담당한다.
③ 점포의 POS단말기는 금전등록, 출납, 영수증 발행, 신용카드 판독 등의 기능을 수행한다.
④ POS터미널에는 상품명, 가격, 구입처, 구입가격 등 상품에 관련된 모든 정보가 데이터베이스화되어 있는 상품마스터 파일이 저장되어 있다.
⑤ 스토어 컨트롤러는 점포가 체인본부나 제조업체와 연결되어 있는 경우 스토어 컨트롤러에 기록된 각종 정보를 본부 주컴퓨터와 송수신한다.

85 아래 글상자 내용 중 ㉠, ㉡, ㉢에 들어갈 용어로 옳은 것은?

> 정보의 네트워크화를 축으로 하여 유통업자와 제조업자가 파트너십을 확립하는 ㉠, 최종소비자의 만족도를 증대시키기 위해 공급자와 소매업자가 공동으로 협력하는 ㉡, 공급사슬관리 기업의 협업을 통한 제품의 공동계획과 보충을 강조하는 ㉢ 등 주도하는 주체와 강조하는 바에 따라 여러 유형이 있다.

① ㉠ QR ㉡ EDI ㉢ CRP
② ㉠ QR ㉡ ECR ㉢ CRP
③ ㉠ CAO ㉡ EDI ㉢ CRP
④ ㉠ EDI ㉡ CAO ㉢ CRP
⑤ ㉠ QR ㉡ CAO ㉢ CRP

〉〉〉〉〉〉〉〉〉 84.④ 85.②

ADVICE

84 상품 마스터파일은 스토어 콘트롤러에 저장되어 있다.

85 EDI(전자문서교환)이란 기업간에 효율적인 데이터 교환을 위한 데이터와 문서의 표준화 시스템을 말한다.

86 지식경영과 지식관리시스템에 대한 설명으로 옳지 않은 것은?

① 지식관리시스템은 지식의 저장과 검색을 위한 기능을 제공한다.
② 지식관리시스템의 도입은 조직 운영의 효율성과 효과성 측면에서 업무 성과를 개선해 준다.
③ 기업에서는 지식관리 중요성이 대두됨에 따라 최고지식 관리책임자 (Chief Knowledge Officer)를 선임하고 있다.
④ 기업에서는 지식경영을 통한 경쟁력 확보를 위해서는 지식보안을 통해 철저하게 지식공유가 이루어지지 않도록 통제해야 한다.
⑤ 기업에서 이용하는 지식관리시스템의 이용성을 높이기 위해서는 동기부여 측면에서 보상시스템을 구축해야 한다.

87 지식경영 프로세스에 대한 설명으로 옳지 않은 것은?

① 명시적 지식이란 체계화된 지식으로 고객목록, 법률계약, 비즈니스 프로세스 등 명확한 체계를 갖추고 있다.
② 암묵적 지식이란 기업의 지적자본으로 조직 구성원들의 머릿속에 존재하는 지식으로 기업 경쟁우위 창출을 위한 핵심요소이다
③ 내면화 단계는 형식적 지식을 암묵적 지식으로 변환하는 과정이다.
④ 표출화 단계는 암묵적 지식을 형식적 지식으로 변환하는 과정이다.
⑤ 지식창출 과정은 정보에서 데이터를 추출하고, 데이터에서 지식을 추출한다.

››››››››› 86.④ 87.⑤

ADVICE

86 기업에서는 지식경영을 통한 경쟁력 확보를 위해 지식공유가 이루어지도록 도와야 한다.

87 지식창출 과정 중 방대한 양의 데이터에서 정보를 추출하는 것을 데이터 마이닝이라고 한다.

88 경쟁우위와 지능화 수준에 따른 지식경영 분석기술의 출현 및 발전단계로 가장 옳은 것은?

① 리포트 → 스코어카드와 대시보드 → 데이터 마이닝 → 빅데이터
② 스코어카드와 대시보드 → 데이터 마이닝 → 빅데이터 → 리포트
③ 리포트 → 빅데이터 → 데이터 마이닝 → 스코어카드와 대시보드
④ 빅데이터 → 스코어카드와 대시보드 → 데이터 마이닝 → 리포트
⑤ 데이터 마이닝 → 스코어카드와 대시보드 → 리포트 → 빅데이터

89 아래 글상자가 설명하는 용어로 가장 적합한 것은?

> 정보기술을 활용하여 고객들이 이용 가능한 온-오프라인의 모든 쇼핑채널들을 유기적으로 통합하여 연계시켜, 고객들에게 쇼핑에 불편함이 없도록 지원하는 것을 말한다.

① 비콘
② 파밍
③ 매시업
④ 코피티션
⑤ 옴니채널

90 데이터베이스에 저장된 데이터가 갖추어야 할 특성으로 가장 옳지 않은 것은?

① 표준화
② 논리성
③ 중복성
④ 안정성
⑤ 일관성

>>>>>>>>> 88.① 89.⑤ 90.③

ADVICE

88 지식경영 분석기술의 출현 및 발전단계
리포트 → 스코어카드와 대시보드 → 데이터 마이닝 → 빅데이터

89 옴니채널은 고객을 위해 온라인, 오프라인, 모바일 등 다양한 쇼핑채널들을 유기적으로 통합하여 연계시키고, 고객들은 다양한 경로를 넘나들며 상품을 검색하고 구매할 수 있도록 한 서비스를 말한다.

90 데이터베이스 특성 … 중복성 최소화, 일관성 유지, 표준화, 독립성 유지, 논리성, 무결성, 안전성

2019. 6. 30. 제2회 시행

I 유통물류 일반관리

1 하역에 대한 내용으로 옳은 것은?

① 물류과정에서 하역이 자체적으로 창출하는 효용은 없다.
② 생산품의 이동, 운반을 말하며, 제조공정 및 검사공정을 포함한다.
③ 사내하역(material handling)을 포함하나, 선적, 양하를 위한 항만하역은 포함하지 않는다.
④ 기계화, 자동화가 진행되면서 비성력화가 급속히 진행 되고 있다.
⑤ 컨테이너에 물품을 넣는 것을 디배닝(devanning), 빼는 것을 배닝(vanning)이라고 한다.

2 공급체인관리를 도입할 필요성이 증가하게 된 배경으로 옳은 것은?

① BPR(business process re-engineering) 노력의 감소
② 기업의 핵심역량 집중화 및 주변사업의 외부조달 활성화
③ 부가가치 원천이 기업 외부에서 내부로 이동
④ 매스 커스터마이제이션(mass customization)의 쇠퇴
⑤ 완성품 제조기업의 외부조달 확실성 증대

〉〉〉〉〉〉〉〉〉〉 1.① 2.②

ADVICE

1 ② 하역은 생산품의 이동, 운반을 말하며 제조공정 및 검사공정은 공정관리에 해당한다.
③ 컨테이너 적입작업부터 공항, 항만에서의 하역작업까지 포함한다.
④ 기계화, 자동화가 진행되면서 성력화(작업을 최대한 기계화하는 것)가 급속히 진행되고 있다.
⑤ 컨테이너에 물품을 넣는 것을 배닝(vanning), 빼는 것을 디배닝(devanning)이라고 한다.

2 공급체인관리(SCM)는 원자재의 조달부터 제품의 생산, 유통망을 통해 소비자에게 도달하기까지의 모든 과정을 최적화시키는 개념으로 재고나 물류관리, 주문관리, 생산계획 등의 비교적 가벼운 업무는 외부업체에 맡기고, 기업은 핵심역량에 집중해 전체 프로세스를 대상으로 최적화를 위해 필요성이 대두되고 있다.

3 체화재고(stockpile)측면의 관리 대상으로 옳지 않은 것은?

① 매출 수량 대비 과다한 재고
② 매출이 발생되지 않는 상품
③ 행사 종료로 인한 잔량 재고
④ 소매점의 취급종료 상품
⑤ 수요의 불확실성에 대비한 재고

4 공급체인관리의 주요 원칙에 관한 설명으로 옳지 않은 것은?

① 고객의 가치와 니즈를 이해하고 만족시킨다.
② 장기적으로 강력한 파트너십을 구축한다.
③ 각종 정보기술을 효과적으로 활용한다.
④ 경로 전체를 통합하는 정보시스템 보다는 각각의 독립성을 우선시 한다.
⑤ 공급체인 파트너 간의 커뮤니케이션이 효과적이어야 하고 적시에 이루어져야 한다.

›››››››››› 3.⑤ 4.④

ADVICE

3 체화재고(stockpile)는 정상재고를 초과하여 제품이나 상품이 처리되지 못하는 재고를 말한다. 수요의 불확실성에 대한 재고는 안전재고에 해당한다.

4 공급체인관리를 통한 공동의 노력으로 단독으로 해결하지 못하는 일을 해결할 수 있기 때문에 각각의 독립성보다는 경로 전체를 통합하는 정보시스템을 우선시 한다.

5 글로벌 소싱의 발전 단계를 옳게 나열한 것은?

> ㉠ 사업단위의 글로벌 소싱
> ㉡ 필요 시 일시적인 국제구매
> ㉢ 기능별 집단의 글로벌소싱 전략의 통합 및 조정
> ㉣ 국내에 한정된 구매
> ㉤ 부분적 전략적 소싱을 위한 국제구매

① ㉣ – ㉡ – ㉤ – ㉠ – ㉢
② ㉡ – ㉣ – ㉢ – ㉠ – ㉤
③ ㉣ – ㉤ – ㉡ – ㉢ – ㉠
④ ㉡ – ㉣ – ㉤ – ㉢ – ㉠
⑤ ㉤ – ㉡ – ㉣ – ㉢ – ㉠

6 아래 글상자에서 물류예산안 편성과정의 단계들이 옳게 나열된 것은?

> ㉠ 물류관리 목표의 확인　　㉡ 현황 파악 및 분석
> ㉢ 물동량 파악　　㉣ 개별물류계획의 검토
> ㉤ 물류예산의 편성

① ㉠ – ㉡ – ㉢ – ㉣ – ㉤
② ㉡ – ㉢ – ㉣ – ㉤ – ㉠
③ ㉢ – ㉣ – ㉤ – ㉠ – ㉡
④ ㉣ – ㉤ – ㉠ – ㉡ – ㉢
⑤ ㉤ – ㉠ – ㉡ – ㉢ – ㉣

>>>>>>>>> 5.① 6.①

ADVICE

5 글로벌 소싱은 국내에서 구매할 수 없는 자재를 해외에서 수입하는 것을 말한다. 처음에는 국내에서만 구매를 하던 것을 필요에 의해 일시적으로 국제구매를 하다 부분적 전략 소싱을 위해 국제구매, 사업단위 글로벌 소싱의 단계를 거쳐 글로벌적으로 통합되고 연계되어 발전하게 된다.

6 물류예산 편성과정의 단계
물류관리 목표 확인 – 물류 현황 파악 및 분석 – 물류이동량 파악 – 개별물류계획의 검토 – 물류예산안 편성

7 매장에서 근무할 직원과 근로계약을 체결하는 경우 근로 계약서에 필수적으로 들어가야 할 사항으로 옳지 않은 것은?

① 임금 – 구성항목, 계산방법, 지급방법
② 복리후생 – 각종 명절, 근로자의 날의 복지 혜택
③ 근로시간 – 주당 근무시간, 휴게 시간 등
④ 연차유급 휴가 – 1년 이상 근무 시 휴가일수
⑤ 근무 장소 및 업무 – 근무할 장소와 담당 업무

8 사전에 설정된 성과표준이나 절댓값을 기준으로 조직원의 성과를 평가하는 방법으로 옳지 않은 것은?

① 행동기준평가법
② 중요사건 기술법
③ 서면보고서
④ 대인비교법
⑤ 360도 피드백

›››››››› 7.② 8.④

ADVICE

7 근로계약서 작성 시 필수사항은 임금/연봉, 근로시간 및 휴게수당, 연차/휴가, 근무 장소 및 종사업무로 이를 위반하게 되면 사업주는 500만 원 이하의 벌금형을 받게 된다.

8 대인비교법은 평정요소를 선정하고 평정등급을 정한 후 평정대상자 중에서 성적이 가장 우수한 사람과 가장 열등한 사람을 골라 좌우 양쪽 끝에 배치하고, 중간 정도의 사람은 중간에 배치한다. 나머지 인원은 이미 배정된 사람과 비교하여 각각 평정등급에 맞게 배치하여 평정하는 방법이다.

9 제시된 그림은 확보해야 할 통제가능성 및 투자비의 높낮이에 따라 생산자들이 선택할 가능성이 높은 유통경로를 나타낸 것이다. 생산자가 간접유통경로를 선택할 가능성이 가장 높은 경우로 옳은 것은?

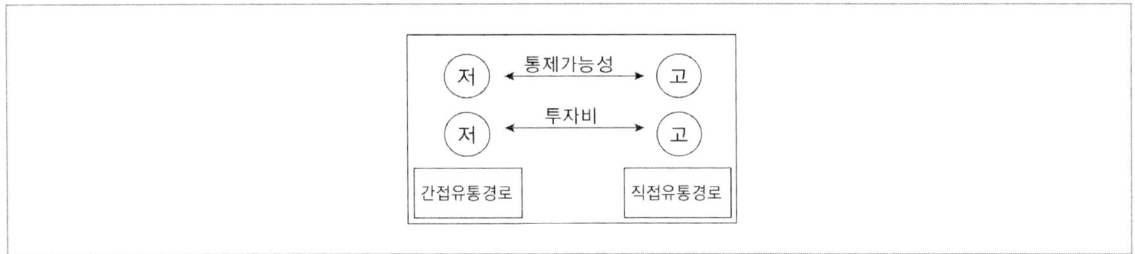

① 구매자에게 원스톱 쇼핑(one-stop shopping)이 매우 중요한 경우
② 중요한 영업비밀이 있는 경우
③ 상품 판매를 위해 높은 수준의 서비스나 일관된 경험을 제공하는 것이 중요한 경우
④ 상품이 고가이고, 복잡하며 고기술형인 경우
⑤ 상품을 취급할 수 있는 유능한 중간상들이 많지 않은 경우

10 기업의 재무제표에 관련된 설명으로 가장 옳지 않은 것은?

① 재무상태표 : 일정시점 현재 기업의 자산, 부채, 주주 지분의 금액을 제시
② 손익계산서 : 일정기간 동안 수행된 기업활동의 결과로서 주주지분이 어떻게 증가, 감소하였는지 보여줌
③ 현금흐름표 : 일정기간 동안 수행된 기업의 활동별로 현금유입과 현금유출을 측정하고 그 결과 기말의 현금이 기초에 비해 어떻게 변동되었는지 나타냄
④ 이익잉여금처분계산서 : 주주총회의 승인을 얻어 확정 될 이익잉여금 처분예정액을 표시함
⑤ 연결재무제표 : 한 기업의 현금흐름표, 대차대조표, 손익계산서의 내용을 하나의 표로 작성하여 정리한 재무제표

›››››››› 9.① 10.⑤

ADVICE

9 구매자에게 원스톱 쇼핑이 중요한 경우 직접경로와 같이 단계가 많아질수록 경로가 복잡해지고 통제의 어려움있기 때문에 제조업체와 최종고객 사이에 중간상이 있어서 구매 또는 판매 일부 기능을 수행하는 간접경로를 사용하게 된다.

10 연결재무제표는 지배 · 종속 관계에 있는 2개 이상의 회사를 개별 회사로 보아 재무제표를 종합하여 작성하는 재무보고서를 말한다.

11 **경로성과의 양적 척도 또는 질적 척도의 예들이 모두 옳게 나열된 것은?**

① 양적 척도 : 단위당 총 유통비용, 선적비용, 경로과업의 반복화 수준
② 양적 척도 : 고객불평 수, 주문처리에서의 오류수, 기능적 중복 수준
③ 양적 척도 : 가격인하 비율, 선적오류 비율, 악성부채 비율
④ 질적 척도 : 경로통제능력, 경로 내 혁신, 고객 추천수
⑤ 질적 척도 : 신기술의 독특성, 재고부족 방지비용, 경로몰입수준

12 **아래 글 상자의 설명과 경로구성원 파워(power)의 원천을 옳게 연결한 것은?**

> ㉠ 경로구성원 A가 B에게 영향력을 행사할 권리를 가지고 있고, B가 그것을 받아들일 의무가 있다고 믿기 때문에 발생하는, A의 B에 대한 파워
> ㉡ 경로구성원 B가 A와 일체감을 갖기를 원하기 때문에, A가 B에 대해 갖는 파워

① ㉠ – 정보적 파워, ㉡ – 준거적 파워
② ㉠ – 강압적 파워, ㉡ – 전문적 파워
③ ㉠ – 준거적 파워, ㉡ – 합법적 파워
④ ㉠ – 보상적 파워, ㉡ – 전문적 파워
⑤ ㉠ – 합법적 파워, ㉡ – 준거적 파워

〉〉〉〉〉〉〉〉〉 11.③ 12.⑤

ADVICE

11 양적 척도는 쉽게 말해서 크기, 무게, 개수 등과 같이 양을 나타내는 숫자 또는 비율로 나타낼 수 있는 것을 말한다. 반대로 질적 척도는 종교, 성별, 인종 등과 같이 수치 부여가 어렵고 순서나 크기가 의미없는 척도를 말한다.

12 **정보적 파워** : 경로구성원 A가 B가 보유하지 않은 정보를 제공함으로써 A가 B에 대해 갖는 영향력
강압적 파워 : 경로구성원 A의 영향으로 영향력 행사에 대해 구성원들이 따르지 않을 때 처벌이나 부정적 제재를 받을것으로 지각하는 경우에 미치는 영향력
전문적 파워 : 경로구성원 A가 특별한 지식이나 기술을 보유함으로써 B에게 미칠 수 있는 영향력
보상적 파워 : 경로구성원 A가 다른 경로구성원에게 여러 가지 물질적 또는 심리적 도움을 줄 수 있을 때 생기는 영향력

13 경영혁신(management innovation)의 성공요건에 관한 설명으로 옳지 않은 것은?

① 최고경영자의 강력한 의지와 지원이 필요하다.
② 경영혁신의 목표와 방법, 기대효과에 대해 충분히 설명한다.
③ 변화하지 않으면 도태될 수 있다는 긴박감과 위기감은 조성하지 않는다.
④ 변화관리를 위한 전문적인 체계와 기법, 전문가나 전담부서를 활용한다.
⑤ 세밀한 사전 준비와 사후 관리 등을 통해 혁신이 계획대로 추진되고 정착될 수 있도록 노력한다.

14 기업이 갖춰야 할 핵심역량의 조건에 대한 설명으로 옳지 않은 것은?

① 역량이 경쟁자 대비 높은 고객가치를 창출할 수 있도록 지원해야 한다.
② 역량이 시장에서 쉽게 거래될 수 있어야 한다.
③ 역량 모방이 불가능해야 한다.
④ 역량의 희소성이 있어야 한다.
⑤ 역량이 대체 불가능한 능력이어야 한다.

15 최근에 진행되고 있는 유통환경의 변화에 관한 설명으로 옳지 않은 것은?

① 구매의사결정과정에서 온라인과 오프라인간의 경계가 더욱 견고해졌다.
② 1인 가구의 증가로 인해 기존의 유통트렌드가 변화하고 있다.
③ 남여 성별 고정역할의 구분이 약해짐으로 인해 소비 시장도 변하고 있다.
④ 시간의 효율적 사용을 원하는 고객의 요구가 증가하고 있다.
⑤ 고객이 직접 해외에서 구매하는 현상이 증가하고 있다.

〉〉〉〉〉〉〉〉〉 13.③ 15.② 15.①

ADVICE

13 이스트만 코닥의 CEO 안토니오 페레스가 주장한 '3분의 1법칙'으로 시대의 흐름에 능동적으로 변화하지 않으면 도태된다는 것이다. 미래를 정확히 예측하고 빠르게 대비하여야 경쟁에서 살아남을 수 있다는 것을 말한다.

14 기업의 핵심역량이란 경쟁기업에 비하여 더 잘할 수 있는 활동을 의미한다. 따라서 시장에서 경쟁자와 차별화된 상품을 통해 거래될 수 있어야 한다.

15 최근에는 구매의사 결정과정에서 옴니채널, 쇼루밍과 같이 온라인과 오프라인 간의 경계가 모호해지고 있다.

16 조직의 외부에 존재하면서 조직의 의사결정이나 전반적인 조직 활동에 영향을 미치는 외부환경(external environment) 중 거시환경(macro environment) 요소로 옳지 않은 것은?

① 시장구조적 환경
② 경제적 환경
③ 기술적 환경
④ 인구통계적 환경
⑤ 정치 · 법률적 환경

17 유통경로 상 강력한 파워를 갖고 있는 구성원의 '우월적 지위의 남용'에 대한 사례로 옳지 않은 것은?

① 경쟁자 제품을 미리 망가뜨려 놓은 다음에 비교 테스트를 해서 판매계약을 따오는 사례
② 백화점이 경품행사를 하면서 경품비용을 납품업체의 상품대금에서 공제하는 사례
③ 대금지불 조건을 자신에게 일방적으로 유리하게 정하는 사례
④ 대금지급 시기를 일방적으로 늦추는 사례
⑤ 백화점이 납품업체에게 판매사원을 파견하도록 요구한 다음, 이들을 포장이나 물품하역 등 백화점 고유 업무에 투입시키는 사례

18 유통산업발전법(시행 2018.5.1.)(법률 제14977호, 2017.10.31., 일부 개정)의 적용에서 배제되는 유통기관이 아닌 것은?

① 농수산물도매시장
② 농수산물공판장
③ 민영농수산물도매시장
④ 가축시장
⑤ 중소유통공동도매물류센터

›››››››› 16.① 17.① 18.⑤

ADVICE

16 거시환경은 기업입장에서 통제가 불가능하고, 성장의 기회나 제약조건이 되기도 하는 환경요인으로 경제적 환경, 인구통계적 환경, 기술적 환경, 정치 · 법률적 환경, 생태적 환경, 사회 · 문화적 환경 등이 있다.

17 '우월적 지위의 남용'은 상대방에 비해 우월한 것을 이용하여 거래상대방에게 부당한 불이익을 강요하는 행위로 독점이나 과점과 같은 절대적인 우월성과는 다르다.

18 제4조(적용 배제) 다음 각 호의 시장 · 사업장 및 매장에 대하여는 이 법을 적용하지 아니한다. 〈개정 2015.11.20.〉

1. 「농수산물 유통 및 가격안정에 관한 법률」 제2조제2호 · 제5호 · 제6호 및 제12호에 따른 농수산물도매시장 · 농수산물공판장 · 민영농수산물도매시장 및 농수산물종합유통센터
2. 「축산법」 제34조에 따른 가축시장

19 유통경로가 창출하는 효용 가운데 아래 글상자가 설명하는 효용으로 옳은 것은?

> 소비자가 제품이나 서비스를 사용할 수 있는 권한을 갖도록 유통경로가 도와줌으로써 발생하는 효용이다. 중간상들은 제조업체를 대신하여 고객들에게 신용판매나 할부판매를 제공함으로써, 제조업자에게서 소비자에게로 사용권한이 이전되는 것을 돕는다.

① 시간효용
② 장소효용
③ 소유효용
④ 보관효용
⑤ 기술효용

20 유통업체들 간의 경쟁을 유발하여 소비자 가격을 인하하기 위해, 유통업체가 자율적으로 판매가격을 정해서 표시할 수 있도록 허용하는 제도는?

① 하이로우(high-low) 제도
② EDLP 제도
③ 노마진 제도
④ 오픈프라이스(open price) 제도
⑤ 권장소비자가격 제도

〉〉〉〉〉〉〉〉〉 19.③ 20.④

ADVICE

19 제시된 내용은 소유효용에 대한 설명이다.
- 시간효용 : 소비자가 상품을 원할 때 구매할 수 있도록 함으로써 발생하는 효용
- 장소효용 : 소비자가 원하는 장소에서 구매할 수 있도록 함으로써 발생하는 효용
- 형태효용 : 소비자가 선호하는 형태와 품질의 상품을 생산함으로써 발생하는 효용

20 오픈프라이스 제도는 최종판매점포가 상품의 판매가격을 스스로 결정하게 하여 유통업체들간의 경쟁을 유발하여 소비자 가격을 인하할 수 있는 제도를 말한다.

21 아래 글상자 (㉠)과 (㉡)에 들어갈 용어가 옳게 나열된 것은?

> (㉠)에서는 사업자로부터 상품을 구매한 업체가 소비자에게 상품을 판매하는 B2B2C 형태의 거래가 이루어진다.
> (㉡)에서는 업체가 제공하는 장소에서 소비자에게 직접 상품을 판매하는 C2C 형태의 거래가 이루어진다.

① ㉠ 오픈마켓 ㉡ 카탈로그마케팅
② ㉠ 카탈로그마케팅 ㉡ 소셜커머스
③ ㉠ 소셜커머스 ㉡ 카탈로그마케팅
④ ㉠ 소셜커머스 ㉡ 오픈마켓
⑤ ㉠ 홈쇼핑 ㉡ T 커머스

22 모든 도매기능을 제공하는 완전기능 도매상과 달리 특징적인 몇 가지의 도매기능을 특화하여 수행하는 한정기능 도매상으로 옳지 않은 것은?

① 직송 도매상
② 현금무배달 도매상
③ 한정상품 도매상
④ 트럭 도매상
⑤ 진열 도매상

23 유통경로 구성원의 기능을 크게 전방기능 흐름, 후방기능 흐름, 양방기능 흐름으로 나눌 때, 다음 중 후방기능 흐름만으로 바르게 짝지어진 것은?

① 물적 소유, 소유권
② 협상, 금융
③ 주문, 대금 결제
④ 소유권, 협상
⑤ 물적 소유, 위험부담

〉〉〉〉〉〉〉〉〉 21.④ 22.③ 23.③

ADVICE

21 ㉠은 소셜커머스, ㉡은 오픈마켓에 대한 설명이다.
- 카탈로그마케팅 : 제품의 카탈로그를 이용해 고객에게 접근하는 방식
- T커머스 : 디지털 데이터방송을 통해 TV와 리모컨을 이용하여 상품정보를 검색하고 구매, 결제 등의 상거래를 하는 방식

22 한정서비스 도매상이란 자신들의 거래 고객에게 일부 서비스만 제공하는 도매상이다.
직송도매상은 주문을 받으면 구매자 앞으로 직송하게 하고 대금만 회수하는 도매업자, 현금무배달 도매상은 배달은 하지 않지만 저렴한 가격으로 공급하는 도매업자, 트럭 도매상은 판매와 배달기능을 트럭으로 수행하는 도매업자, 진열 도매상은 디스플레이만 하고 판매는 소매상에게 맡기는 도매업자를 말한다.

23 유통경로 구성원의 전방기능 흐름에는 물적소유, 소유권, 촉진이 해당하고 양방기능흐름에는 협상, 금융, 위험부담이 해당한다.

24 전략 유형을 시장대응전략과 경쟁우위전략으로 구분할 때 시장대응전략만을 묶은 것으로 옳은 것은?

① 제품/시장믹스전략, 포트폴리오전략
② 원가우위전략, 포트폴리오전략
③ 차별화전략, 집중화전략
④ 제품/시장믹스전략, 차별화전략
⑤ 제품수명주기 전략, 집중화 전략

25 수직적 마케팅 시스템의 계약형 경로에 해당하지 않는 것은?

① 소매상 협동조합
② 제품 유통형 프랜차이즈
③ 사업형 프랜차이즈
④ 도매상 후원 자발적 연쇄점
⑤ SPA브랜드

>>>>>>>>> 24.① 25.⑤

ADVICE

24 시장대응전략에는 제품수명주기전략, 포트폴리오 전략, 제품/시장믹스 전략이 있고 경쟁우위전략에는 원가우위전략, 차별화전략, 집중화전략이 있다.

25 계약형 VMS는 공식적인 계약을 근거로 생산과 유통의 연속적인 단계에 참여하는 경로구성원들을 결합하는 형태이다. 소매상 주재 협동 인쇄점, 도매상주재 자유연쇄점, 프랜차이즈 시스템 등이 있다. SPA브랜드는 법인형 VMS 형태로 기획부터 생산, 유통까지 한 회사가 직접 맡아서 판매하는 브랜드를 말한다. 중간유통과정을 생략해 재고부담을 덜고 저렴한 가격에 제품을 공급하는 특징을 가진다.

Ⅱ 상권분석

26 **점포를 개설하기 위해서는 법률이 정하는 행정기관에 신고 · 지정 · 등록 또는 허가 절차를 밟아야 하는 경우가 많다. 점포 개설을 위해 "허가"를 받아야 하는 경우는?**

① 다른 편의점에 인접한 편의점
② 약사 또는 한약사가 개설하는 약국
③ "유통산업발전법"(법률 제14997호, 2017. 10. 31., 일부개정) 상의 대규모점포
④ 전통상업보존구역에 개설하는 "유통산업발전법" 상의 준대규모점포
⑤ 위에는 해당하는 경우가 없음

27 **동선(動線)에 대한 설명 중에서 가장 옳지 않은 것은?**

① 고객이 주로 승용차로 내점하는 점포의 경우에는 주 주차장에서 주 출입구까지가 동선이 된다.
② 올라가는 에스컬레이터의 경우에는 올라가기 전, 내려가는 에스컬레이터의 경우에는 내려가기 전이 최적의 입지가 된다.
③ 대규모 소매점은 고객이 각 층별로 돌아보기 때문에 각 층이 자석이 되고 이를 연결하는 에스컬레이터가 동선이 된다.
④ 인스토어형의 동선의 경우, 주 출입구에서 에스컬레이터까지가 주동선이 된다.
⑤ 고객의 내점 수단이 도보인 경우 주 출입구에서 에스컬레이터까지가 주동선이 된다.

>>>>>>>>> 26.⑤ 27.②

ADVICE

26 점포 개설을 위해 "허가"를 받아야 하는 경우〈유통산업발전법 시행령 제7조〉
1. 「식품위생법 시행령」 제23조에 따른 단란주점영업 · 유흥주점영업의 허가
2. 「식품위생법 시행령」 제25조에 따른 식품제조 · 가공업, 즉석판매제조 · 가공업, 식품첨가물제조업, 식품소분 · 판매업, 휴게음식점영업, 일반음식점영업, 제과점영업의 신고

27 에스컬레이터가 다 올라간 지점, 에스컬레이터가 다 내려온 지점이 최적의 입지가 된다.

28 다음 중 소매상권의 크기와 형태를 결정하는 직접적인 요인이라고 보기 어려운 것은?

① 주변의 인구분포
② 상품의 종류
③ 점포의 입지
④ 종업원의 친절도
⑤ 점포에 대한 접근성

29 소매점포의 접근성에 관한 아래의 내용 중에서 옳은 것은?

① 점포의 입구는 한 개로 집중하는 것이 좋다.
② 점포를 건축선에서 후퇴하여 위치시키면 시계성, 인지성을 떨어뜨리므로 바람직하지 않다.
③ 보도의 폭이 좁을수록 보행자의 보속이 느려지므로, 소매점에 대한 시계성이나 인지성을 높일 수 있다.
④ 계단이 있거나 장애물이 있는 건물은 목적성이 낮고 경쟁점이 많은 업종에 상대적으로 유리하다.
⑤ 고객의 목적구매 가능성이 높은 업종은 접근성이 시계성에 별 영향을 미치지 않는다.

30 아래 글상자의 내용 가운데 상권분석 및 입지전략 수립의 목적으로 타당한 것만을 나열한 것은?

㉠ 매출 추정	㉡ 업종 선택
㉢ 적정 임차료 추정	㉣ 성공적인 점포경영

① ㉠
② ㉠, ㉡
③ ㉠, ㉢
④ ㉠, ㉡, ㉢
⑤ ㉠, ㉡, ㉢, ㉣

››››››››› 28.④ 29.② 30.⑤

ADVICE

28 소매상권 결정하는 직접적인 요인에는 교통 편의성, 주차시설, 주변 점포구성, 부지형태, 상품의 종류, 주변 인구분포, 점포 접근성 등이 있다.

29 ① 점포의 입구는 여러개가 있는 것이 좋다.
③ 보도의 폭이 좁을수록 보행자의 보속이 느려지므로, 소매점에 대한 시계성이나 인지성을 낮출 수 있다.
④ 계단이 있거나 장애물이 있는 건물은 목적성이 낮고 경쟁점이 많은 업종에 상대적으로 불리하다.
⑤ 고객의 목적구매 가능성이 높은 업종은 접근성이 시계성에 큰 영향을 미친다.

30 상권분석과 입지분석을 통해 그 상권에 맞는 업종을 선택할 수 있고 대략적 매출과 비교를 통해 적정 임차료를 추정할 수 있고, 성공적인 점포경영을 할 수 있다.

31 아래 글상자에 기술된 소매점포의 매출 추정 방법의 유형으로 가장 옳은 것은?

> 취급하는 상품에 대한 상권의 총 시장규모를 파악하고, 경쟁점포들과의 상대적 경쟁력을 고려하여 자사 매출을 추정한다. 상대적 경쟁력은 매장면적을 활용해 판단한다.

① 비율법
② 유추법
③ 회귀분석법
④ 체크리스트법
⑤ 확률모형적용법

32 전통적인 도심 상업지역인 중심상업지역(CBD)의 경쟁우위 요인으로 가장 옳은 것은?

① 대중교통이 편리해 유동인구가 많다.
② 원래 계획적으로 개발되어 쇼핑이 편리하다.
③ 고객용 주차공간이 충분하다.
④ 점포가 산재되어 상권범위가 좁다.
⑤ 주거인구가 지속적으로 증가한다.

33 일반적으로 소매점의 입지결정에 영향을 미치는 요인으로서 가장 옳지 않은 것은?

① 자동차의 보급률
② 주택단지의 분포
③ 행정구역의 경계
④ 소매단지의 분포
⑤ 소매상권의 계층화 정도

〉〉〉〉〉〉〉〉〉 31.① 32.① 33.③

ADVICE

31 ① 비율법 : 거래지역의 인구와 소득을 가능거래지역의 확정, 지출가능액 추계, 주민소득 추계, 점포면적에 따른 상권의 분할의 비율과 곱하여 계산하는 방법

② 유추법 : 당해 예정 점포와 상권의 규모와 특성등이 유사한 점포를 선정하여 그 점포의 상권범위를 추정함으로써 최종적으로 해당 점포의 매출액을 추정하는 방법

③ 회귀분석법 : 2개 이상의 변수들 사이의 원인과 결과간의 관계를 규명하는데 이용되는 통계분석기법

32 중심상업지역은 도심 · 부도심의 업무 및 상업기능의 확충을 위한 도시계획법상의 지역이므로 편리한 대중교통으로 유동인구가 많아야 유리하다.

33 행정구역의 경계는 상권분석을 하는데 기초가 된다.

34 다음의 여러 상권분석 방법 가운데서 기존 점포를 이용하는 소비자의 공간적 분포 분석에 주로 활용되는 방법은?

① 라일리(Reilly)의 소매인력모형법
② 허프(Huff)의 소매인력법
③ 고객점표법(customer spotting technique)
④ 아날로그(analog) 방법
⑤ 컨버스(Converse)의 소매인력이론

35 넬슨(R. L. Nelson)은 소매점이 입지를 선정할 때 지켜야 할 여덟가지 원칙 중에서 향후 생길 수 있는 경쟁점포의 입지, 규모, 형태 등을 고려하여 자신의 사업장이 경쟁력을 유지할 수 있을지를 확인해야 한다는 원칙은 무엇인가?

① 경쟁점포 회피의 원칙
② 상권 잠재력의 원칙
③ 점포 접근가능성의 원칙
④ 입지 누적흡인력의 원칙
⑤ 입지 양립성의 원칙

36 소매점포를 개점하기 전에 실시하는 투자분석에 대한 설명으로 가장 옳지 않은 것은?

① 예상매출액을 기준으로 손익분석을 실시한다.
② 매출이익, 영업이익, 경상이익, 순이익 등 다양한 이익을 추정한다.
③ 투자수익률은 연간 매출이익을 총 투자액으로 나눈 것이다.
④ 투자수익률을 12로 나누어 월단위의 투자회수기간을 추정한다.
⑤ 투자회수기간은 짧을수록 바람직하다.

〉〉〉〉〉〉〉〉〉 34.③ 35.① 36.③

ADVICE

34 고객점표법은 소비자들로부터 얻은 정보를 이용하여 1차 및 2차상권을 확정하는 방법으로 점포에 출입하는 소비자 중 무작위로 인터뷰하여 고객들의 거주지나 출발지를 확인 후 격자도면상에 표시하여 점묘도를 완성한다. 격자별 인구를 계산하고 매상고를 추정하고 계산하여 그룹화시켜 상권을 확정한다.

35 ② 상권 잠재력의 원칙 : 현재 관할 상권 내에서 취급하려는 상품에 대한 수익성 확보 가능성에 대한 검토
③ 점포 접근가능성의 원칙 : 점포로 상권 내에 있는 고객을 어느 정도 흡인할 수 있는지에 대한 가능성을 검토
④ 입지 누적흡인력의 원칙 : 동일한 점포 또는 비슷한 점포가 몰려 있어 고객의 흡인력을 극대화할 수 있는 가능성을 검토
⑤ 입지 양립성의 원칙 : 상호보완 관계에 있는 점포가 서로 인접해 있음으로 인해 고객의 흡인력을 높일 수 있는 가능성을 검토

36 투자수익률은 기업의 순이익을 투자액으로 나누어 구한다.

37 상권분석방법은 규범적 모형(normative methods)과 기술적 방법(descriptive methods)으로 구분될 수 있다. 이 중 기술적 방법에 포함될 수 있는 하나는?

① 공간적 상호작용모델
② 중심지이론
③ 유추법
④ 라일리(Reilly)의 소매인력이론
⑤ 컨버스(Converse)의 소매분기점

38 아래의 내용 중 크리스탈러(Christaller)의 중심지이론과 관련된 설명으로 적절하지 않은 것은?

① 중심지는 배후거주지역에 대해 다양한 상품과 서비스를 제공하고 교환의 편의를 도모하기 위해 상업 및 행정 기능이 밀집된 장소를 말한다.
② 중심지 간에 상권의 규모를 확대하기 위한 경쟁이 발생되어 배후지가 부분적으로 중첩되는 불안정한 구조가 형성될 수 있다.
③ 최대도달거리란 중심지가 수행하는 유통서비스기능이 지역거주자들에게 제공될 수 있는 최대(한계)거리를 말한다.
④ 상업중심지의 정상이윤 확보에 필요한 최소한의 수요를 발생시키는 상권범위를 최소수요 충족거리라고 한다.
⑤ 중심지가 한 지역 내에서 단 하나 존재한다면 가장 이상적인 배후상권의 형상은 정육각형으로 형성될 것이다.

〉〉〉〉〉〉〉〉〉 37.③ 38.⑤

ADVICE

37 신규점포에 대한 상권 분석
㉠ 기술적 모형 : 체크리스트법, 유추법
㉡ 규범적 모형 : 중심지 이론
㉢ 확률적 모형 : MNL 모형, Huff 모형

38 여러 계층으로 나누어진 중심지가 다수 분포할 경우 중심지의 최소요구치를 만족시키는 공간규모는 중심기능의 최대도달범위와 최소요구치의 공간범위가 일치할 때 정육각형구조로 형성될 것이다.

39 소매단지의 "업종친화력"은 입점한 소매점들의 업종 연관성을 의미한다. 업종친화력이 높으면 누적유인의 효과가 커지는 반면, 차별화에 실패하면 인근점포들과 극심한 경쟁을 벌여야 한다. 따라서 점포입지를 선정할 때는 상업단지의 업종친화력을 고려해야 한다. 일반적으로 업종친화력이 가장 낮은 상업단지는?

① 대학가 상가
② 부도심 역세권 상가
③ 사무실 지역 상가
④ 대학입시학원가 상가
⑤ 작은 평수 아파트의 단지 상가

40 최근 상권분석을 위해 활용도가 높아지고 있는 GIS(geographic information system)에 대한 설명으로 옳지 않은 것은?

① 컴퓨터를 이용한 지도작성체계와 데이터베이스관리체계(DBMS)의 결합이다.
② 지도레이어는 점, 선, 면을 포함하는 개별 지도형상으로 구성되어 있다.
③ gCRM을 실현하는 데 기본적 틀을 제공할 수 있다.
④ 주제도작성, 데이터 및 공간조회, 버퍼링(buffering)을 통해 효과적인 상권분석이 가능하다.
⑤ 심도 있는 분석을 위해 상권의 중첩(overlay)을 표현하는 작업은 아직 한계점으로 남아있다.

›››››››› 39.② 40.⑤

ADVICE

39 역세권은 지하철역을 중심으로 반경 500m 이내에 다양한 업무, 주거, 상업 공간이 있는 공간이므로 입점한 소매점들의 업종 연관성과 크게 관계없이 유동인구가 많다.

40 GIS를 이용하여 심도 있는 분석을 위해 상권의 중첩을 표현하는 작업이 가능해졌다.

41 **다수의 점포를 운영하는 체인점 등에서 비교적 활용도가 높은 회귀분석(regression analysis)의 기본적 특성이나 적용 과정에 대한 설명으로 내용이 옳지 않은 것은?**

① 실무적으로는 유사한 거래특성과 상권을 가진 점포들의 표본을 충분히 확보하기 어렵다는 문제점을 지닌다.

② 모형의 독립변수들이 서로 독립적이고 상호관련성이 없다고 가정하는 회귀분석의 기본 특성을 고려해야 한다.

③ 단계적 회귀분석(stepwise regression)기능을 사용하면 다중공선성의 문제를 해결하는데 도움이 될 수 있다.

④ 다양한 변수를 체계적으로 고려하여 각 변수들이 점포의 성과에 미치는 상대적인 영향에 대해 계량적으로 설명할 수 있다.

⑤ 루스(Luce)의 선택공리를 적용하였으므로 허프(Huff) 모델과 같이 확률선택모형으로 분류하기도 한다.

42 **다양한 입지조건 중 도로의 구조나 통행로의 특성에 따라 입지의 유리함과 불리함을 설명할 때 일반적으로 옳지 않은 것은?**

① T형 교차로의 막다른 길에 점포가 입지한 경우 4방향 교차로에 비해 불리하다.

② 'C'자와 같이 굽은 곡선형 도로의 안쪽에 입지해 있는 점포는 시계성에 있어서 불리하다.

③ 평지의 주도로와 만나는 경사진 보조도로에 입지한 점포는 평지보다 시계성에 있어 불리하다.

④ 점포의 업종별로 인근 거주자의 출퇴근 동선(방향)에 따라 입지의 매력도 평가가 달라질 수 있다.

⑤ 방사형 도로에 있어서 교차점은 통행이 분산되는 지점으로 상대적으로 불리하다.

›››››››› 41.⑤ 42.⑤

ADVICE

41 회귀분석의 설명변수들은 서로 독립적이고 상관관계가 없음을 전제로 하는데 실무적으로는 유사한 거래특성과 상권을 가진 점포들의 표본을 충분히 확보하기 어려운 문제점을 가지고 있으며, 규범적 모형으로 분류하기도 한다.

42 방사형 도로에 있어서 교차점은 통행이 분산되는 지점으로, 교차점에 가까운 입지가 유리하다.

43 입지의 지리적 조건에 관한 아래의 내용 중에서 옳지 않은 것은?

① 이용 측면에서는 사각형의 토지가 좋다.
② 삼각형 토지의 좁은 면은 좋은 입지가 될 수 있다.
③ 일정규모 이상의 면적이라면 자동차 출입이 편리한 각지(角地)가 좋다.
④ 인지성이 좋은 지역이 좋은 입지이다.
⑤ 직선 도로의 경우 시계성이 좋고 좌 · 우회전이 용이한 도로변이 좋다.

44 다음 상권과 입지의 기본적 개념과 특징에 관련된 설명 중에서 옳지 않은 것은?

① '입지를 강화한다'는 것은 점포가 더 유리한 조건을 갖출 수 있도록 점포의 속성들을 개선하는 것을 의미한다.
② 상권은 점포를 이용하는 소비자들이 분포하는 공간적 범위를 의미하거나 점포의 매출이 발생하는 지역범위 이다.
③ 입지는 점포를 경영하기 위해 선택한 장소 또는 그 장소의 부지와 점포주변의 위치적 조건을 의미한다.
④ 입지 평가항목에는 주변 거주인구, 유동인구, 경쟁 점포의 수 등이 있고 상권 평가항목에는 점포의 면적, 층수, 교통망 등이 있다.
⑤ 상권은 일정한 공간적 범위(boundary)로 표현되고 입지는 일정한 위치를 나타내는 주소나 좌표를 가지는 점(point)으로 표시된다.

45 상권의 경계를 파악하기 위해 간단하게 활용할 수 있는 티센다각형(Thiessen polygon) 모형에 대한 설명으로 옳지 않은 것은?

① 공간독점접근법에 기반한 상권 구획모형의 일종이다.
② 소비자들이 가장 가까운 소매시설을 이용한다고 가정한다.
③ 소매 점포들이 규모나 매력도에 있어서 유사하다고 가정한다.
④ 일반적으로 티센다각형의 크기는 경쟁수준과 정의 관계를 가진다.
⑤ 신규점포의 입지가능성을 판단하기 위한 상권범위 예측에 사용될 수 있다.

〉〉〉〉〉〉〉〉〉 43.② 44.④ 45.④

ADVICE

43 삼각형 토지의 넓은 면은 좋은 입지가 될 수 있다.

44 상권 평가항목으로 인구수, 상권형태, 경쟁점포의 수, 주거형태 등이 있고 입지 평가항목에는 점포의 면적, 층수, 교통망 등이 있다.

45 일반적으로 티센다각형의 크기는 경쟁수준과 반비례 관계를 가진다.

Ⅲ 유통마케팅

46 고객관계관리에 대한 설명으로 옳지 않은 것은?

① 시장점유율보다는 고객점유율에 비중을 둔다.
② 고객획득보다는 고객유지에 중점을 두는 것이 바람직하다.
③ 상품판매보다는 고객관계에 중점을 둔다.
④ 획일적 메시지보다는 고객요구에 부합하는 맞춤 메시지를 전달한다.
⑤ 고객맞춤전략은 고객관계관리에 부정적인 영향을 미친다.

47 아래 글 상자에서 설명하는 유통마케팅 자료분석 기법으로 옳은 것은?

> -경쟁상품들의 포지셔닝맵을 작성하는데 주로 사용된다.
> -유통서비스들에 대한 고객의 인지구조를 지도화하여 핵심 개념들의 차원을 규명하는데 사용된다.
> -유사성 자료 또는 근접성 자료를 공간적 거리로 시각화한다.

① 시계열분석
② 다차원척도법
③ 컨조인트분석
④ 회귀분석
⑤ 군집분석

›››››››› 46.⑤ 47.②

ADVICE

46 고객맞춤전략은 고객관계관리에 있어서 긍정적인 영향을 미친다.

47 다차원척도법(MDS)는 개체들을 대상으로 변수들을 측정한 후 그 변수들을 이용하여 개체들을 다차원 공간상에 점으로 표현하는 방법이다. 일반적으로 개체들을 2차원 또는 3차원 공간사에 점으로 표현하는데, 개체들의 공간상의 위치에 따라 개체들 사이의 관계를 이해한다. 유사한 개체들 사이의 군집화 문제에 널리 이용된다.

48 경로 갈등에 대한 내용으로 옳지 않은 것은?

① 경로 구성원 간의 갈등은 여러 가지 다른 상황과 요인 때문에 발생하며, 넓은 맥락에서 갈등이 항상 나쁜 것은 아니다.
② 수평적 갈등은 동일한 경로단계 상의 구성원들 사이에서 발생하는 갈등을 의미한다.
③ 수직적 갈등은 제조업자와 도매상 같이 서로 다른 경로단계를 차지하는 구성원들 사이에서 발생하는 갈등이다.
④ 분배적 공정성은 분쟁을 해결하거나 자원을 할당하는 과정에서 다른 경로구성원들과 비교했을 때 동등하고 공평한 대우를 받는 것과 관련된다.
⑤ 상호작용적 공정성이란 경로구성원에게 실질적인 자원 할당이 적정하게 이루어졌는지에 대한 지각을 뜻한다.

49 소비자가 지각한 가치를 기준으로 한 가격결정법에 대한 설명으로 옳지 않은 것은?

① 제품가격이 소비자들의 유보가격보다 높으면 소비자들은 비싸다고 인식한다.
② 최저수용가격보다 낮으면 가격은 싸다고 인식하지만 품질에 의심을 가진다.
③ 소비자들이 해당 제품에 대해 지각하는 가치 수준에 맞추어 가격을 결정하는 방법이다.
④ 준거가격이란 소비자가 적정하다고 판단하는 수준의 가격이다.
⑤ 구매를 유도하려면 유보가격과 준거가격 사이에서 가격을 설정해야 한다.

〉〉〉〉〉〉〉〉〉 48.⑤ 49.⑤

ADVICE

48 분배적 공정성이란 경로구성원에게 실질적인 자원 할당이 적정하게 이루어졌는지에 대한 지각을 뜻한다.

49 구매를 유도하려면 최저수용가격과 유보가격 범위 내에서 가격 정책을 수립해야 한다.

50 아래 글상자에서 설명된 가격조정전략으로 옳은 것은?

> 제조업자가 일반적으로 수행해야 할 업무(마케팅기능)의 일부를 중간상이 수행할 경우, 발생한 경비의 일부를 제조업자가 부담하는 것이다.

① 현금할인
② 거래할인
③ 판매촉진지원금
④ 수량할인
⑤ 계절할인

51 아래 글상자에서 설명하는 소매점 고객서비스의 유형으로 옳은 것은?

> −고객에게 강렬한 점포 이미지를 심어주는 고객서비스 유형이다.
> −무형의 서비스이지만 서비스의 본질이다.
> −다른 서비스 유형의 품질 지각에도 중요하게 작용한다.
> −교육을 통해 고객을 친절하게 대하는 점포문화를 만드는 것이 필요하다.

① 고객응대
② 정보제공
③ 세일 및 사은행사
④ 배달 및 배송
⑤ 교환 및 환불

〉〉〉〉〉〉〉〉〉 50.② 51.①

ADVICE

50 ① **현금할인**: 구입대금을 현금으로 지불하는 구매자에게 할인하는 가격전략
④ **수량할인**: 대량으로 구매한 구매자에게 할인하는 가격전략
⑤ **계절할인**: 계절이 지난 제품이나 서비스를 구매하는 구매자에게 할인하는 가격전략

51 고객응대는 무형의 서비스이지만 서비스 업무에서 가장 기본적이고, 고객에게 점포 이미지를 심어줄 만큼 가장 중요한 고객서비스 유형이다. 교육을 통해 고객을 친절하게 대하는 점포문화를 만드는 것이 필요하다.

52 EDLP(everyday low price) 가격전략의 특징으로 옳지 않은 것은?

① 경쟁소매업체와 동일하거나 더 낮은 가격을 설정한다.
② 규모의 경제, 효율적 물류시스템, 경영 개선 등을 통한 저비용화가 이루어져야 실행 가능하다.
③ 언제나 저가격으로 소비자가 구입시점을 지연시키지 않기 때문에 판매 예측이 가능하다.
④ 경쟁자와의 지나친 가격전쟁 압박 때문에 세일광고에 많은 노력을 기울여야 한다.
⑤ 경쟁사보다 저렴하지 않은 경우 가격 차액을 환불해 주기도 한다.

53 신규고객 창출을 위한 CRM활동에 대한 설명으로 옳지 않은 것은?

① 마일리지 프로그램을 통해 구매액에 따른 포인트 적립 및 적립 포인트에 따른 혜택을 제공한다.
② 제휴마케팅을 통해 타 기업과의 공식적인 제휴를 맺음으로 타사 고객을 자사 고객으로 유치한다.
③ 정기적 혹은 비정기적 이벤트를 전개하여 잠재고객을 확보한다.
④ 고객센터, 홈페이지 등을 통해 잠재고객을 대상으로 프로모션 활동을 전개한다.
⑤ 이탈고객의 리스트를 작성하고 이들 중 수익창출 가능성이 있는 고객들을 대상으로 프로모션 활동을 전개하여 재활성화 한다.

54 단품관리전략의 기대효과로 옳지 않은 것은?

① 품절이 줄어든다.
② 상품구색이 증가한다.
③ 과잉 재고가 줄어든다.
④ 매대생산성이 증가한다.
⑤ 무리한 가격인하가 줄어든다.

〉〉〉〉〉〉〉〉〉 52.④ 53.① 54.②

ADVICE

52 EDLP는 매일 최저 가격의 상품을 판매하는 것으로 가격경쟁을 감소하고, 광고를 감소하고, 고객 서비스의 개선, 품절의 감소 및 재고 관리를 예측가능하게 한다.

53 마일리지 프로그램을 통해 구매액에 따른 포인트 적립 및 적립 포인트에 따른 혜택을 제공하는 것은 기존고객 유지를 위한 CRM활동이다.

54 단품관리를 하는 목적은 한정된 공간을 효율적으로 활용하여 판매활동을 계획적으로 하는 것이다. 즉 판매 데이터에 따라 잘 팔리는 물건은 늘리고 잘팔리지 않는 물건을 정리할 수 있으므로 상품구색이 감소할 수 있다.

55 아래 글상자에서 설명하는 소비용품의 유형으로 가장 옳은 것은?

> – 구매빈도 : 비교적 가끔 구매됨
> – 고객구매행동 : 상당한 구매계획 및 쇼핑노력을 기울임
> – 유통 : 비교적 소수의 소매점을 통한 선별적 유통
> – 촉진 : 제조업체와 유통업체에 의한 광고를 주로 이용함
> – 예 : 주요 내구재, TV, 가구, 의류

① 편의품
② 선매품
③ 전문품
④ 미탐색품
⑤ 산업용품

56 소매수명주기이론에서 단계별 소매상의 전략으로 옳지 않은 것은?

① 도입기에는 이익수준이 낮아 위험부담이 높기 때문에 투자를 최소화한다.
② 도약기에는 시장을 확장하고 수익을 확보하기 위한 공격적인 침투전략을 수행한다.
③ 성장기에는 성장유지를 위해 투자수준을 높이며 시장 위치를 선점하는 전략을 수행한다.
④ 성숙기에는 소매개념을 수정하여 성숙기를 지속시키기 위한 전략을 수행한다.
⑤ 쇠퇴기에는 자본의 지출을 최소화하며 시장에서의 탈출을 모색한다.

›››››››› 55.② 56.②

ADVICE

55 ① **편의품** : 제품을 구매할 때 시간이나 노력을 많이 들이지 않는 제품으로 쉽고 편리하게 구매가 가능
③ **전문품** : 소비자가 이 제품을 구매할 때 특별히 노력을 더 기울이게 되고, 독특한 특징과 함께 상표의 식별이 가능
④ **미탐색품** : 소비자들이 상품에 대하여 알든 모르든, 평소에 탐색 의도를 거의 보이지 않는 제품

56 성장기에는 시장을 확장하고 수익을 확보하기 위한 공격적인 침투전략을 수행한다.

57 PR(public relations)에 대한 설명으로 옳지 않은 것은?

① 소비자뿐만 아니라 기업과 관련된 이해관계자들을 대상으로 한다.
② 제품 및 서비스에 대한 호의적 태도와 기업에 대한 신뢰도 구축을 병행한다.
③ 기업을 알리는 보도나 캠페인을 통해 전반적인 여론의 지지를 얻고자 한다.
④ 제품과 서비스에 대한 정보제공 및 교육 등의 쌍방향 커뮤니케이션 활동이다.
⑤ 기업 활동에 영향을 미치는 주요 공중과의 관계구축을 통해 호의를 얻어내고자 하는 것이다.

58 아래 글상자에 기술된 소매상의 변천과정과 경쟁에 대한 이론으로 옳은 것은?

> 새로운 형태의 소매상은 시장진입초기에 저가격, 저마진, 저서비스의 가격소구 방식으로 소매시장에 진입하여 기존의 고가격, 고마진, 높은 서비스로 다른 소매업태와 경쟁 하게 된다. 성공적인 진입 후, 경쟁우위를 확보하기 위해 세련된 설비와 서비스를 더해 가면서 고비용, 고가격, 고 서비스의 소매점으로 전환된다. 이러한 소매환경의 변화는 새로운 유형의 혁신적인 소매점이 저가격, 저마진, 저서비스로 시장에 진입할 수 있는 여지를 제공하게 되어 동일한 패턴의 변화가 반복된다.

① 소매수레바퀴가설
② 적응행동이론
③ 소매아코디언 이론
④ 변증법적 과정
⑤ 자연도태설

>>>>>>>>> 57.④ 58.①

ADVICE

57 PR은 제품과 서비스에 대한 정보제공 및 교육 등의 일방향 커뮤니케이션 활동이다.

58 주어진 내용은 소매수레바퀴가설에 대한이론이다.
소매아코디언 이론 … 소매업체들이 다양한 제품을 취급하는 점포로 시작하여 시간의 경과에 따라 전문화, 한정된 상품계열을 취급하는 소매점 형태를 보였다가 다시 다양하고 전문적인 계열을 취급하는 소매점으로 발전하는 과정

59 집중화 전략에 대한 설명으로 옳은 것은?

① 전체 시장의 구매자들을 대상으로 동일한 마케팅전략을 집중하는 것이다.
② 하나의 구매자 세분시장을 대상으로 하여 그 시장에 마케팅전략을 집중하는 것이다.
③ 상이한 욕구를 지닌 두 세분시장에 동일한 마케팅 전략을 집중하는 것이다.
④ 시너지 효과를 극대화하기 위해 현재적 구매자 세분 시장과 잠재적 구매자 세분시장을 동시에 집중하는 것이다.
⑤ 시장을 세분화하고 각각의 집단에 대해 상이한 전략을 개발하는 것이다.

60 아래 글상자에서 설명하는 용어로 옳은 것은?

구매하는 제품에 대하여 비교적 저관여 상태이며 제품의 각 상표 간 차이가 뚜렷한 경우에 보이는 소비자들의 구매행동이다. 이러한 경우 소비자들은 자주 상표를 전환한다.

① 다양성 추구 구매행동
② 타성적 구매행동
③ 부조화 감소 구매행동
④ 복잡한 구매행동
⑤ 비계획적 구매행동

61 소셜 커머스(social commerce)에 대한 설명으로 옳지 않은 것은?

① 소셜 미디어와 온라인 미디어를 활용한 전자상거래의 일종이다.
② 초기에는 음식점, 커피숍, 공연 등 지역기반 서비스 상품에 대한 공동구매로 시작하였다.
③ 일정수의 소비자들이 모여서 공동구매를 통해 가격 하락을 유도하기도 한다.
④ 스마트폰을 이용한 모바일 소셜 커머스 판매량은 점점 낮아지는 추세이다.
⑤ 상품 카테고리별로 좋은 상품을 공급할 수 있는 판매자를 발굴하고, 이들과 가격조건 등에 대해 협상하는 상품기획자의 역할이 중요하다.

〉〉〉〉〉〉〉〉〉 59.② 60.① 61.④

ADVICE

59 집중화 전략이란 하나의 구매자 세분시장을 대상으로 그 시장에 마케팅 전략을 집중하는 것으로 틈새시장을 공략할 때 매우 유리한 전략이다.

60 소비자 구매행동의 유형 중 비교적 고관여에 해당하는 것은 복잡한 구매행동과 상표 충성도가 있고, 비교적 저관여에 해당하는 것은 다양성 추구 구매행동과 관성적 구매행동이 있다. 다양성 추구 구매행동은 이전에 구매해왔던 상표에 싫증을 느끼거나 새로움을 추구하려는 의도에서 다른 상표로 전환하는 구매행동이다.

61 최근 스마트폰을 이용한 모바일 소셜 커머스 판매량은 가파르게 증가하는 추세이다.

62 아래 글상자에서 풀전략(pull strategy)에 대한 설명으로 옳은 것은?

> ㉠ 최종소비자를 상대로 판매촉진활동을 한다.
> ㉡ 중간상을 대상으로 판매촉진활동을 한다.
> ㉢ 소비자의 상표인지도와 충성도를 높이기 위한 방법이다.
> ㉣ 수량할인, 인적판매, 구매시점 디스플레이, 협동광고 등에 치중한다.

① ㉡, ㉢
② ㉡, ㉣
③ ㉢, ㉣
④ ㉠, ㉢
⑤ ㉠, ㉣

63 아래 글상자의 사례에서 사용된 소비자 판촉도구로 옳은 것은?

> 오레오(OREO)과자로 잘 알려진 미국의 식품회사 나비스코(Nabisco)는 매년 학생들의 개학에 맞추어 이 판촉도구를 적극 활용한다. 점심 도시락과 방과 후 간식 용도에 대한 소비자 주목을 극대화할 수 있도록 디자인한다. 이 판촉 도구는 광고 안내판 형식을 취하며, 종종 실제 제품을 전시하기도 한다. 일반적으로 계산대 근처나 통로 끝과 같이 통행량이 많은 장소에 위치한다.

① 샘플(sample)
② PPL(product palcement)
③ 쿠폰(coupon)
④ POP(point of purchase)
⑤ 가격할인 패키지(price packs)

››››››››› 62.④ 63.④

ADVICE

62 풀전략은 광고나 PR처럼 최종구매자를 대상으로 직접 프로모션하는 것을 말한다.

63 POP는 슈퍼마켓의 계산대 같은 구매 시점에 배치된 상품의 디스플레이를 말한다. 구매시점(POP)에서 효과적으로 디스플레이를 하게 되면 판매를 크게 늘릴 수 있다.

64 아래 글상자에서 설명하는 용어로 옳은 것은?

> 유통업체에 의해 개발이 이루어지고, 유통업체로부터 위탁을 받은 제조업체에 의해 생산된 후, 유통업체의 이름이나 유통업체가 개발한 브랜드 명으로 해당 유통업체의 매장에서 판매되는 상품

① National Brand
② Private Brand
③ Private National Brand
④ Family Brand
⑤ Corporate Brand

65 비주얼 프리젠테이션에 대한 설명으로 옳지 않은 것은?

① 테마에 따른 시각적 전시공간을 말한다.
② 흔히 쇼 스테이지나 쇼윈도 등에서 전개된다.
③ 고객들의 눈에 띄기 쉬운 공간에 잡화 등을 활용하여 사용법이나 용도 등을 제시한다.
④ 강조하고 싶은 상품만을 진열하며 POP 등에 상품의 기능을 담아 소개한다.
⑤ AIDMA법칙의 A(주의)나 I(흥미)를 유도하는데 효과적인 방법이다.

66 매장 외관 중 쇼윈도(show window)에 관한 설명으로 옳지 않은 것은?

① 매장의 외관을 결정짓는 요소이며, 주된 연출공간이다.
② 수평라인보다 돌출하거나 들어가는 각진형은 소비자를 입구쪽으로 유도한다.
③ 윈도우가 없으면 궁금해진 소비자가 매장으로 들어오는 효과가 발생하기도 한다.
④ 매장의 제품을 진열하는 효과는 있으나 점포의 이미지를 표현할 수는 없다.
⑤ 윈도우 설치형태에 따라 폐쇄형, 반개방형, 개방형, 섀도박스(shadow box)형이 있다.

〉〉〉〉〉〉〉〉〉 64.② 65.④ 66.④

ADVICE

64 ① National Brand : 제조업체의 원래 브랜드 제품으로 우리 주변에 일상적인 제품
③ Private National Brand : 특정 유통업체에 공급하는 제조사 브랜드
④ Family Brand : 한 기업에서 생산되는 유사제품군이나 전체 품목에 동일하게 부착하는 브랜드
⑤ Gorporate Brand : 기업 이미지를 통합하거나 개별제품의 품질을 보증하기 위해 자사의 제품명에 사용되는 기업의 상호

65 비주얼 프리젠테이션은 강조하고 싶은 상품만 진열하는 것이 아니라 소비자들이 점포에서 자신이 원하는 상품을 바로 찾을 수 있도록 해야 한다.

66 쇼윈도는 매장의 제품을 진열하는 효과와 동시에 점포의 이미지를 단번에 표현할 수 있다.

67 아래 글상자에서 설명하는 용어로 옳은 것은?

> – 연관된 상품을 함께 진열하거나 연관된 상품을 취급하는 점포들을 인접시키는 것을 의미함
> – 이를 통해 고객들이 연관된 상품들을 동시에 구매하도록 유도할 수 있음
> – 대표적인 예로 샴푸, 린스, 정장, 넥타이, 구두, 셔츠 등에 사용할 수 있음

① Mix Merchandising
② Cross Merchandising
③ Double Merchandising
④ Visual Merchandising
⑤ Triple Merchandising

68 격자형 레이아웃(grid layout)에 대한 설명으로 옳지 않은 것은?

① 레이아웃 변경이 자유롭고 상품의 노출도가 크다.
② 어느 건물에나 적용할 수 있어 건물 코스트가 낮아진다.
③ 통로 낭비가 적어 면적을 유용하게 사용할 수 있고, 많은 상품 진열이 가능하다.
④ 동선계획으로 고객 흐름을 통제할 수 있다.
⑤ 매장 진열 구조의 파악이 용이하다.

69 점포 디자인의 요소로 옳지 않은 것은?

① 외장 디자인
② 내부 디자인
③ 진열 부분
④ 레이아웃
⑤ 점포 면적

›››››››› 67.② 68.① 69.⑤

ADVICE

67 크로스 머천다이징은 보완적 상품의 전시를 구사하는 방법으로 관련 품목 접근법이라고도 한다. 우유와 시리얼, 삼겹살과 쌈장처럼 관련제품을 함께 진열함으로써 매출을 극대화시키는 방법이다.

68 격자형레이아웃은 쇼케이스, 진열대, 계산대 등 진열기구가 직각상태로 되어 있다. 변경이 어렵지만 어떤 형태의 배치보다도 판매공간을 효율적으로 사용할 수 있다.

69 점포 디자인 4대 요소로 외장(입구, 건물 높이, 주변지역 등), 내장(조명, 통로, 색채 등), 진열(조화, POP, 포스터 등), 레이아웃(고객동선, 후방공간, 상품동선 등)이 있다.

70 공급업체와 유통업체가 장기적 협력관계를 구축하려고 할 경우, 공급업체가 유통업체를 평가하는 기준을 모두 고르면?

> ㉠ 경제성 : 유통업체의 판매액, 비용, 수익성 등
> ㉡ 통제성 : 공급업체의 상품에 대한 유통업체의 마케팅 전략을 조정할 수 있는 정도
> ㉢ 적응성 : 환경변화에 적응하여 유통업체와의 관계를 유연하게 조정할 수 있는 정도

① ㉠
② ㉠, ㉡
③ ㉠, ㉢
④ ㉡, ㉢
⑤ ㉠, ㉡, ㉢

〉〉〉〉〉〉〉〉〉 70.⑤

ADVICE

70 공급업체와 유통업체가 장기적 협력관계를 구축하려고 할 경우, 공급업체가 유통업체를 평가하는 기준으로 경제성, 통제성, 적응성이 있다.

Ⅳ 유통정보

71 데이터마이닝 기법과 CRM에서의 활용용도를 연결한 것으로 가장 옳지 않은 것은?

① 군집화 규칙 – 제품 카테고리
② 분류 규칙 – 고객이탈 수준 등급
③ 순차 패턴 – 로열티 강화 프로그램
④ 일반화 규칙 – 연속 판매 프로그램
⑤ 연관 규칙 – 상품 패키지 구성 정보

72 아래 글상자의 내용에 공통적으로 관련된 정보기술로 옳은 것은?

> 매트로 그룹의 기반 정보시스템은 고객들이 혼자서 상품 정보, 세일 등의 판매정보 등을 알 수 있어, 매장 내 상주직원을 둘 필요가 없고, 고객들도 편하게 매장을 둘러볼 수 있어 고객만족도를 높였다.
> 월마트는 이 정보시스템 도입 3년 후에 결품률이 평균 16% 줄었으며, 소량판매제품의 경우 최대 38% 감소한 것으로 나타났다. 또한 신속한 재고파악, 도난방지, 계산 시간 단축 등의 효과를 창출하였다.

① RFID
② BEACON
③ BYOD
④ FINTECH
⑤ TAG

›››››››››› 71.④ 72.①

ADVICE

71 데이터마이닝 기능은 일반적으로 분류, 예측, 군집, 연관성, 순차패턴 등의 5가지 기능으로 나눌 수 있다.

72 RFID는 무선인식이라고도 하며, 반도체 칩이 내장된 태그, 라벨, 카드 등의 저장된 데이터를 무선주파수를 이용하여 비접촉으로 읽어내는 인식시스템을 말한다.

73 O2O(Online to Off-line) 커머스에 대한 설명으로 옳은 것은?

① O2O 커머스는 온라인과 오프라인 사이의 경계를 사라지게 만들어서 소비자들에게 보다 편리한 쇼핑을 하도록 도움을 준다.
② O2O 커머스는 O2O 플랫폼 사업자가 소비자와 소비자를 연결함으로써 소비자들 사이의 편리한 거래에 도움을 제공해 준다.
③ O2O 커머스는 재고관리 비용을 증가시키기 때문에 유통업체 입장에서 선호되지 않고 있다.
④ O2O 커머스는 사물인터넷 기술 발전에 따라 점진적으로 감소하고 있다.
⑤ O2O 커머스는 결재 분야의 핀테크 기술과의 연결성 문제로 발전하지 못하고 있다.

74 의사결정시스템에 대한 설명으로 옳지 않은 것은?

① 최고경영층은 주로 비구조적 의사결정에 대한 문제에 직면해 있고, 운영층은 주로 구조적 의사결정에 대한 문제에 직면해 있다.
② 운영층은 의사결정지원시스템을 이용해 마케팅 계획 설계, 예산 수립 계획 등과 같은 업무를 한다.
③ 의사결정지원시스템은 수요 예측 문제, 민감도 분석 등에 활용된다.
④ 의사결정지원시스템을 이용해 의사결정의 품질을 높이기 위해서는 의사결정지원시스템에서 활용하는 데이터의 품질을 개선해야 한다.
⑤ 의사결정지원시스템의 의사결정 품질 개선을 위해 딥러닝(deep learning)과 같은 고차원적 알고리즘(algorism)이 활용된다.

›››››››› 73.① 74.②

ADVICE

73 ② O2O 커머스는 O2O 플랫폼 사업자가 판매자와 소비자를 연결함으로써 소비자들 사이의 편리한 거래에 도움을 제공해 준다.
③ O2O 커머스는 재고관리 비용을 감소시키기 때문에 유통업체 입장에서 선호되고 있다.
④ O2O 커머스는 사물인터넷 기술 발전에 따라 점진적으로 증가하고 있다.

74 최고경영층은 의사결정지원시스템을 이용해 마케팅 계획 설계, 예산 수립 계획 등과 같은 업무를 한다.

75 엑세스 로그파일(access log file)을 통해 얻을 수 있는 정보로 가장 옳지 않은 것은?

① 방문 경로
② 사용자의 아이디
③ 웹사이트 방문 시간
④ 웹브라우저의 설치시기
⑤ 웹사이트에서 수행한 작업 내용

76 아래 글상자의 괄호안에 들어갈 용어를 순서대로 짝지은 결과로 옳은 것은?

> (㉠)은(는) 상황정보, 경험, 규칙, 가치가 포함되어 체계화된 결과로 인과, 원인관계를 형성하여 새로운 가치를 창출해 낸 또 다른 사실 피터드러커는 관련성과 목적성이 부여된 사실들을 (㉡) (이)라고 하였음 (㉢)은(는) "45개의 재고가 남아있다"와 같이 구체적이고 객관적인 사실 또는 관찰 결과

① ㉠ 데이터　㉡ 정보　㉢ 지식
② ㉠ 지혜　㉡ 지식　㉢ 데이터
③ ㉠ 정보　㉡ 지식　㉢ 사실
④ ㉠ 지식　㉡ 정보　㉢ 데이터
⑤ ㉠ 지식　㉡ 데이터　㉢ 사실

>>>>>>>>> 75.④ 76.④

ADVICE

75 엑세스 로그파일은 컴퓨터 시스템의 모든 사용내역을 기록하고 있는 파일로 방문 경로, 사용자의 아이디, 웹사이트 방문 시간, 작업 내용등을 기록하고 있지만 웹브라우저의 설치시기는 따로 기록하지 않는다.

76 지식은 상황정보, 경험, 규칙, 가치가 포함되어 체계화된 결과로 인과, 원인관계를 형성하여 새로운 가치를 창출해 낸 또 다른 사실을 말한다.
피터드러커는 관련성과 목적성이 부여된 사실들을 정보라고 하였다. 데이터는 구체적이고 객관적인 사실이나 관찰 결과를 말한다.

77 가망고객발굴을 위해 기존 고객에 대한 CRM 분석 전략에 대한 설명으로 옳지 않은 것은?

① 고객프로필분석 – 연령, 직업, 취미, 학력 등 전체 고객층 분석
② 하우스–홀딩분석 – 현 고객의 가족상황, 프로필, 성향 등 분석표
③ 인바운드분석 – 담당영업사원, A/S사원의 피드백이나 불만접수 대응 분석
④ 현고객구성원분석 – 고객의 성격, 사용실태, 충성도 분석
⑤ 외부데이터분석 – 제휴업체의 고객데이터 분석

78 웹마이닝 분석기법에 대한 설명으로 옳지 않은 것은?

① 웹콘텐츠마이닝 – 웹 사이트를 구성하는 페이지 내용 중 유용한 정보를 추출하기 위한 기법
② 웹구조마이닝 – 웹상에 존재하는 하이퍼텍스트로 구성된 문서들의 구조에 대하여 마이닝하는 기법
③ 웹사용마이닝 – 방문자들의 웹페이지 사용패턴을 분석하는 기법
④ 웹사용마이닝 – 웹로그파일분석은 웹사용마이닝의 한 부분
⑤ 웹콘텐츠마이닝 – 텍스트 중심으로 분석을 수행하는 데이터마이닝 기법

79 아래 글상자에서 설명하는 임대형 쇼핑몰 구축 솔루션으로 가장 옳은 것은?

> 웹상에서 콘텐츠를 저작하고 출판할 수 있는 오픈 소스 (Open Source) 콘텐츠 관리 시스템(Content Management System – CMS)으로, 홈페이지처럼 자체적인 도메인과 호스팅을 이용할 수 있으며 자유롭게 콘텐츠 제작, 배포 및 키워드 검색을 할 수 있다. 또한 반응형 레이아웃 기반으로 별도의 모바일 페이지나 앱의 구축이 불필요하고 전용 쇼핑몰 구축에 용이하다.

① 가비아(Gabia)
② 고도몰(godomall)
③ 카페24(cafe24)
④ 메이크샵(MakeShop)
⑤ 워드프레스(WordPress)

>>>>>>>>> 77.③ 78.⑤ 79.⑤

ADVICE

77 기존 고객에게 직접 전화를 거는 아웃바운드 분석을 통해 담당영업사원 또는 A/S 사원의 피드백이나 불만접수 대응을 분석한다.

78 웹콘텐츠마이닝은 웹 스파이더에 의해 수집된 데이터를 검사하는 기법이다.

79 워드프레스는 세계 최대의 웹사이트 플랫폼으로, 전 세계에서 사용되는 콘텐츠 관리 시스템의 60%가 워드프레스 기반으로 만들어져있다. 또한 반응형 레이아웃 기반으로 별도의 모바일 페이지나 앱의 구축이 불필요하여 전용 쇼핑목 구축에 용이하다.

80 아래 글상자에서 설명하는 용어로 가장 옳은 것은?

> 오프라인에서 상품을 살펴본 뒤 실제 구매는 모바일이나 온라인을 통해 가격을 비교하고 구매를 하는 것

① 모루밍(Morooming)
② 쇼루밍(Showrooming)
③ 웹루밍(Webrooming)
④ 역모루밍(Reverse Morooming)
⑤ 역쇼루밍(Reverse Showrooming)

81 2가지 크기와 6가지 색상이 있는 제품을 포장지의 삽화 유무로 나누어 낱개로 또한 10개들이 박스와 20개들이 박스로도 판매될 경우 각 조합을 고유하게 식별하기 위해 필요한 상품식별코드(GTIN)의 총수로 가장 옳은 것은?

① 10개
② 24개
③ 30개
④ 36개
⑤ 96개

〉〉〉〉〉〉〉〉〉 80.② 81.④

ADVICE

80 쇼루밍 … 오프라인에서 상품을 살펴본 뒤 실제 구매는 모바일이나 온라인을 통해 가격을 비교하고 구매를 하는 것

81 2(가지 크기)*6(가지 색상)*3(낱개, 10개들이박스, 20개들이박스)=36개
새로운 상품의 출시가 되면 새로운 상품식별코드를 부여해야 한다.
※ 새로운 상품의 기준
㉠ 상품 중량 및 규격이 다른 경우
㉡ 상품 포장 형태가 다른 경우
㉢ 상품 맛, 향, 색상 등이 다른 경우
㉣ 상품 포장 단위가 다른 경우
㉤ 판매 정보 수집을 위한 경우 등

82 아래 글상자에서 설명하는 용어로 가장 옳은 것은?

> 구매자가 가진 재고의 보충에 대한 책임을 공급자에게 이전하는 구매 전략이다. 따라서 구매자가 보유한 재고의 소유권은 제품이 판매되는 시점에 구매자에게 이양되는 구조를 가지게 된다.

① EDI
② VMI
③ CAO
④ CMI
⑤ QR

83 바코드 기반의 POS시스템을 통해 관리되는 데이터에 대한 설명으로 옳지 않은 것은?

① 제조사별 단품순위
② 판매실적 구성비
③ 단품별 판매순위
④ 단품별 판매동향
⑤ 제품별 유통이력

84 POS시스템에 관련된 설명으로 옳지 않은 것은?

① 판매시점 기준 정보관리 지원
② 상품 판매동향 분석을 통해 인기/비인기 제품을 신속하게 파악할 수 있도록 지원
③ 시스템 기기의 사양이 다르면 점포 간 판매동향 비교, 분석이 불가능
④ '무엇이 몇 개나 팔렸는가?'에 대한 정보를 제공
⑤ 인터넷 기반으로 구축된 경우 매장 이외의 장소에서도 매출 등 정보확인 가능

›››››››› 82.② 83.⑤ 84.③

ADVICE

82 공급자주도형 재고관리(VMI)는 유통업체가 제조업체에 판매 · 재고정보를 전자문서교환으로 제공하면 제조업체는 이를 토대로 과거 데이터를 분석하고 수요를 예측하여, 상품의 적정 납품량을 결정하는 시스템 환경이다.

83 RFID를 이용하여 제품별 유통이력을 파악할 수 있다.

84 POS시스템은 기기의 사양이 달라도 점포 간 판매동향의 비교와 분석이 가능하다.

85 아래 글상자의 내용에 부합되는 SCM 주요기법의 종류로 가장 옳은 것은?

① QR(Quick Response)
② CAO(Computer Assisted Ordering)
③ CMI(Co-Managed Inventory)
④ CRP(Continuous Replenishment Program)
⑤ ECR(Efficient Consumer Response)

86 효율적인 지식베이스 시스템이 되기 위한 조건으로 가장 옳지 않은 것은?

① 대량의 지식의 고속 탐색 및 갱신이 요구된다.
② 추론 기능과 유연한 지식 조작 기능이 요구된다.
③ 지식의 표현은 이해하기 쉬운 표현법이 요구된다.
④ 고도의 인간-기계 인터페이스(Man-Machine Interface) 기능이 요구된다.
⑤ 취급 지식은 비구조화된 데이터 군을 단위로 하는 데이터가 요구된다.

87 지식 포착 기법에 대한 설명으로 가장 옳지 않은 것은?

① 인터뷰 – 개인의 형식적 지식을 암묵적 지식으로 전환 하는데 사용하는 기법이다.
② 현장관찰 – 관찰대상자가 문제를 해결하는 행동을 할 때 관찰, 해석, 기록하는 프로세스이다.
③ 브레인스토밍 – 문제에 대하여 둘 이상의 구성원들이 자유롭게 아이디어를 생산하는 비구조적 접근방법이다.
④ 스토리 – 조직학습을 증대시키고, 공통의 가치와 규칙을 커뮤니케이션하고, 암묵적 지식의 포착, 코드화, 전달을 위한 뛰어난 도구이다.
⑤ 델파이 방법 – 다수 전문가의 지식포착 도구로 사용되며, 일련의 질문서가 어려운 문제를 해결하는데 대한 전문가의 의견을 수렴하기 위해 사용된다.

》》》》》》》》 85.① 86.⑤ 87.①

ADVICE

85 신속대응시스템(QR)은 제품의 제조에서 소비자에게 전달되기까지의 제조 과정을 단축시키고, 소비자의 욕구 및 수요에 적합한 제품을 공급함으로써 제품 공급 사슬의 효율성을 극대화하는 기법이다.

86 효율적인 지식베이스 시스템이 되기 위해 취급 지식은 구조화된 데이터 군을 단위로 하는 데이터가 요구된다.

87 인터뷰는 개인의 암묵적 지식을 형식적 지식으로 전환하는데 사용하는 기법이다.
암묵지 : 개인에게 습득은 되지만 겉으로 드러나지 않는 지식
형식지 : 문서나 매뉴얼처럼 외부로 표출되어, 여러사람이 공유할 수 있는 지식

88 지식경영이 중요한 경영기법의 하나로 자리잡게 된 배경으로 가장 옳지 않은 것은?

① 지식경영은 프로젝트 지식을 재활용할 수 있도록 유지하는 기회를 제공하기 때문이다.
② 지식경영은 복잡하고 중요한 의사결정을 빠르고, 정확하고, 반복적으로 수행할 수 있도록 지원하기 때문이다.
③ 지식경영은 조직의 효율성과 효과성 향상을 위해 지식을 기반으로 혁신하여 경쟁할 수 있기 때문이다.
④ 지식경영은 대화와 토론을 장려하여 효과적 협력과 지식공유를 위한 단초를 제공하기 때문이다.
⑤ 지식경영은 조직이 지식경제에서 빠르게 변화하는 경쟁 환경에 효과적으로 대응하기 위해 지식노동자 개인의 암묵적 지식 축적을 장려하기 때문이다.

89 아래 글상자의 (　)안에 들어갈 용어로 옳은 것은?

> (　)은(는) 원래 봉화나 화톳불 등 위치와 정보를 수반 한 전달 수단을 가리키는 말이었고, 사전적 의미로는 등 대·경광등·무선 송신소 등이지만 21세기 초부터는 주로 '무선 표식'을 지칭하는 용어이다. 이는 본질적으로 위치를 알려주는 기준점 역할을 하며, 정보를 전달하기 위해서는 통신기술(단거리 전용 통신방식(DSRC), 초음파, 적외선, 블루투스, CDMA, LTE, WiFi, LiFi 등) 활용이 필요하다. 신호를 전송하는 방법에 따라 사운드 기반의 저주파 (　), LED (　), 와이파이 (　), 블루투스 (　) 등으로 구분한다. 이 서비스는 스마트폰 앱이 (　) 신호를 수신해 전용서버에 질의하면 서버가 정보를 취득, 앱에 표시하는 방식으로 작동한다. 물류, 유통분야에서는 창고 내 재고 · 물류 관리, 센서를 이용한 온도 관리, 전용 AP를 복수로 설치해 어디에 무엇이 있는지 확인하는 등에 활용 되고 있다.

① 드론(Drone)
② 무인자동체
③ 비콘(Beacon)
④ 딥러닝(Deep-learning)
⑤ NFC(Near Field Communication)

〉〉〉〉〉〉〉〉〉 88.⑤ 89.③

ADVICE

88 지식경영은 조직이 지식경제에서 빠르게 변화하는 경쟁 환경에 효과적으로 대응하기 위해 지식노동자 개인의 형식적 지식 축적을 장려하기 때문이다.

89 주어진 글의 빈칸에는 비콘(Beacon)이 들어가는 것이 적절하다.
① 드론 : 조종사 없이 무선전파의 유도에 의해서 비행 및 조종이 가능한 비행기나 헬리콥터 모양의 군사용 무인항공기
④ 딥러닝 : 사물이나 데이터를 군집화하거나 분류하는 데 사용하는 기술
⑤ NFC : 근거리 무선통신, 10cm 이내의 거리에서 무선 데이터를 주고받는 통신 기술

90 유통 및 물류 부분에서 사물인터넷 (Internet of Things) 기술 활용에 대한 설명으로 옳지 않은 것은?

① 아마존(Amazon)은 유통현장에서 사물인터넷 기술을 이용해 무인매장에서 활용할 수 있는 시스템인 아마존고 (Amazon Go)를 개발하였다.

② 유통업체에서는 전자상거래 규모 증대에 따라 다양한 유통채널(예, 온라인, 모바일) 통합을 위해 IT 부분에 많은 투자를 하고 있다.

③ 유통업체에서는 공급사슬에서의 정보공유가 기업의 경쟁력을 약화시키기 때문에 정보공유에 부정적인 견해를 가지고 있다.

④ 최근 유통업체들은 고객 빅데이터 분석을 통해 고객의 특성을 파악하고, 이에 기반해 다양한 고객관계관리 전략을 수립해 활용하고 있다.

⑤ 최근 물류업체들은 물류 효율성을 높이기 위해 자율 주행 기술을 연구하고 있다.

›››››››› 90.③

ADVICE

90 유통업체에서는 정보공유가 기업의 경쟁력을 강화시키기 때문에 정보공유에 대해 긍정적인 견해를 가지고 있다.

2019. 11. 3. 제3회 시행

01 유통물류 일반관리

1 생산자 및 판매자들이 당장 사용하지 않거나 팔리지 않는 원자재 및 완제품의 재고를 보유하는 이유로 옳지 않은 것은?

① 규모의 경제를 추구하기 위한 것이다.
② 운송비를 절감하기 위한 것이다.
③ 안전재고(safety stocks)를 유지하기 위한 것이다.
④ 헷징(hedging)을 방지하기 위한 것이다.
⑤ 계절적 수요에 대응하기 위한 것이다.

2 아래 글상자 내용 중 아웃소싱(outsourcing)의 성공조건을 모두 고른 것은?

> ㉠ 장기발전 전략에 따라 추진해야 한다.
> ㉡ 아웃소싱은 경쟁력 강화차원이 아니라 고용조정 측면에서 접근해야 한다.
> ㉢ 핵심역량이 무엇이며 어떤 부문에 주력해야 하는지 등의 전략적 분석이 선행되어야 한다.
> ㉣ 분사형 아웃소싱은 유능한 분사장 선발과 충분한 육성기간을 거쳐 추진해야 한다.

① ㉠, ㉡
② ㉠, ㉢
③ ㉠, ㉡, ㉢
④ ㉠, ㉢, ㉣
⑤ ㉠, ㉡, ㉢, ㉣

>>>>>>>>> 1.④ 2.④

ADVICE

1 제조업자 및 판매자가 당장 필요치 않은 원자재 및 완제품 재고를 보유하는 이유
㉠ 규모의 경제를 추구하기 위함
㉡ 운송비를 절감하기 위함
㉢ 안전재고(safety stocks)를 유지하기 위함
㉣ 계절적 수요에 대응하기 위함

2 아웃소싱은 고용조정 측면이 아닌 경쟁력 강화차원 측면에서 접근해야 한다.

3 기업 경영진이 각 이해관계자들에게 지켜야 할 윤리에 대한 설명으로 가장 옳지 않은 것은?

① 주주에 대해서는 자금 횡령, 부당한 배당 금지
② 사원에 대해서는 사원 차별대우, 위험한 노동의 강요 금지
③ 고객에 대해서는 줄서는 곳에서 새치기, 공공물건의 독점사용, 품절가능 품목의 사재기 금지
④ 타사에 대해서는 부당한 인재 스카우트, 기술노하우 절도 금지
⑤ 사회일반에 대해서는 공해발생과 오염물질 투기, 분식 회계 금지

4 아래 글상자에서 주어진 정보를 활용하여 ㉠ 재발주점 방법을 적용할 경우의 안전재고와 ㉡ 정기적 발주방법을 적용할 경우(발주 cycle은 1개월)의 안전재고로 가장 옳은 것은?

월평균 수요량은 55개, 조달소요기간은 3주일, 안전계수는 0.7이다. (단, 1개월은 4주로 한다.)

① ㉠ 약 29개, ㉡ 약 67개
② ㉠ 약 15개, ㉡ 약 15개
③ ㉠ 약 12개, ㉡ 약 28개
④ ㉠ 약 41개, ㉡ 약 20개
⑤ ㉠ 약 165개, ㉡ 약 385개

5 인적자원관리를 위한 직무확충(job enrichment)에 관한 내용으로 옳지 않은 것은?

① 근로자에게 과업을 수행하는데 필요한 권한을 위임한다.
② 종업원에게 과업수행 상의 유연성을 허용한다.
③ 직무내용을 고도화해 직무의 질을 높인다.
④ 종업원이 자신의 성과를 스스로 추적하고 측정하도록 한다.
⑤ 동일한 유형의 더 많은 직무로 직무량을 확대한다.

》》》》》》》》》 3.③ 4.① 5.⑤

ADVICE

3 고객에 대해서 줄서는 곳에서 새치기 금지, 공공물건의 독점사용은 금지해야 한다.

4 ㉠의 경우 : $\frac{(55 \times 0.7)}{4} \times 3 = 28.875$개인데 반올림하여 약29개가 된다.

㉡의 경우 : $\frac{(55 \times 0.7)}{4} \times (4+3) = 67.375$개

5 동일한 유형의 더 많은 직무로 직무량을 확대하게 될 경우 조직원들이 느끼는 피로감을 더욱 누적되며 새로운 것이 아닌 기존의 업무와 큰 차이가 없게 되므로 매너리즘에 빠지게 되는 결과를 초래하게 된다.

6 아래 글상자에서 의미하는 조직 내 집단갈등 해결을 위한 방법으로 옳은 것은?

> 가장 오래되고 흔히 쓰이는 방법이다. 갈등해소를 목적으로 위쪽의 힘의 사용에 복종하므로 갈등 원인 대신 갈등 결과에 초점을 맞춘다. 따라서 갈등의 재발 가능성이 높다.

① 행동변화유도
② 조직구조개편
③ 협상
④ 권력을 이용한 갈등해결
⑤ 갈등의 회피

7 아래 글상자에서 설명하는 유통경로의 성과를 평가하는 각각의 차원으로 옳은 것은?

> ㉠ 유통시스템에 의해 제공되는 혜택이 여러 세분시장에서 어느 정도 골고루 배분되고 있는가를 평가
> ㉡ 하나의 경로시스템이 표적시장이 요구하는 서비스 산출에 얼마나 제공하였는가를 측정하는 것으로, 투입보다 산출에 중점을 두는 목표지향적 평가

① ㉠ 형평성, ㉡ 효과성
② ㉠ 형평성, ㉡ 효율성
③ ㉠ 효율성, ㉡ 효과성
④ ㉠ 효율성, ㉡ 형평성
⑤ ㉠ 효과성, ㉡ 형평성

〉〉〉〉〉〉〉〉〉 6.④ 7.①

ADVICE

6 "위쪽의 힘의 사용에 복종하므로"에서 보면 알 수 있듯이 권력을 이용한 갈등해결을 하게 되면 이유에 관계없이 결과에만 초점을 맞추게 된다. 그러므로 근본적인 원인을 찾아 해결하는 방식이 아닌 상황이 터질 때에 윗선의 권력으로 인해 그때그때 해결하게 되므로 또 다른 갈등에 대한 재발 가능성이 높아지게 된다.

7 ㉠ 형평성은 동등한 것을 동등하게, 동등하지 않은 것을 동등하지 않게 취급하는 것을 의미한다.
㉡ 효과성은 목표달성의 정도를 의미한다. 특히 효과성의 개념에서는 비용이 얼마가 들어가는지의 투입의 문제에 관심을 갖는 것이 아닌 정해진 목표를 얼마나 달성(산출)했느냐 하는 데에만 관심을 갖는다.

8 수평적 유통경로에 비해 수직적 유통경로가 갖는 특징만을 모두 고른 것은?

㉠ 자원, 원재료를 안정적으로 확보 가능	㉡ 낮은 진입 장벽으로 새로운 기업의 진입이 쉬움
㉢ 막대한 자금의 소요	㉣ 시장이나 기술변화에 민감한 대응 가능
㉤ 각 유통단계에서 전문화 실현	

① ㉡, ㉣
② ㉠, ㉢
③ ㉢, ㉣
④ ㉠, ㉤
⑤ ㉣, ㉤

9 중개기관에 관한 설명으로 옳은 것은?

① 브로커는 제품이나 서비스 기업의 이름으로 사업을 하는 독립된 중개기관이다.
② 대리인은 구매자와 판매자 간의 거래를 중개하고, 계약기간 동안 계속적인 관계를 갖고 그에 대한 수수료를 받는다.
③ 브로커는 독립된 중개기관으로서 구매자와 판매자 사이의 판매계약을 촉진한다.
④ 브로커는 계약 시 지역권, 독점권, 판매수수료를 규정한다.
⑤ 구매자를 위한 구매전문 중개상의 역할에는 제조사의 제품촉진, 제품소유, 위험공유의 서비스 제공이 포함된다.

›››››››››› 8.② 9.③

ADVICE

8 수직적 유통경로의 특징
㉠ 자원 및 원재료를 안정적으로 확보
㉡ 초기 막대한 자금이 소요
㉢ 혁신적 기술의 보유가 가능
㉣ 각 유통단계에서의 전문화 상실
㉤ 시장, 기술변화에 대해 빠른 대응이 곤란
㉥ 높은 진입장벽으로 인해 새로운 기업의 진입이 어려움

9 브로커는 독립된 제3자로서 타인 간의 상행위의 매개를 업으로 하는 사람을 의미한다. 특정 상인에 종속하지 않는다는 점에서 대리상과 다르다. 매개가 이루어지면 매매 쌍방으로부터 균등한 수수료를 받는다. 또한 브로커는 주로 거래를 알선하는 기능을 수행하는데 소유권을 취득하지 않고 제2자로 참여하여 구매자와 판매자를 찾아서 거래를 성사시켜 거래 양 당사자로부터 수수료를 받는 도매상이다. 브로커는 소유권이 없으므로 위험을 부담하지 않으며 금융기능도 수행하지 않는다. 더불어서 시장상황이나 정보를 사전에 파악하고 있다가 적절한 시기에 매매를 성사시키고 수시로 판매자에게 정보를 제공하게 된다.

10 유통경로 구조결정 이론 중 연기 · 투기이론에 대한 설명으로 옳은 것은?

① 경로구성원 중 누가 비용우위를 갖고 마케팅 기능을 수행하는지에 따라 유통경로가 결정된다는 이론이다.

② 중간상들이 재고부담을 주문 발생시점까지 연기시키려고 하면 제조업자가 재고부담을 져야 하므로 경로길이는 길어진다.

③ 산업재 제조업자는 경로길이가 긴 유통경로를 통해 경로활동을 직접 수행한다.

④ 소비재의 경우 소비자들은 다빈도 소량구매를 하므로 많은 중간상들이 재고위험을 부담한다.

⑤ 중간상들이 제조업자 대신 투기적 재고를 유지하는 경우 경로길이가 짧아진다.

11 "전자문서 및 전자거래 기본법" (법률 제14907호, 2017. 10. 24., 일부개정)에서 정한 전자거래사업자의 일반적 준수사항으로 옳지 않은 것은?

① 소비자가 자신의 주문을 취소 또는 변경할 수 있는 절차의 마련

② 소비자의 불만과 요구사항을 신속하고 공정하게 처리하기 위한 절차의 마련

③ 거래의 증명 등에 필요한 거래기록의 일정기간 보존

④ 소비자가 쉽게 접근할 수 있는 물리적 공간의 마련

⑤ 상호(법인인 경우 대표자의 성명 포함)와 그 밖에 자신에 관한 정보와 재화, 용역, 계약 조건 등에 관한 정확한 정보의 제공마련

〉〉〉〉〉〉〉〉〉 10.④ 11.④

ADVICE

10 ① 경로구성원들 중 어느 누가 재고보유에 의한 리스크를 감수하느냐에 따라 유통경로가 결정된다는 이론이다.
② 경로 중간상들이 재고에 대한 부담을 주문 발생시점까지 연기시키려고 하게 되면 생산자(제조업자)가 재고부담을 지우게 되므로 경로길이는 짧아지게 된다.
③ 산업재 제조업자는 경로길이가 짧은 유통경로를 통해서 직접적으로 경로활동을 수행하게 된다.
⑤ 중간상의 투기행위는 제조업자와 최종소비자 사이에 중간상이 존재하는 간접경로 또는 긴 경로의 활용을 초래하게 된다.

11 전자문서 및 전자거래기본법 제17조
㉠ 상호(법인인 경우에는 대표자의 성명을 포함한다)와 그 밖에 자신에 관한 정보와 재화, 용역, 계약 조건 등에 관한 정확한 정보의 제공
㉡ 소비자가 쉽게 접근 · 인지할 수 있도록 약관의 제공 및 보존
㉢ 소비자가 자신의 주문을 취소 또는 변경할 수 있는 절차의 마련
㉣ 청약의 철회, 계약의 해제 또는 해지, 교환, 반품 및 대금환급 등을 쉽게 할 수 있는 절차의 마련
㉤ 소비자의 불만과 요구사항을 신속하고 공정하게 처리하기 위한 절차의
㉥ 거래의 증명 등에 필요한 거래기록의 일정기간 보존

12 물류비를 산정하는 목적에 대한 설명으로 가장 옳지 않은 것은?

① 물류활동의 계획, 통제 및 평가를 위한 정보 제공
② 하역활동의 표준화 실현
③ 물류활동에 관한 문제점 파악
④ 물류활동의 규모 파악
⑤ 원가관리를 위한 자료 제공

13 주로 가스나 액체로 된 화물을 수송하는 방식으로서 수송과정의 제품 파손과 분실 가능성이 가장 적은 수송형태로 옳은 것은?

① 버디백(birdy back)
② 복합운송(multimodal transportation)
③ 더블 스택 트레인(double stack train)
④ 파이프라인(pipeline)
⑤ 피쉬백(fishy back)이 가장 적다는 특징을 지니고 있다.

〉〉〉〉〉〉〉〉〉〉 12.② 13.④

ADVICE

12 물류비 산정의 목적
㉠ 물류활동의 계획, 통제 및 평가를 위한 정보 제공
㉡ 물류활동에 관한 문제점 파악
㉢ 물류활동의 규모 파악
㉣ 원가관리를 위한 자료 제공

13 ① 버디백 : 항공기+트럭을 활용한 일관운송시스템
② 복합운송 : 서로 상이한 운송수단에 의해 화물이 목적지까지 운반되는 형태의 시스템
③ 더블스택 트레인 : 더블 스택 트레인(double stack train)은 철도에서 컨테이너를 2단으로 적재할 수 있는 화차를 의미한다. 국제간 컨테이너 수송에 대응하여 미국 철도에서 1980년대부터 해상 컨테이너를 2단 쌓기로 수송하는 더블 스택 트레인(DST)이 개발되었다. 피기백 방식에 비하여 적재효율이 현격하게 우수하여, 항구와 내륙간의 수송의 주역으로 되어 있다. 더불어서 더블 스택 트레인은 주로 가스나 액체로 된 화물을 수송하는 방식으로서 수송과정의 제품 파손과 분실 가능성
⑤ 피쉬백 : 선박+트럭을 활용한 일관운송시스템

14 손익계산서에 들어갈 내용으로 옳지 않은 것은?

① 당기순이익
② 법인세비용차감전 순이익
③ 매출총이익
④ 필요매출액
⑤ 영업이익

15 먼저 경청하며 설득과 대화로 업무를 추진하고, 조직에서 가장 가치 있는 자원은 사람이라고 생각하는 특성을 가진 리더십의 유형으로 옳은 것은?

① 카리스마적 리더십
② 서번트 리더십
③ 변혁적 리더십
④ 참여적 리더십
⑤ 성취지향적 리더십

16 유통경로의 성과 평가에 있어 정량적 척도로 옳지 않은 것은?

① 상표 내 경쟁의 정도
② 부실채권의 비율
③ 새로운 중간상들의 수와 비율
④ 재고부족 방지를 위한 비용
⑤ 주문처리의 오류 횟수

>>>>>>>>> 14.④ 15.② 16.①

ADVICE

14 손익계산서에는 매출원가, 매출액, 영업이익, 매출총이익, 당기순이익, 법인세비용차감전 순이익, 법인세비용, 영업외비용, 영업외수익, 판매비와 관리비 등이 있다.

15 ① 카리스마적 리더십 : 리더가 구성원에게 깊고 비범한 영향력을 미치기 위해 개인적 능력과 재능을 활용하는 리더십을 의미한다.
③ 변혁적 리더십 : 조직구성원들로 하여금 리더에 대한 신뢰를 갖게 하는 카리스마는 물론, 조직변화의 필요성을 감지하고 그러한 변화를 이끌어 낼 수 있는 새로운 비전을 제시할 수 있는 능력이 요구되는 리더십을 의미한다.
④ 참여적 리더십 : 조직 구성원을 업무 관리와 의사 결정에 참여시키는 유형의 리더십을 말하는 것으로 구성원들로 하여금 리더에 대한 신뢰를 갖게 하는 카리스마는 물론, 조직변화의 필요성을 감지하고 그러한 변화를 이끌어 낼 수 있는 새로운 비전을 제시할 수 있는 능력이 요구되는 리더십을 의미한다.
⑤ 성취지향적 리더십 : 조직 구성원들에게 도전적인 목표를 제시하고 구성원들이 충분히 달성할 수 있을 것이라고 기대하는 유형의 리더십을 의미한다.

16 유통경로의 성과평가 시의 정량적 척도로는 부실채권의 비율, 신 중간상들의 수와 비율, 재고부족 방지를 위한 비용, 주문 처리의 오류 횟수 등이 있다.

17 BCG 매트릭스와 관련된 설명으로 옳지 않은 것은?

① 시장 성장률과 상대적 시장 점유율의 높고 낮음을 기준으로 작성한다.
② 개의 영역은 시장은 커지고 있으나 경쟁력이 떨어져 수익을 올리지 못하는 상태다.
③ 현금젖소는 시장성장률은 낮지만 시장점유율은 높은 사업이다.
④ 물음표의 영역은 경쟁력이 확보될 수 있는 부분에 집중투자하는 전략이 필요하다.
⑤ 별의 영역은 많은 투자 자금이 필요하다.

18 기업 환경분석에서 모든 기업에 공통적으로 영향을 미치는 환경인 거시환경으로 옳지 않은 것은?

① 유통 경로에서 발생하는 경쟁자와 협력업자 환경
② 국가의 경제정책과 같은 경제적 환경
③ 디지털, 네트워크와 같은 기술적 환경
④ 문화와 가치관 같은 사회적 환경
⑤ 각종 규제와 같은 법률적 환경

19 시장커버리지 전략 중 하나인 선택적 유통과 관련된 설명으로 가장 옳은 것은?

① 가능한 한 많은 소매점에서 제품이 취급되는 것을 원하는 유통방법이다.
② 공격적인 유통이 가능하므로 집중적 유통이라고도 한다.
③ 해당 점포는 지역 내의 독점권을 갖게 된다.
④ 집중적 유통과 전속적 유통의 중간형태를 띠는 경로 커버리지 전략이다.
⑤ 고객이 제품이나 서비스를 탐색하는데 많은 노력을 기꺼이 하는 경우에 적합한 방법이다.

〉〉〉〉〉〉〉〉〉 17.② 18.① 19.④

ADVICE

17 '개'로 표시되는 왼쪽 아래는 저성장, 저점유율 사업 영역이다. 이는 시장점유율도 낮고 성장 가능성 또한 낮은 사업군이므로 시장에서 철수하는 것이 바람직한 사업부의 형태이다.

18 • 미시적 환경요인 : 특정 기업이 특정 제품을 목표고객에게 마케팅 할 때 마케팅 능력에 영향을 미치게 되는 직접적이고도 관련성이 높은 마케팅환경요인을 의미한다. 해당요인으로는 경쟁사, 중간상, 주주, 고객, 시민단체, 채권자 등과 같이 기업에 이해관계가 있는 집단이다.
• 거시적 환경요인 : 특정 개별기업의 마케팅활동에 직접적으로 영향을 미치지 않고 간접적이며, 단기적으로는 잘 변하지 않는 환경요인을 의미한다. 해당요인으로는 사회, 문화, 정치, 경제, 법, 기술적 환경 등이 있다.

19 선택적 유통은, 집약적 유통과 전속적 유통의 중간 형태에 해당하는 전략이다. 즉, 판매지역별로 자사의 제품을 취급하기를 원하는 중간상들 중에서 일정 자격을 갖춘 하나 이상 또는 소수의 중간상들에게 판매를 허가하는 전략이다. 이 전략은, 소비자가 구매 전 상표 대안들을 비교 및 평가하는 특성을 지닌 선매품에 적절한 전략이다.

20 자재소요계획(MRP ; Material Requirement Planing) 시스템에 대한 설명으로 옳지 않은 것은?

① 중간재 및 조립품 생산공정에 적합한 기법이다.
② 생산 프로세스에서 발생하는 문제점을 파악하는데 도움을 제공한다.
③ 생산관리에 있어 원자재 주문 프로세스를 효율화 할 수 있다.
④ MRP 입력정보에는 주일정계획, 자재명세파일, 재고기록파일 등이 있다.
⑤ 생산라인 중단을 방지하기 위해 재고를 최고수준으로 유지하는데 도움을 준다.

21 JIT(Just-in-time)와 JIT(Just-in-time) II와의 차이점에 대한 설명으로 옳지 않은 것은?

① JIT는 부품과 원자재를 원활히 공급받는데 초점을 두고, JITⅡ는 부품, 원부자재, 설비공구, 일반자재 등 모든 분야를 공급받는데 초점을 둔다.
② JIT가 개별적인 생산현장(plant flor)을 연결한 것이라면, JITⅡ는 공급체인 상의 파트너의 연결과 그 프로세스를 변화시키는 시스템이다.
③ JIT는 자사 공장 내의 무가치한 활동을 감소 · 제거하는 데 주력하고, JITⅡ는 기업 간의 중복업무와 무가치한 활동을 감소 · 제거하는데 주력한다.
④ JIT가 푸시(push)형인 MRP와 대비되는 풀(pul)형의 생산방식인데 비해, JITⅡ는 JIT와 MRP를 동시에 수용할 수 있는 기업 간의 운영체제를 의미한다.
⑤ JIT가 기술, 영업, 개발을 동시화(synchronization)하여 물동량의 흐름을 강력히 통제하는데 비해, JITⅡ는 물동량의 흐름을 주된 개선대상으로 삼는다.

›››››››› 20.⑤ 21.⑤

ADVICE

20 자재소요계획 시스템은 적시에 적량의 물품을 제공해 재고수준을 낮게 유지하는 것 외에도 우선순위계획 및 생산능력계획을 수립 및 계획하는 데 있어 필요로 하는 정보를 제공하는 데 있다.

21 JIT가 물동량의 흐름을 주된 개선대상으로 삼는데 비해, JITⅡ는 기술, 영업, 개발을 동시화(syncronization)하여 물동량의 흐름을 강력히 통제한다.

22 주로 식료와 잡화류를 취급하는 도매상이며 재고수준에 대한 조언, 저장 방법에 대한 아이디어 제공, 선반 진열 업무 등을 소매상을 대신하여 직접 수행하는 도매상은?

① 현금무배달도매상(cash-and-cary wholesaler)
② 직송도매상(drop shiper)
③ 트럭도매상(truck wholesaler)
④ 진열도매상(rack jober)
⑤ 우편주문도매상(mail-order wholesaler)

23 아래 글상자 내용은 리더가 보유하는 권력 중 하나인데, 무슨 권력에 대한 설명인가?

> 리더가 전문적이고 깊이 있는 지식과 재능을 가질 때 발생하는 권력으로서 부하가 그러한 전문성과 능력을 인정할 때 수용되는 권력

① 합법적 권력(legitmate power)
② 보상적 권력(reward power)
③ 강압적 권력(coercive power)
④ 준거적 권력(relevant power)
⑤ 전문적 권력(expert power)

》》》》》》》》》 22.④ 23.⑤

ADVICE

22 진열 도매상은 주로 소매상이 취급하는 식료와 잡화류 등을 취급하는 도매상으로 재고수준에 대한 조언과 저장 방법에 대한 아이디어 제공 및 선반진열 업무 등 도매상을 대신해서 수행한다. 또한, 도매상이 진열한 제품이더라도 판매가 된 제품에 대해서만 가격을 지불하고 팔리지 않은 제품은 반품도 가능하므로, 소매상이 제품진부화로 인해 부담해야 하는 위험도 줄여준다.

23 전문적 권력은 권력 행사자가 지니고 있는 전문 기술이나 지식, 경험에 기반을 두는 권력이다. 특정 분야에 대한 전문성이나 특정 상황에 대한 해결책을 알고 있는 사람은 그것을 필요로 하는 사람에 대한 권력을 갖게 된다.

24 딜(T. E. Deal)과 케네디(A. Kenedy)의 조직문화 유형으로 옳지 않은 것은?

① 거친 남성문화(the tough guy, macho culture)
② 열심히 일하고 노는 문화(work hard-play hard culture)
③ 사운을 거는 문화(best your company culture)
④ 과정 문화(the proces culture)
⑤ 핵조직 문화(atomized culture)

〉〉〉〉〉〉〉〉〉 24.⑤

ADVICE

24 딜(T. E. Deal)과 케네디(A. Kennedy)의 조직문화 유형

㉠ 거친 남성문화 : 위험도가 높으며 피드백의 속도가 빠르다. 고도의 모험성을 띠고 있고 성공여부를 빨리 알 수 있으며, 성패의 차이도 크고 분명하게 나타나는 문화이다. 강력한 리더의 경영이념과 행동스타일이 강하게 반영되는 특징이 있다.

㉡ 열심히 일하고 노는 문화 : 위험도가 낮고 피드백의 속도가 빠르다. 근면하고 적극적이며 특정 업무에 모험을 걸지 않고 일상적 업무를 충실히 수행하면서 조직 환경에 적절히 대응하는 문화이다.

㉢ 사운을 거는 문화 : 위험도가 높고 피드백의 속도가 느리다. 업무의 성격이 고도의 모험성을 띠고는 있으나 성공여부를 아는 데 있어 오랜 시간이 걸리는 문화이다. 중요 의사결정은 상위계층에 집중되어 있으나 일상적인 결정은 하위계층에 위임되어 있으며 상급자의 경험을 중요시하는 특징이 있다.

㉣ 과정문화 : 위험도가 낮고 피드백의 속도도 느리다. 현재에 충실하지만 업무의 성공여부를 아는 데 있어 오랜 시간이 걸리는 문화이다. 은행이나 정부, 공기업 등이 해당되며 구성원들은 공식적인 것에 관심이 많기 때문에 구조화된 서열이 있다는 특징이 있다.

25 소매상이 소비자에게 제공하는 기능으로 옳지 않은 것은?

① 소매상은 소비자에게 필요한 정보를 제공한다.
② 소매상은 소비자가 원하는 상품구색을 제공한다.
③ 소매상은 자체의 신용정책을 통하여 소비자의 금융 부담을 덜어주는 금융기능을 수행한다.
④ 소매상은 소비자에게 애프터서비스의 제공과 제품의 배달, 설치, 사용방법의 교육 등과 같은 서비스를 제공한다.
⑤ 소매상은 제조업자 제품의 일정 부분을 재고로 보유하여 재무부담을 덜어주는 기능을 수행한다.

))))))))) 25.⑤

ADVICE

25 소매상이 제조업자 및 소비자에게 하는 역할

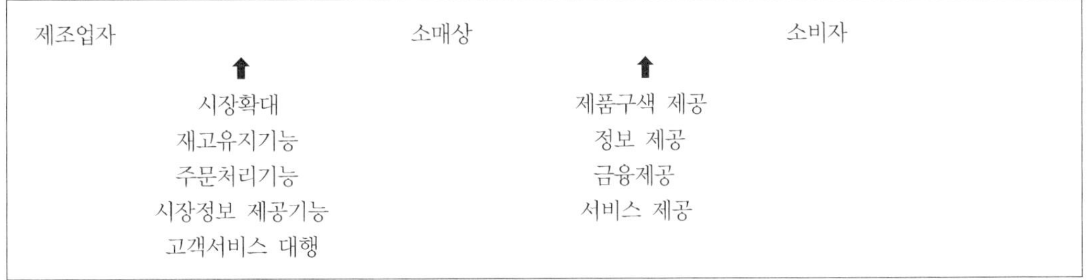

Ⅱ 상권분석

26 소매점의 매출을 결정하는 요인은, 크게 입지요인과 상권요인으로 구분할 수 있다. 다음 중 입지요인에 속하지 않는 것은?

① 시계성(視界性)
② 주지성(周知性)
③ 시장의 규모
④ 고객유도시설
⑤ 동선(動線)

27 동선(動線)에 대한 설명으로 가장 옳지 않은 것은?

① 경제적 사정으로 많은 자금이 필요한 주동선에 입지하기 어려운 점포는 부동선(副動線)을 중시한다.
② 주동선이란 자석입지(magnet)와 자석입지를 잇는 가장 기본이 되는 선을 말한다.
③ 동선은 주동선, 부동선, 접근동선, 출근동선, 퇴근동선 등 다양한 기준으로 분류할 수 있다.
④ 복수의 자석입지가 있는 경우의 동선을 부동선(副動線)이라 한다.
⑤ 접근동선이란 동선으로의 접근정도를 가리키는 말이다.

28 다음 소매업종 중에서 매장면적당 지대가 가장 싸고, 최고가 지대에서 가장 멀리 떨어져 입지하는 업종은?

① 고급가구점
② 숙녀복점
③ 종묘상, 화훼도매상
④ 신사복점
⑤ 백화점, 전문품점

›››››››››› 26.③ 27.④ 28.③

ADVICE

26 입지요인에 해당하는 것으로는 시계성(視界性), 주지성(周知性), 고객유도시설, 동선(動線) 등이 있다.

27 주동선(主動線)은 상가분석시 차량과 유동인구가 가장 많은 동선 다시 말해 자석입지가 있는 동선을 주동선이라 하고 주동선 정도보다 조금 낮은 단계의 차량과 유동인구가 많은 동선을 부동선이라 한다.

28 국부적 집중성점포에 대한 설명이다.
국부적 집중성점포는 인구유입이 많은 도심보다는 어떠한 특정 지역에 동업종끼리 국부적 중심지에 입지하여야 유리한 유형의 점포이다. 이에는 농기구점, 석재점, 비료점, 종묘점, 어구점, 화훼도매상, 철공소 등이 있다.

29 소비자 C가 이사를 했다. 아래 글상자는 이사 이전과 이후의 조건을 기술하고 있다. 허프(D. L. Huf)의 수정모형을 적용하였을 때, 이사 이전과 이후의 소비자 C의 소매지출에 대한 소매단지 A의 점유율 변화로 가장 옳은 것은?

> ㉠ 소비자 C는 오직 2개의 소매단지(A와 B)만을 이용하며, 1회 소매지출은 일정하다.
> ㉡ A와 B의 규모는 동일하다.
> ㉢ 이사 이전에는 C의 거주지와 B 사이 거리가 C의 거주지와 A 사이 거리의 2배였다.
> ㉣ 이사 이후에는 C의 거주지와 A 사이 거리가 C의 거주지와 B 사이 거리의 2배가 되었다.

① 4배로 증가
② 5배로 증가
③ 변화 없음
④ 5분의 1로 감소
⑤ 4분의 1로 감소

30 다음 중 상권분석의 한 방법인 유추법(analog method)과 별 관련이 없는 것은?

① CST(customer spoting technique)
② 애플바움(Aplebaum)
③ 정성적 상권분석
④ 확률모형
⑤ 유사한 기존 점포

》》》》》》》》》 29.⑤ 30.④

ADVICE

29 소비자가 어떠한 상업지에서 제품을 구매할 확률은 해당 상업 집적의 점포(매장)면적에 비례하고 해당 장소에 도달하는 거리의 제곱에 반비례한다. 그렇기에 지문에 제시된 이사 이후에는 C의 거주지와 A 사이의 거리가 C의 거주지와 B 사이 거리의 2배가 되었다고 나타나 있으므로 C의 소매지출에 따른 소매단지 A의 점유율은 $\frac{1}{2^2}=\frac{1}{4}$로 감소한다.

30 유추법은 자사의 신규점포와 특성이 비슷한 유사점포를 선정하여, 그 점포의 상권범위를 추정한 결과를 자사의 신규점포에 적용하여 신규입지에서의 매출액(상권규모)을 측정하는데 이용하는 방법이다. 유추법은 주로 신규점포에 대한 상권분석에 이용하지만 기존점포에 대해서도 적용할 수 있다.

31 주거, 업무, 여가생활 등의 활동을 동시에 수용하는 건물을 의미하는 복합용도개발이 필요한 이유로서 가장 옳지 않은 것은?

① 도심지의 쇠락을 막고 주거와 상업, 업무의 균형을 이루기 위해서
② 신시가지와의 균형발전과 신시가지의 행정수요를 경감하기 위해서
③ 도시내 상업기능만의 급격한 증가현상을 피하고 도시의 균형적 발전을 위하여
④ 도심지의 활력을 키우고 다양한 삶의 장소로 바꾸기 위해서
⑤ 도심의 공동화를 막기 위해서

32 동종 업종의 점포들이 특정 지역에 몰려 있어서 집객력 즉, 고객유인효과가 감소하는 현상을 설명하는 입지원칙으로 옳은 것은?

① 고객차단원칙
② 보충가능성의 원칙
③ 동반유인원칙
④ 점포밀집원칙
⑤ 접근가능성원칙

33 해당 지역의 지역형 백화점 뿐만 아니라 부도심 및 도심 백화점까지 포함하여 특정지역에 위치한 백화점의 상권경쟁구조를 분석하는 방법으로 옳은 것은?

① 업태별 경쟁구조 분석
② 업종내 경쟁구조 분석
③ 잠재경쟁구조 분석
④ 경쟁 보완관계 분석
⑤ 위계별 경쟁구조 분석

〉〉〉〉〉〉〉〉〉 31.② 32.④ 33.⑤

ADVICE

31 복합용도개발이 필요한 이유
㉠ 도심지의 쇠락을 막고 주거와 상업, 업무의 균형을 이루기 위해
㉡ 도시 내 상업기능만의 급격한 증가현상을 피하고 도시의 균형적 발전을 위해
㉢ 도심지의 활력을 키우고 다양한 삶의 장소로 바꾸기 위해
㉣ 도심의 공동화를 막기 위해

32 점포밀집의 원칙(principle of store congestion)은 동반유인이나 보충가능성과는 반대로 지나치게 유사한 점포나 보충할 수 있는 점포들이 밀집되어 있어서 고객의 유인효과를 감소시키는 현상을 의미한다.

33 위계별 경쟁구조 분석은 도심, 부심, 지역중심, 지구중심의 업태파악 및 분석을 한다.

34 토지의 이용 및 건축물의 용도, 건폐율, 용적률, 높이 등에 대한 국토계획법과 관련한 설명으로 옳지 않은 것은?

① 도시지역과 취락지역은 용도지역의 종류들이다.
② 도시지역은 주거지역, 상업지역, 공업지역, 녹지지역으로 구분한다.
③ 용도지구는 용도지역의 제한을 강화하거나 완화하여 적용함으로써 용도지역의 기능 증진을 도모하는 것이다.
④ 경관지구, 미관지구, 고도지구 등은 용도지구의 종류들이다.
⑤ 용도구역은 용도지역 및 용도지구의 제한을 강화하거나 완화하여 이들을 보완하는 역할을 한다.

35 확률적 점포선택모형 중 하나인 Huff모형을 이용하여 각 점포에 대한 선택확률을 계산할 때 필요한 정보가 아닌 것은?

① 소비자가 고려하는 전체 점포의 수
② 소비자가 방문할 가능성이 있는 각 점포의 매장면적
③ 소비자와 각 점포까지의 이동시간 또는 거리
④ 점포의 매장면적에 대한 소비자의 민감도 계수
⑤ 점포별로 추정한 거리에 대한 소비자의 민감도 계수

36 점포를 건축하기 위해 필요한 토지와 관련된 설명으로서 옳지 않은 것은?

① 획지란 인위적 · 자연적 · 행정적 조건에 따라 다른 토지와 구별되는 일단의 토지이다.
② 획지는 필지나 부지와 동의어이며 획지의 형상에는 직각형, 정형, 부정형 등이 있다.
③ 각지는 일조와 통풍이 양호하지만 소음이 심하며 도난이나 교통피해를 받기 쉽다.
④ 각지는 출입이 편리하며 시계성이 우수하여 광고선전의 효과가 높다.
⑤ 각지는 획지 중에서도 2개 이상의 가로각(街路角)에 해당하는 부분에 접하는 토지이다.

〉〉〉〉〉〉〉〉〉 34.① 35.⑤ 36.②

ADVICE

34 용도지역은 크게 도시지역, 관리지역, 농림지역, 자연환경보존지역으로 나뉘어진다.

35 Huff모형을 이용하여 각 점포에 대한 선택확률을 계산할 때 필요한 정보
㉠ 소비자가 고려하는 전체 점포의 수
㉡ 소비자가 방문할 가능성이 있는 각 점포의 매장면적
㉢ 소비자와 각 점포까지의 이동시간 또는 거리
㉣ 점포의 매장면적에 대한 소비자의 민감도 계수

36 획지(劃地)는 획지선으로 구획된 일단의 계획적인 개발단위를 말하며, 필지(筆地)는 하나의 지번이 붙는 토지의 등록단위를 의미한다.

37 임대료의 차이를 무시할 때, 여러 층으로 구성된 쇼핑몰에서 여성의류전문점의 입지로서 가장 적합한 곳은?

① 쇼핑센터 밖에 위치한 인근 스트립센터 안의 점포

② 주요 앵커스토어의 하나인 백화점에 근접한 점포

③ 남성의류전문점들이 주로 입점한 층의 중앙에 위치한 점포

④ 다른 여성의류전문점들과 멀리 떨어져있는 점포

⑤ 여성의류전문점은 여러 층으로 구성된 쇼핑몰에는 입점하면 안 되는 점포유형이다.

38 일부 소매업체는 동일한 상권 안에 여러 개의 점포를 출점한다. 연매출 1,00억원을 올리는 점포 한 개보다 750억원을 올리는 두 개의 점포를 출점하는 것이 더 이익이라는 논리이다. 다음 중 이런 소매업체의 논리에 해당하지 않는 것은?

① 개별점포의 이익보다 소매업체 전체의 이익을 우선해야 한다.

② 자기 점포보다 프랜차이즈 전체의 이익을 우선해야 가맹점주에게도 이익이다.

③ 상권이 포화될 때까지는 새 점포를 개설할 때마다 업체의 전체 매출이 증가한다.

④ 문제 속에 기술된 상권에 하나의 점포만을 개설하면, 고객서비스 품질이 낮아진다.

⑤ 이 상권에 하나의 점포만 개설하면, 업체의 영업실적은 시장잠재력에 미치지 못한다.

›››››››› 37.② 38.②

ADVICE

37 신축 건물에는 건물 활성화를 위해 영화관이나 대형 마트, 대형 서점 커피숍 등을 유치하는데, 이때 이 점포들이 앵커 스토어에 해당하며 여성의류전문점 입지의 경우 여러 인프라가 모여 있는 앵커스토어에 근접한 점포가 좋다.

38 프랜차이즈 시스템이라 하더라도 내 점포가 아닌 다른 곳의 점포가 잘 된다고 하면 프랜차이즈 본사 입장에서는 이익일 수는 있지만 내 점포가 잘 되지 않는다면 이는 가맹점주에게는 손해가 된다.

39 아래 글상자 속에는 해외에 점포를 개설할 때의 입지 및 상권분석의 단위들이 기술되어 있다. 다음 중 소매점이 입지를 선정할 때 실시하는 분석단위들을 포함하고 있는 것은?

> ㈎ 지역(region) : 국가 전체, 국가의 한부분, 특정 도시, 또는 광역도시권
> ㈏ 상권(trade area) : 점포의 매출 및 고객의 대부분을 포함하는 연속적인 공간
> ㈐ 특정 입지(specifc site) : 점포가 입점할 특정 부지

① ㈎
② ㈏
③ ㈎, ㈏
④ ㈏, ㈐
⑤ ㈎, ㈏, ㈐

40 입지유형에 따른 일반적 상권특성에 대한 설명으로 옳지 않은 것은?

① 중심지체계에서 도심상권은 상대적으로 소비자들의 평균 체류시간이 길다.
② 중심업무지구(CBD)는 주간과 야간의 인구차이가 뚜렷하다.
③ 아파트단지 상권의 경우, 개별점포의 면적을 아파트 세대수로 나누어 점포 입지의 적정성을 판단할 수 있다.
④ 아파트단지 상권의 외부에서 구매하는 소비성향은 소형평형단지 보다 대형평형단지의 경우가 더 높다.
⑤ 역세권상권은 대중교통이 집중되는 연결점이기 때문에 입체적 고밀도 개발이 이루어지는 경우가 많다.

›››››››› 39.⑤ 40.③

ADVICE

39 소매점이 입지 선정 시 실시하는 분석단위
㉠ 지역 : 국가 전체, 국가의 일부분, 특정한 도시 또는 광역도시권
㉡ 상권 : 점포의 매출 및 고객의 대부분을 포함하는 연속적 공간
㉢ 특정 입지 : 점포가 입점할 특정 부지

40 아파트 상권의 경우 단지별 상가의 규모가 적정한지를 판단할 때 세대 수를 조사하고 상가의 연면적을 세대 수로 나누어 판단하면 된다.

41 아래의 글상자는 점포의 매매와 임대차시에 반드시 확인해야 하는 공적서류 즉, 부동산 공부서류(公簿書類)에 대한 내용이다. ㉠~㉤에 해당하는 부동산 공부서류를 그 순서대로 올바르게 나열한 것은?

㉠ 현 소유주의 취득일과 매매과정, 압류, 저당권 등의 설정, 해당 건물의 특징 등 ㉡ 건축물의 위치, 면적, 구조, 용도, 층수 등 ㉢ 토지의 소재, 지번, 지목, 면적, 소유자의 주소, 주민 등록번호, 성명 등 ㉣ 지역 · 지구 등의 지정여부, 지역 · 지구 등에서의 행위 제한내용, 확인도면 등 ㉤ 토지의 소재, 지번, 옆 토지와의 경계, 토지의 모양 등

① 등기사항전부증명서 – 토지이용계획확인원 – 지적도 – 건축물대장 – 토지대장
② 건축물대장 – 등기사항전부증명서 – 지적도 – 토지이용계획확인원 – 토지대장
③ 등기사항전부증명서 – 건축물대장 – 토지이용계획확인원 – 지적도 – 토지대장
④ 건축물대장 – 등기사항전부증명서 – 토지이용계획확인원 – 토지대장 – 지적도
⑤ 등기사항전부증명서 – 건축물대장 – 토지대장 – 토지이용계획확인원 – 지적도

42 점포의 상권과 입지를 구분하여 설명할 때 다음 중 연결이 바르지 않은 것은?

① 상권은 점포의 매출이 발생하는 지역범위로 볼 수 있다.
② 상권의 크기는 입지의 매력도에 따라 커지므로 서로 비례관계가 성립한다.
③ 상권의 평가항목에는 소비자의 분포범위, 유효수요의 크기 등이 있다.
④ 입지조건의 평가항목에는 주차장, 지형, 층수, 편의시설, 층고, 임대료 등이 있다.
⑤ 입지는 범위(boundary), 상권은 지점(point)으로 비유하여 표현하기도 한다.

›››››››››› 41.⑤ 42.⑤

ADVICE

41 ㉠ 등기사항전부증명서 : 현 소유주의 취득일 및 매매과정, 압류, 저당권 등의 설정, 해당 건물의 특징 등
㉡ 건축물대장 : 건축물 위치, 면적, 구조, 용도, 층수 등
㉢ 토지대장 : 토지의 소재, 지번, 지목, 면적, 소유자의 주소, 주민등록번호, 성명 등
㉣ 토지이용계획확인원 : 지역 · 지구 등의 지정여부, 지역 · 지구 등에서의 행위 제한내용, 확인도면 등
㉤ 지적도 : 토지의 소재, 지번, 옆 토지와의 경계, 토지의 모양 등

42 입지는 점포가 소재하고 있는 위치 그 자체이며, 상권은 점포에 미치는 영향권(거래권)의 범위이다.

43 아래 글상자의 ㉠, ㉡, ㉢에 들어갈 용어를 그 순서대로 올바르게 나열한 것은?

> – 상업시설의 일정한 공간을 임대하는 계약을 체결하고 해당 상업시설에 입점하여 영업을 하는 임차인을 (㉠) 라고 한다.
> – (㉡)는 트래픽 풀러(trafic puler)가 흡인시킨 고객을 수용하기 때문에 트래픽 유저(trafic user)로 불리기도 한다.
> – (㉢)는 백화점과 같은 큰 규모의 임차인으로서 상업시설 전체의 성격이나 경제성에 가장 큰 영향력을 가진다.

① 트래픽 풀러(trafic puler) – 서브키테넌트(sub–key tenant) – 앵커스토어(anchor store)
② 테넌트 믹스(tenant mix) – 서브키테넌트(sub–key tenant) – 핵점포(key tenant)
③ 테넌트(tenant) – 서브키테넌트(sub–key tenant) – 트래픽 풀러(trafic puler)
④ 테넌트 믹스(tenant mix) – 일반테넌트(general tenant) – 핵점포(key tenant)
⑤ 테넌트(tenant) – 일반테넌트(general tenant) – 앵커스토어(anchor store)

44 상권의 힘 또는 상권의 크기와 활성화 정도를 의미하는 상권력과 관련된 설명으로 내용이 옳지 않은 것은?

① 상권력에 영향을 미치는 요소에는 지형지세, 경쟁정도, 교통망과 도로조건, 집객시설의 유무 등이 있다.
② 도시지역에서 최근 상권력에 가장 큰 영향을 미치는 교통망으로는 지하철이 있으며, 지하철역 주변에 상권이 형성되면 역세권상권으로 볼 수 있다.
③ 복수의 상권이 경쟁하는 상황에서는 일반적으로 란체스터법칙이 적용되는데 이는 상권크기가 큰 곳이 상대적으로 번성하게 되는 현상을 설명해준다.
④ 점포의 밀집도가 상권력에 영향을 미치는데 동일 상권내에 분포하는 점포수가 적을수록 상권력이 강해진다.
⑤ 도시의 중심지에 집객시설이 집중되는 경우가 많은데 학교나 종합운동장, 대형병원 같은 시설은 상권을 단절시켜 집객시설로 볼 수 없는 경우가 많다.

›››››››››› 43.⑤ 44.④⑤

ADVICE

43 ㉠ 상업시설의 일정한 공간을 임대하는 계약을 체결하고 해당 상업시설에 입점하여 영업을 하는 임차인을 테넌트라고 한다.
㉡ 일반테넌트는 트래픽 풀러(traffic puller)가 흡인시킨 고객을 수용하기 때문에 트래픽 유저(traffic user)로 불리기도 한다.
㉢ 앵커스토어는 백화점과 같은 큰 규모의 임차인으로서 상업시설 전체의 성격이나 경제성에 가장 큰 영향력을 가진다.

44 ④ 점포의 밀집도가 상권력에 영향을 미치는 데 동일 상권 내에 분포하는 점포 수가 많을수록 상권력이 강해진다.
⑤ 집객시설은 상권에 유동인구를 흡수 하는 영업시설로 극장, 대형마트 종합운동장, 병원, 학교, 금융기관, 관공서 등이 있다.

45 유통산업발전법에 의거한 소매점포의 개설 및 입지에 관한 내용으로 옳지 않은 것은?

① 대규모점포를 개설하려는 자는 영업을 시작하기 전에 특별자치시장 · 시장 · 군수 · 구청장에게 등록하여야 한다.

② 준대규모점포를 개설하려는 자는 영업을 시작하기 전에 특별자치시장 · 시장 · 군수 · 구청장에게 등록하여야 한다.

③ 전통상업보존구역에 준대규모점포를 개설하려는 자는 영업을 시작하기 전에 상권영향평가서 및 지역협력계획서를 첨부하여 등록하여야 한다.

④ 대규모점포등의 위치가 전통상업보존구역에 있을 때에는 등록을 제한할 수 있다.

⑤ 대규모점포등의 위치가 전통상법보존구역에 있을 때에는 등록에 조건을 붙일 수 있다.

〉〉〉〉〉〉〉〉〉 45.②

ADVICE

45 준대규모점포를 개설하려는 자는 영업을 시작하기 전에 산업통상자원부령으로 정하는 바에 따라 상권영향평가서 및 지역협력계획서를 첨부하여 특별자치시장 · 시장 · 군수 · 구청장에게 등록하여야 한다. 〈유통산업발전법 제8조 대규모점포 등의 개설등록 및 변경등록〉

Ⅲ 유통마케팅

46 아래 글상자에서 (㉠)~(㉣)에 해당하는 용어를 순서대로 올바르게 나열한 것은?

> (㉠)척도는 대상을 규명하고 분류하는 숫자들을 의미하며, (㉡)척도는 응답자가 질문의 대답들 간의 상대적 정도를 표시할 수 있게 해주는 척도이다. 한편 (㉢)척도는 대상 간 격차를 비교할 수 있고, 이 때 0점은 임의적으로 사용할 수 있다. 마지막으로 (㉣)척도는 절대영점(기준점)을 고정시켜 응답자 간의 절대적 격차를 규명하고, 원래 응답들을 비교할 수 있다.

① ㉠ 명목 – ㉡ 서열 – ㉢ 비율 – ㉣ 등간
② ㉠ 명목 – ㉡ 서열 – ㉢ 등간 – ㉣ 비율
③ ㉠ 명목 – ㉡ 비율 – ㉢ 등간 – ㉣ 서열
④ ㉠ 서열 – ㉡ 등간 – ㉢ 명목 – ㉣ 비율
⑤ ㉠ 서열 – ㉡ 명목 – ㉢ 비율 – ㉣ 등간

47 고객관계관리(CRM)에서 고객가치를 평가하는 척도에 해당하지 않는 것은?

① 지갑점유율
② 고객활동척도
③ RFM분석
④ 고객생애가치
⑤ 경쟁사고객 확보율

〉〉〉〉〉〉〉〉〉〉 46.② 47.⑤

ADVICE

46 ㉠ 명목척도 : 연구하고자 하는 대상을 분류시킬 목적으로 임의로 숫자를 부여하는 척도를 의미한다.
㉡ 서열척도 : 연구 대상의 특성 등에 대해 상대적인 정도를 표현하기 위해 수치를 부여하는 척도를 의미한다.
㉢ 등간척도 : 크기 등의 차이를 수량적으로 비교할 수 있도록 표지가 수량화된 경우의 척도를 의미한다.
㉣ 비율척도 : 절대영점(기준점)을 고정시켜서 비율을 알 수 있게 만든 척도를 의미한다.

47 CRM에서의 고객가치를 평가하는 척도
㉠ 지갑점유율
㉡ 고객활동척도
㉢ RFM 분석
㉣ 고객생애가치

48 아래 글상자에서 설명하는 이 용어로 가장 적합한 것은?

> 리차드 노먼(R. Norman)에 의해 주장된 이 용어는 고객과 기업이 접촉하는 접점에서 짧은 시간만에 서비스에 대한 평가가 이루어지는 순간이라 할 수 있다. 이러한 고객과의 접점에서 부정적 인상을 주게 되면 전체 서비스에 대한 고객의 평가가 부정적으로 변할 수 있어서, 종업원의 적절한 대응이 필요하다.

① 평가의 순간(Moment of Evaluation)
② 고객맞춤화의 순간(Moment of Customization)
③ 진실의 순간(Moment of Truth)
④ 탐색의 순간(Moment of Search)
⑤ 표준화의 순간(Moment of Standardization)

49 패러슈라만(Parasuraman) 등이 제시한 서비스 품질(SERVQUAL)의 5가지 차원에 해당하지 않는 것은?

① 유형성(tangibles)
② 편의성(convience)
③ 반응성(responsivenes)
④ 확신성(asurance)
⑤ 공감성(empathy)

〉〉〉〉〉〉〉〉〉 48.③ 49.②

ADVICE

48 진실의 순간(moments of truth)은 고객이 회사나 제품에 대해 이미지를 결정하게 되는 15초 내외의 짧은 순간을 일컫는 마케팅 용어를 의미한다. 종업원과 접촉하거나 광고를 볼 때 등 고객이 어떤 특정 시점에 갖게 되는 느낌이 기업의 이미지나 생존을 결정짓는다는 뜻으로 스웨덴 경제학자 리처드 노먼이 최초로 사용한 용어이다.

49 서비스 품질의 5가지 차원
㉠ 신뢰성
㉡ 확신성
㉢ 유형성
㉣ 공감성
㉤ 응답성

50 가격결정방식에 대한 설명으로 옳지 않은 것은?

① 가격결정을 위해서는 마케팅 수익목표, 원가, 경영전략과 같은 내부요인을 고려해야 한다.
② 가격결정을 위해서는 시장의 수요 및 경쟁과 같은 외부요인을 고려해야 한다.
③ 구매가격에 일정 이익률을 반영하여 판매가격을 결정하는 방식은 원가기준 가격결정이다.
④ 상품에 대한 소비자의 지각가치에 따라 가격을 결정하는 방식은 수요기준 가격결정이다.
⑤ 시장의 경쟁강도 및 독과점과 같은 경쟁구조에 따라 가격을 결정하는 방식은 가격차별 가격결정이다.

51 매장에서 발생하는 손실의 유형으로 가장 부적합한 것은?

① 식품 등을 폐기할 때 발생하는 폐기손실
② 매장에 상품이 준비되지 않아서 발생하는 판매기회손실
③ 실제 재고조사 후 장부상의 재고액과 실제 재고액의 차이로 인한 재고조사손실
④ 제품의 가격을 인하함으로써 발생하는 가격인하손실
⑤ 유행의 변화로 인해 성장기 상품이 쇠퇴기 상품으로 변화하는 상품회전율손실

52 상품의 유형에 관한 설명으로 옳지 않은 것은?

① 편의품은 소비자들이 구매욕구를 느낄 때 별다른 노력을 기울이지 않고도 구매할 수 있어야 한다.
② 선매품의 경우 구매 전 제품 간 비교를 통해 최적의 구매가 발생한다.
③ 고급향수, 스포츠카 및 디자이너 의류는 전문품에 해당한다.
④ 선매품에는 가구나 냉장고 등이 포함되며, 편의품에 비해 구매빈도가 그다지 높지 않다.
⑤ 전문품은 상대적으로 고가격이기 때문에 지역별로 소수의 판매점을 통해 유통하는 선택적 유통경로 전략이 유리하다.

>>>>>>>>> 50.⑤ 51.⑤ 52.⑤

ADVICE

50 경쟁기준 가격결정을 설명한 것이다. 경쟁기준 가격결정이란 경쟁업자가 결정한 가격을 기준으로 가격을 결정하는 방법을 의미한다.

51 유행이 변화한다고 해서 반드시 PLC 상의 성장기 상품들이 바로 쇠퇴기 상품으로 전락하여 매장에 손실을 발생시키는 유형이라고 볼 수는 없다.

52 전문품은 전속적 유통전략을 취하게 되는데 이는 각 판매지역별로 하나 또는 극소수의 중간상들에게 자사제품의 유통에 대한 독점권을 부여하는 방식의 전략을 말한다. 이 방법의 경우, 소비자가 자신이 제품구매를 위해 적극적으로 정보탐색을 하고, 그러한 제품을 취급하는 점포까지 가서 기꺼이 쇼핑하는 노력도 감수하는 특성을 지닌 전문품에 적절한 전략이다.

53 아래 글상자의 ㉠과 ㉡에 들어갈 용어를 순서대로 올바르게 나열한 것은?

> –(㉠)은(는) 신제품 개발을 위해 투자된 자금의 조기 회수를 꾀하는 가격 정책으로, 대량생산으로 인한 원가절감 효과가 크지 않은 조건에서 유리하다.
> –(㉡)은(는) 신제품을 시장에 도입하는 초기에 저가격을 책정하여 빠른 속도로 시장에 진입해 많은 구매자를 신속하게 끌어들여 높은 시장 점유율을 확보하는 전략이다.

① ㉠ skimming pricing policy ㉡ penetration pricing policy
② ㉠ skimming pricing policy ㉡ two–party price policy
③ ㉠ penetration pricing policy ㉡ bundling price policy
④ ㉠ penetration pricing policy ㉡ two–party price policy
⑤ ㉠ two–party price policy ㉡ captive pricing

›››››››› 53.①

ADVICE

53 ㉠ 초기 고가격전략(skimming pricing policy)
- 보통 스키밍이라고도 한다.
- 시장 진입 초기에는 비슷한 제품에 비해 상대적으로 가격을 높게 정한 후에 점차적으로 하락시키는 전략을 의미한다.
- 자사가 신제품으로 타사에 비해 높은 우위를 가질 때 효과적으로 적용시킬 수 있는 전략이다.

㉡ 침투가격전략(Penetration Pricing Strategy)
- 자사가 신제품으로 타사에 비해 높은 우위를 가질 때 효과적으로 적용시킬 수 있는 전략을 의미한다.
- 가격에 상당히 민감하게 반응하는 중, 저소득층을 목표고객으로 정했을 때 효과적이며 이익수준 또한 낮으므로 타사의 진입을 어렵게 만드는 요소로 작용한다.

54 아래 글상자에서 설명하는 서비스 회복을 위한 공정성 차원으로 옳은 것은?

> 소매점에서 고객에게 서비스를 실패한 후 서비스를 회복하는 것은 고객만족과 충성도에 매우 큰 영향을 미친다. 특히, 서비스 실패에 대한 직원들의 솔직한 설명과 문제해결을 위한 노력은 서비스 회복에 매우 중요하다. 이와 같은 직원의 회복 노력은 고객들로 하여금 진정성있고 공정하며 정중하게 지각되어야 한다. 이러한 공정성을 소비자가 지각할 때, 서비스 회복에 대한 고객만족을 가져올 수 있다.

① 절차적 공정성
② 상호작용 공정성
③ 보증 공정성
④ 분배적 공정성
⑤ 결과적 공정성

55 풀 전략(pul strategy)과 푸시 전략(push strategy)에 대한 설명으로 옳지 않은 것은?

① 제조업자가 자신의 표적시장을 대상으로 직접 촉진하는 것은 풀 전략이다.
② 풀 전략은 제조업자 제품에 대한 소비자의 수요를 확보함으로써, 유통업자들이 자신의 이익을 위해 제조업자의 제품을 스스로 찾게 만드는 전략이다.
③ 푸시 전략은 제조업자가 유통업자들에게 직접 촉진하는 전략이다.
④ 제조업체가 중간상을 상대로 인적판매, 구매시점 디스플레이를 제공하는 것은 푸시전략이다.
⑤ 일반적으로 푸시전략의 경우 인적 판매보다 TV광고가 효과적이다.

›››››››››› 54.② 55.⑤

ADVICE

54 서비스 회복을 공정성의 개념 및 구성요소
㉠ 절차적 공정성
• 개념 : 서비스 실패를 수정하기 위해 활용하게 되는 절차에 대해 지각하는 공정성을 의미한다.
• 구성요소 : 회사의 방침 및 정책 등
㉡ 상호작용적 공정성
• 개념 : 고객에 대응하는 태도 등에 대해 지각하게 되는 공정성
• 구성요소 : 설명, 태도, 사과 등
㉢ 분배적 공정성
• 개념 : 나타난 결과에 대해 지각하게 되는 공정성
• 구성요소 : 가격할인, 환불, 사은품 등

55 푸시전략은 중간상들로 하여금 자사의 상품을 취급하도록 하고, 소비자들에게 적극 권유하도록 하는 데(인적판매를 주로 활용)에 있다. 또한, 푸시 전략은 소비자들의 브랜드 애호도가 낮고, 브랜드 선택이 점포 안에서 이루어진다.

56 아래 글상자의 사례 기업들이 실행한 소매점 포지셔닝 전략의 유형으로 가장 적합한 것은?

> – W사는 최상의 품질, 최소로 가공된, 풍미가 가득한, 그리고 천연 그대로 보존된 음식을 제공한다는 철학으로 자사를 포지셔닝했다.
> – T사는 맛과 품질이 좋은 오가닉 식품을 합리적인 가격에 제시하는 전문식품소매점이라는 가치제안을 기반으로 자사를 포지셔닝했다.

① 사용상황에 의한 포지셔닝
② 제품군에 의한 포지셔닝
③ 제품속성에 의한 포지셔닝
④ 제품사용자에 의한 포지셔닝
⑤ 경쟁적 포지셔닝

57 아래 글상자의 기업(V사)이 자사의 여러 브랜드에서 공통적으로 사용한 시장세분화 방법으로 가장 적합한 것은?

> 글로벌 패션기업 V사는 진(jean) 이외의 여러 패션브랜드를 보유하고 있다. 아웃도어 사업부에 속해 있는 NF는 열혈 야외 마니아층, 특히 추운 날씨에 야외활동을 즐기는 고객층을 위해 최고급 장비 및 의복을 제공한다. 스포츠웨어 사업부에 속한 N은 항해와 바다에서 모티브를 얻어 제작된 고급 캐주얼 의류를 즐기는 사람들에게 초점을 맞춘다. 그리고 V는 스케이트 신발 전문브랜드로 시작되었으며, R은 서핑을 모티브로 한 신발과 복장 전문 브랜드로 포지셔닝되어 있다. 즉, 소비자들이 어떤 삶을 영위하든 V사는 이들의 라이프스타일에 맞춘 패션제품을 제공한다.

① 지리적 세분화
② 인구통계학적 세분화
③ 행동적 세분화
④ 생애가치 세분화
⑤ 심리묘사적 세분화

›››››››› 56.③ 57.⑤

ADVICE

56 제품속성에 의한 포지셔닝은 자사제품의 속성이 경쟁제품에 비해 차별적 속성을 지니고 있어서 그에 대한 혜택을 제공한다는 것을 소비자에게 인식시키는 전략이다. 동시에 가장 널리 사용되는 포지셔닝 전략방법이다.

57 심리묘사적 세분화(심리행태에 의한 세분화)는 소비자의 개인적 특성 가운데 심리적 행태에 따라 시장을 세분화하는 방법이다. 이 방법은 사후시장세분화 형태를 따르고 있으며, 일반적으로 소비자의 행동(activity), 관심(interest), 의견(opinion)에 대한 소비자 조사를 바탕으로 소비자 시장을 집단화하여 구분한다.

㉠ 사회계층 (Social stratification)에 따라 소비행태는 다양하게 나타난다. 특히, 자동차, 의류, 가전제품, 여가선용 등에서 계층 간의 소비는 그 격차가 크게 나타난다.
㉡ 라이프스타일 (Life Style)은 개인의 욕구, 동기, 태도, 생각 등을 총망라한 결합체이다.

58 표적시장 선정에 대한 설명으로 가장 옳지 않은 것은?

① 세분시장들에 대한 평가가 수행된 뒤 기업은 어떤 시장을 공략할지, 몇 개의 세분시장을 공략할 것인가의 문제를 해결하는데, 이를 표적시장 선택이라고 한다.
② 비차별적 마케팅은 세분시장 간의 차이를 무시하고 하나의 제품으로 전체시장을 공략하는 전략이다.
③ 비차별적 마케팅 전략을 구사하는 기업은 소비자들 간의 차이보다는 공통점에 중점을 두며, 다수의 구매자에게 소구(訴求)하기 위해 다양한 마케팅 프로그램으로 시장을 공략한다.
④ 차별적 마케팅은 여러 개의 표적시장을 선정하고 각각의 표적시장에 적합한 마케팅전략을 개발하여 적용하는 전략이다.
⑤ 집중마케팅전략은 기업의 자원이 한정되어 있는 경우에 주로 사용된다.

59 매력적인 세분시장을 충족시키는 조건으로 옳지 않은 것은?

① 충분한 시장규모와 수익성을 가져야 한다.
② 높은 시장성장률 등 잠재력을 가지고 있어야 한다.
③ 경쟁사 대비 확실한 경쟁우위를 가져야 한다.
④ 자사의 역량과 자원에 적합해야 한다.
⑤ 세분시장 내 고객군의 선호가 다양해야 한다.

〉〉〉〉〉〉〉〉〉 58.③ 59.⑤

ADVICE

58 비차별적 마케팅전략은 전체시장을 하나의 동일한 시장으로 간주하고, 하나의 제품을 제공하는 전략을 의미한다. 하지만, ③번은 "다수의 구매자에게 소구(訴求)하기 위해 다양한 마케팅 프로그램으로 시장을 공략한다"고 되어 있는데 이는 차별적 마케팅 전략(전체 시장을 여러 개의 세분시장으로 나누고, 이들 모두를 목표시장으로 삼아 각기 다른 세분시장의 상이한 욕구에 부응할 수 있는 마케팅믹스를 개발하여 적용함으로서 기업의 마케팅 목표를 달성하고자 하는 것)을 의미한다.

59 시장세분화의 요건

㉠ **측정가능성**: 마케팅관리자가 각 세분시장의 규모나 구매력 등을 측정할 수 있어야 한다는 것을 의미한다.
㉡ **유지가능성**: 세분시장이 충분한 규모이거나 이익을 낼 수 있는 정도의 크기가 되어야 함을 의미한다.
㉢ **접근가능성**: 적절한 마케팅 노력으로 세분시장에 효과적으로 접근하여 제품이나 또는 서비스를 제공할 수 있는 적절한 수단이 있어야 한다는 것을 의미한다.
㉣ **실행가능성**: 각 세분시장에서 고객들에게 매력 있고, 이들의 욕구에 충분히 부응할 수 있는 효율적인 마케팅 프로그램을 계획하고 실행할 수 있는 정도를 의미한다.
㉤ **내부적 동질성 및 외부적 이질성**: 특정한 마케팅 믹스에 대한 반응이나 세분화 근거에 있어서 같은 세분시장의 구성원은 동질성을 보여야 하고, 다른 세분시장의 구성원과는 이질성을 보여야 함을 의미한다.

60 판매촉진전략에 대한 설명으로 옳지 않은 것은?

① 판매촉진은 제품이나 서비스의 판매를 촉진하기 위한 단기적 활동을 말한다.
② 판매촉진은 기업이 설정하는 목표에 따라 소비자, 중간상, 판매원 등을 대상으로 실시한다.
③ 소비자 판촉에는 가격할인, 무료샘플, 쿠폰제공 등이 포함된다.
④ 대개 중간상 판촉은 소비자 판촉에 비해 비교적 적은 비용이 든다.
⑤ 영업사원 판촉은 보너스와 판매경쟁 등을 포함한다.

61 아래 글상자에서 설명하는 매입방식으로 옳은 것은?

> - 신제품 또는 가격이 비싼 제품인 경우에 주로 이용하는 매입방식임
> - 백화점 등 대규모 유통업자가 일정한 기간 동안 입점 (납품)업자의 제품을 진열하여 판매한 후, 판매된 상품에 대해 사전에 결정된 비율의 수수료를 가져가는 방식임
> - 대규모 유통업자는 판매되지 아니한 상품의 반품 조건을 둠

① 정기매입
② 특약매입
③ 직매입
④ 임대을
⑤ 전환매입

›››››››› 60.④ 61.②

ADVICE

60 일반적으로 중간상(도매상 및 소매상)을 위한 촉진활동은 소비자 촉진활동보다 많은 비용이 요구된다.

61 특약매입은 예를 들어 마트와 특약매입 조건에 판매 수수료율 20%로 계약을 체결하였을 시에 인바운드 점포로 입점한 C브랜드 점포의 경우, 점포에 옷이 몇 벌 걸려있던지 또는 얼마만큼 금액의 제품이 있던지 마트는 C브랜드 재고 전체에 대해 매입을 하지 않는다. 오로지 계산대에서 팔린 C브랜드의 금액만큼만 매입을 하게 된다.

62 VMD(Visual Merchandising)와 VP(Visual Presentation)에 대한 설명으로 가장 옳지 않은 것은?

① VMD는 고객들의 구매욕구를 자극할 수 있도록 시각적인 요소를 연출하고 관리하는 활동이다.
② VMD는 레이아웃이나 진열은 물론 건물 외관, 쇼윈도우, 조명 등 모든 시각적인 요소들을 관리의 대상으로 하는 포괄적인 개념이다.
③ VP는 점포의 쇼윈도나 매장 입구에서 유행, 인기, 계절상품 등을 제안하여 고객이 매장으로 접근하게 한다.
④ VP를 통해 중점상품과 중점테마에 따른 매장 전체 이미지를 보여주기 때문에 상품보다는 진열기술이 중요하다.
⑤ VP는 벽면 및 테이블 상단에서 보여주는 P(Point of Sales Presentation) 또는 행거, 선반 등에 상품이 진열된 IP(Item Presentation)와는 다르게 매장과 상품의 이미지를 높이는데 주력한다.

63 크로스 머천다이징(Cros Merchandising)에 대한 설명으로 옳지 않은 것은?

① 소비자가 함께 구매할 것으로 예상되는 상품들을 가까이 진열한다.
② 사재기하는 비중이 높은 상품이나 용량이 큰 상품에 적합하다.
③ 동시구매를 노리는 방법으로 객단가를 높일 수 있으며 라이프스타일 제안이 가능하다.
④ 백화점 신사복 코너에서 넥타이와 와이셔츠를 함께 구성하여 진열하는 경우가 해당된다.
⑤ 의류업계의 코디네이트 진열과 동일한 개념이다.

›››››››› 62.④ 63.②

ADVICE

62 VP(visual presentation)는 매장의 주력 상품을 보여주는 그 영역을 의미하는데 이는 고객이 가장 접근하기 쉬운 영역에 가장 눈길을 끄는 인기상품을 내놓음으로써 마케팅 효과를 일으킨다.

63 크로스 머천다이징은 관련된 제품을 디스플레이하거나 관련된 제품을 취급하는 매장을 인접시키는 것을 의미하는데, 소비자가 관련한 제품을 동시에 구매하도록 유도하는 효과가 있다. 이에는 샴푸, 린스, 구두, 셔츠, 넥타이 등에 활용이 가능하다.

64 점포의 레이아웃 및 진열에 대한 설명으로 가장 옳지 않은 것은?

① 주 통로 주변에는 점포의 개성을 나타내는 주력상품을위주로 진열한다.
② 격자형 레이아웃은 통로에 반복적으로 상품을 배치해야 더 효율적이다.
③ 프리 플로(fre flow)형 레이아웃은 집기를 추가하거나 제거하는 방법으로 동선을 구성한다.
④ 루프(lop)형 레이아웃은 주요 통로를 통해 동선을 유도하여 진열제품을 최대한 노출시킨다.
⑤ 직선형으로 병렬 배치하는 부티크(boutique) 레이아웃은 지하상가나 아케이드매장에 주로 사용한다.

65 점포의 구성요소로 가장 부적합한 것은?

① 점포의 시장점유율
② 목표고객에게 소구(訴求)하는 상품구성
③ 고객에게 부합하는 가격정책
④ 점포입지의 편리성
⑤ 점포 외부 이미지

66 상품 유형에 따른 진열방법으로 가장 옳지 않은 것은?

① 고객이 많이 찾는 중점판매상품은 엔드매대에 대량 진열하여 판매한다.
② 잘 팔리는 고회전의 상품은 페이싱(facing)을 넓혀 고객의 눈에 잘 띄게 한다.
③ 다른 상품으로 대체가 불가하나 판매량이 적은 구색상품은 진열량을 제한한다.
④ 이익 금액이 높아 육성해야 하는 상품은 POP나 시식판매로 판매를 촉진한다.
⑤ 기간별로 판매량이 달라지는 시즌 상품은 다른 상품 카테고리와 동일한 공간에 진열하여 매장에 변화를 준다.

〉〉〉〉〉〉〉〉〉 64.⑤ 65.① 66.⑤

ADVICE

64 부티끄 방식은 제품의 특성에 따라 하나의 부티끄 안에 구성하는 방식으로 대형 백화점, 디스카운트 스토어, 홈센터 같은 업태에서 주로 활용하는 방식이다.

65 점포의 구성요소
㉠ 점포 외부 이미지
㉡ 점포입지의 편리성
㉢ 고객에게 부합하는 가격정책
㉣ 목표고객에게 소구하는 상품구성

66 기간별로 판매량이 달라지게 되는 시즌 상품의 경우 시즌 상품의 특성에 맞게 다른 상품 카테고리와는 다른 공간에 진열하여 매장의 변화를 주어야 한다.

67 개방형 유통경로에 적합한 소비자 구매행동으로 가장 옳은 설명은?

① 가장 가까운 상점에서 가장 손쉽게 구할 수 있는 상품 중에서 선택한다.
② 고객이 원하는 특정 상품을 판매하는 가장 가까운 상점에서 특정 상표를 구매한다.
③ 특정 상표에 대해서 상표선호도를 가지고 있으나 서비스와 가격면에서 보다 유리한 상점에서 구매한다.
④ 특정 상점에서 구매하겠다는 결정은 이미 내리고 있으나 상표에 대해서는 무관심하다.
⑤ 특정 상점에서 구매하기를 원하지만 아직 어떤 상품을 구입할지 확정하지 않아, 그 상점에 진열된 것 중에서 선택하고자 한다.

68 유통업체가 자체 브랜드(Private Brand: PB)를 통해 얻을 수 있는 이점으로 옳지 않은 것은?

① 소매업체는 PB를 통해 상대적으로 낮은 가격에 높은 마진을 얻을 수 있다.
② PB를 통해 다른 유통업체와의 직접적인 가격경쟁을 피할 수 있다.
③ PB가 소비자로부터 사랑받을 경우 점포충성도를 증가시킬 수 있다.
④ 인기 있는 PB제품 뿐만 아니라 다른 제품들도 함께 구매하도록 유도하여 매출액을 증진시킬 수 있다.
⑤ 대형마트는 대개 PB를 유명 제조업체 브랜드와 유사한 브랜드명을 사용함으로써 적은 비용으로 소비자에게PB를 인식시키려 한다.

>>>>>>>>> 67.① 68.⑤

ADVICE

67 개방형(집약적) 유통경로는 가능한 한 많은 소매상들로 해서 자사의 제품을 취급하게 하도록 함으로서, 포괄되는 시장의 범위를 확대 시키려는 전략이다. 개방형(집약적) 유통에는 대체로 손쉽게 구할 수 있는 편의품이 속한다.

68 PB 상품은 중간 유통마진이나 광고·홍보비가 절감돼 가성비가 높다는 특징이 있으며, 필요한 기능만 남겨 놓고 나머지 기능이나 포장 등은 최소화한다. 제작은 중소 협력업체가 하고 유통업체는 브랜드의 통일성·지향점·적정가격 등을 관리하는 분업 체제이다.

69 수요예측을 위한 조사기법에 해당하지 않는 것은?

① 델파이 조사법
② 시계열분석 방법
③ 박스젠킨스 방법
④ 확산모형 방법
⑤ 상품/시장 매트릭스 기법

〉〉〉〉〉〉〉〉〉〉 69.⑤

ADVICE

69 수요예측을 위한 조사기법으로는 델파이 조사법, 시계열 분석법, 박스젠킨스 방법, 확산모형 방법 등이 있다.

※ 수요예측을 위한 조사기법

<table>
<tr><td rowspan="2">과거 자료
유, 무</td><td>있는 경우</td><td>• "추세분석", "회귀분석(단순, 다중, 더미 변수 회귀분석)", "곰 페르츠 성장 모형"</td></tr>
<tr><td>없는 경우</td><td>• 제품군이 속한 유사한 경우 역사적 자료를 추출</td></tr>
<tr><td rowspan="3">예측 기법에
따른 분류</td><td>정성적(질적)
기법</td><td>• 중장기 예측 객관적인 예측 자료가 불충분할 때 조직 내외의 사람들의 경험이나 견해와 같은 주관적 요소를 사용하는 예측 기법
– 시장조사법, 델파이법, 패널동의법, 역사적 유추법</td></tr>
<tr><td>시계열 분석</td><td>• 시계열 자료(과거의 패턴)를 이용, 분석하여 단기 및 중기 예측에 이용
• 추세, 계절적 수요 및 순환요인과 같은 요소를 지님
– 생산계획 및 재고관리에 특히 유용</td></tr>
<tr><td>인과형 모형</td><td>• 수요에 영향을 미치는 요인을 찾아 원인과 결과 사이의 인과관계를 분석하여 미래 수요를 예측
– 계량경제모형, 회귀분석, 투입–산출모형, 선도지표법, 시뮬레이션 모형 등</td></tr>
<tr><td rowspan="3">예측 기간에
따른 분류</td><td>장기 예측</td><td>• 2년 이상의 장기적 추세의 확인 중시
– 델파이, 시장(소비자)조사, 자료(역사적)유추</td></tr>
<tr><td>중기 예측</td><td>• 계절적 요인 포함(6개월~2년)
– 최소자승법, 회귀분석</td></tr>
<tr><td>단기 예측</td><td>• 작업 일정과 재고수준 관련 6개월 이내의 월별, 주별, 일별 예측
– 이동평균, 지수평활법</td></tr>
</table>

〉〉〉〉〉〉〉〉〉

ADVICE

※ 기타 수요예측방법

구분		적합한 환경	특징
정성적	전문가 의견활용	• 데이터 수집이 불가능한 경우 • 해당 제품 또는 유세 제품 시장에 대한 경험과 지식 등을 보유한 전문가 확보 가능 시	• 적합한 전문가 확보 여부가 관건
	컨조인트 분석	• 제품의 기능이나 속성별 니즈를 파악 • 신제품/기능의 시장 반응을 예측	• 정확도가 높아 널리 사용 • 고비용의 소비자 서베이 필요
	인덱스 분석	• 공산품보다 부동산, 프로젝트 등 희소 제품의 선택 가능성 예측에 적합	• 선택 가능성에 대한 다수의 사전 연구가 필요
정량적	시계열 분석	• 과거 데이터 수집이 용이한 분야 • 다양한 변수, 시차 등 복잡한 인과관계를 모형화 가능	• 예측 목적으로 개발된 전형적 모형 • 미래 장기 영향 파악
	회귀 분석	• 분석 대상의 데이터 확보 여부가 중요 • 인과관계 파악이 필요한 모든 분야	• 변수의 민감도 파악이 용이 • 엑셀 등에서 쉽게 추정 가능
	확산 모형	• 신제품이나 신기술에 대한 수요예측 • 과거 데이터 수집이 불가능하거나 초기 데이터만 활용 가능한 상황	• 신제품이 구성원들 사이에서 퍼져나가는 과정을 리모델링 • 대중매체와 구전효과를 반영
시스템	정보예측 시장	• 제품 또는 주변 상황에 대해 장기적으로 실시간 변화를 파악하고자 할 때 적합	• 큰 비용을 들이지 않는 장점 • 참여자가 많아야 의미 있는 정보 추출 가능
	시스템 다이내믹스	• 수요가 산업 내적인 요인에 의해 주로 영향을 받는 경우	• 산업의 동태적 변화를 산업의 구조에 기반하여 이해
	인공 신경망	• 인과관계가 복잡하고 많은 데이터 분석이 필요한 예측에 적합 • 미래 고객 발굴하는 마케팅 문제에 활용	• 사전 지식이 없어도 일정한 알고리즘을 활용하여 최적화된 결과 도출 • 인과관계에 대한 설명이 부족

70 표적집단면접법(FGI)을 활용하기에 가장 부적합한 유통마케팅조사 상황은?

① 어떤 정보를 획득해야 할지 잘 모르는 경우
② 인과관계에 대한 가설을 검증해야 하는 경우
③ 어떤 현상의 원인이 되는 문제를 정확하게 모르는 경우
④ 소비자들의 내면적 욕구, 태도, 감정을 파악해야 하는 경우
⑤ 계량적 조사로부터 얻은 결과에 대한 구체적인 이해가 필요한 경우

>>>>>>>>> 70.②

ADVICE

70 원인이 되는 문제를 정확하게 모르는 경우에는 현상의 원인이 무엇인지 밝혀내기 위한 조사인 인과조사법을 활용해야 한다. 이 방식은 설문조사로는 어렵고, 실험 등을 통한 조사방법에 의해서 가능하다.

※ 표적집단면접법

㉠ 소수의 응답자와 집중적인 대화를 통하여 정보를 찾아내는 소비자 면접조사를 의미한다.
㉡ 표적시장으로 예상되는 소비자를 일정한 자격기준에 따라 6~12명 정도 선발하여 한 장소에 모이게 한 후 면접자의 진행 아래 조사목적과 관련된 토론을 함으로써 자료를 수집하는 마케팅조사 기법이다.
㉢ 소비자를 대상으로 수치화된 자료를 수집하는 정량적 조사방법과는 달리 토론을 통하여 소비자의 심리상태를 파악하는 정성적 조사방법이며, 정량적 조사에 앞서 탐색조사로 이용된다.
㉣ 응답자들 간 상호작용을 통하여 유익한 정보가 도출되어야 하므로 면접자는 응답자 전원이 자유스러운 분위기에서 자신의 의견을 말할 수 있도록 유도해야 한다. 또 대화에 의해 자료가 수집되므로 면접자의 대인간 커뮤니케이션 능력과 청취능력, 응답자 발언에 이은 탐사질문 능력이 요구된다.

Ⅳ 유통정보

71 정보화 사회의 역기능에 대한 설명으로 가장 옳지 않은 것은?

① 컴퓨터 범죄 및 사생활 침해 현상이 증가하고 있다.
② 인간과 기계는 엄연히 구별되는 독립적인 실체로서 인식되고 있다.
③ 정보기술이 발전하지 못한 국가들은 문화적 정체성을 상실할 수 있다.
④ 국가 간의 정보 유통을 획기적으로 확장시킴으로써 국가 경쟁력 강화가 요구되고 있다.
⑤ 사회 전체가 단일 네트워크로 묶이다 보니 이에 따른 사회적 위험 또한 증가하고 있다.

72 아래 글상자의 내용에 부합되는 배송서비스 관련 정보 기술로 옳은 것은?

> 2014년 9월 27일 DHL이 자체 개발한 파슬콥터(Parcelcopter)를 이용하여 독일 북부 노르덴시의 노르트다이흐 항구에서 12Km 떨어진 북해의 위스트 섬에 의약품 배송에 성공하였다.

① 드론 ② 비콘
③ 챗봇 ④ 키바로봇
⑤ 자율주행자동차

>>>>>>>>> 71.②④ 72.①

ADVICE

71 정보사회 내에서는 인간들이 소화해 낼 수 없을 만큼의 방대한 정보가 무질서무체계적으로 유통되며, 이들을 소화시키지 못함에서 정보과잉 현상이 야기된다. 이로 인해, 정보에 의해 지배되는 수동적 인간이 창출될 우려가 있다. 특히 최근 심화되고 있는 기계에 대한 인간의 종속화 경향은 정보기술문명에 대한 우려를 더해주고 있다. 산업사회까지만 하더라도 인간과 기계는 엄연히 구별될 수 있는 독립적인 실체로서 인식되었으며, 인간의 기계에 대한 종속 문제는 그다지 심각하지 않았다. 하지만 컴퓨터 기술의 고도화로 대변되는 고도정보사회에서는 인간생활에 보조적 기능을 수행했던 기계가 독립적, 지배적 위치로 격상되는 현상을 유발시키게 되었다.

72 드론은 최근 들어 군사적 역할 외에도 다양한 민간 분야에서 활용되고 있는데, 대표적인 것이 화산 분화구 촬영처럼 사람이 직접 가서 촬영하기 어려운 장소를 촬영하거나, 인터넷 쇼핑몰의 무인 택배 서비스이다. 무인택배서비스의 경우 인공위성을 이용해 위치를 확인하는 GPS(위성항법장치) 기술을 활용해 서류, 책, 피자 등을 개인에게 배달하는 것이다.

73 바코드 기술에 대한 설명으로 옳지 않은 것은?

① 유통매장에서 이용하는 바코드 시스템의 광학 스캐너는 디지털 신호 뿐만 아니라 아날로그 신호를 읽을 수 있는 입력장치이다.
② 유통매장에서 이용하는 바코드 시스템은 기업의 재고관리에 도움을 준다.
③ 바코드 시스템은 UPC(universal product code)를 따르고 있다.
④ 바코드는 국가 정보, 제조업체 정보와 제품 정보를 포함하고 있다.
⑤ 바코드에는 상품의 포장지에 막대 모양의 선과 숫자를 이용해 상품 정보를 표시한다.

74 조직에 필요한 정보를 수집하고 공유하는데 있어, 내 · 외부의 비정형적 데이터를 자동으로 수집하는 기술로 옳지 않은 것은?

① 웹크롤링(web crawling)
② 센싱(sensing)
③ RS리더(reader)
④ 로그수집기
⑤ 맵리듀스(MapReduce)

››››››››› 73.① 74.⑤

ADVICE

73 바코드 시스템은 폭이 서로 다른 검은 막대 및 흰 막대의 조합으로 이루어져 있는데 숫자 또는 특수기호를 활용해 광학적으로 용이하게 판독하기 쉽게 부호화한 것인데, 바코드 시스템의 광학 스캐너는 아날로그 신호를 읽어 들이지 못한다는 특징이 있다.

74 조직 내외부의 비정형적 데이터를 자동으로 수집하는 기술
㉠ 웹크롤링
㉡ 센싱
㉢ RS 리더
㉣ 로그수집기

75 노나카의 지식변환과정에 대한 설명으로 옳지 않은 것은?

① 지식변환은 지식획득, 공유, 표현, 결합, 전달하는 창조프로세스 매커니즘을 지칭한다.
② 지식변환은 암묵지와 형식지의 상호작용으로 원천이 되는 지와 변환되어 나온 결과물로서의 지의 축을 이루는 매트릭스로 표현된다.
③ 지식변환과정은 개인, 집단, 조직의 차원으로 나선형으로 회전하면서 공유되고 발전해 나가는 창조적 프로세스이다.
④ 사회화는 암묵지에서 암묵지로 변환하는 과정으로 주로 경험을 공유하면서 지식이 전수되고 창조가 일어난다.
⑤ 4가지 지식변환과정은 각기 독립적으로 진행되며 상호배타적으로 작용한다.

76 균형성과지표(BSC)와 관련된 내용으로 옳지 않은 것은?

① 캐플런과 노턴에 의해 정립된 이론이다.
② 재무적 관점은 정량화된 수치로 표현하는데 재무적 측정지표들을 이용한다.
③ 조직의 장기적인 성장과 발전을 도모하고 지속적인 개선을 이루어내기 위해 외부프로세스 관점을 제시한다.
④ 시장점유율, 고객확보율, 고객수익성 등은 대표적인 고객관점에서 목표와 측정지표를 제시한다.
⑤ 지식경영과 가장 밀접한 관점은 학습 및 성장관점으로 다른 관점에서 설정한 목표치를 달성할 수 있도록 중요한 기반을 제공한다.

›››››››› 75.⑤ 76.③

ADVICE

75 지식변환과정은 서로 상호작용하는 프로세스이며, 지식변환 프로세스를 통해 새로운 지식으로 창출하게 된다.

76 균형성과지표(BSC)는 조직의 장기적인 성장과 발전을 도모하고 지속적인 개선을 이루어내기 위해 내부 프로세스 관점을 제시한다.

77 아래 글상자가 설명하는 용어로 옳은 것은?

> 기업들은 신선 식품을 구매하려는 소비자들의 요구 증가에 대응하기 위해 냉장 및 냉동 보관과 안전하고 빠른 운송을 위해 새로운 유통 및 물류 시스템을 구축한다.

① 콜드체인(cold chain)
② 공급체인(suply chain)
③ 수요체인(demand chain)
④ 블록체인(block chain)
⑤ 스노우체인(snow chain)

78 유통정보시스템의 도입효과에 대한 설명으로 가장 옳지 않은 것은?

① 주문, 선적, 수취의 정확성을 꾀할 수 있다.
② 리드타임(lead time)이 대폭 증가하여 충분한 재고를 확보할 수 있다.
③ 기업 간에 전자연계를 통해 거래함으로써 서류 작업을 대폭 축소시킬 수 있다.
④ 기업 간에 전자연계를 이용하면 서류업무에 따른 관리인력을 축소시킬 수 있다.
⑤ 기업 간의 연계는 공급자로 하여금 수요자의 정확한 요구사항을 파악할 수 있게 해준다.

›››››››››› 77.① 78.②

ADVICE

77 콜드체인
저온 유통체계를 의미하는 것으로 이는 냉동냉장에 의한 신선한 식료품의 유통방식. 수산물, 육류, 청과물 등의 신선한 식료품을 주산지로부터 가정에까지 저온으로 유지하여 신선도를 떨어뜨리지 않고 가정에 송달하는 방법으로써 신선식료품의 수확은 자연조건에 좌우되어 불안정할 뿐만 아니라 유통기구가 복잡하고 생산자로부터 소비자에게 전달될 때까지 여러 단계를 거쳐야 한다. 그로 인해 소비자가 원하는 제품을 손에 넣을 때까지는 시간이 오래 걸려 신선도가 떨어지거나 유통경비가 겹쳐지게 되므로 가격이 상승하게 된다. 이와 함께 가격의 변동도 심하다. 결국 이러한 문제점을 해결하는 관건으로 나타난 것이 콜드 체인이다.

78 ② 리드타임 단축에 의한 신속한 상품공급 및 재고감소이다.

79 아래 글상자의 (   )안에 들어갈 용어로 가장 적절한 것은?

> 이케아는 (   ) 기술을 이용하여 인테리어를 구성해 볼 수있는 쇼룸을 공개하였다. 사실적인 3차원 공간으로 랜더링된 가상 쇼룸과 다수의 이케아 가구를 체험할 수 있다. 고객에게 인테리어 과정을 혁신적으로 탈바꿈시키며 매혹적인 360도 입체 인테리어 경험을 제공한다.

① 가상현실
② 옴니채널
③ 증폭현실
④ 공간가상화
⑤ 3차원 랜더링

80 침입탐지시스템의 주요기능과 가장 거리가 먼 것은?

① 데이터의 수집
② DB 백업과 복구 및 이력관리
③ 데이터의 필터링과 축약
④ 오용 또는 이상 탐지
⑤ 책임 추적성과 대응

81 기업의 구매 방법과 구매 품목에 따라 유형을 구분할 때 넷 마켓 플레이스에 속하지 않는 것은?

① 전자적 유통업자
② 사설 산업 네트워크
③ 독립적 거래소
④ 전자조달
⑤ 산업 컨소시엄

〉〉〉〉〉〉〉〉〉 79.① 80.② 81.②

ADVICE

79 가상현실은 어떤 특정한 환경이나 상황을 컴퓨터로 만들어서, 그것을 사용하는 사람이 마치 실제 주변 상황·환경과 상호작용을 하고 있는 것처럼 만들어 주는 인간-컴퓨터 사이의 인터페이스를 말한다. 구체적인 예로서, 탱크·항공기의 조종법 훈련, 가구의 배치 설계, 수술 실습, 게임 등 다양하다.

80 침입탐지시스템의 주요기능
㉠ 데이터 수집
㉡ 데이터 필터링 및 축약
㉢ 오용 또는 이상 탐지
㉣ 책임 추적성과 대응

81 넷 마켓 플레이스는 다수의 구매자들과 판매자 들을 연결시켜 주는 인터넷 기술 기반의 단일 디지털 마켓 플레이스를 의미한다. 여기에는 전자적 유통업자, 독립적인 거래소, 전자적 조달, 산업 컨소시엄 등이 속한다.

82 아래 글상자에서 설명하고 있는 기술로 올바른 것은?

> 다품종 소량생산 및 개인 맞춤형 제작이 용이하도록 지원하는 신기술이다. 1984년 최초로 개발된 이래로, 2,000년대까지 단순 제품 모형 및 시제품 제작 등에 일부 활용되어 왔으며, 최근 기술 진보 및 경제성 확보 등으로 광범위한 영향력을 가지게 되었다. 재료로는 플라스틱, 파우더, 왁스, 고무, 금속 등 기술의 발달과 더불어 다양해지고 있다.

① 시뮬레이터
② 가상현실
③ 증강현실
④ 3D프린팅
⑤ 3D모델링

83 월드와이드웹(WWW)과 관련된 용어들에 대한 설명으로 가장 옳은 것은?

① WWW – 하이퍼 텍스트 마크업 언어를 이용하여 만들어진 문자, 그림, 오디오 그리고 비디오 문서를 통해 인터넷 정보에 접근할 수 있도록 한다.
② HTTP – 인터넷 프로토콜 웹브라우저는 URL을 이용하여 웹 페이지를 요구하고 보여주기 위한 통신 규약이다.
③ URL – 도메인 이름의 주인에게 그 사이트를 관리하고 이메일 용량을 주기위한 서비스이다.
④ 애플릿 – 웹브라우저에서 실행되도록 복잡한 기능을 통합하여 구현한 대규모 프로그램이다.
⑤ 웹브라우저 – 사용자로 하여금 파일을 네트워크로 주고받을 수 있도록 지원하는 파일전송전용서비스이다.

›››››››››› 82.④ 83.③

ADVICE

82 3D 프린팅은 프린터로 평면으로 된 문자나 그림을 인쇄하는 것이 아니라 입체도형을 찍어내는 것을 의미한다. 종이를 인쇄하듯 3차원 공간 안에 실제 사물을 인쇄하는 3D 기술은 의료, 생활 용품, 자동차 부품 등 많은 물건을 만들어낼 수 있다. 실제 사물을 찍어내는 3D 프린팅은 기존의 생산 방식에서 벗어나 어떤 제품이던 만들 수 있고, 재료를 다듬기 위한 특별한 공정이나 재료를 유통하는데 필요한 과정도 적기 때문에 사람들은 3D 프린팅을 또 다른 산업 혁명이라고 하고 있다.

83 ① WWW – 인터넷상에서 쉽게 정보를 찾을 수 있도록 고안된 세계적인 인터넷망으로, HTTP 프로토콜을 사용하기 위한 인터페이스를 의미한다.
② HTTP – 인터넷에서, 웹 서버와 사용자의 인터넷 브라우저 사이에 문서를 전송하기 위해 사용되는 통신 규약을 의미한다.
④ 애플릿 – Java 언어로 구성된 간단한 기능의 소규모 프로그램을 의미하거나 웹 페이지에 포함되어 작은 기능을 수행하는 프로그램을 말한다. 용량과 속도에 구애받지 않고 서버에 대한 별도의 요청 없이 단순한 작업을 수행한다.
⑤ 웹브라우저 – 인터넷망에서 정보를 검색하는 데 사용하는 응용 프로그램을 말하는 것으로 영상을 보거나 메일을 주거니 받거니 하는 다양한 자료를 올리고 내려받는 등 다양한 활동이 가능하다.

84 인터넷 서점의 시스템 구축을 위한 ERD(Entity Relationship Diagram)의 일부분을 나타낸 것으로 이에 대한 내용으로 가장 올바르지 않은 것은?

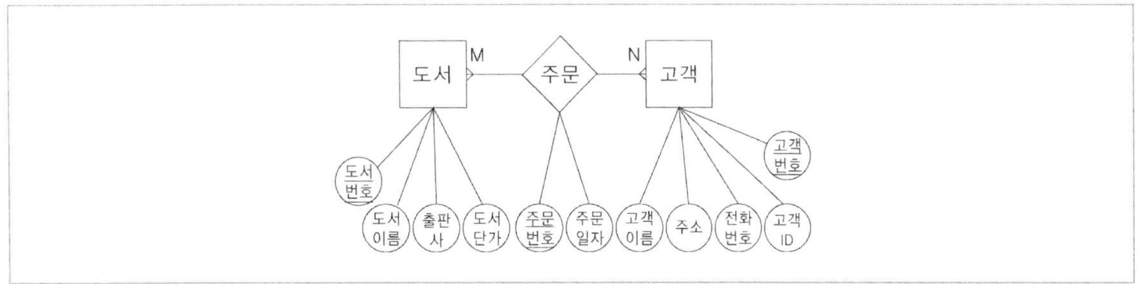

① 도서, 고객은 개체(entity)이다.
② 주문은 도서와 고객과의 관계에서 생성되는 정보를 표현한다.
③ 밑줄이 그어진 항목은 키 속성 중에서 주키로 사용하기 위해 설계된 것이다.
④ 주문번호를 통해 주문한 고객의 주소를 찾아갈 수 있도록 설계되어 있다.
⑤ 주문의 물리 테이블 구성시 속성은 주문번호와 주문일자로만 구성된다.

85 전자상거래 보안과 관련된 주요관점에 대한 설명이다. 글상자의 (가), (나)에 들어갈 용어로 가장 올바른 것은?

(가)은/는 인터넷을 이용해 전송되거나 수신되어, 웹에 표시된 정보가 승인되지 않은 다른 사람에 의해 변형이 없음을 보장하는 것이다. (나)은/는 메시지나 정보가 볼 수 있는 권한이 있는 사람에게만 보이게 하는 것이다.

① 가 : 인증, 나 : 프라이버시
② 가 : 가용성, 나 : 기밀성
③ 가 : 부인방지, 나 : 인증
④ 가 : 무결성, 나 : 기밀성
⑤ 가 : 가용성, 나 : 프라이버시

〉〉〉〉〉〉〉〉〉 84.⑤ 85.④

ADVICE

84 도서와 고객은 테이블(객체)이고 주문은 양쪽 객체를 연결하는 릴레이션이다. 주문이라는 릴레이션이 주문번호와 주문일자만으로 테이블로 구성될 경우 양쪽 도서와 고객의 속성과 일치하는(연결되는) 속성이 없다. 주문이 테이블이 될 경우 양쪽(도서, 고객) 테이블의 키와 연동할 수 있는 도서번호, 고객번호를 포함하여 도서번호, 고객번호, 주문번호, 주문일자로 속성이 구성되어야 한다.

85 무결성은 인터넷을 이용해 전송되거나 수신되어, 웹에 표시된 정보가 승인되지 않은 다른 사람에 의해 변형이 없음을 보장하는 것이다.
기밀성은 메시지나 정보가 볼 수 있는 권한이 있는 사람에게만 보이게 하는 것이다.

86 전자상거래의 다양한 수익모델에 관한 설명 중 가장 올바르지 않은 것은?

① 광고를 노출시켜 광고주들로부터 광고료를 거둬들이는 광고수익모델
② 콘텐츠나 서비스를 제공하여 구독료를 거둬들이는 구독수익모델
③ 거래를 가능하게 해주거나, 대행해주는 대가로 수수료를 받는 거래수수료 수익모델
④ 제품이나 정보 서비스를 고객에게 직접 판매하여 수익을 얻는 판매수익모델
⑤ 비즈니스 소개에 대한 수수료를 기반으로 하는 유통수익모델

87 아래 글상자가 뜻하는 정보의 특성으로 가장 옳은 것은?

소비자의 기호나 시장의 변화와 관련해서 의사결정이 필요한 경우, 가장 최근의 정보가 필수적이다.

① 정보의 관련성
② 정보의 신뢰성
③ 정보의 적시성
④ 정보의 정확성
⑤ 정보의 검증가능성

88 David and Olson이 제시한 정보시스템을 구성하는 요소에 대한 설명으로 가장 올바르지 않은 것은?

① 하드웨어 – 물리적인 컴퓨터 기기 및 관련된 기기
② 사람 – 시스템 분석가, 프로그래머, 컴퓨터 운용요원, 데이터 준비요원, 정보시스템 관리요원, 데이터 관리자 등
③ 비용 – 정보시스템을 운영유지하는데 소요되는 재무자원
④ 데이터베이스 – 응용 소프트웨어에 의하여 생성되고 활용되는 모든 데이터들의 집합체
⑤ 소프트웨어 – 하드웨어의 동작과 작업을 지시하는 명령어의 모음인 프로그램 및 절차

›››››››› 86.⑤ 87.③ 88.③

ADVICE

86 전자상거래를 활용한 수익모델
㉠ 광고를 노출시켜 광고주들로부터 광고료를 거두어 들이는 광고수익모델
㉡ 콘텐츠나 서비스를 제공하여 구독료를 거두어 들이는 구독수익모델
㉢ 거래를 가능하게 해 주거나 대행 해주는 대가로 수수료를 받는 거래수수료 수익모델
㉣ 제품이나 정보 서비스를 고객에게 직접 판매하여 수익을 얻는 판매수익모델

87 정보는 필요로 하는 시기에 적절하게 사용되어야만 그 효과를 볼 수 있다. 아무리 좋은 정보라 하더라도 필요한 시기에 제공되지 못한다면 이는 정보로서의 가치를 상실하게 되는 것이다.

88 ③ 비용은 시스템 운영유지를 위한 물적자원으로서만이 아닌 인적자원에도 활용되는 요소이다.

89 인트라넷의 특징으로 가장 옳지 않은 것은?

① 어떠한 조직 내에 속해 있는 사설 네트워크이다.
② 조직의 정보와 컴퓨팅 자원을 구성원들 간에 서로 공유하도록 지원한다.
③ 개인별 사용자 ID와 암호를 부여하여 인증되지 않은 사용자로부터의 접근을 방지한다.
④ 고객이나 협력사, 공급사와 같은 회사 외부사람들에게 네트워크 접근을 허용한다.
⑤ 공중 인터넷에 접속할 때는 방화벽 서버를 통과한다.

90 아래 글상자의 ( ) 안에 공통적으로 들어갈 가장 옳은 용어는?

> ( )은(는) 인공지능 로봇 프로그램을 통한 가상대화시스템이다. ( )은(는) 기본적으로 대화형으로 요청을 취합하고, 그에 대한 응답을 해준다. 따라서, 기업의 입장에서는 고객을 1대 1로 만날 수 있는 맞춤형 마케팅 채널이며 매우 효율적인 CS 처리 채널 중 하나이다.

① 로봇 ② 가상커뮤니티
③ AI com ④ 챗봇
⑤ 컨시어지

〉〉〉〉〉〉〉〉〉 89.④ 90.④

ADVICE

89 인트라넷(intranet)은 인터넷 관련기술과 통신규약을 이용하여 조직내부 업무를 통합하는 정보시스템을 말하는데 이는 조직 내부에서만 활용하는 작은 인터넷이다.

90 챗봇은 기업용 메신저에 채팅하듯 질문을 입력하면 인공지능(AI)이 빅데이터 분석을 바탕으로 일상언어로 사람과 대화를 하며 해답을 주는 대화형 메신저를 말한다. 페이스북의 페이스북 메신저, 텐센트의 위젯, 텔레그램의 텔레그래, 킥의 봇숍, 슬랙사의 슬랙, 네이버웍스모바일의 운앱, 이스트소프트의 팀업 등이 이에 해당된다. 기업 입장에서 챗봇을 도입하며 인건비를 아끼고 업무시간에 상관없이 서비스를 제공할 수 있다는 장점이 있다. 하지만 개인정보 유출 등 부작용의 발생 가능성도 존재한다.

2020. 6. 21. 제2회 시행

유통물류일반

1 물류관리를 위한 정보기술에 대한 내용으로 옳지 않은 것은?

① 기업내 부서 간 정보전달을 통한 전사적정보관리를 위해 EDI기술이 보편적으로 사용된다.
② 바코드기술의 상품에 대한 표현능력의 한계, 일괄인식의 어려움, 물류량 급증 시 대처능력의 저하 등 문제점을 해결할 수 있는 기술이 RFID이다.
③ DPS는 표시장치와 응답을 일체화시킨 시스템으로, 창고, 배송센터, 공장 등의 현장에서 작업지원시스템으로 활용되고 있다.
④ OCR은 광학문자인식으로 팩스를 통해 정보를 보낸 경우 이를 컴퓨터의 스캐닝이 문자를 인식하여 이것을 컴퓨터에 입력하는 기술로 활용될 수 있다.
⑤ 사전에 가격표찰에 상품의 종류, 가격 등을 기호로 표시 해두고, 리더 등으로 그것을 읽어 판매정보를 집계하는데 사용되는 기술은 POS이다.

〉〉〉〉〉〉〉〉〉〉 1.①

ADVICE

1 ① EDI(Electronic Data Interchange)는 전자문서교환을 말한다. EDI기술은 거래업체 간에 상호 합의된 전자문서표준을 이용하여 인간의 작업을 최소화한 컴퓨터와 컴퓨터 간의 구조화된 데이터의 전송을 의미한다. 즉, 기업내 부서 간 정보전달을 위한 기술이라는 내용이 잘못되었다.

2 물류아웃소싱 성공전략에 대한 설명으로 옳지 않은 것은?

① 물류아웃소싱이 성공하려면 반드시 최고경영자의 심과 지원이 필요하다.
② 지출되는 물류비용을 정확히 파악하여 아웃소싱 시 비용절감효과를 측정해야 한다.
③ 물류아웃소싱의 궁극적인 목표는 현재와 미래의 고객만족에 있음을 잊지 말아야 한다.
④ 물류아웃소싱의 기본 목표는 물류비용절감을 통한 효율성의 향상에만 있으므로 전체 물류시스템을 효율성위주로 개편할 필요가 있다.
⑤ 물류아웃소싱의 목적은 기업 전체의 전략과 조화로워야 한다.

3 정량주문법과 정기주문법의 비교 설명으로 옳지 않은 것은?

구분	항목	정량주문법	정기주문법
㉠	리드타임	짧은 편이 낫다	긴 편이 낫다
㉡	표준화	표준부품이 좋다	전용부품이 좋다
㉢	품목수	많아도 된다	적을수록 좋다
㉣	주문시기	일정하지 않다	일정하다
㉤	구매금액	큰 편이 좋다	적은 편이 좋다

① ㉠　② ㉡
③ ㉢　④ ㉣
⑤ ㉤

>>>>>>>>> 2.④ 3.⑤

ADVICE

2 물류아웃소싱의 성공전략
㉠ 물류아웃소싱 목적은 기업의 전략과 일치해야 한다.
㉡ 물류아웃소싱이 성공하려면 반드시 최고경영자의 관심과 지원이 필요하다.
㉢ 물류아웃소싱의 궁극적인 목표는 현재와 미래의 고객 만족에 있음을 잊지 말아야 한다.
㉣ 물류아웃소싱은 지출되는 물류비용을 정확히 파악하여, 비용절감효과를 측정하도록 해 주어야 한다.
㉤ 물류아웃소싱의 주요 장애요인 중 하나는 인원감축 등에 대한 저항이므로 적절한 인력관리 전략으로 조직구성원들의 사기저하를 방지해야 한다.

3 ⑤ 정량주문법은 저가의 물품, 정기주문법은 고가의 물품에 더 적합하다.
※ 정량주문법과 정기주문법
㉠ 정량주문법 : 재고량이 일정 수준까지 내려가면 정해진 양을 주문하여 재고관리를 하는 방식
㉡ 정기주문법 : 일정한 주기를 미리 정해 놓고 그 시기가 오면 그때에 따라 발주량을 계산하여 발주하는 방법

4 실제 소비자 주문의 변화 정도는 적은데 소매상과 도매상을 거쳐 상위단계인 제조업체에 전달되는 변화의 정도는 크게 증폭되는 효과를 설명하는 용어로 가장 옳은 것은?

① ABC효과
② 채찍효과
③ 베블런효과
④ 바넘효과
⑤ 후광효과

5 물적 유통관리에 대한 설명으로 옳지 않은 것은?

① 상품을 적절한 시기에 맞추어 운반해야 하므로 어떤 운송수단을 이용하느냐가 비용과 상품의 상태, 기업의 이익에도 영향을 준다.
② 물적 유통관리를 합리화하게 되면 고객서비스 수준을 증가시킬 수 있다.
③ 인건비 상승 때문에 나타나는 인플레 환경 하에서도 물적 유통관리를 통해 원가절감을 할 수 있다.
④ 소비자 욕구가 다양화됨에 따라, 보다 많은 종류의 상품을 재고로 보유하기 위한 경우 효율적인 물적 유통관리가 필요하다.
⑤ 상품의 운송이나 보관에는 하역작업이 따르게 되는데, 물류비용 중 가장 큰 비율을 차지하는 활동이 하역이다.

›››››››› 4.② 5.⑤

ADVICE

4 채찍효과는 실제 소비자 주문의 변화 정도는 적은데 소매상과 도매상을 거쳐 상위단계인 제조업체에 전달되는 변화의 정도는 크게 증폭되는 효과를 말한다. 즉, 공급체인에서 최종 소비자로부터 멀어지는 정보는 지연되거나 왜곡되어 수요와 재고의 불안정이 확대되는 현상이다.

※ 채찍효과의 대처방안
㉠ 일괄 주문 방식을 소량 · 다빈도 주문 방식으로 전환한다.
㉡ 과거의 판매실적을 활용한 배분을 실시한다.
㉢ 전략적 파트너십을 활용한다.
㉣ 일괄수요예측을 실시한다.

5 ⑤ 물류활동에 소요되는 제비용들 중에서 많은 부분을 차지하는 비용은 운송비용이다. 일반적으로 물류비용 중 운송비용이 차지하는 비율은 약 35% 정도에 이른다.

6 식스시그마의 실행단계를 순서대로 나타낸 것으로 가장 옳은 것은?

① 정의 – 분석 – 개선 – 통제 – 측정
② 정의 – 측정 – 분석 – 개선 – 통제
③ 측정 – 분석 – 정의 – 통제 – 개선
④ 측정 – 정의 – 통제 – 분석 – 개선
⑤ 분석 – 정의 – 측정 – 통제 – 개선

7 마음이 약한 김과장은 팀원들의 인사고과를 전부 보통으로 평가하였다. 이와 관련된 인사고과의 오류로 가장 옳은 것은?

① 후광효과
② 관대화 경향
③ 가혹화 경향
④ 중심화 경향
⑤ 귀인상의 오류

›››››››››› 6.② 7.④

ADVICE

6 식스시그마의 실행단계
㉠ **정의** : 품질혁신을 위한 문제점과 고객만족을 위한 요구사항을 파악하고 목표를 정의
㉡ **측정** : 현재의 품질 수준을 파악하고 이 수준에 이르게 하는 잠재적 원인 변수를 파악
㉢ **분석** : 수집된 자료를 바탕으로 문제의 근본 원인과 핵심 요소를 파악
㉣ **개선** : 최적의 개선안과 문제해결방법을 찾아 시행
㉤ **통제** : 개선 결과의 문서화와 유지계획의 수립 및 피드백

7 중심화 경향이란 평가자가 평가대상에 대한 긍정 · 부정의 판단을 기피하고 중간의 점수로 평가하는 현상을 말한다. 문제에서 김과장은 팀원들의 인사고과를 전부 보통으로 평가하였으므로 중심화 경향의 오류를 범했다고 볼 수 있다.
① **후광효과** : 피고과자에 대한 일반적인 견해가 구체적인 특성을 평가하는 데 영향을 미치는 현상
② **관대화 경향** : 평정 결과의 분포가 우수한 쪽에 집중되는 경향
③ **가혹화 경향(= 엄격화 경향)** : 평정 결과의 분포가 낮은 쪽에 집중되는 경향
⑤ **귀인상의 오류** : 평정을 함에 있어 피고과자의 행동에 대한 원인을 평정자에게 유리하게 판단하는 경향

8 아래 글상자에서 경영전략 수립을 위한 환경분석 중전략 과제의 도출 순서가 옳게 나열된 것은?

> ㉠ 사업종류, 사업영역, 경쟁상황, 최고경영층의 방향에 관한 자료를 준비한다.
> ㉡ 외부환경에 대하여 경제적, 사회적, 정치적, 인구통계 학적, 제품과 기술, 시장과 경쟁의 6가지 요인에 관하여 기회와 위협을 평가하고 정리한다.
> ㉢ 외부환경에 있어서 장래에 대한 평가와 예측을 준비한다.
> ㉣ 내부조직의 강약점을 관리와 조직, 운영, 재무, 마케팅 등의 측면에서 도출한다.
> ㉤ 외부의 기회와 위협, 조직의 강점과 약점을 상호 연계 하여 전략대안을 개발한다.
> ㉥ 전략 대안 중에서 전략적 선택을 한다.

① ㉤ – ㉥ – ㉠ – ㉡ – ㉢ – ㉣
② ㉥ – ㉠ – ㉡ – ㉢ – ㉣ – ㉤
③ ㉠ – ㉡ – ㉢ – ㉣ – ㉤ – ㉥
④ ㉡ – ㉢ – ㉣ – ㉤ – ㉥ – ㉠
⑤ ㉢ – ㉣ – ㉤ – ㉥ – ㉠ – ㉡

9 자본구조(capital structure)에서 타인자본(부채)의 하나인 장기부채(고정부채)의 종류로 옳지 않은 것은?

① 사채
② 예수금
③ 외국차관
④ 장기차입금
⑤ 장기성지급어음

〉〉〉〉〉〉〉〉〉 8.③ 9.②

ADVICE

8 전략과제는 조직의 혁신비전과 혁신방향을 최대한 반영하여 대규모의 혁신을 전략적으로 수행하기 위한 과제를 말한다. 이를 위해서는 우선 현 상태와 미래 상태를 구체화하고, 이 두 상태 간의 차이를 어떻게 좁힐 것인가를 바탕으로 전략과제를 도출할 수 있다. 즉, 현재의 내 · 외부의 상태를 분석 · 평가하고(㉠, ㉡→㉢) 이를 바탕으로 내 · 외부 측면의 전략과제를 개발하여(㉣, ㉤), 다양한 대안 중 전략적 선택(㉥)을 하는 것이 적절하다.

9 장기부채는 대차대조표 작성일로부터 가산하여 1년 이내에 상환기일이 도래하지 않는 부채를 말한다. 장기부채에는 항목으로 사채, 외국차관, 장기차입금, 장기성지급어음, 퇴직급여 충당금 · 특별수선충당금 등 장기적 부채성 충당금 등이 있다.
② 예수금은 거래와 관련하여 임시로 보관하는 자금으로, 단기부채(유동부채)에 속한다. 단기부채에는 예수금 외에 당좌차월, 외상매입금, 지급어음, 단기차입금, 미지급금, 선수금, 미지급 비용, 선수수익 등이 있다.

10 권력의 원천과 그 내용에 대한 설명 중 가장 옳지 않은 것은?

① 강압적 권력은 권력행사자가 권력수용자를 처벌할 수 있다고 생각한다.
② 합법적 권력은 일반적으로 비공식적 지위에서 나온 다고 볼 수 있다.
③ 보상적 권력은 급여인상, 승진처럼 조직이 제공하는 보상에 의해 권력을 가지게 된다.
④ 전문적 권력은 특정 분야나 상황에 대한 높은 지식이 있을 때 발생한다.
⑤ 준거적 권력은 다른 사람이 그를 닮으려고 할 때 생기는 권력이다.

11 프랜차이즈 유통사업시스템에 대한 내용으로 옳지 않은 것은?

① 본부가 자본을 투입하여 매장을 직접 운영하고, 가맹점은 기술과 노하우를 제공하여 빠른 속도로 사업이 전개될 수 있도록 한다.
② 본부방침에 변경이 있을 경우 가맹점은 그 의사결정에 참여하기 힘들다.
③ 가맹점과 본부간의 계약이 본부의 의사를 따라야 하는 종속계약이기 때문에 계약내용에 대하여 가맹점 희망자의 요구사항이나 조건 등을 반영하기 힘들다.
④ 불리한 조건의 가맹계약을 체결하여 계약해지 시 가맹점이 손해를 입는 경우가 발생할 수 있다.
⑤ 본부 사세가 약화되는 경우 본부로부터 지도와 지원을 충분히 받기 어려워진다.

>>>>>>>>> 10.② 11.①

ADVICE

10 ② 합법적 권력은 일반적으로 공식적인 지위에서 나온다고 볼 수 있다.
※ 리더의 권력 기반
① **합법적 권력**: 조직이 부여하는 권한을 바탕으로 부하들에게 영향력을 행사하는 힘
② **보상적 권력**: 임금, 승진, 칭찬, 표창 등 보상 등 권력 행사자의 가치 있는 물질적인 보상을 수여하는 능력
③ **강제적 권력**: 여러 제재나 처벌 혹은 부정적인 결과 등을 통해 타인에게 영향력을 행사하는 힘
④ **전문적 권력**: 업무처리 방식 · 기술 등 전문적 능력에 기반한 것으로 리더가 가지고있는 전문적인 기술이나 지식 정보 등을 부하들과 공유하고 이를 바탕으로 영향력을 행사하는 힘
⑤ **준거적 권력**: 인간적 매력과 존경처럼 개인의 힘 또는 능력이 다른 사람들에게 영향을 주고 충성심을 형성하게 하는 힘

11 ① 본부는 기술과 노하우를 제공하고, 가맹점은 자본을 투입하여 매장을 직업 운영하여 빠른 속도로 사업이 전개될 수 있도록 한다.

12 아래 글상자에서 경영조직 관련 사업부제(operating division)의 장점으로 옳지 않은 것은?

> ㉠ 사업부의 객관적인 이익이 사업부의 모든 의사결정의 기준이 되게끔 하기 위해 의사결정의 합리성을 높인다.
> ㉡ 각 사업부는 자기완결성과 독립성을 가지므로 시장이나 기술 등의 환경변화에 대해 기민한 적응력을 가진다.
> ㉢ 사업부제는 목표가 뚜렷하고 자기완결성을 가지며 사업 부장에 결정권한이 위양되어 신제품 등의 혁신율을 높일 수 있다.
> ㉣ 각 사업부의 자주성이 너무 지나치면 사업주 상호 간의 조정이나 전사적 · 통일적 활동이 장려되는 장점도 있다.
> ㉤ 사업부제는 사내대체가격과 기피선언권의 원칙에 의해 시장가격경제의 구조를 기업내부에 도입할 수 있어 경쟁 시점의 가격에 의해 자동적으로 사업부의 능률이 체크된다.

① ㉠
② ㉡
③ ㉢
④ ㉣
⑤ ㉤

13 한 유통업체에서는 A상품을 연간 19,200개 정도 판매할 수 있을 것으로 예상하고 있다. A상품의 1회 주문비가 150원, 연간 재고유지비는 상품 당 16원이라고 할 때 경제적주문량(EOQ)은?

① 600개
② 650개
③ 700개
④ 750개
⑤ 800개

›››››››› 12.④ 13.①

ADVICE

12 ㉣ 각 사업부의 자주성이 너무 지나치면 사업부 상호 간의 조정이나 전사적 · 통일적 활동이 저해되는 단점이 있다.

13 연간 단위재고비용을 C_h, 주문당 소요비용을 C_o, 연간 수요량을 D, 1회 주문량을 Q라고 할 때, 경제적주문량 $EOQ=\sqrt{\frac{2C_oD}{C_h}}$ 로 구한다.

따라서 $\sqrt{\frac{2\times150\times19,200}{16}}=\frac{2,400}{4}=600$개이다.

14 아래 글상자에서 서술된 경영은 무엇에 대한 내용 설명인가?

> 기업의 의사결정기준을 경제적 이익에 근거한 기업가치, 즉 경제적 부가가치를 중심으로 하는 사업관리기법을 말한다. 기업가치가 강조되기도 하며, 경제적 부가가치를 지표로 하기도 한다.

① 편경영
② 크레비즈
③ 지식경영
④ 가치창조경영
⑤ 전략적기업경영

15 아래 글상자의 내용과 같은 마케팅제휴(marketing alliance) 전략을 설명하는 용어는?

> ㉠ 햄버거 가게에서 해피밀 세트를 구입하면 디즈니 캐릭터가 그려진 장난감을 제공
> ㉡ 아이스크림 가게에서 아이스크림 세트를 구입 시 스누피 캘린더 북 제공

① 촉진제휴(promotional alliance)
② 로지스틱스 제휴(logistics alliance)
③ 가격제휴(price alliance)
④ 유통제휴(distributional alliance)
⑤ 서비스제휴(service alliance)

〉〉〉〉〉〉〉〉〉 14.④ 15.①

ADVICE

14 제시된 내용은 가치창조경영에 대한 설명이다. 가치창조경영은 기업의 의사결정기준을 경제적 이익에 근거한 기업가치를 중심으로 하는 사업관리 기법이라고 할 수 있다.
① **편경영**(Fun management) : 경영자의 리더십을 통해 직원들이 즐겁게 일할 수 있도록 하여 자발적인 참여와 창의력 등을 이끌어내는 경영 방식
② **크레비즈**(CreBiz) : Creative Business의 줄임말로, 고정관념에 얽매이지 않고 창의적인 아이디어를 바탕으로 새로운 사업을 창출하는 경영 방식
③ **지식경영**(Knowledge Management) : 조직 내의 인적자원들이 축적하고 있는 지식을 체계화하고 공유하여 기업경쟁력을 향상시키려는 경영 방식
⑤ **전략적기업경영**(SEM : Strategic Enterprise Management) : 기업의 가치를 극대화할 수 있는 방향으로 경영 전략을 수립 · 실행하는 전략 중심의 경영 방식

15 제시된 사례에서는 장난감과 캘린더 북을 제공함으로써 타사 제품과 차별화를 시키면서 자사 제품 이미지의 상승효과를 기하여 소비자들로 하여금 구매충동을 일으키게 하고 있다. 따라서 촉진제휴에 해당한다.

16 Ansoff의 제품/시장확장 그리드에서 신제품으로 기존 시장에 침투하는 전략은?

① 시장침투(market penetration) 전략
② 시장개발(new market development) 전략
③ 제품개발(product development) 전략
④ 다각화(diversification) 전략
⑤ 통합화(integration) 전략

17 어떤 두 가지 생산품을 각각의 기업에서 생산하는 것보다 한 기업에서 여러 품목을 동시에 생산하는 것이 비용이 적게 들어 더 유리한 경우를 가리키는 용어로 가장 옳은 것은?

① 손익분기점
② 범위의 경제
③ 규모의 경제
④ 경로커버리지효과
⑤ 구색효과

18 유통환경을 구성하는 요소들에 대한 설명 중 가장 옳지 않은 것은?

① 경제적 환경은 원재료 수급에서부터 제품 판매에 이르기까지 기업의 모든 경제적 활동과 연계되어 있다.
② 기술적 환경은 하루가 다르게 변화추세가 가속화되고 있다.
③ 법률적 환경의 경우 규정의 변화에 따라 적응해가야 한다.
④ 사회적 환경은 가치관과 문화 등으로 구성되어 획일적이기에 순응해야 한다.
⑤ 경제적 환경 중 국가의 경제정책은 기업에게 직접적인 영향을 미치게 된다.

>>>>>>>>> 16.③ 17.② 18.④

ADVICE

16 Ansoff의 제품/시장확장 그리드

	기존제품	신제품
기존시장	시장침투 전략	제품개발 전략
신시장	시장개발 전략	다각화 전략

17 범위의 경제와 규모의 경제
㉠ 범위의 경제(Economy of scope) : 한 기업이 2종 이상의 제품을 동시에 생산하는 것이 각 제품을 서로 다른 기업이 각각 생산할 때보다 평균비용이 적게 드는 현상
㉡ 규모의 경제(Economy of scale) : 생산량의 증가에 따라 단위당 생산비가 감소하는 현상

18 ④ 사회적 환경은 건강, 웰빙, 힐링과 같은 소비자들의 가치관, 의식, 생활양식, 문화 등으로 다양하게 구성된다.

19 아래 글상자 내용은 기업의 사회적 책임이 요구되는 이유를 설명한 것이다. (　　)에 들어갈 용어로 가장 옳은 것은?

> 경제활동에는 근본적으로 대가가 수반된다. 소비자는 상품을 구입할 때 판매자에게 대금을 지불한다. 그러나 가끔씩 이러한 경제활동이 아무런 대가 없이 제 3자에게 이익을 주거나 손해를 끼치는 경우를 (　　)(이)라 한다.

① 시장실패　　② 외부효과
③ 감시비용　　④ 잔여손실
⑤ 대리인문제

20 독자적인 상품 또는 판매 · 경영 기법을 개발한 체인본부가 상호 · 판매방법 · 매장운영 및 광고방법 등을 결정하고, 가맹점으로 하여금 그 결정과 지도에 따라 운영하도록 하는 형태의 체인사업으로 옳은 것은?

① 직영점형 체인사업
② 프랜차이즈형 체인사업
③ 임의가맹점형 체인사업
④ 조합형 체인사업
⑤ 유통업상생발전협의회 체인사업

››››››››› 19.② 20.②

ADVICE

19 제시된 내용은 외부효과에 대한 설명이다. 외부효과란 개인, 기업 등 어떤 한 경제주체의 행위가 다른 경제주체들에게 기대하지 않은 혜택이나 손해를 발생시키는 효과를 말한다.
① 시장실패 : 정보의 불완전성, 외부효과, 공공재 등이 요인으로 작용하여 시장이 자원의 효율적 배분에 실패한 상황
③ 감시비용 : 주체가 대리인을 감시하는 데에 부담하는 비용
④ 잔여손실 : 주체와 대리인의 서로 다른 의사결정으로 인한 재산의 감소
⑤ 대리인문제 : 주체와 대리인 간의 정보의 비대칭성으로 인하여 양질의 대리인이 시장에서 축출되는 역선택과 대리인의 태만으로 인한 도덕적 위해가 발생하는 문제 상황

20 프랜차이즈형 체인사업은 프랜차이즈 본사(프랜차이저)가 가맹점(프랜차이지)에게 자신의 상표, 상호 등을 사용하여 본사와 동일한 이미지로 상품 판매, 용역 제공 등 일정한 영업 활동을 하도록 하고, 그에 따른 각종 영업의 지원 및 통제를 하며, 본사가 가맹사업자로부터 부여받은 권리 및 영업상 지원의 대가로 일정한 경제적 이익을 지급받는 지속적인 관계를 의미한다.

21 최근 국내외 유통산업의 동향과 추세에 대한 설명으로 옳지 않은 것은?

① 소비양극화에 따라 개인 가치에 부합하는 상품에 대해서는 과도한 수준의 소비가 발생하고 관심이 적은 생필품은 저가격 상품을 탐색하는 성향이 증가하고 있다.
② 소비자의 멀티채널 소비 증가로 유통업체의 옴니채널 구축이 가속화되고 있다.
③ 복합쇼핑몰, 카테고리킬러 등 신규업태가 탄생하고 업태 간 경계가 모호해지고 있다.
④ 업태 간 경쟁심화에 따라 이익보다는 매출에 초점을 둔 경쟁이 심화되고 있다.
⑤ 모바일과 IT기술 확산에 따른 리테일테크(retail+tech) 발달이 가속화 되고 있다.

22 수직적 유통경로에 관한 설명 중 가장 옳지 않은 것은?

① 전체 유통비용을 절감할 수 있다.
② 높은 진입장벽을 구축할 수 있어 새로운 기업의 진입을 막을 수 있다.
③ 필요한 자원이나 원재료를 보다 안정적으로 확보할 수 있다.
④ 마케팅 비용을 절감하고 경쟁기업에 효율적으로 대응 할 수 있다.
⑤ 동일한 유통경로 상에 있는 기관들이 독자성은 유지하면서 시너지 효과도 얻을 수 있다.

››››››››› 21.④ 22.⑤

ADVICE

21 ④ 최근의 저성장 환경에서는 매출 중심의 외형성장을 기대하기 어렵다. 또한 투자가 위축되고 소비가 감소함에 따라 감소된 매출은 경쟁사 간 가격경쟁을 유발하게 된다. 이러한 경쟁심화에 따라 매출보다는 이익에 초점을 둔 내실성장의 중요성이 강조되고 있다.

22 ⑤ 수평적 유통경로에 대한 설명이다. 수직적 유통경로는 생산자에서 소비자에 이르기까지 유통의 전 과정을 체계적으로 통합하고 조정하여 하나의 통합된 체제를 유지하는 것을 말한다.

23 아래 글상자 ㉠~㉡에 들어갈 단어가 옳게 나열된 것은?

> (㉠)은/는 이질적인 생산물을 동질적인 단위로 나누는 과정을 말하는데 통상적으로 생산자가 직접 수행하며 흔히 생산자의 표준화 기능이라고도 한다. (㉡)은/는 동질적으로 쌓여진 것을 다시 나누는 과정이며 중계기구라 불리는 중간상인들이 이 기능을 수행한다. 이런 중계기구를 중계도매상이라 한다.

① ㉠ 집적　　㉡ 분류(등급)
② ㉠ 배분　　㉡ 구색
③ ㉠ 구색　　㉡ 분류(등급)
④ ㉠ 분류(등급)　　㉡ 배분
⑤ ㉠ 구색　　㉡ 배분

〉〉〉〉〉〉〉〉〉 23.④

ADVICE

23 ㉠은 분류(sorting out), ㉡은 배분(allocation)에 대한 설명이다.

※ 올더슨(W. Alderson)의 구색창출과정

㉠ 분류(등급)(sorting out) : 다양한 공급원으로부터 제공된 이질적인 생산물들을 모아 동질적인 단위로 구분하는 과정

㉡ 집적(accumulation) : 다양한 공급원으로부터 소규모의 동질적인 제품들을 모아 대규모의 공급이 가능하게 만드는 과정

㉢ 배분(allocation) : 집적 과정에서 수합된 동질적인 제품들을 다시 구매자가 원하는 소규모의 단위로 나누는 과정

㉣ 구색(assortment) : 상호연관성이 있는 이질적인 제품들을 일정한 구색을 갖춰 함께 취급하는 과정

24 아래 글상자 내용 중 소비자를 위한 소매상의 기능으로 옳은 것을 모두 고르면?

> ㉠ 새로운 고객 창출
> ㉡ 상품선택에 소요되는 비용과 시간을 절감할 수 있게 도와줌
> ㉢ 소매광고, 판매원서비스, 점포 디스플레이 등을 통해 상품관련정보를 제공
> ㉣ 할부판매
> ㉤ 재고유지
> ㉥ 배달, 설치

① ㉠, ㉡
② ㉡, ㉢, ㉤
③ ㉢, ㉤, ㉥
④ ㉡, ㉣, ㉤, ㉥
⑤ ㉡, ㉢, ㉣, ㉥

››››››››› 24.⑤

ADVICE

24 소매상의 기능
㉠ 소비자가 원하는 상품구색을 제공하여 상품선택에 소요되는 비용과 시간을 절감할 수 있게 도움
㉡ 소매광고, 판매원서비스, 점포 디스플레이 등을 통해 고객에게 상품관련정보를 제공
㉢ 할부판매 등 자체의 신용정책으로 소비자의 금융 부담을 덜어주는 기능의 수행
㉣ 애프터서비스의 제공, 제품의 배달 · 설치, 사용방법의 교육 등

25 아래의 글상자 내용 중 프레드릭 허즈버그(Frederick Herzberg)가 제시한 2요인이론이 동기요인으로 파악한 요인들만 옳게 나열한 것은?

㉠ 일 그 자체	㉡ 감독	㉢ 작업환경
㉣ 책임감	㉤ 동료와의 관계	㉥ 연봉
㉦ 직업 안정성	㉧ 승진	㉨ 회사규정

① ㉡, ㉢, ㉥

② ㉠, ㉣, ㉧

③ ㉣, ㉤, ㉧

④ ㉦, ㉧, ㉨

⑤ ㉤, ㉥, ㉨

》》》》》》》》》 25.②

ADVICE

25 허즈버그의 2요인이론

동기요인	위생요인
• 동기를 유발한다. • 충족되지 않아도 불만족을 유발하지 않는다. • 직무내용과 관련된 내재적인 특성을 가진다. • 상위적 욕구이며 성장욕구이다. • 성취와 인장, 직무 자체의 가치, 책임감과 권한위임, 성장 · 승진 등	• 불만족을 유발한다. • 충족되어도 동기를 유발하지 않는다. • 직무환경과 관련된 외재적인 특성을 가진다. • 하위적 욕구이며 결핍욕구이다. • 회사규정 및 관리지침, 감독 · 통제의 문제, 작업조건 및 환경, 상사 · 동료와의 관계, 급여 등

Ⅱ 상권분석

26 소매업태들은 주력상품에 따라 서로 다른 크기의 상권을 확보할 수 있는 입지를 선정한다. 필요로 하는 상권크기가 커지는 순서에 따라 소매업태들을 가장 옳게 배열한 것은?

① 대형마트 < 백화점 < 명품전문점
② 대형마트 < 명품전문점 < 백화점
③ 백화점 < 대형마트 < 명품전문점
④ 명품전문점 < 대형마트 < 백화점
⑤ 명품전문점 < 백화점 < 대형마트

27 아래의 내용 중에서 중심업무지역(CBD : Central Business District)의 입지특성에 대한 설명으로 옳지 않은 것은?

① 대중교통의 중심이며 백화점, 전문점, 은행 등이 밀집되어 있다.
② 주로 차량으로 이동하여 교통이 매우 복잡하고 도보 통행량은 상대적으로 많지 않다.
③ 상업활동으로 많은 사람을 유인하지만 출퇴근을 위해서 이 곳을 통과하는 사람도 많다.
④ 소도시나 대도시의 전통적인 도심지역을 말한다.
⑤ 접근성이 높고 도시내 다른 지역에 비해 상주인구가 적다.

〉〉〉〉〉〉〉〉〉 26.① 27.②

ADVICE

26 명품전문점은 대형마트보다 방문을 기대할 수 있는 고객의 수가 적기 때문에 더 큰 상권이 필요하다. 따라서 상권크기는 대형마트 < 백화점 < 명품전문점 순으로 커져야 한다.

27 중심업무지역은 도시, 특히 대도시에서 상업 기능이 집중된 지역을 말한다. 크기로 볼 때는 비록 좁은 공간을 점유하지만 그 기능은 매우 다양하며, 도시경제 · 사회의 중요도가 높다.
② 중심업무지역은 유동인구가 많아 주로 접근성과 교통여건이 좋은 도시 주요지역에 형성된다.

28 중심성지수는 전체 상권에서 지역이 차지하는 중심성을 평가하는 한 지표이다. 중심성지수에 대한 설명으로 가장 옳지 않은 것은?

① 한 지역의 거주인구에 대한 소매인구의 비율이다.
② 지역의 소매판매액이 커지면 중심성지수도 커진다.
③ 지역의 소매인구는 소매업에 종사하는 거주자의 숫자이다.
④ 다른 여건이 변하지 않아도 거주인구가 감소하면 중심성지수는 커진다.
⑤ 중심성지수가 클수록 전체 상권 내의 해당지역의 중심성이 강하다고 해석한다.

29 입지의 매력도 평가 원칙 중 유사하거나 보완적인 소매 업체들이 분산되어 있거나 독립되어 있는 경우보다 군집하여 있는 경우가 더 큰 유인잠재력을 가질 수 있다는 원칙으로 가장 옳은 것은?

① 보충가능성의 원칙
② 고객차단의 원칙
③ 동반유인의 법칙
④ 접근가능성의 원칙
⑤ 점포밀집의 원칙

〉〉〉〉〉〉〉〉〉 28.③ 29.③

ADVICE

28 중심성지수는 전체 상권에서 지역이 차지하는 중심성을 평가하는 지표로, 상업인구(소매인구)를 그 지역의 거주인구로 나눈 값을 말한다.
③ 지역의 소매인구는 한 지역의 소매판매액을 1인당 평균구매액으로 나눈 값이다.

29 동반유인의 법칙 … 유사하거나 보완적인 소매업체들이 분산되어 있거나 독립되어 있는 경우보다 군집하여 있는 경우 동반유인으로 작용하여 더 큰 유인잠재력을 가질 수 있다는 법칙
① **보충가능성의 원칙** : 서로 고객을 교환할 수 있을 정도로 인접한 지역에 위치할 경우 보충가능성이 높아져 매출이 높아질 수 있다.
② **고객차단의 원칙** : 중심업무지역 같이 사무실이나 쇼핑몰이 밀집된 지역은 고객이 특정지역에서 다른 지역으로 이동 시 점포를 방문하도록 한다.
④ **접근가능성의 원칙** : 교통이 편리하거나 지리적으로 인접해 있을 경우 매출이 증대된다.
⑤ **점포밀집의 원칙** : 구색이 상당 부분 유사한 점포나 대체가 가능한 점포는 밀집하면 매출이 감소한다.

30 소매점포의 부지(site)를 선정할 때 고려해야 할 가장 중요한 기준으로 옳은 것은?

① 부지의 고객접근성
② 부지의 주요 내점객
③ 점포의 가시성
④ 점포의 수익성
⑤ 점포의 임대료

31 주변 환경에 따라 분류한 상권유형별로 설명한 상대적 특징으로 가장 옳지 않은 것은?

① 대학가 상권의 경우 가격에 민감하며 방학 동안 매출이 급감한다.
② 역세권 상권의 경우 주부 및 가족단위 중심의 소비행동이 이루어진다.
③ 백화점이나 대형마트는 쾌적한 쇼핑환경이 중요하다.
④ 오피스상권은 점심시간이나 퇴근시간에 유동인구가 많다.
⑤ 번화가상권은 요일과 시간대에 관계없이 높은 매출을 보인다.

32 상권 및 입지에 대한 아래의 내용 중에서 옳지 않은 것은?

① 상권의 성격과 업종의 성격이 맞으면 좋지 않은 상권에서도 좋은 성과를 올릴 수 있다.
② 상권이 좋아야 좋은 점포가 많이 모여들고 좋은 점포들이 많이 모여들면 상권은 더욱 강화된다.
③ 소매점을 개점하기 위해서는 점포 자체의 영업능력도 중요하지만 상권의 크기나 세력도 매우 중요하다.
④ 동일한 상업지구에 입지하더라도 규모 및 취급상품의 구색에 따라 개별점포의 상권의 범위는 달라질 수 있다.
⑤ 지구상권을 먼저 정하고 지역상권을 정하는 것이 일반적인 순서이다.

>>>>>>>>> 30.④ 31.② 32.⑤

ADVICE

30 소매점포의 부지를 선정할 때 고려해야 할 가장 중요한 기준은 점포의 수익성이다. 기타 기준들 역시 높은 수익성을 내기 위해 고려되는 요인이다.

31 ② 주부 및 가족단위 중심의 소비행동이 이루어지는 곳은 아파트 · 주택가 상권에 해당한다. 역세권 상권은 지하철역은 물론 주변에 조성된 버스정류장과 대형 프랜차이즈 점포 등으로 인해 유동인구가 많다. 특히 만남의 장소로 이용되는 지하철역은 성별이나 나이를 가리지 않고 많은 사람이 유입된다.

32 ⑤ 상권 범위를 기준으로 할 때, 점포상권 < 지구상권 < 지역상권의 순으로 그 범위가 커진다. 지역상권을 먼저 정하고 지구상권, 점포상권을 정하는 것이 일반적인 순서이다.

33 상권을 표현하는 다양한 기법 중에서 소비자의 점포선택 등확률선(isoprobability contours)을 활용하기에 가장 적합한 상권분석 방법은?

① 회귀분석(regression analysis)
② 허프모델(Huff model)
③ 유사점포법(analog method)
④ 체크리스트법(check list)
⑤ 컨버스의 상권분기점(breaking point)모형

34 아래의 글상자에서 설명하는 쇼핑센터의 공간구성요소로서 가장 옳은 것은?

– 하나의 열린 공간으로 상업시설에 도입시킬 수 있으며, 여유공간의 창출로 상가의 가치를 높여줄 수 있다. – 지치기 쉬운 쇼핑센터 이용자의 체류시간을 연장하기 위한 휴식공간으로 활용가능하다. – 구조에 따라 이벤트 장소로 사용할 수 있어 문화적, 오락적 이벤트를 개최할 수 있다. – 보통 동선으로 동시에 사용하기도 하며 보이드(void)와 적절하게 조화될 경우 훨씬 경쟁력을 갖춘 상가가 될 수 있다.

① 통로(path)
② 테난트(tenant)
③ 지표(landmark)
④ 데크(deck)
⑤ 선큰(sunken)

›››››››››› 33.② 34.④

ADVICE

33 ② 허프모델을 이용하여 시장지역 내 각 소비자의 위치로부터 특정상업시설에 대한 방문확률을 구하고, 동일한 방문 확률을 보이는 지역을 연결하면 점포선택 등확률선을 도출할 수 있다.

※ 허프의 확률모델모형

$P_{ij} = \dfrac{\dfrac{S_j}{T_{ij}^{\lambda}}}{\sum_{j=1}^{n} \dfrac{S_j}{T_{ij}^{\lambda}}}$	• P_{ij} : i에 거주하는 소비자가 j의 상점을 방문할 확률 • S_i : j의 매장면적 • T_{ij} : i로부터 j까지의 시간 · 거리 • λ : 방문에 필요한 시간이 쇼핑에 미치는 영향을 나타내는 매개변수 • n : 상점의 수

34 제시된 내용은 데크(deck)에 대한 설명이다.
① 통로(path) : 사람만 통행할 수 있는 좁은 길
② 테넌트(tenant) : 임대료를 지불하고 세든 점포
③ 지표(landmark) : 어떤 지역을 대표하거나 구별하게 하는 표지
⑤ 선큰(sunken) : 지하에 자연광을 유도하기 위해 만든 공간

35 소매상권에 대한 아래의 내용 중에서 옳지 않은 것은?

① 신호등의 위치, 좌회전로의 존재, 접근로의 경사도 등도 점포에 대한 접근성에 영향을 미칠 수 있다.
② 경관이 좋고 깨끗하다든지, 도로 주변이 불결하다든지 하는 심리적 요소도 상권범위에 영향을 미친다.
③ 특정상권 내 고객들의 소득수준이 증가할수록 고객들의 해당 상권이용 빈도는 높아진다.
④ 상권의 구매력은 상권 내의 가계소득수준과 가계숫자의 함수로 볼 수 있다.
⑤ 상권분석을 통해서 촉진활동 등 기본적 마케팅활동의 방향을 파악할 수 있다.

36 상권 내 관련 점포들이 제공하는 서비스에 대한 고객들의 구체적인 만족 또는 불만족 요인들을 파악하는 조사방법으로 가장 옳은 것은?

① 상권에 대한 관찰조사
② 심층면접을 통한 정성조사
③ 설문조사를 통한 정량조사
④ 상권에 대한 일반정보의 수집
⑤ 조사 자료에 근거한 상권지도의 작성

37 상권을 분석할 때 이용하는 공간상호작용모형(SIM : Spatial Interaction Model)에 해당하는 내용으로 옳지 않은 것은?

① 레일리(Reilly)의 소매중력법칙과 회귀분석모델은 대표적인 SIM이다.
② 한 점포의 상권범위는 거리에 반비례하고 점포의 유인력에 비례한다는 원리를 토대로 한다.
③ 접근성과 매력도를 교환하는 방식으로 대안점포들을 비교하고 선택한다고 본다.
④ 소비자의 실제 선택자료를 활용하여 점포 매력도와 통행거리와 관련한 모수(민감도) 값을 추정한다.
⑤ 허프모델과 MNL모델은 상권특성을 세밀하게 반영하는 SIM들이다.

››››››››› 35.③ 36.② 37.①

ADVICE

35 ③ 특정상권 내 고객들의 소득수준 증가는 해당 상권이용 빈도에 큰 영향을 주지 않는다.

36 서비스에 대한 구체적인 만족 또는 불만족 요인을 파악하기 위해서는 심층면접을 통한 정성조사를 실시할 필요가 있다. 정성조사는 제품이나 서비스에 대한 소비자의 인식 등 정성적인 정보를 파악하기 위해 실시하는 조사이다.

37 공간상호작용모형은 거리에 기초하여 접근성과 재화 · 용역의 흐름 등을 분석하기를 시도하는 모형이다.
① 레일리의 소매중력법칙은 SIM에 해당하지만, 회귀분석모델은 통계적 기법이다.

38 **지리정보시스템(GIS)의 활용으로 과학적 상권분석의 가능성이 높아지고 있는데 이와 관련한 설명으로 적합하지 않은 것은?**

① 컴퓨터를 이용한 지도작성(mapping)체계와 데이터베이스관리체계(DBMS)의 결합이라고 볼 수 있다.
② GIS는 공간데이터의 수집, 생성, 저장, 검색, 분석, 표현등 상권분석과 연관된 다양한 기능을 기반으로 한다.
③ 대개 GIS는 하나의 데이터베이스와 결합된 하나의 지도레이어(map layer)만을 활용하므로 강력한 공간정보 표현이 가능하다.
④ 지도레이어는 점, 선, 면을 포함하는 개별 지도형상(map features)으로 주제도를 표현할 수 있다.
⑤ gCRM이란 GIS와 CRM의 결합으로 지리정보시스템(GIS) 기술을 활용한 고객관계관리(CRM) 기술을 가리킨다.

39 **인구 20만명이 거주하고 있는 a도시와 30만명이 거주하고 있는 b도시 사이에 인구 5만명이 거주하는 c도시가 있다. a와 c도시 사이의 거리는 10km이고 b와 c도시간 거리는 20km이다. c도시 거주자들이 a, b도시에서 쇼핑한다고 할 때 레일리(Reilly)의 소매중력법칙을 활용하여 a도시에서의 구매비율을 계산한 값으로 가장 옳은 것은?**

① 약 25%
② 약 43%
③ 약 57%
④ 약 66%
⑤ 약 73%

›››››››››› 38.③ 39.⑤

ADVICE

38 지리정보시스템(Geographic Information System)은 지표의 공간 참조데이터 및 지리적인 좌표 값에 대한 자료를 취급하기 위해 설계된 정보시스템 및 데이터 베이스시스템이다.
③ GIS는 다양한 데이터베이스와 결합된 다수의 지도 레이어를 활용하므로 강력한 공간정보 표현이 가능하다.

39 레일리의 소매중력법칙은 두 도시 간의 고객흡인력은 두 도시의 인구 규모에 비례하고, 두 도시의 분기점으로부터의 거리의 제곱에 반비례한다는 법칙이다. 문제에 제시된 도시 간의 거리를 도식으로 나타내면 아래와 같다.

a도시 인구 : 20만 명	10km	c도시 인구 : 5만 명	20km	b도시 인구 : 30만 명

c도시 거주자들이 a, b도시에서 쇼핑한다고 할 때, 레일리의 소매중력법칙을 적용하여 계산하면,

$$\frac{a\text{도시의 인구}}{b\text{도시의 인구}} \times \left(\frac{b\text{도시까지의 거리}}{a\text{도시까지의 거리}}\right)^2 = \frac{200,000}{300,000} \times \left(\frac{20}{10}\right)^2 = \frac{2}{3} \times 4 = \frac{8}{3}$$

따라서 a도시에서 구매비율은 $\frac{8}{11} \times 100 =$ 약 73%이다.

40 상업지 주변의 도로나 통행상황 등 입지조건과 관련된 설명으로 가장 옳지 않은 것은?

① 유동인구의 이동경로상 보행경로가 분기되는 지점은 교통 통행량의 감소를 보이지만 합류하는 지점은 상업지로 바람직하다.

② 지하철역에서는 승차객수보다 하차객수가 중요하며 일반적으로 출근동선보다는 퇴근동선일 경우가 더 좋은 상업지로 평가된다.

③ 상점가에 있어서는 상점의 가시성이 중요하므로 도로와의 접면넓이가 큰 점포가 유리하다고 볼 수 있다.

④ 건축용지를 갈라서 나눌 때 한 단위가 되는 땅을 각지라고 하며 가로(街路)에 접면하는 각의 수에 따라 2면각지, 3면각지 등으로 불린다.

⑤ 2개 이상의 가로(街路)에 접하는 각지는 일조와 통풍이 양호하며 출입이 편리하고 광고선전의 효과가 높으나 소음이 심하며 도난과 재해의 위험이 높을 수 있다.

41 소매상권에 대한 중요한 이론 중의 하나인 소매인력이론에 대한 설명으로 옳지 않은 것은?

① 소매인력이론은 고객은 경쟁점포보다 더 가깝고 더 매력적인 점포로 끌려간다는 가정하에 설명을 전개한다.

② 소매인력이론은 중심지이론에서 말하는 최근거리가설이 적용되기 어려운 상황이 있을 수 있다고 본다.

③ 도시간의 상권경계를 밝히는 것을 목적으로 한다.

④ Converse의 무차별점 공식은 두 도시간의 상대적인 상업적 매력도가 같은 점을 상권경계로 본다.

⑤ 고객분포도표(customer spotting map)를 작성하는 것이 궁극적인 목표이다.

›››››››› 40.④ 41.⑤

ADVICE

40 ④ 건축용지를 갈라서 나눌 때 한 단위가 되는 땅은 획지(劃地)라고 한다. 각지(角地)는 2개 이상의 가로각에 해당하는 부분에 접하는 획지를 말한다.

41 ⑤ 고객분포도표(customer spotting map)는 점포를 이용하는 고객의 거주지를 지도상에 표시한 후 점포를 중심으로 서로 다른 거리의 동심원을 그려 점포의 상권 규모를 시각적으로 파악할 수 있게 해주는 표이다. 주로 고객을 세분화한 후 목표 고객 그룹을 선정하기 위해 사용되는 기법으로, 선정된 목표 고객 그룹의 특성을 파악할 수 있게 해준다.

42 점포 개점에 있어 고려해야 할 법적 요소와 관련된 설명 중 가장 옳지 않은 것은?

① 용도지역이 건축 가능한 지역인지 여부를 관련 기관을 통해 확인한다.
② 학교시설보호지구 여부와 거리를 확인한다.
③ 건폐율이란 부지 대비 건물 전체의 층별 면적합의 비율을 말한다.
④ 용적률이란 부지면적에 대한 건축물의 연면적의 비율로부지 대비 총건축 가능평수를 말한다.
⑤ 용도지역에 따라 건폐율과 용적률은 차이가 발생하기도 한다.

43 둥지내몰림 또는 젠트리피케이션(gentrification)에 관한 내용으로 가장 옳지 않은 것은?

① 낙후된 도심 지역의 재건축 · 재개발 · 도시재생 등 대규모 도시개발에 부수되는 현상
② 도시개발로 인해 지역의 부동산 가격이 급격하게 상승 할 때 주로 발생하는 현상
③ 도시개발 후 지역사회의 원주민들의 재정착비율이 매우 낮은 현상을 포함
④ 상업지역의 활성화나 관광명소화로 인한 기존 유통업체의 폐점 증가 현상을 포함
⑤ 임대료 상승으로 인해 대형점포 대신 다양한 소규모 근린상점들이 입점하는 현상

44 소매점포의 상권과 제공하는 유통서비스의 상호관계에 대한 설명으로 가장 옳지 않은 것은?

① 최소판매단위가 작을수록 상권의 크기는 줄어든다.
② 공간적 편리성에 대한 소비자의 요구가 강할수록 상권의 크기는 축소된다.
③ 일반적으로 오프라인점포보다 온라인점포의 배달시간이 길다.
④ 상품구색의 전문성이 클수록 점포의 상권은 좁아진다.
⑤ 상품구색의 다양성이 클수록 더 넓은 상권이 필요하다.

>>>>>>>>> 42.③ 43.⑤ 44.④

ADVICE

42 ③ 건폐율이란 대지 면적에 대한 건물의 바닥 면적의 비율로, 건축 밀도를 나타내는 지표 중 하나이다.

43 ⑤ 젠트리피케이션 현상이 나타나면 임대료 상승으로 인해 다양한 소규모의 근린상점들은 사라지고 대형 프랜차이즈 점포가 입점하여 상업지구로 변모하게 된다. 젠트리피케이션 현상이 나타난 대표적인 지역으로 경리단길, 서촌, 상수동 등을 들 수 있다.

44 ④ 상품구색의 전문성이 클수록 점포의 상권은 커진다.

45 유통가공을 수행하는 도매업체의 입지선정에는 공업입지 선정을 위한 베버(A. Weber)의 "최소비용이론"을 준용 할 수 있다. 총 물류비만을 고려하여 이 이론을 적용할 때, 원료지향형이나 노동지향형 대신 시장지향형입지를 택하는 것이 유리한 조건으로 가장 옳은 것은?

① 유통가공으로 중량이 감소되는 경우
② 부패하기 쉬운 완제품을 가공 · 생산하는 경우
③ 제품수송비보다 원료수송비가 훨씬 더 큰 경우
④ 미숙련공을 많이 사용하는 노동집약적 유통가공의 경우
⑤ 산지가 국지적으로 몰려 있는 편재원료의 투입 비중이 높은 경우

〉〉〉〉〉〉〉〉〉 45.②

ADVICE

45 베버의 최소비용이론은 수송비, 노동비, 집적경제에 의해 결정되는 생산비용이 최소화되는 곳이 최적의 입지라고 주장한다. 이때 수송비는 수송거리와 수송되는 원료 및 생산물의 무게에 의해 좌우된다.
② 원료의 부패성보다 완제품의 부패성이 큰 경우 시장지향형이 유리하다.
①③⑤ 원료지향형이 유리하다.
④ 노동지향형이 유리하다.

Ⅲ 유통마케팅

46 소매상은 점포 특성에 맞게 상품구색의 폭(좁음, 넓음)과 깊이(얕음, 깊음)를 결정해야 한다. 아래 글상자에서 소매점 유형과 상품구색을 타당하게 연결한 항목만을 모두 옳게 고른 것은?

> ㉠ 편의점 – 좁고 얕은 구색
> ㉡ 전문점 – 좁으나 깊은 구색
> ㉢ 소규모 종합점 – 넓으나 얕은 구색
> ㉣ 백화점 – 넓고 깊은 구색

① ㉠, ㉡
② ㉢, ㉣
③ ㉠, ㉡, ㉢
④ ㉡, ㉢, ㉣
⑤ ㉠, ㉡, ㉢, ㉣

47 도 · 소매업체들의 유통경로 수익성 평가에 활용되는 전략적 이익모형(strategic profit model)의 주요 재무 지표에 해당하지 않는 것은?

① 순매출이익률
② 총자산회전율
③ 레버리지비율
④ 투자수익률
⑤ 총자본비용

>>>>>>>>> 46.⑤ 47.⑤

ADVICE

46 ㉠~㉣ 모두 바르게 연결되었다.

47 전략적 이익모형(strategic profit model)은 여러 재무비율들 간의 상호관계를 이용하여 경로성과를 평가하는 방법이다. 모형에 의하면 기업의 중요한 재무적 목표는 순자본 투자에 대한 충분한 수익률을 올리는 것으로, 경로성과를 높이는 데 있어 경영의사결정의 주요 영역들 즉 자본관리, 마진관리, 재무관리들을 제시한다. 주요 재무 지표로는 자산회전율, 순이익률, 자산수익률, 레버리지비율, 고수익률관리 등이 있다.

48 아래 글상자에서 설명하는 유통마케팅자료 조사기법으로 옳은 것은?

> – 소비자의 욕구를 파악하기 위한 기법의 하나로 개발 되었다.
> – 기본적인 아이디어는 어떤 소매 점포이든 몇 개의 중요한 서비스 기능(속성)을 가지고 있으며, 각 기능(속성)은 다시 몇 개의 수준이나 값들을 가질 수 있다는 것이다.
> – 개별 속성의 각 수준에 부여되는 선호도를 부분가치라 하고, 이 부분가치를 합산함으로써 개별 고객이 여러 개의 대안들 중에서 어느 것을 가장 선호하게 될 지를 예측할 수 있다.

① 컨조인트 분석
② 다차원 척도법
③ 요인분석
④ 군집분석
⑤ 시계열분석

49 다음 중 판매사원의 상품판매과정의 7단계를 순서대로 나열한 것으로 가장 옳은 것은?

① 가망고객 발견 및 평가 → 사전접촉(사전준비) → 설명과 시연 → 접촉 → 이의처리 → 계약(구매권유) → 후속조치
② 가망고객 발견 및 평가 → 사전접촉(사전준비) → 설명과 시연 → 이의처리 → 접촉 → 계약(구매권유) → 후속조치
③ 가망고객 발견 및 평가 → 사전접촉(사전준비) → 접촉 → 설명과 시연 → 이의처리 → 계약(구매권유) → 후속조치
④ 사전접촉(사전준비) → 가망고객 발견 및 평가 → 접촉 → 설명과 시연 → 이의처리 → 계약(구매권유) → 후속조치
⑤ 사전접촉(사전준비) → 가망고객 발견 및 평가 → 접촉 → 설명과 시연 → 이의처리 → 후속조치 → 계약(구매권유)

>>>>>>>>> 48.① 49.③

ADVICE

48 제시된 내용은 컨조인트 분석(conjoint analysis)에 대한 설명이다. 컨조인트 분석은 어떤 제품 또는 서비스가 갖고 있는 개별 속성에 고객이 부여하는 가치를 추정함으로써, 그 고객이 어떤 제품을 선택할지를 예측하는 기법이다.

② 다차원 척도법 : 측정대상의 특성이나 속성을 하나의 차원이 아닌 다차원 척도 위에 위치시키는 척도화 방법이다.
③ 요인분석 : 관찰된 변수들을 설명할 수 있는 몇 개의 요인으로 요약하여 설명하는 방법이다.
④ 군집분석 : 자료 간의 유사도를 정의하고 그 유사도에 가까운 것부터 순서대로 합쳐 가는 방법이다.
⑤ 시계열분석 : 시간의 경과에 따라 연속적으로 관측된 관측값에 바탕을 둔 통계적 분석 방법이다.

49 상품판매과정의 7단계

가망고객 발견 및 평가 → 사전접촉(사전준비) → 접촉 → 설명과 시연 → 이의처리 → 계약(구매권유) → 후속조치

50 다음 중 마케팅믹스 요소인 4P 중 유통(place)을 구매자의 관점인 4C로 표현한 것으로 옳은 것은?

① 고객비용(customer cost)
② 편의성(convenience)
③ 고객문제해결(customer solution)
④ 커뮤니케이션(communication)
⑤ 고객맞춤화(customization)

51 CRM(Customer Relationship Management)과 대중마케팅 (mass marketing)의 차별적 특성으로 옳지 않은 것은?

① 목표고객 측면에서 대중마케팅이 불특정 다수를 대상으로 한다면 CRM은 고객 개개인을 대상으로 하는 일대일 마케팅을 지향한다.
② 커뮤니케이션 방식 측면에서 대중마케팅이 일방향 커뮤니케이션을 지향한다면 CRM은 쌍방향적이면서도 개인적인 커뮤니케이션이 필요하다.
③ 생산방식 측면에서 대중마케팅은 대량생산, 대량판매를 지향했다면 CRM은 다품종 소량생산 방식을 지향한다.
④ CRM은 개별 고객에 대한 상세한 데이터베이스를 구축해야만 가능하다는 점에서 대중마케팅과 두드러진 차이를 보인다.
⑤ 소비자 욕구 측면에서 대중마케팅은 목표고객의 특화된 구매욕구의 만족을 지향하는 반면 CRM은 목표고객들의 동질적 욕구를 만족시키려고 한다.

›››››››› 50.② 51.⑤

ADVICE

50 4P와 4C

4P	4C
• 제품(Product) • 유통경로(Place) • 판매가격(Price) • 판매촉진(Promotion)	• Customer(고객) • Cost(고객이 지불하는 비용) • Convenience(접근 · 활용 등의 편의성) • Communications(의사소통)

51 ⑤ 반대로 설명되었다. 소비자 욕구 측면에서 대중마케팅은 목표고객들의 동질적 욕구의 만족을 지향하는 반면, CRM은 목표고객의 특화된 구매욕구의 만족을 지향한다.

52 가격결정방법 및 가격전략과 그 내용의 연결로 옳지 않은 것은?

① 원가기반가격결정 – 제품원가에 표준이익을 가산하는 방식
② 경쟁중심가격결정 – 경쟁사 가격과 비슷하거나 차이를 갖도록 결정
③ 목표수익률가격결정 – 초기 투자자본에 목표수익을 더하여 가격을 결정하는 방식
④ 가치기반가격결정 – 구매자가 지각하는 가치를 가격 결정의 중심 요인으로 인식
⑤ 스키밍가격결정 – 후발주자가 시장침투를 위해 선두 기업보다 낮은 가격으로 결정

53 아래 글상자는 제품수명주기 중 어느 단계에 대한 설명이다. 이 단계에 해당하는 상품관리전략으로 가장 옳지 않은 것은?

> 최근 기술발전의 속도가 매우 빠르고 소비자들의 욕구와 취향도 급변하는 관계로 많은 제품들이 이 시기에 도달하는 시간이 짧아지는 반면 이 기간은 길어지고 있다. 이 단계에서는 매출액 증가가 둔화되면서 시장 전체의 매출액이 정체되는 시기이다. 다수의 소비자들의 구매가 종료되어 가는 시점이어서 신규 수요의 발생이 미미하거나 신규 수요와 이탈 수요의 규모가 비슷해져서 전체 시장의 매출규모가 변하지 않는 상태이다. 또한 경쟁강도가 심해지면서 마케팅 비용은 매우 많이 소요되는 시기이기도 하다.

① 기존제품으로써 새로운 소비자의 구매 유도
② 기존소비자들의 소비량 증대
③ 기존제품의 새로운 용도 개발
④ 기존제품 품질향상과 신규시장 개발
⑤ 제품확장 및 품질보증 도입

》》》》》》》》》 52.⑤ 53.⑤

ADVICE

52 ⑤ 후발주자가 시장침투를 위해 선두기업보다 낮은 가격으로 결정하는 것은 침투가격전략이다. 스키밍가격결정은 시장에 신제품을 선보일 때 고가로 출시한 후 점차적으로 가격을 낮추는 전략으로 브랜드 충성도가 높거나 제품의 차별점이 확실할 때 사용한다.

53 제시된 내용은 제품수명주기 중 성숙기에 해당하는 설명이다.
⑤ 제품확장 및 품질보증 도입은 성장기의 상품관리전략에 해당한다.

54 아래 글상자에서 설명하는 가격전략으로 가장 옳은 것은?

> 소매점 고객들의 내점빈도를 높이고, 소비자들이 소매점포 전체의 가격이 저렴하다는 인상을 가지도록, 브랜드 인지도가 있는 인기제품을 위주로 파격적으로 저렴한 가격에 판매하는 가격전략이다.

① 상품묶음(bundling) 가격전략
② EDLP(Every Day Low Price) 가격전략
③ 노세일(no sale) 가격전략
④ 로스리더(loss leader) 가격전략
⑤ 단수가격(odd-pricing) 전략

55 아래 글상자의 사례에서 설명하고 있는 유통업체 마케팅의 환경요인으로 가장 옳은 것은?

> 월마트(Walmart)와 같은 할인점들뿐만 아니라 아마존(Amazon)과 같은 온라인 업체들도 가전제품을 취급하자, 가전제품 전문점이었던 베스트바이(Best buy)는 배달 및 제품설치(on-home installation) 같은 신규 서비스를 실시하며 고객의 가치를 높이기 위해 노력하고 있다.

① 사회 · 문화 환경
② 경쟁 환경
③ 기술 환경
④ 경제 환경
⑤ 법 환경

〉〉〉〉〉〉〉〉〉 54.④ 55.②

ADVICE

54 제시된 내용은 로스리더 가격전략에 대한 설명이다. '로스리더'란 원가보다 싸게 팔거나 일반 판매가보다 훨씬 싼 가격으로 판매하는 상품으로, 브랜드 인지도가 있는 인기제품을 로스리더로 선정하여 소비자의 내점빈도를 높이고, 소비자들이 점포 전체의 가격이 저렴하다는 인상을 가지도록 만드는 가격전략이다.

55 제시된 상황에서 베스트바이는 가전제품을 취급하는 경쟁업체들이 증가하면서 차별화를 위한 배달 및 제품설치 같은 신규 서비스를 실시하였다. 이는 마케팅의 환경요인 중 경쟁 환경의 변화에서 유발된 것이다.

56 제조업체의 중간상 촉진활동으로 옳지 않은 것은?

① 프리미엄
② 협동광고
③ 중간상광고
④ 판매원 인센티브
⑤ 소매점 판매원 훈련

57 아래 글상자는 마케팅과 고객관리를 위해 필요한 고객정보들이다. 다음 중 RFM(Recency, Frequency, Monetary)분석법을 사용하기 위해 수집해야 할 고객정보로 옳은 것은?

> ㉠ 얼마나 최근에 구매했는가?
> ㉡ 고객과의 지속적인 관계를 유지하는 동안 얻을 수 있는 총수익은 얼마인가?
> ㉢ 일정기간 동안 얼마나 자주 자사제품을 구매했는가?
> ㉣ 일정기간 동안 고객이 자사제품을 얼마나 정확하게 상기 하는가?
> ㉤ 일정기간 동안 얼마나 많은 액수의 자사제품을 구매 했는가?

① ㉠, ㉡, ㉢
② ㉡, ㉣, ㉤
③ ㉡, ㉢, ㉤
④ ㉢, ㉣, ㉤
⑤ ㉠, ㉢, ㉤

〉〉〉〉〉〉〉〉〉 56.① 57.⑤

ADVICE

56 ① 프리미엄(premium)은 소비자가 제품을 구입할 때 제공하는 경품으로, 경품을 제공함으로써 특정 제품의 구매를 유도하는 촉진수단이다.

57 • Recency(최근성) : 얼마나 최근에 구매했는가?
• Frequency(행동 빈도) : 일정기간 동안 얼마나 자주 자사제품을 구매했는가?
• Monetary(구매 금액) : 일정기간 동안 얼마나 많은 액수의 자사제품을 구매했는가?

58 촉진믹스전략 가운데 푸시(push)전략에 대한 설명으로 옳지 않은 것은?

① 제조업체가 최종 소비자들을 대상으로 촉진믹스를 사용하여 이들이 소매상에게 제품을 요구하도록 하는 전략이다.
② 푸시전략 방법에서 인적판매와 판매촉진은 중요한 역할을 한다.
③ 판매원은 도매상이 제품을 주문하도록 요청하고 판매지원책을 제공한다.
④ 푸시전략은 유통경로 구성원들이 고객에게까지 제품을 밀어내도록 하는 것이다.
⑤ 수요를 자극하기 위해서 제조업체가 중간상에게 판매촉진 프로그램을 제공한다.

59 다양화되고 개성화된 소비자들의 기본욕구에 대처하기 위해 도입된 것으로서, 제조업체의 입장 대신 소비자의 입장에서 상품을 다시 분류하는 머천다이징으로 가장 옳은 것은?

① 크로스 머천다이징
② 인스토어 머천다이징
③ 스크램블드 머천다이징
④ 리스크 머천다이징
⑤ 카테고리 머천다이징

〉〉〉〉〉〉〉〉〉 58.① 59.③

ADVICE

58 ① 풀(pull)전략에 대한 설명이다. 푸시전략은 유통업체의 마진을 올리거나 판매원에게 인센티브를 제공함으로써 유통업체가 소비자에게 적극적으로 판매를 권유하도록 독려하는 전략이다.

59 스크램블드 머천다이징은 이익을 위해서 유사 품목이 아닌 제품을 섞어 판매하는 방법으로, 다양하고 개성적인 소비자들의 기본욕구에 대처하기 위해 도입되었다. 커피숍에서 커피용품과 함께 액세서리나 책 따위를 함께 전시해 놓고 판매하는 것을 예로 들 수 있다.
① 크로스 머천다이징 : 서로 다른 종류의 제품, 특히 보완적인 관계의 상품을 서로 섞어서 구색을 갖추려는 정책
② 인스토어 머천다이징 : 매장에서 적절한 방식으로 상품을 배치하고 그에 맞는 분위기를 연출하는 등의 전략적 계획
④ 리스크 머천다이징 : 매입한 상품이 팔리지 않을 경우 반품 없이 소매업자의 부담으로 처리하는 정책
⑤ 카테고리 머천다이징 : 상품을 일정한 카테고리로 구분하여 관련 카테고리를 연계하여 진열하는 방식

60 POP 광고에 대한 설명으로 옳지 않은 것은?

① POP 광고는 판매원 대신 상품의 정보(가격, 용도, 소재, 규격, 사용법, 관리법 등)를 알려 주기도 한다.

② POP 광고는 매장의 행사분위기를 살려 상품판매의 최종단계까지 연결시키는 역할을 수행해야 한다.

③ POP 광고는 청중을 정확히 타겟팅하기 좋기 때문에 길고 자세한 메시지 전달에 적합하다.

④ POP 광고는 판매원의 도움을 대신하여 셀프판매를 가능하게 한다.

⑤ POP 광고는 찾고자 하는 매장 및 제품을 안내하여 고객이 빠르고 편리하게 쇼핑을 할 수 있도록 도와 주어야 한다.

61 아래 글상자의 ㉠과 ㉡에서 설명하는 진열방식으로 옳은 것은?

> ㉠ 주통로와 인접한 곳 또는 통로사이에 징검다리처럼 쌓아두는 진열방식으로 주로 정책상품을 판매하기 위해 활용됨
> ㉡ 3면에서 고객이 상품을 볼 수 있기 때문에 가장 눈에 잘 띄는 진열방식으로 가장 많이 팔리는 상품들을 진열할 때 많이 사용됨

① ㉠ 곤도라진열, ㉡ 엔드진열

② ㉠ 섬진열, ㉡ 벌크진열

③ ㉠ 측면진열, ㉡ 곤도라진열

④ ㉠ 섬진열, ㉡ 엔드진열

⑤ ㉠ 곤도라진열, ㉡ 벌크진열

〉〉〉〉〉〉〉〉〉 60.③ 61.④

ADVICE

60 ③ POP 광고는 짧고 간결한 메시지 전달에 적합하다.

61 ㉠은 섬진열, ㉡은 엔드진열에 대한 설명이다.
- 곤도라진열 : 소매업에서 가장 널리 쓰이는 진열방법으로, 소비자가 상품을 보기 쉽고 집기 쉽게 진열할 수 있다.
- 벌크진열 : 단일품목을 대량으로 판매하기 위해서 사용하는 진열방법으로 가격이 저렴하다는 인식을 줄 수 있다.
- 측면진열 : 엔드진열의 한쪽 측면 등을 활용하여 엔드진열 상품과 관련성이 있는 상품들을 진열하는 방법이다.

62 소매점의 공간, 조명, 색채에 대한 설명으로 가장 옳지 않은 것은?

① 레일조명은 고객 쪽을 향하는 것보다는 상품을 향하는 것이 좋다.
② 조명의 색온도가 너무 높으면 고객이 쉽게 피로를 느낄 수 있다.
③ 벽면에 거울을 달거나 점포 일부를 계단식으로 높이면 실제 점포보다 넓어 보일 수 있다.
④ 푸른색 조명보다 붉은색 조명 위에 생선을 진열할 때 더 싱싱해 보인다.
⑤ 소매점 입구에 밝고 저항감이 없는 색을 사용하면 사람들을 자연스럽게 안으로 끌어들일 수 있다.

63 아래 글상자의 ㉠과 ㉡을 설명하는 용어들의 짝으로 옳은 것은?

> ㉠ 특정 상품을 가로로 몇 개 진열하는가를 의미하는 것으로, 소비자 정면으로 향하도록 진열된 특정 상품의 진열량
> ㉡ 점포 레이아웃이 완료된 후 각 코너별 상품군을 계획하고 진열면적을 배분하는 것

① ㉠ 조닝, ㉡ 페이싱
② ㉠ 페이싱, ㉡ 조닝
③ ㉠ 레이아웃, ㉡ 조닝
④ ㉠ 진열량, ㉡ 블록계획
⑤ ㉠ 진열량, ㉡ 페이싱

>>>>>>>>> 62.④ 63.②

ADVICE

62 ④ 생선은 푸른색 조명, 고기는 붉은색 조명 위에 진열할 때 더 싱싱해 보인다. 일반적으로, 생선은 백열등, 고기는 1000K 수준의 붉은 불빛, 과일과 빵은 노란 불빛을 비추면 동일한 제품이지만 시각적으로 더욱 신선하고 맛있게 보인다.

63 ㉠은 페이싱, ㉡은 조닝에 대한 설명이다.

64 소매업태 발전에 관한 이론 및 가설에 대한 옳은 설명들 만을 모두 묶은 것은?

> ㉠ 아코디언이론 : 소매기관들이 처음에는 혁신적인 형태에서 출발하여 성장하다가 새로운 개념을 가진 신업태에게 그 자리를 양보하고 사라진다는 이론
> ㉡ 수레바퀴(소매차륜)이론 : 소매업태는 다양한 제품계열을 취급하다가 전문적 · 한정적 제품계열을 취급하는 방향으로 변화했다가 다시 다양한 제품계열을 취급하는 형태로 변화하는 과정을 반복한다는 이론
> ㉢ 변증법적과정이론 : 두 개의 서로 다른 경쟁적인 소매 업태가 하나의 새로운 소매업태로 합성된다는 소매업태의 혁신과정 이론
> ㉣ 소매수명주기이론 : 한 소매기관이 출현하여 초기 성장 단계, 발전단계, 성숙단계, 쇠퇴단계의 4단계 과정을 거쳐 사라지는 소매수명주기를 따라 변화한다는 이론

① ㉠, ㉡
② ㉡, ㉢
③ ㉢, ㉣
④ ㉠, ㉡, ㉢
⑤ ㉠, ㉡, ㉢, ㉣

65 충동구매를 유발하려는 목적의 점포 레이아웃 방식으로 가장 옳은 것은?

① 자유형 레이아웃(free flow layout)
② 경주로식 레이아웃(racefield layout)
③ 격자형 레이아웃(grid layout)
④ 부티크형 레이아웃(boutique layout)
⑤ 창고형 레이아웃(warehouse layout)

>>>>>>>>> 64.③ 65.①

ADVICE

64 ㉠ 수레바퀴 이론에 대한 설명이다.
㉡ 아코디언 이론에 대한 설명이다.

65 자유형 레이아웃은 상품을 원형, U자형 등 불규칙한 형태로 진열하는 것으로 소비자를 긴 시간 동안 점포에 머무르게 할 수 있어 충동구매를 유발할 가능성이 높아진다.
② 경주로식 레이아웃(racefield layout) : 주로 부티크매장들의 배치에 활용되고 고객들이 여러 매장들을 손쉽게 둘러볼 수 있도록 통로를 중심으로 여러 매장 입구를 연결하여 배치하는 방법이다.
③ 격자형 레이아웃(grid layout) : 대체로 식료품점에서 주로 구현하는 방식으로 고객들이 지나는 통로에 반복적으로 상품을 배치하는 방법이며 비용면에서 효율적이다.

66 중간상 포트폴리오 분석에 대한 설명으로 옳지 않은 것은?

① 경제성장률로 조정된 중간상의 이익성장률과 특정 제품군에 대한 중간상의 매출액 중 자사제품 매출액의 점유율이라는 두 개의 차원으로 구성된다.
② 공격적인 투자전략은 적극적이며 급속한 성장을 보이는 중간상에게 적용한다.
③ 방어전략은 성장 중이면서 현재 자사와 탄탄한 거래 관계를 가지는 중간상에게 적용하는 거래전략이다.
④ 전략적 철수전략을 사용하는 경우 제조업자들은 중간상에게 주던 공제를 줄이는 것이 바람직하다.
⑤ 포기전략은 마이너스 성장률과 낮은 시장점유율을보이는 중간상에게 적용한다.

67 다음 중 포지셔닝 전략에 대한 설명으로 가장 옳지 않은 것은?

① 경쟁자와 차별화된 서비스 속성으로 포지셔닝 하는방법은 서비스 속성 포지셔닝이다.
② 최고의 품질 또는 가장 저렴한 가격으로 서비스를 포지셔닝 하는 것을 가격 대 품질 포지셔닝이라 한다.
③ 여성 전용 사우나, 비즈니스 전용 호텔 등의 서비스는 서비스 이용자를 기준으로 포지셔닝 한 예이다.
④ 타깃 고객 스스로 자신의 사용용도에 맞출 수 있도록 서비스를 표준화·시스템화한 것은 표준화에 의한 포지셔닝이다.
⑤ 경쟁자와 비교해 자사의 서비스가 더 나은 점이나 특이한 점을 부각시키는 것은 경쟁자 포지셔닝 전략이다.

〉〉〉〉〉〉〉〉〉 66.① 67.④

ADVICE

66 ① 중간상 포트폴리오는 중간상의 특정 제품군에서의 매출성장율과 그 제품군에 대한 중간상 매출액 중 자사제품의 점유율이라는 두 개의 차원으로 구성된다. 거래 중간상들의 상대적 위치를 파악하고 각 중간상에 대한 투자전략을 결정하는 데 활용할 수 있다.

※ 중간상에 대한 투자전략
㉠ 투자전략 : 적극적이며 급속한 성장을 보이는 중간상
㉡ 방어전략 : 성장 중이면서 현재 자사와 탄탄한 거래 관계를 가지는 중간상
㉢ 포기전략 : 마이너스 성장률과 낮은 시장점유율을 보이는 중간상

67 ④ 소비자 편익에 의한 포지셔닝에 대한 설명이다.

※ 포지셔닝 전략
㉠ 속성에 의한 포지셔닝 : 제품의 기능적 편익이나 속성을 경쟁제품과 차별화하여 소비자에게 인식시키기 위한 방법
㉡ 사용자에 의한 포지셔닝 : 제품이 특정 사용자 계층에 적합한 것으로 포지셔닝하는 방법
㉢ 사용 상황에 의한 포지셔닝 : 제품이 사용될 수 있는 사용 상황을 제시함으로써 포지셔닝하는 방법
㉣ 경쟁제품에 의한 포지셔닝 : 소비자가 인식하고 있는 기존 제품과 비교함으로써 자사제품의 편익을 강조하는 방법

68 다음 글상자에서 공통으로 설명하는 도매상으로 옳은 것은?

> – 가장 전형적인 도매상
> – 완전서비스 도매상과 한정서비스 도매상으로 나누어짐
> – 자신들이 취급하는 상품의 소유권을 보유하며 제조업체 또는 소매상과 관련없는 독립된 사업체

① 제조업자 도매상
② 브로커
③ 대리인
④ 상인도매상
⑤ 수수료상인

69 할인가격정책(high/low pricing)에 대한 상시저가정책 (EDLP : Every Day Low Price)의 상대적 장점으로 가장 옳지 않은 것은?

① 재고의 변동성 감소
② 가격변경 빈도의 감소
③ 평균 재고수준의 감소
④ 판매인력의 변동성 감소
⑤ 표적시장의 다양성 증가

〉〉〉〉〉〉〉〉〉 68.④ 69.⑤

ADVICE

68 제시된 내용은 상인도매상에 대한 설명이다.
※ 도매상의 유형
㉠ 제조업자 도매상 : 판매지점, 판매사무소 등
㉡ 상인도매상
• 완전서비스 도매상 : 도매상인, 산업재유통업자 등
• 한정서비스 도매상 : 현금거래도매상, 트럭도매상, 직송도매상, 진열도매상 등
㉢ 대리인 : 제조업자대리점, 판매대리인, 구매대리인, 수수료상인 등
㉣ 브로커

69 상시저가정책은 한 해 동안 가격을 항상 저렴하게 유지하는 할인가격정책이다.
⑤ 표적시장의 다양성 감소

70 유통업체 브랜드(PB)에 대한 설명으로 가장 옳지 않은 것은?

① PB는 유통업체의 독자적인 브랜드명, 로고, 포장을 갖는다.
② PB는 대규모 생산과 대중매체를 통한 광범위한 광고를 수행하는 것이 일반적이다.
③ 대형마트, 편의점, 온라인 소매상 등에서 PB의 비중을 증가시키고 있다.
④ PB를 통해 해당 유통업체에 대한 고객 충성도를 증가 시킬 수 있다.
⑤ 유통업체는 PB 도입을 통해 중간상마진을 제거하고 추가이윤을 남길 수 있다.

〉〉〉〉〉〉〉〉〉〉 70.②

ADVICE

70 PB는 'Private Brand'의 약자로, 유통업체에서 직접 만든 자체브랜드 상품을 말한다. PB 상품은 유통업체 내 진열 및 판매 등으로 대중매체를 통한 광고를 대체하기 때문에 가격이 매우 저렴하다는 장점이 있다.

Ⅳ 유통정보

71 유통정보 분석을 위해 활용되는 데이터 분석 기법으로 성격이 다른 것은?

① 협업적 필터링(collaborative filtering)
② 딥러닝(deep learning)
③ 의사결정나무(decision tree)
④ 머신러닝(machine learning)
⑤ 군집분석(clustering analysis)

72 4차 산업혁명시대에 유통업체의 대응 방안에 대한 설명으로 옳지 않은 것은?

① 유통업체들은 보다 효율적인 유통업무 처리를 위해 최신 정보기술을 활용하고 있다.
② 유통업체들은 상품에 대한 재고관리에 있어, 정보시스템을 도입해 효율적으로 재고를 관리하고 있다.
③ 유통업체들은 온라인과 오프라인을 연계한 융합기술을 이용한 판매 전략을 활용하고 있다.
④ 유통업체들은 보다 철저한 정보보안을 위해 통신 네트워크로부터 단절된 상태로 정보를 관리한다.
⑤ 유통업체들은 고객의 온라인 또는 오프라인 시장에서 구매 상품에 대한 대금 결제에 있어 핀테크(FinTech)와 같은 첨단 금융기술을 도입하고 있다.

>>>>>>>>> 71.⑤ 72.④

ADVICE

71 ⑤ 군집분석은 서로 유사한 정도에 따라 다수의 객체를 군집으로 나누고 이를 바탕으로 상관관계에 대해 분석하는 기법이다.
①②③④ 협업적 필터링, 딥러닝, 의사결정나무, 머신러닝 등은 미래 혹은 발생하지 않은 어떤 사건에 대한 예측을 하는 것이 주요 목표로, 예측분석(Predictive analysis)에 해당한다.

72 ④ 유통업체들은 보다 철저한 정보보안을 위해 네트워크와 데이터의 무결성 및 사용 편이성을 보호하기 위한 네트워크 보안을 철저히 관리해야 한다.

73 고객충성도 프로그램에 대한 설명으로 가장 옳지 않은 것은?

① 충성도 프로그램으로는 마일리지 프로그램과 우수고객 우대 프로그램 등이 있다.
② 충성도에는 행동적 충성도와 태도적 충성도가 있다.
③ 충성도 프로그램은 단기적 측면보다는 장기적 측면에서 운영되어야 유통업체가 고객경쟁력을 확보할 수 있다.
④ 충성도 프로그램을 운영하는데 있어, 우수고객을 우대하는 것이 바람직하다.
⑤ 충성도 프로그램 운영에 있어 비금전적 혜택 보다는 금전적 혜택을 제공하는 것이 유통업체측면에서 보다 효율적이다.

74 QR(Quick Response)의 효과에 대한 설명으로 가장 옳지 않은 것은?

① 거래업체 간 정보 공유 체제가 구축된다.
② 제품 조달이 매우 빠른 속도로 이루어진다.
③ 고객 참여를 통한 제품 기획이 이루어진다.
④ 제품 공급체인의 효율성을 극대화할 수 있다.
⑤ 제품 재고를 창고에 저장해 미래 수요에 대비하는 데 도움을 제공한다.

75 CRM활동을 고객관계의 진화과정으로 보면, 신규고객의 창출, 기존고객의 유지, 기존고객의 활성화 등으로 구분되는데, 다음 중 기존고객 유지활동의 내용으로 가장 옳지 않은 것은?

① 직접반응광고
② 이탈방지 캠페인
③ 맞춤 서비스의 제공
④ 해지방어전담팀의 운영
⑤ 마일리지프로그램의 운용

›››››››››› 73.⑤ 74.⑤ 75.①

ADVICE

73 ⑤ 유통업체측면에서는 충성도 프로그램 운영에 있어 금전적 혜택을 제공하는 것보다 비금전적 혜택을 제공하는 것이 효율적이다.

74 ⑤ QR은 상품을 적시에 적당량만큼 공급하는 체제를 말한다. 이 시스템의 목적은 제품이 생산돼 소비자에게 전달되기까지의 과정을 줄여 재고와 유통 비용을 줄이기 위한 것이다.

75 ① 직접반응광고는 광고 노출 즉시 소비자들의 즉각적이고 직접적인 반응을 유도하는 광고로, 신규고객의 창출 활동에 해당한다.

76 아래 글상자에서 설명하는 인터넷 마케팅의 가격전략 형태로 가장 옳은 것은?

> 소비자가 원하는 사양의 제품과 가격을 제시하면 여기에 부응하는 업체들 간의 협상을 통해 소비자는 가장 적합한 가격을 제시하는 업체와 매매가 이루어지는 역경매가 대표적인 사례로 소비자중심의 가격설정모델이다.

① 무가화
② 무료화
③ 역가화
④ 유료화
⑤ 저가화

77 고객관계관리를 위한 성과지표에 대한 설명으로 가장 옳지 않은 것은?

① 신규 캠페인 빈도는 마케팅 성과를 측정하기 위한지표이다.
② 고객 불만 처리 시간은 서비스 성과를 측정하기 위한지표이다.
③ 고객유지율은 판매 성과를 위한 성과지표이다.
④ 신규 판매자 수는 판매 성과를 측정하기 위한 지표이다.
⑤ 캠페인으로 창출된 수익은 마케팅 성과를 측정하기 위한 지표이다.

78 e-비즈니스 유형과 주요 수익원천이 옳지 않은 것은?

① 온라인 판매 – 판매수익
② 검색서비스 – 광고료와 스폰서십
③ 커뮤니티운영 – 거래수수료
④ 온라인광고서비스 – 광고수입
⑤ 전자출판 – 구독료

〉〉〉〉〉〉〉〉〉 76.③ 77.③ 78.③

ADVICE

76 제시된 내용은 소비자가 제품의 가격 결정을 주도하는 역가화에 대한 설명이다.

77 ③ 고객유지율(이탈률)은 고객관계관리에 의해 영향을 받는 관리지표이다.

78 ③ 커뮤니티운영의 주요 수익원천은 커뮤니티 내 광고료와 스폰 비용이다.

79 POS(Point of Sale) System 도입에 따른 제조업체의 효과에 대한 설명으로 가장 옳지 않은 것은?

① 경쟁상품과의 판매경향 비교
② 판매가격과 판매량의 상관관계
③ 기후변동에 따른 판매동향 분석
④ 신제품 · 판촉상품의 판매경향 파악
⑤ 상품구색의 적정화에 따른 매출증대

80 전자상거래 판매시스템에 대한 설명으로 가장 옳은 것은?

① 상향판매(up selling)는 고객들이 구매하고자 하는 제품에 대해, 보다 저렴한 상품을 고객들에게 제시해주는 마케팅 기법이다.
② 역쇼루밍(reverse-showrooming)은 고객들이 특정 제품을 구매하고자 할 때, 보다 다양한 마케팅 정보를 제공해주는 마케팅 기법이다.
③ 교차판매(cross selling)는 고객들이 저렴한 제품을 구매하는데 도움을 제공한다.
④ 옴니채널(omni-channel)은 온라인과 오프라인 채널을 통합함으로써 보다 개선된 쇼핑환경을 고객들에게 제공해준다.
⑤ 프로슈머(prosumer)는 전문적인 쇼핑을 하는 소비자를 의미한다.

›››››››› 79.⑤ 80.④

ADVICE

79 POS시스템은 판매시점 정보관리 시스템으로, 점포에서 판매와 동시에 품목 · 가격 · 수량 등 유통정보를 입력시켜 각종 자료를 분석 · 활용할 수 있도록 설계한 유통시스템이다.
⑤ 재고의 적정화에 따른 매출증대를 가져올 수 있다.

80 ① 상향판매(up selling)는 고객이 구매하고자 하는 제품보다 고가의 상품을 고객에게 제시해 주는 마케팅 기법이다.
② 역쇼루밍(reverse-showrooming)은 물건에 대한 정보를 인터넷 등 온라인에서 취합한 후 구매는 오프라인 매장에서 하는 것을 말한다.
③ 교차판매(cross selling)는 고객이 구매하려는 상품과 연관된 제품의 판매를 유도하는 것을 말한다.
⑤ 프로슈머(prosumer)는 '생산자'를 뜻하는 'producer'와 '소비자'를 뜻하는 'consumer'의 합성어로, 소비는 물론 제품개발, 유통과정에까지 직접 참여하는 소비자를 일컫는다.

81 바코드(Bar code)에 대한 설명으로 가장 옳지 않은 것은?

① 바코드는 바와 스페이스로 구성된다.
② 바코드는 상하좌우로 4곳에 코너 마크가 표시되어 있다.
③ 바코드는 판독기를 통해 바코드를 읽기 위해서는 바코드의 시작과 종료를 알려주기 위해 일정 공간의 여백을 둔다.
④ 바코드 시스템은 체계적인 재고관리를 지원해준다.
⑤ 바코드 시스템 구축은 RFID 시스템 구축과 비교해, 구축 비용이 많이 발생한다.

82 RFID의 작동원리에 대한 설명으로 가장 옳지 않은 것은?

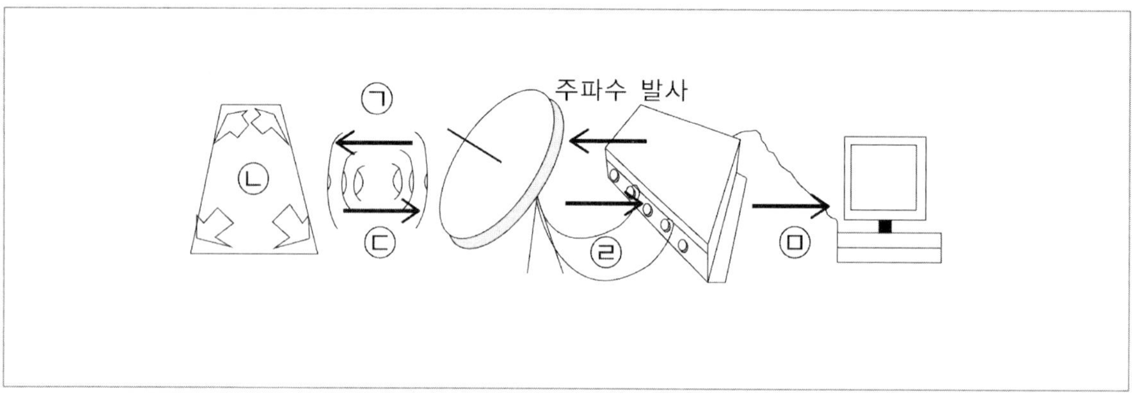

① ㉠ – 리더에서 안테나를 통해 발사된 주파수가 태그에 접촉한다.
② ㉡ – 무선신호는 태그의 자체 안테나에서 수신한다.
③ ㉢ – 태그는 주파수에 반응하여 입력된 데이터를 안테나로 전송한다.
④ ㉣ – RF 필드에 구성된 안테나에서 무선 신호를 생성하고 전파한다.
⑤ ㉤ – 리더는 데이터를 해독하여 Host 컴퓨터로 전달한다.

〉〉〉〉〉〉〉〉〉 81.⑤ 82.④

ADVICE

81 ⑤ RFID(Radio Frequency Identification)는 반도체 칩이 내장된 태그, 라벨, 카드 등에 저장된 데이터를 무선주파수를 이용하여 비접촉으로 읽어내는 인식시스템이다. RFID는 바코드 시스템 구축에 비해 구축비용이 많이 발생한다.

82 ④ 안테나는 전송받은 데이터를 디지털신호로 변조하여 리더로 전달한다.

83 지식의 창조는 암묵지를 어떻게 활성화, 형식지화 하여 활용할 것인가의 문제라고 볼 수 있다. 암묵지와 형식지를 활용한 지식창조 프로세스 순서대로 나타낸 것으로 가장 옳은 것은?

① 표출화 – 내면화 – 공동화 – 연결화
② 표출화 – 연결화 – 공동화 – 내면화
③ 연결화 – 공동화 – 내면화 – 표출화
④ 공동화 – 표출화 – 연결화 – 내면화
⑤ 내면화 – 공동화 – 연결화 – 표출화

〉〉〉〉〉〉〉〉〉 83.④

ADVICE

83 Nonaka의 지식창조 프로세스

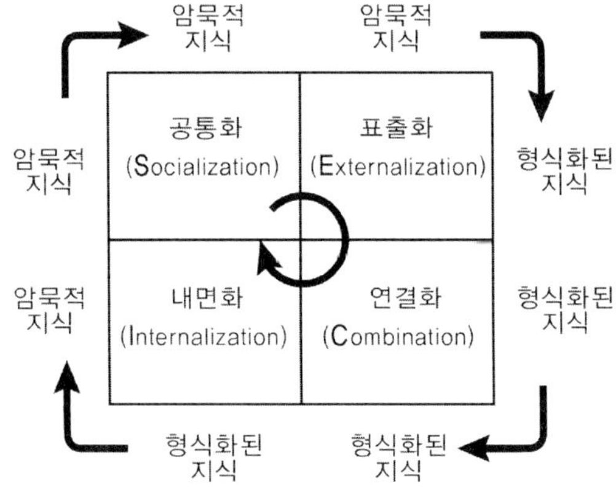

㉠ 공동화 : 의사소통이나 시연 등을 통해 암묵지를 다른 사람에게 공유
㉡ 표출화 : 암묵지를 책이나 매뉴얼 등의 형식지로 표출
㉢ 연결화 : 책이나 매뉴얼 등의 형식지에 새로운 형식지를 추가
㉣ 내면화 : 형식지를 통해 타인의 암묵지를 습득

84 인스토어마킹(instore marking)과 소스마킹(source marking)에 대한 설명으로 가장 옳은 것은?

① 인스토어마킹은 부패하기 쉬운 농산물에 적용할 수 있다.

② 인스토어마킹을 통해 바코드를 붙이는데 있어, 바코드에는 국가식별코드, 제조업체코드, 상품품목코드, 체크디지트로 정형화되어 있어, 유통업체가 자유롭게 설정할 수 없기에 최근 인스토어마킹은 거의 이용되지 않고 있다.

③ 제조업체의 경우 인스토어마킹에 있어, 국제표준화 기구에서 정의한 공통표준코드를 이용한다.

④ 소스마킹은 유통업체 내의 가공센터에서 마킹할 수 있다.

⑤ 소스마킹은 상점 내에서 바코드 프린트를 이용해 바코드 라벨을 출력하기 때문에 추가적인 비용이 발생한다.

85 지식 포착 기법에 대한 설명으로 가장 옳지 않은 것은?

① 인터뷰 – 개인의 암묵적 지식을 형식적 지식으로 전환하는데 사용하는 기법이다.

② 현장관찰 – 관찰대상자가 문제를 해결하는 행동을 할 때 관찰, 해석, 기록하는 프로세스이다.

③ 스캠퍼 – 비판을 허용하지 않는다는 가정으로 둘 이상의 구성원들이 자유롭게 아이디어를 생산하는 비구조적 접근방법이다.

④ 스토리 – 조직학습을 증대시키고, 공통의 가치와 규칙을 커뮤니케이션하고, 암묵적 지식의 포착, 코드화, 전달을 위한 뛰어난 도구이다.

⑤ 델파이 방법 – 다수 전문가의 지식포착 도구로 사용되며, 일련의 질문서가 어려운 문제를 해결하는데 대한 전문가의 의견을 수렴하기 위해 사용된다.

〉〉〉〉〉〉〉〉〉 84.① 85.③

ADVICE

84 소스마킹과 인스토어마킹

㉠ 소스마킹 : 제조업체가 자사 상품에 바코드를 일괄적으로 인쇄하여 부착하는 방법

㉡ 인스토어마킹 : 소매업체에서 상품 하나하나에 자체적으로 직접 라벨을 붙이는 방법으로, 소스마킹을 할 수 없는 청과물, 생선, 정육 제품 등에 적용

85 ③ 스캠퍼(SCAMPER)는 기존의 것에 가감 또는 변형을 함으로써 새로운 것을 만들어낼 수 있다고 주장하는 접근방법으로 창의적 사고를 유도해서 새로운 제품이나 서비스를 창출하고자 한다. 스캠퍼는 대체하기(Substitute), 결합하기(Combine), 조절하기(Adjust), 변형 · 확대 · 축소하기(Modify, Magnify, Minify), 용도 바꾸기(Put to other uses), 제거하기(Eliminate), 역발상 · 재정리하기(Reverse, Rearrange)의 머리글자를 딴 용어이다.

86 판매시점정보관리시스템(POS)의 설명으로 가장 옳지 않은 것은?

① 물품을 판매한 시점에 정보를 수집한다.
② RFID 기술이 등장함에 따라 상용화되어 도입되기 시작한 시스템이다.
③ 상품이 얼마나 팔렸는가? 어떠한 상품이 팔렸는가? 등의 정보를 수집 · 저장한다.
④ 개인의 구매실적, 구매성향 등에 관한 정보를 수집 · 저장한다.
⑤ 업무 처리 속도 증진, 오타 및 오류 방지, 점포의 사무 단순화 등의 단순이익 효과를 얻을 수 있다.

87 온라인(모바일 포함) · 오프라인을 넘나들면서 제품의 정보를 수집하여 최적의 제품을 찾아내는 소비자를 일컫는 용어로 가장 옳은 것은?

① 멀티쇼퍼(Multi−shopper)
② 믹스쇼퍼(Mix−shopper)
③ 크로스쇼퍼(Cross−shopper)
④ 엑스쇼퍼(X−shopper)
⑤ 프로슈머(Prosumer)

〉〉〉〉〉〉〉〉〉 86.② 87.③

ADVICE

86 ② POS시스템은 상품에 바코드나 OCR 태그(광학식 문자해독 장치용 가격표) 등을 붙여놓고 이를 리더로 읽어서 상품에 대한 정보를 수집 · 입력시키는 방식으로, RFID 기술 등장 이전부터 널리 상용화되어 사용되었다.

87 크로스쇼퍼(Cross−shopper) … 온라인(모바일 포함) · 오프라인을 넘나들면서 제품의 정보를 수집하여 최적의 제품을 찾아내는 소비자로, 온라인 쇼핑 확대 및 오프라인 업체의 온라인 시장 진입 등으로 온 · 오프라인 경계가 모호해지면서 생긴 현상이다. 크로스쇼퍼는 크게 다음의 세 가지 유형으로 나타난다.
㉠ 쇼루밍(showrooming) : 매장에서 상품만 확인하고 구매는 온라인에서 하는 방식
㉡ 역쇼루밍(reverse−showrooming) : 온라인에서 본 상품을 오프라인에서 구매하는 방식
㉢ 옴니채널 쇼핑 : 필요에 따라 온 · 오프라인을 동시에 활용하는 방식

88 NoSQL의 특성으로 가장 옳지 않은 것은?

① 페타바이트 수준의 데이터 처리 수용이 가능한 느슨한 데이터 구조를 제공하므로서 대용량 데이터 처리 용이
② 데이터 항목을 클러스터 환경에 자동적으로 분할하여 적재
③ 정의된 스키마에 따라 데이터를 저장
④ 화면과 개발로직을 고려한 데이터 셋을 구성하여 일반적인 데이터 모델링이라기보다는 파일구조 설계에 가까움
⑤ 간단한 API Call 또는 HTTP를 통한 단순한 접근인터페이스를 제공

89 보안에 대한 위협요소별 사례를 설명한 것으로 가장 옳지 않은 것은?

① 기밀성 – 인가되지 않은 사람의 비밀정보 획득, 복사 등
② 무결성 – 정보를 가로채어 변조하여 원래의 목적지로 전송하는 것
③ 무결성 – 정보의 일부 또는 전부를 교체, 삭제 및 데이터 순서의 재구성
④ 기밀성 – 부당한 환경에서 정당한 메시지의 재생, 지불요구서의 이중제출 등
⑤ 부인방지 – 인가되지 않은 자가 인가된 사람처럼 가장하여 비밀번호를 취득하여 사용하는 것

〉〉〉〉〉〉〉〉〉 88.③ 89.⑤

ADVICE

88 ③ NoSQL은 유연한 스키마(Schema-less) 구조를 취함으로써 다양한 형태의 데이터를 저장할 수 있다.

89 ⑤ 부인방지란 데이터를 송신한 자가 송신 사실을 부인하는 것으로부터 수신자를 보호하기 위하여 송신자의 발신 증거를 제공하거나, 또는 반대로 수신자가 수신 사실을 부인하는 것으로부터 송신자를 보호하기 위하여 수신 증거를 제공하는 보안 서비스를 말한다.

90 아래 글상자의 내용을 근거로 유통정보시스템의 개발 절차를 순차적으로 나열한 것으로 가장 옳은 것은?

> ㉠ 필요정보에 대한 정의
> ㉡ 정보활용목적에 대한 검토
> ㉢ 정보활용주체에 대한 결정
> ㉣ 정보제공주체 및 방법에 대한 결정

① ㉠ - ㉡ - ㉢ - ㉣
② ㉠ - ㉢ - ㉡ - ㉣
③ ㉠ - ㉣ - ㉡ - ㉢
④ ㉡ - ㉠ - ㉣ - ㉢
⑤ ㉡ - ㉢ - ㉠ - ㉣

〉〉〉〉〉〉〉〉〉 90.⑤

ADVICE

90 유통정보시스템의 개발 절차
정보활용목적에 대한 검토 → 정보활용주체에 대한 결정 → 필요정보에 대한 정의 → 정보제공주체 및 방법에 대한 결정

2020. 8. 8. 추가 시행

Ⅰ 유통물류일반

1 아래 글상자의 ㉠, ㉡에서 설명하는 물류영역을 순서대로 나열한 것 중 가장 옳은 것은?

> ㉠ 물류의 최종단계로서 제품을 소비자에게 전달하는 일체의 수 · 배송 물류활동
> ㉡ 파손 또는 진부화 등으로 제품이나 상품, 또는 포장 용기를 소멸시키는 물류활동

① ㉠ 판매물류, ㉡ 회수물류
② ㉠ 최종물류, ㉡ 반품물류
③ ㉠ 판매물류, ㉡ 폐기물류
④ ㉠ 생산물류, ㉡ 반품물류
⑤ ㉠ 조달물류, ㉡ 회수물류

〉〉〉〉〉〉〉〉〉 1.③

ADVICE

1 물류의 영역
- ㉠ 조달물류 : 공급을 요청받은 외주공장에서 원자재 및 부품을 포장 · 단위화하여 자재창고에 입고하기까지의 물류활동
- ㉡ 생산물류 : 물자가 생산 공정에 투입된 때부터 제품 생산 또는 완제품 포장에 이르기까지의 물류활동
- ㉢ 사내물류 : 완제품 출하에서부터 물류 및 배송센터로의 입 · 출고 활동에 이르기까지의 모든 물류활동
- ㉣ 판매물류 : 물류의 최종단계로서 제품을 소비자에게 전달하는 일체의 수 · 배송 물류활동
- ㉤ 회수물류 : 판매물류에서 부수적으로 발생하는 팰릿(pallet), 컨테이너 등과 같은 빈 물류용기를 회수하는 물류활동
- ㉥ 반품물류 : 판매된 제품의 문제 발생으로 인한 교환이나 반품을 위한 물류활동
- ㉦ 폐기물류 : 파손 또는 진부화 등으로 제품이나 상품, 또는 포장용기를 소멸시키는 물류활동

2 SCM상에서 채찍효과(bullwhip effect)를 방지하기 위한 방법으로 옳지 않은 것은?

① EDI(Electronic Data Interchange) 활용
③ VMI(Vendor Managed Inventory) 활용
④ 일괄주문(order batching) 활용
⑤ S&OP(Sales and Operations Planning) 활용

3 JIT와 JITⅡ의 차이점에 대한 설명으로 옳지 않은 것은?

① JIT는 부품과 원자재를 원활히 공급받는데 초점을 두고, JITⅡ는 부품, 원부자재, 설비공구, 일반자재 등 모든 분야를 대상으로 한다.
② JIT는 개별적인 생산현장(plant floor)을 연결한 것이라면, JITⅡ는 공급체인(supply chain)상의 파트너의 연결과 그 프로세스를 변화시키는 시스템이다.
③ JIT는 기업 간의 중복업무와 가치없는 활동을 감소 · 제거하는데 주력하는 반면, JITⅡ는 자사 공장 내의 가치없는 활동을 감소 · 제거하는데 주력한다.
④ JIT는 푸시(push)형인 MRP와 대비되는 풀(pull)형의 생산방식인데 비해, JITⅡ는 JIT와 MRP를 동시에 수용할 수 있는 기업 간의 운영체제를 의미한다.
⑤ JIT가 물동량의 흐름을 주된 개선대상으로 삼는데 비해, JITⅡ는 기술, 영업, 개발을 동시화(synchronization)하여 물동량의 흐름을 강력히 통제한다.

〉〉〉〉〉〉〉〉〉 2.④ 3.③

ADVICE

2 채찍효과는 실제 소비자 주문의 변화 정도는 적은데 소매상과 도매상을 거쳐 상위단계인 제조업체에 전달되는 변화의 정도는 크게 증폭되는 효과를 말한다. 즉, 공급체인에서 최종 소비자로부터 멀어지는 정보는 지연되거나 왜곡되어 수요와 재고의 불안정이 확대되는 현상이다.
② 일괄주문보다는 소량의 다빈도 주문방식을 활용한다.
※ 채찍효과를 방지하기 위한 방법
㉠ EDI(Electronic Data Interchange) 활용
㉡ 벤더와 소매업체 간의 정보교환
㉢ VMI(Vendor Managed Inventory) 활용
㉣ 소량 · 다빈도 주문방식 활용
㉤ S&OP(Sales and Operations Planning) 활용

3 ③ JIT는 자사 공장 내의 가치 없는 활동을 감소 · 제거하는 데 주력하는 반면, JITⅡ는 납품회사의 직원이 발주회사의 공장에 파견되어 근무하면서 구매 · 납품업무를 대행하여 기업 간의 중복업무와 가치 없는 활동을 감소 · 제거하여 효율을 높이는 데 주력한다.
※ JIT와 JITⅡ
㉠ JIT : 발주회사의 생산에 필요한 자재를 공급업체로 하여금 적기에 공급하도록 함으로써 발주회사의 재고유지비용을 극소화하여 원가를 절감하려는 경영기법 → 공급업체의 재고유지비용 발생
㉡ JITⅡ : 발주회사와 공급업체를 하나의 가상기업으로 인식해 각종 중복업무와 비능률의 제거, 원가절감과 업무처리속도 단축을 꾀하는 경영기법

4 아래 글상자에서 설명하는 한정서비스 도매상의 종류로 옳은 것은?

> 주로 석탄, 목재, 중장비 등의 산업에서 활동한다. 이도매상은 고객으로부터 주문을 접수한 후, 고객이 원하는 조건과 배달시간에 맞춰 고객에게 직접 제품을 운반할 수 있는 제조업체를 찾는다.

① 현금거래도매상(cash-and-carry wholesalers)
② 트럭도매상(truck jobbers)
③ 직송도매상(drop shipper)
④ 진열도매상(rack jobber)
⑤ 판매대리인(sales agent)

5 아래 글상자의 구매 관련 공급자 개발 7단계 접근법이 옳은 순서로 나열된 것은?

> ㉠ 주요 공급원 파악
> ㉡ 주요 제품과 서비스 파악
> ㉢ 기능 간 팀 구성
> ㉣ 공급자와 주요과제 합의
> ㉤ 공급자 CEO와의 대면
> ㉥ 세부적인 합의
> ㉦ 진행상황 점검 및 전략 수정

① ㉣ - ㉤ - ㉥ - ㉦ - ㉠ - ㉡ - ㉢
② ㉤ - ㉥ - ㉦ - ㉠ - ㉡ - ㉢ - ㉣
③ ㉥ - ㉦ - ㉠ - ㉡ - ㉢ - ㉣ -
④ ㉦ - ㉠ - ㉡ - ㉢ - ㉣ - ㉤ - ㉥
⑤ ㉡ - ㉠ - ㉢ - ㉤ - ㉣ - ㉥ - ㉦

>>>>>>>>> 4.③ 5.⑤

ADVICE

4 제시된 내용은 직송도매상에 대한 설명이다.
① **현금거래도매상** : 현금 거래와 제품을 소매상이 직접 운송해 가는 것을 원칙으로 거래하는 도매상
② **트럭도매상** : 제품을 트럭 등에 실어 소매상에게 직접 수송하며 거래하는 도매상
④ **진열도매상** : 소매상에게 매출 비중이 높지 않은 상품을 주로 공급하며, 상품을 직접 진열해 주거나 재고 관리를 해주면서 거래하는 도매상
⑤ **판매대리인** : 특정의 상품을 현지에서 계속적으로 판매할 수 있도록 권한을 부여받은 대리인

5 공급자 개발 7단계 접근법
주요 제품과 서비스 파악 → 주요 공급원 파악 → 기능 간 팀 구성 → 공급자 CEO와의 대면 → 공급자와 주요과제 합의 → 세부적인 합의 → 진행상황 점검 및 전략 수정

6 아래 글상자의 내용은 기사를 발췌한 것이다. (　)안에 공통적으로 들어갈 용어로 가장 옳은 것은?

> 제목 : (　) 환상에서 벗어난 기업들의 생산기지 철수(　)은 국내에서 얻는 것보다 상당히 낮은 가격에 해외에서 제품, 원재료를 만들거나 구매할 수 있는 기회를 제공하는 것을 말한다. 그러나 낮은 품질, 높은 운송비용이 (　)을 통해 얻어지는 비용우위를 저해함에 따라 일부 자국제조업체들은 생산기지를 다시 자국으로 옮기는 중이다.

① 리쇼링(re-shoring)
② 오프쇼링(off-shoring)
③ 지연(postponement) 전략
④ 기민성(agility) 생산방식
⑤ 린(lean) 생산방식

››››››››› 6.②

ADVICE

6 괄호 안에 공통으로 들어갈 용어는 오프쇼링(off-shoring)이다. 오프쇼링은 값싸고 우수한 해외의 인적자원을 활용하기 위해 일부 업무를 해외로 이전시키는 현상을 말한다.

① 리쇼링(re-shoring) : 오프쇼링의 반대 개념으로, 해외에 나가 있는 자국 기업의 기지들을 각종 세제혜택과 규제완화 등을 통해 자국으로 불러들이는 현상
③ 지연(postponement) 전략 : 제품을 생산할 때 일정 단계까지는 제조를 완료해 놓고, 소비자의 정확한 요구가 파악되는 시점까지 완성을 연기하여 마지막 단계에서 소비자 취향을 반영할 수 있도록 하는 전략
④ 기민성(agility) 생산방식 : 작은 팀 단위로 작업을 진행하면서 활발한 협력과 피드백을 통해 효율적인 성과를 내는 생산방식
⑤ 린(lean) 생산방식 : 숙련된 기술자 편성, 자동화 기계의 사용 등 작업 공정의 혁신을 통해 생산에 들어가는 비용은 줄이고 생산효율은 극대화하는 방식

7 아래 글상자에서 설명하는 조직구성원에 대한 성과평가 방법으로 옳은 것은?

> ㉠ 종업원 전체 범주 중 특정범주로 할당해서 성과를 평가하는 방법
> ㉡ S등급 10%, A등급 30%, B등급 30%, C등급 30% 등으로 평가함
> ㉢ 구성원의 성과가 다양한 분포를 보일 때 가장 효과적인 평가방법이며, 갈등을 피하고자 모두를 관대하게 평가하고자 하는 유혹을 극복할 수 있음

① 단순서열법(simply ranking)
② 강제배분법(forced distribution method)
③ 쌍대비교법(paired-comparison method)
④ 행위기준고과법(BARS: behaviorally anchored rating scale)
⑤ 행동관찰척도법(BOS: behavioral observation scale)

8 인적자원관리(HRM)의 글로벌화 과정을 5단계로 나누어 볼 수 있다. 아래 글상자에서 5단계 중 글로벌(Global)단계에서 각 HRM 과업을 수행하는 방안으로 가장 옳지 않은 것은?

구분	HRM의 과업	글로벌(Global) 단계에서의 수행방안
㉠	해외자회사의 인재	자회사 인재의 다국적화
㉡	본사의 인재	본사 인재의 다국적화 및 글로벌로테이션
㉢	처우	글로벌 처우기준의 확립
㉣	능력개발	글로벌 연구 프로그램의 실시
㉤	본사-자회사 관계	파견위주의 관계

① ㉠　　② ㉡
③ ㉢　　④ ㉣
⑤ ㉤

>>>>>>>>> 7.② 8.⑤

ADVICE

7 제시된 내용은 전체를 특정범주로 나누고 강제적으로 비율을 할당하여 성과를 평가하는 강제배분법에 대한 설명이다. 강제배분법은 관대화 경향, 중심화 경향, 엄격화 경향 등 평가상의 오류를 극복할 수 있게 한다.

8 ㉤ HRM의 글로벌화를 위해서는 본사에서 자회사로의 파견 위주의 관계가 아닌, 현지 업무를 담당할 인력들을 현지에서 직접 확보하는 현지화 전략이 중요하다.

9 아래 글상자에서 설명하는 조직구조로 옳은 것은?

> ㉠ 권한과 책임의 소재와 한계가 분명하며 의사결정에 신속을 기할 수 있음
> ㉡ 관리자는 부하직원에게 강력한 통솔력을 발휘할 수 있음
> ㉢ 업무가 의사결정자의 독단으로 처리될 수 있으며, 조직바깥의 전문적 지식이나 기술이 활용되기 어려움

① 라인조직
② 라인-스태프 조직
③ 프로젝트 조직
④ 매트릭스 조직
⑤ 네트워크 조직

10 포터(M. Porter)의 가치사슬분석에 의하면 기업 활동을 본원적 활동과 보조적 활동으로 구분할 수 있는데, 이 중 보조적 활동에 속하지 않는 것은?

① 경영혁신
② 서비스활동
③ 인적자원관리
④ 조달활동
⑤ 기술개발

>>>>>>>>> 9.① 10.②

ADVICE

9 제시된 내용은 라인조직에 대한 설명이다.
② 라인-스태프 조직 : 라인 조직과 스태프 조직의 장점을 살리고 단점을 보완하기 위한 조직
③ 프로젝트 조직 : 특정한 프로젝트를 달성하기 위해 임시적으로 결합된 조직
④ 매트릭스 조직 : 원래의 기능부서 상태를 유지하면서 프로젝트를 위해 서로 다른 부서의 인력이 결합된 조직
⑤ 네트워크 조직 : 독립된 부서들이 고유 기능을 수행하면서 프로젝트의 수행을 위해서는 상호 협력적인 네트워크를 지닌 조직

10 ② 서비스활동은 본원적 활동에 해당한다.
※ 포터의 가치사슬분석
㉠ 본원적 활동 : 물류투입, 생산운영, 물류산출, 마케팅과 판매활동, 서비스활동
㉡ 보조적 활동 : 기업전반관리(경영혁신), 인적자원관리, 기술개발, 구매 및 조달활동

11 기업 수준의 성장전략에 관한 설명으로 가장 옳지 않은 것은?

① 기존시장에서 경쟁자의 시장점유율을 빼앗아 오려는 것은 다각화전략이다.
② 신제품을 개발하여 기존시장에 진입하는 것은 제품 개발전략이다.
③ 기존제품으로 새로운 시장에 진입하여 시장을 확대하는 것은 시장개발전략이다.
④ 기존시장에 제품계열을 확장하여 진입하는 것은 제품개발전략이다.
⑤ 기존제품으로 제품가격을 내려 기존시장에서 매출을 높이는 것은 시장침투전략이다.

12 유통경로 상에서 기업이 현재 차지하고 있는 위치의 다음 단계를 차지하고 있는 경로구성원을 자본적으로 통합하는 경영전략을 설명하는 용어로 옳은 것은?

① 전방통합(forward integration)
② 아웃소싱(outsourcing)
③ 전략적제휴(strategic alliance)
④ 합작투자(joint venture)
⑤ 후방통합(backward integration)

〉〉〉〉〉〉〉〉〉 11.① 12.①

ADVICE

11 ① 다각화 전략이란 기존의 사업과 차별된 새로운 사업 영역에 진출하여 기업의 성장을 꾀하는 전략이다. 다각화는 크게 기존의 사업과 관련이 있는 새로운 사업에 진출하는 수평적 다각화와 기존의 사업 영역과는 전혀 다른 사업 영역에 진출하는 복합적 다각화가 있다.

12 전방통합 … 유통경로상에서 기업이 현재 차지하고 있는 위치의 다음 단계를 차지하고 있는 경로구성원을 자본적으로 통합하는 경영전략

② 아웃소싱(outsourcing) : 사업부분을 외부 전문가나 기업에 위탁하여 기업의 효율을 높이는 전략
③ 전략적제휴(strategic alliance) : 서로 경쟁관계에 있는 기업들이 일정부분에서 한시적인 협력관계를 맺는 전략
④ 합작투자(joint venture) : 2개 이상의 기업이 특정 기업의 공동 소유권을 가지고 경영과 운영에 참여하는 방식
⑤ 후방통합(backward integration) : 전방통합의 반대 개념으로 기업이 현재 차지하고 있는 위치의 이전 단계를 차지하고 있는 경로구성원을 자본적으로 통합하는 전략

13 손익계산서 상의 비용항목들이 각 유통경로별 경로활동에 얼마나 효율적으로 투입되었는지를 측정하여 유통경영 전략에 따른 유통경로별 수익성을 측정하는 방법으로 옳은 것은?

① 유통비용분석(distribution cost analysis)
② 전략적 이익모형(strategic profit model)
③ 직접제품수익성(DPP: direct product profit)
④ 경제적 부가가치(EVA: economic value added)
⑤ 중간상 포트폴리오분석(dealer portfolio analysis)

14 아래 글상자와 같이 소매점경영전략 변화에 지대한 영향을 준 환경요인으로 가장 옳은 것은?

> ㉠ A커피프랜차이즈 업체는 매장 안에서는 머그잔을 활용하고 있으며 전체 매장의 플라스틱 빨대를 종이 빨대로 교체하였음
> ㉡ B대형마트는 일회용 비닐봉투 사용이 금지되어 장바구니 사용을 장려하는 게시물을 부착하고 홍보함
> ㉢ C대형마트는 중소유통업과의 상생발전을 위해 2주에 한번 휴점함

① 경제적 환경
② 법률적 환경
③ 사회 · 문화적 환경
④ 기술적 환경
⑤ 인구통계적 환경

〉〉〉〉〉〉〉〉〉 13.① 14.②

ADVICE

13 유통비용분석 … 손익계산서상의 비용항목들이 각 유통경로별 경로활동에 얼마나 효율적으로 투입되었는지를 측정하여 유통경영 전략에 따른 유통경로별 수익성을 측정
② 전략적 이익모형 : 순이익률, 자산회전률, 레버지리비율을 각각 높여 투자수익률을 높이는 것
③ 직접제품수익성 : 소매업체 제품성과를 평가하는 측정지표로 경로구성원이 취급하는 제품의 수익성을 평가
④ 경제적 부가가치 : 기업이 영업활동을 통하여 얻은 영업이익에서 법인세 · 금융 · 자본비용 등을 제외한 금액
⑤ 중간상 포트폴리오분석 : 중간상의 특정 제품군에서의 매출성장율과 그 제품군에 대한 중간상 매출액 중 자사 제품의 점유율이라는 두 개의 차원으로 구성

14 ㉠㉡은 환경보호 측면에서, ㉢은 중소기업과의 상생발전 측면에서 제도가 변경되어 경영전략의 변화를 가져온 사례이다. 따라서 법률적 환경이 영향을 준 것이라고 볼 수 있다.

15 아래 글상자에서 특정산업의 매력도를 평가하는 요인으로 옳게 고른 것은?

㉠ 기존 경쟁기업의 숫자	㉡ 고정비용과 관련된 진입장벽 높이 정도
㉢ 차별화의 정도	㉣ 철수 장벽의 유무
㉤ 해당 산업의 성장률	

① ㉠
② ㉠, ㉡
③ ㉠, ㉡, ㉢
④ ㉠, ㉡, ㉢, ㉣
⑤ ㉠, ㉡, ㉢, ㉣, ㉤

16 아래 글상자의 비윤리적인 행위와 관련된 내용으로 옳지 않은 것은?

> 정보비대칭이 있는 상황에서 한 경제주체가 다른 경제주체에 대해 이익을 가로채거나 비용을 전가시키는 행위를 말한다.

① 보험가입자가 보험에 가입한 후 고의 또는 부주의로 사고 가능성을 높여 보험금을 많이 받아내서 보험 회사에게 피해를 줌
② 자신이 소속된 공기업이 고객만족도 내부조작을 하였다는 사실을 감사원에 제보함
③ 대리인인 경영자가 주주의 이익보다는 자신의 이익을 도모하는 방향으로 내린 의사결정
④ 채권자에게 기업의 재정 상태나 경영 실적을 실제보다 좋게 보이게 할 목적으로 기업이 분식회계를 진행함
⑤ 재무회계팀 팀장이 기업의 결산보고서를 확인하고 공식적으로 발표되기 전에 자사 주식을 대량 매수함

›››››››››› 15.⑤ 16.②

ADVICE

15 제시된 ㉠~㉤ 모두 해당한다. 특정산업의 매력도란 기업이 해당 산업에 진출한 경우 얻을 수 있는 잠재적 이익의 평균 크기를 말하는 것으로, 새로운 산업에 진출을 고려하기 위한 개념으로 활용한다.

※ 매력도의 평가요인
- ㉠ 외형적 요인 : 시장 규모, 시장 잠재력, 성장률, 판매량 주기, 기존 경쟁기업 등
- ㉡ 구조적 요인 : 잠재적 진입자의 위협, 구매자 및 공급자 교섭력, 대체재의 위협, 시장 내 경쟁 분석 등
- ㉢ 환경적 요인 : 인구통계나 제도 · 법률환경 등

16 기업윤리와 관련하여 정보비대칭으로 인해 주인 및 대리인 문제, 도덕적 해이와 같은 비윤리적인 행위가 발생할 수 있다.
②는 조직구성원이 조직 내부의 비리나 불법 및 부당행위 등을 신고하거나 대외적으로 폭로하는 내부고발과 관련된 내용이다.

17 "전통시장 및 상점가 육성을 위한 특별법"(법률 제16217호, 2019.1.8. 일부개정)에 의해 시행되고 있는 '온누리상품권'에 대한 설명으로 옳지 않은 것은?

① 온누리상품권은 중소벤처기업부 장관이 발행한다.
② 온누리상품권의 종류, 권면금액, 기재사항 등 발행에 필요한 사항은 대통령령으로 정한다.
③ 온누리상품권의 유효기간은 발행일로부터 3년이다.
④ 개별가맹점(또는 환전대행가맹점)이 아니면 온누리상품권을 금융기관에서 환전할 수 없다.
⑤ 개별가맹점은 온누리상품권 결제를 거절하거나 온누리상품권 소지자를 불리하게 대우하면 안된다.

18 아래 글상자에서 설명하는 연쇄점(chain)의 형태로 옳은 것은?

> ㉠ 같은 업종의 소매점들이 공동매입을 도모하려고 결성한 체인조직
> ㉡ 일부기능을 체인 본사에 위탁하여 프랜차이즈 시스템을 갖추고 영업하기도 함
> ㉢ 경영의 독립성과 연쇄점화로 얻는 이득을 동시에 획득

① 정규연쇄점(regular chain)
② 직영점형 연쇄점(corporate chain)
③ 임의형 연쇄점(voluntary chain)
④ 마스터 프랜차이즈(master franchise)
⑤ 조합형 체인(cooperative chain)

〉〉〉〉〉〉〉〉〉 17.③ 18.③

ADVICE

17 ③ 온누리상품권의 유효기간은 발행일부터 5년이다.

18 제시된 내용은 임의형 연쇄점에 대한 설명이다.
① **정규연쇄점**(regular chain) : 동일 자본에 속하는 많은 수의 복제 점포가 각지에 분산해 있으면서 중앙의 통일적 관리를 받는 대규모 소매 조직
② **직영점형 연쇄점** : 체인본부가 주로 소매점포를 직영하되, 가맹계약을 체결한 일부 소매점포(가맹점)에 계속적으로 상품을 공급하며 경영을 지도하는 형태의 체인사업
③ **임의형 연쇄점**(voluntary chain) : 체인본부의 경영지도에 따라 가맹점의 취급품목 · 영업방식 등을 표준화하거나 체인본부의 경영지도에 따라 공동구매 · 공동판매 · 공동시설활용 등 공동사업을 수행하는 형태의 체인사업
④ **마스터 프랜차이즈** : 기업이 해외에 직접 진출하는 대신 현지의 기업과 계약을 맺고 가맹 사업 운영권을 판매하는 방식
⑤ **조합형 체인** : 같은 업종의 소매점들이 중소기업협동조합을 설립하여 공동구매 · 공동판매 · 공동시설 활용 등 사업을 수행하는 형태의 체인사업

19 소매상을 위한 도매상의 역할로 가장 옳지 않은 것은?

① 다양한 상품구색의 제공
② 신용의 제공
③ 시장의 확대
④ 컨설팅서비스 제공
⑤ 물류비의 절감

20 유통경로의 길이(channel length)가 상대적으로 긴 제품으로 가장 옳은 것은?

① 비표준화된 전문품
② 시장 진입과 탈퇴가 자유롭고 장기적 유통비용이 안정적인 제품
③ 구매빈도가 낮고 비규칙적인 제품
④ 생산자수가 적고 생산이 지역적으로 집중되어 있는 제품
⑤ 기술적으로 복잡한 제품

〉〉〉〉〉〉〉〉〉 19.③ 20.②

ADVICE

19 ③ 시장의 확대는 제조업자를 위한 도매상의 기능이다.

※ 도매상의 기능

제조업자를 위한 기능	소매상을 위한 기능
• 시장의 확대 • 재고 유지 • 주문 처리 • 시장 정보 제공 • 고객서비스 대행	• 다양한 상품구색의 제공 • 소단위 판매 • 신용 및 금융의 제공 • 컨설팅서비스 제공 • 기술지원 등

20 유통경로는 상품이 생산자로부터 생산되어 소비자 또는 최종수요자에 이르기까지 거치게 되는 과정을 말한다. 시장 진입과 탈퇴가 자유롭고 장기적 유통비용이 안정적인 제품은 상대적으로 유통경로의 길이가 길다.
①③④⑤ 유통경로의 길이가 짧은 제품에 해당한다.

21 유통환경의 변화에 따라 발생하고 있는 현상으로 가장 옳지 않은 것은?

① 소매업체는 온라인과 오프라인 채널을 병행해서 운영하기도 한다.
② 모바일을 이용한 판매비중이 높아지고 있다.
③ 1인 가구의 증가에 따라 대량구매를 통해 경제적 합리성을 추구하는 고객이 증가하고 있다.
④ 단순구매를 넘어서는 쇼핑의 레저화, 개성화 추세가 나타나고 있다.
⑤ 패키지 형태의 구매보다 자신의 취향에 맞게 다양한 상품을 구입하는 경향이 나타나고 있다.

22 아래 글상자에서 설명하는 종업원 보상제도는?

> ㉠ 특별한 조건으로 종업원에게 자사 주식의 일부를 분배하는 집단성과급의 한 유형
> ㉡ 종업원들이 조직의 의사결정에 어느 정도 참여할 수 있게 할 수 있으며, 조직에 대한 애착과 자부심을 가질 수 있게 하는 보상제도

① 이익배분제(profit sharing)
② 종업원지주제(employee stock ownership plan)
③ 판매수수료(commissions)
④ 고과급(merit pay)
⑤ 표준시간급(standard hour plan)

›››››››››› 21.③ 22.②

ADVICE

21 ③ 1인 가구의 증가에 따라 소량구매를 통해 경제적 합리성을 추구하는 고객이 증가하고 있다.

22 제시된 내용은 종업원지주제에 대한 설명이다.
① 이익배분제 : 미리 정해진 일정한 기준에 따라 기업이 종업원에게 임금 외에 추가로 이윤의 일부를 분배하는 제도
③ 판매수수료 : 판매에 대해 물품 가액의 일부를 수수료로 제공하는 것
④ 고과급 : 고과 결과에 따라 추가로 제공되는 임금
⑤ 표준시간급 : 생산량을 표준 시간으로 환산한 값에 개개인의 임금률을 곱하여 계산한 급여

23 주요 운송수단의 상대적 특성에 대한 설명으로 가장 옳지 않은 것은?

① 해상운송은 원유, 광물과 같이 부패성이 없는 제품을 운송하는데 유리하다.
② 철도운송은 부피가 크거나 많은 양의 화물을 운송하는데 경제적이다.
③ 항공운송은 신속하지만 단위 거리 당 비용이 가장 높다.
④ 파이프라인운송은 석유나 화학물질을 생산지에서 시장으로 운반해주는 특수운송수단이다.
⑤ 육상운송은 전체 국내운송에서 차지하는 비율이 크지 않다.

24 아래 글상자는 소매점의 경쟁력 강화를 위한 한 유통물류기법에 대해 설명하고 있다. 해당 유통물류기법으로 가장 옳은 것은?

고객이 원하는 시간과 장소에 필요한 제품을 공급하기 위한 물류정보시스템이다. 수입의류의 시장잠식에 대응하기 위해, 미국의 패션의류업계가 섬유업계, 직물업계, 의류제조업계, 의류소매업계 간의 제휴를 바탕으로 리드타임의 단축과 재고감축을 목표로 개발 · 도입한 시스템이다.

① QR(quick response)
② SCM(supply chain management)
③ JIT(just-in-time)
④ CRM(customer relationship management)
⑤ ECR(efficient consumer response)

›››››››› 23.⑤ 24.①

ADVICE

23 ⑤ 육상운송은 전체 국내운송에서 차지하는 비율이 가장 크다.

24 제시된 내용은 QR에 대한 설명이다.
② SCM(Supply Chain Management) : 공급자 – 생산자 – 판매자 – 고객에 이르는 물류의 전체 흐름을 하나의 체인관점에서 파악하고 필요한 정보가 원활히 흐르도록 지원하는 통합관리 시스템
③ JIT(Just-In-Time) : 발주회사의 생산에 필요한 자재를 공급업체로 하여금 적기에 공급하도록 함으로써 발주회사의 재고유지비용을 극소화하여 원가를 절감하려는 경영기법
④ CRM(Customer Relationship Management) : 기존고객유지를 위하여 고객관계를 고객의 전 생에 걸쳐 유지함으로써 장기적으로 수익성을 극대화하는 것을 목적으로 하는 경영기법
⑤ ECR(Efficient Consumer Response) : 소비자에게 더 나은 가치를 제공하기 위해 식품산업의 공급업체와 유통업체들이 밀접하게 협력하여 효율적으로 대응하려는 공동전략

25 다음 표를 토대로 한 보기 내용 중 옳지 않은 것은?

재고품목	연간수량가치비율	누적비율	분류
a	52.62	52.62	A
b	28.86	79.48	A
c	8.22	87.71	B
d	5.48	93.19	B
e	2.47	95.65	B
f	2.03	97.68	C
g	1.05	98.73	C
h	0.92	99.65	C
i	0.28	99.93	C
j	0.07	100.00	C

① 롱테일 법칙을 재고관리에 활용한 것이다.
② 재고를 중요한 소수의 재고품목과 덜 중요한 다수의 재고품목을 구분하여 차별적으로 관리하는 기법이다.
③ 연간수량가치를 구하여 연간수량가치가 높은 순서대로 배열, 연간수량가치의 70~80%를 차지하는 품목을 A로 분류하였다.
④ A품목의 경우 긴밀한 관리가 필요하고 제품가용성이 중요하다.
⑤ C품목의 경우 주문주기가 긴 편이다.

〉〉〉〉〉〉〉〉〉 25.①

ADVICE

25 ① 파레토 법칙을 재고관리에 활용한 것이다. 파레토 법칙은 결과물의 80%는 상위 20%에 의하여 생산된다는 것으로, 80%의 사소한 다수가 20%의 핵심 소수보다 뛰어난 가치를 창출한다는 롱테일 법칙과 상반되는 개념이다.

II 상권분석

26 소매상권을 분석하는 기법을 규범적분석과 기술적분석으로 구분할 때, 나머지 4가지와 성격이 다른 하나는?

① Applebaum의 유추법
② Christaller의 중심지이론
③ Reilly의 소매중력법칙
④ Converse의 무차별점 공식
⑤ Huff의 확률적 공간상호작용이론

27 소비자들이 유사한 인접점포들 중에서 선택하는 상황을 전제로 상권의 경계를 파악할 때 간단하게 활용하는 티센다각형(Thiessen polygon) 모형에 대한 설명으로 옳지 않은 것은?

① 근접구역이란 어느 점포가 다른 경쟁점포보다 공간적인 이점을 가진 구역을 의미하며 일반적으로 티센다각형의 크기는 경쟁수준과 역의 관계를 가진다.
② 두 다각형의 공유 경계선 상에 위치한 부지를 신규점포부지로 선택할 경우 이곳은 두 곳의 기존 점포들로부터 최대의 거리를 둔 입지가 된다.
③ 소비자들이 가장 가까운 소매시설을 이용한다고 가정하며, 공간독점 접근법에 기반한 상권 구획모형의 일종이다.
④ 소매 점포들이 규모나 매력도에 있어서 유사하다고 가정하며 각각의 티센다각형에 의해 둘러싸인 면적은 다각형 내에 둘러싸인 점포의 상권을 의미한다.
⑤ 다각형의 꼭짓점에 있는 부지는 기존 점포들로부터 근접한 위치로 신규 점포 부지로 선택시 피하는 것이 유리하다.

>>>>>>>>> 26.① 27.⑤

ADVICE

26 ① 유추법은 기술적분석, ②③④⑤는 규범적분석에 해당한다.

27 상권구획모형의 일종인 티센다각형 모형은 최근접상가 선택가설에 근거하여 상권을 설정한다.
⑤ 하나의 상권을 하나의 매장에만 독점적으로 할당하는 방법으로, 다각형의 꼭짓점에 있는 부지는 기존 점포들로부터 떨어진 위치로 신규 점포 부지 선택 시 고려된다.

28 소매점의 입지 대안을 확인하고 평가할 때 의사결정의 기본이 되는 몇 가지 원칙들이 있다. 아래 글상자가 설명하는 원칙으로 옳은 것은?

> 유사하거나 관련 있는 소매상들이 군집하고 있는 것이, 분산되어 있거나 독립되어 있는 것보다 더 큰 유인력을 가질 수 있다.

① 접근가능성의 원칙(principle of accessibility)
② 수용가능성의 원칙(principle of acceptability)
③ 가용성의 원칙(principle of availability)
④ 동반유인원칙(principle of cumulative attraction)
⑤ 고객차단의 원칙(principle of interception)

29 소매점포의 입지선정과정에서 광역 또는 지역시장의 매력도를 비교분석할 때 특정지역의 개략적인 수요를 측정하기 위해 구매력지수(BPI : Buying Power Index)를 이용하기도 한다. 구매력지수를 산출할 때 가장 높은 가중치를 부여하는 변수로 옳은 것은?

① 인구수
② 소매점면적
③ 지역면적(상권면적)
④ 소매매출액
⑤ 소득(가처분소득)

〉〉〉〉〉〉〉〉〉 28.④ 29.⑤

ADVICE

28 동반유인의 법칙 … 유사하거나 보완적인 소매업체들이 분산되어 있거나 독립되어 있는 경우보다 군집하여 있는 경우 동반유인으로 작용하여 더 큰 유인잠재력을 가질 수 있다는 법칙
① 접근가능성의 원칙 : 교통이 편리하거나 지리적으로 인접해 있을 경우 매출이 증대된다.
⑤ 고객차단의 원칙 : 중심업무지역 같이 사무실이나 쇼핑몰이 밀집된 지역은 고객이 특정지역에서 다른 지역으로 이동 시 점포를 방문하도록 한다.

29 구매력지수(BPI) … 주어진 시장의 구매능력을 측정한 것으로 기본 구매력지수는 모든 시장에 존재하는 세 가지 중요 요소인 총소득, 총 소매매출, 총인구에 가중치를 두고 이를 결합시켜 만들며 각 시장 인구의 구매력을 결정하는 데 사용된다.

30 A시의 인구는 20만 명이고 B시의 인구는 5만 명이다. 두 도시가 서로 15km의 거리에 떨어져 있는 경우, 두 도시 간의 상권경계는 A시로부터 얼마나 떨어진 곳에 형성 되겠는가?(Converse의 상권분기점 분석법을 이용해 계산하라.)

① 3km
② 5km
③ 9km
④ 10km
⑤ 12km

31 소매점의 입지 유형 중 부도심 소매중심지(SBD : Secondary Business District)에 대한 설명으로 가장 옳지 않은 것은?

① 도시규모의 확장에 따라 여러 지역으로 인구가 분산, 산재되어 생긴 지역이다.
② 근린형 소매중심지이다.
③ 주된 소매업태는 슈퍼마켓, 일용잡화점, 소규모 소매점 등이 있다.
④ 주간에는 교통 및 인구 이동이 활발하지만 야간에는 인구 격감으로 조용한 지역으로 변한다.
⑤ 주거지역 도로변이나 아파트단지 상점가 등의 형태를 갖추고 있다.

》》》》》》》》》 30.④ 31.④

ADVICE

30 Converse의 제1법칙 … 경쟁도시인 A와 B에 대해서 어느 도시로 소비자가 상품을 구매하러 갈 것인가에 대한 상권분기점을 찾아내는 것으로, 주로 선매품과 전문품에 적용되는 모델이다.

$$D_a = \frac{D_{ab}}{1+\sqrt{\frac{P_b}{P_a}}} \text{ or } D_b = \frac{D_{ab}}{1+\sqrt{\frac{P_a}{P_b}}}$$ (단, B_a/B_b = 1일 경우 적용 가능)

- D_a : A시로부터 분기점까지의 거리
- D_b : B시로부터 분기점까지의 거리
- D_{ab} : AB 두 도시(지역) 간의 거리
- P_a : A시의 인구
- P_b : B시의 인구

따라서 $D_a = \frac{15}{1+\sqrt{\frac{50,000}{200,000}}} = \frac{15}{1+\sqrt{\frac{1}{4}}} = \frac{15}{1+\frac{1}{2}} = 10\text{km}$이다.

31 ④ 부도심 소매중심지의 예로는 신촌이나 영등포 등을 들 수 있다. 교통이나 도시 개발과 함께 신흥 상권으로 떠오른 곳으로, 주간은 물론 야간에도 교통 및 인구의 이동이 활발하다.

32 입지유형별 점포와 관련한 설명으로 가장 옳은 것은?

① 집심성 점포 : 업무의 연계성이 크고 상호대체성이 큰 점포끼리 한 곳에 입지한다.
② 집재성 점포 : 배후지의 중심부에 입지하며 재화의 도달범위가 긴 상품을 취급한다.
③ 산재성 점포 : 경쟁점포는 상호경쟁을 통하여 공간을 서로 균등히 배분하여 산재한다.
④ 국부적 집중성 점포 : 동업종끼리 특정 지역의 국부적 중심지에 입지해야 유리하다.
⑤ 공간균배의 원리 : 수요탄력성이 작아 분산입지하며 재화의 도달범위가 일정하다.

33 자금의 조달에 어려움이 없다고 가정할 때, 가맹본부가 하나의 상권에 개점할 직영점포의 숫자를 결정하는 가장 합리적인 원칙은?

① 상권 내 경쟁점포의 숫자에 비례하여 개점한다.
② 한계이익이 한계비용보다 높으면 개점한다.
③ 자사 직영점이 입점한 상권에는 개점하지 않는다.
④ 자기잠식을 고려하여 1상권에 1점포만을 개점한다.
⑤ 자사 가맹점의 상권이라도 그 가맹점의 허락을 받으면 개점한다.

›››››››› 32.④ 33.②

ADVICE

32 공간균배원리에 의한 점포
㉠ 집심성 점포 : 도시의 중심지에 입지하여야 유리하다.
예 백화점, 고급음식점, 보석가게, 고급의류점, 대형 서점, 영화관 등
㉡ 집재성 점포 : 동일 업종이 서로 한 곳에 모여 있어야 유리하다(집적효과).
예 가구점, 약재시장, 먹자골목, 중고서점, 전자제품, 기계점, 관공서 등
㉢ 산재성 점포 : 서로 분산하여 입지하여야 유리하다.
예 잡화점, 이발소, 세탁소, 대중목욕탕, 소매점포, 어물점 등
㉣ 국부적 집중성 점포 : 어떤 특정 지역에 동 업종끼리 국부적 중심지에 입지하여야 유리하다.
예 농기구점, 석재점, 비료점, 종묘점, 어구점 등

33 자금의 조달에 어려움이 없다면 한계이익이 한계비용보다 높으면 개점하는 것이 합리적이다.
※ 한계이익과 한계비용
㉠ 한계이익 : 순 매출액에서 변동비를 빼서 산출한 이익
㉡ 한계비용 : 생산량이 한 단위 증가할 때 늘어나는 비용

34 이새봄씨가 사는 동네에는 아래 표와 같이 이용 가능한 슈퍼마켓이 3개가 있다. Huff모델을 이용해 이새봄씨의 슈퍼마켓 이용확률이 가장 큰 점포와 그 이용확률을 구하라. (단, 거리와 점포크기에 대한 민감도는 -3과 2로 가정하자. 거리와 매장면적의 단위는 생략)A 슈퍼 B 슈퍼 C 슈퍼

	A 슈퍼	B 슈퍼	C 슈퍼
거리	2	4	2
점포면적	6	8	4

① A 슈퍼 60%
② B 슈퍼 31%
③ A 슈퍼 57%
④ B 슈퍼 13%
⑤ C 슈퍼 27%

〉〉〉〉〉〉〉〉〉 34.①

ADVICE

34 허프의 확률모델모형 공식을 적용하여 각각의 이용확률을 계산하면,

$P_{ij} = \dfrac{\dfrac{S_j}{T_{ij}^{\lambda}}}{\sum_{j=1}^{n} \dfrac{S_j}{T_{ij}^{\lambda}}}$	• P_{ij} : i에 거주하는 소비자가 j의 상점을 방문할 확률 • S_i : j의 매장면적 • T_{ij} : i로부터 j까지의 시간 · 거리 • λ : 방문에 필요한 시간이 쇼핑에 미치는 영향을 나타내는 매개변수 • n : 상점의 수

• A 슈퍼 : $\dfrac{\dfrac{6^2}{2^3}}{\dfrac{6^2}{2^3}+\dfrac{8^2}{4^3}+\dfrac{4^2}{2^3}} = \dfrac{\dfrac{36}{8}}{\dfrac{60}{8}} = \dfrac{36}{60} = 0.6$

• B 슈퍼 : $\dfrac{\dfrac{8^2}{4^3}}{\dfrac{6^2}{2^3}+\dfrac{8^2}{4^3}+\dfrac{4^2}{2^3}} = \dfrac{\dfrac{64}{64}}{\dfrac{60}{8}} = \dfrac{8}{60} = 0.1333\cdots$

• C 슈퍼 : $\dfrac{\dfrac{4^2}{2^3}}{\dfrac{6^2}{2^3}+\dfrac{8^2}{4^3}+\dfrac{4^2}{2^3}} = \dfrac{\dfrac{16}{8}}{\dfrac{60}{8}} = \dfrac{16}{60} = 0.2666\cdots$

따라서 이용확률이 가장 큰 점포는 A 슈퍼이고 이용확률은 60%이다.

35 중심지이론에 관한 내용으로 가장 옳지 않은 것은?

① 상권중심지의 최대도달거리가 최소수요충족거리보다 커야 상업시설이 입점할 수 있다.
② 소비자는 유사점포 중에서 하나를 선택할 때 가장 가까운 점포를 선택한다고 가정한다.
③ 어떤 중심지들 사이에는 계층적 위계성이 존재한다.
④ 인접하는 두 도시의 상권의 규모는 그 도시의 인구에 비례하고 거리의 제곱에 반비례한다.
⑤ 상업중심지로부터 상업서비스기능을 제공받는 배후상권의 이상적인 모양은 정육각형이다.

36 제품 및 업종형태와 상권과의 관계에 대한 설명으로 옳지 않은 것은?

① 식품은 대부분 편의품이지만, 선물용 식품은 선매품이고 식당이 구매하는 일부 식품은 전문품일 수 있다.
② 선매품을 취급하는 소매점포는 편의품보다 상위의 소매중심지나 상점가에 입지하여 더 넓은 범위의 상권을 가져야 한다.
③ 소비자는 생필품을 구매거리가 짧고 편리한 장소에서 구매하려 하므로 생필품을 취급하는 점포는 주택지에 근접한 입지를 선택하는 것이 좋다.
④ 전문품을 취급하는 점포의 경우 고객이 지역적으로 밀집되어 있으므로 그 상권은 밀도가 높고 범위는 좁은 특성을 가진다.
⑤ 동일업종이더라도 점포의 규모나 품목구성에 따라 점포의 상권 범위가 달라진다.

›››››››› 35.④ 36.④

ADVICE

35 ④ 크리스탈러의 중심지이론에 따르면 중심지 기능의 수행정도는 인구규모에 비례하고, 지역의 규모에 비례하여 배후상권의 규모가 커진다. 상권의 규모는 인구에 비례하고, 각 도시와 중간도시 간의 거리의 제곱에 반비례한다는 것은 레일리의 소매인력법칙에 대한 설명이다.

36 ④ 전문품을 취급하는 점포의 경우 고객이 지역적으로 분산되어 있으므로 그 상권은 밀도가 낮고 범위는 넓은 특성을 가진다.

37 **경쟁점포에 대한 조사 목적에 따른 조사 항목으로 가장 옳지 않은 것은?**

① 시장지위 – 경쟁점포의 시장점유율, 매출액
② 운영현황 – 종업원 접객능력, 친절도
③ 상품력 – 맛, 품질, 가격경쟁력
④ 경영능력 – 대표의 참여도, 종업원관리
⑤ 시설현황 – 점포면적, 인테리어

38 **"상가건물임대차보호법"(법률 제15791호, 2018. 10. 16., 일부개정) 제10조 1항은 '임대인은 임차인이 임대차기간이 만료되기 6개월 전부터 1개월 전까지 사이에 계약갱신을 요구할 경우 정당한 사유 없이 거절하지 못 한다'라고 규정하고 있다. 이 규정 적용의 예외로서 옳지 않은 것은?**

① 임차인이 3기의 차임액에 해당하는 금액에 이르도록차임을 연체한 사실이 있는 경우
② 임차인이 거짓이나 그 밖의 부정한 방법으로 임차한 경우
③ 서로 합의하여 임대인이 임차인에게 상당한 보상을 제공한 경우
④ 임차인이 임대인의 동의하에 목적 건물의 전부 또는 일부를 전대(轉貸)한 경우
⑤ 임차인이 임차한 건물의 전부 또는 일부를 고의나 중대한 과실로 파손한 경우

〉〉〉〉〉〉〉〉〉 37.② 38.④

ADVICE

37 ② 종업원 접객능력과 친절도는 서비스 항목에 해당한다. 운영현황 항목에는 고객 1인당 평균 매입액(객단가), 종업원 수, 일 고객 수 등이 포함될 수 있다.

38 임대인은 임차인이 임대차기간이 만료되기 6개월 전부터 1개월 전까지 사이에 계약갱신을 요구할 경우 정당한 사유 없이 거절하지 못한다. 다만, 다음 각 호의 어느 하나의 경우에는 그러하지 아니하다〈「상가건물 임대차보호법」 제10조(계약갱신 요구 등) 제1항〉.

1. 임차인이 3기의 차임액에 해당하는 금액에 이르도록 차임을 연체한 사실이 있는 경우
2. 임차인이 거짓이나 그 밖의 부정한 방법으로 임차한 경우
3. 서로 합의하여 임대인이 임차인에게 상당한 보상을 제공한 경우
4. 임차인이 임대인의 동의 없이 목적 건물의 전부 또는 일부를 전대(轉貸)한 경우
5. 임차인이 임차한 건물의 전부 또는 일부를 고의나 중대한 과실로 파손한 경우
6. 임차한 건물의 전부 또는 일부가 멸실되어 임대차의 목적을 달성하지 못할 경우
7. 임대인이 다음 각 목의 어느 하나에 해당하는 사유로 목적 건물의 전부 또는 대부분을 철거하거나 재건축하기 위하여 목적 건물의 점유를 회복할 필요가 있는 경우
   가. 임대차계약 체결 당시 공사시기 및 소요기간 등을 포함한 철거 또는 재건축 계획을 임차인에게 구체적으로 고지하고 그 계획에 따르는 경우
   나. 건물이 노후 · 훼손 또는 일부 멸실되는 등 안전사고의 우려가 있는 경우
   다. 다른 법령에 따라 철거 또는 재건축이 이루어지는 경우
8. 그 밖에 임차인이 임차인으로서의 의무를 현저히 위반하거나 임대차를 계속하기 어려운 중대한 사유가 있는 경우

39 아래 글상자는 체크리스트(Checklist)법을 활용하여 특정 입지에 입점할 점포의 상권경쟁구조의 분석 내용을 제시하고 있다. 분석 내용과 사례의 연결이 옳은 것은?

> ㉠ 업태간 경쟁구조 분석
> ㉡ 보완 및 경쟁관계 분석
> ㉢ 위계별 경쟁구조 분석
> ㉣ 잠재적 경쟁구조 분석
> ㉤ 업태내 경쟁구조 분석

① ㉠ – 동일 상권내 편의점들간의 경쟁관계
② ㉡ – 상권내 진입 가능한 잠재경쟁자와의 경쟁관계
③ ㉢ – 도시의 도심, 부도심, 지역중심, 지구중심간의 경쟁관계
④ ㉣ – 근접한 동종점포간 보완 및 경쟁관계
⑤ ㉤ – 백화점, 할인점, SSM, 재래시장 상호간의 경쟁관계

40 대도시 A, B 사이에 위치하는 중소도시 C가 있을 때 A, B가 C로부터 끌어들일 수 있는 상권규모를 분석하기 위해 레일리(W. Reilly)의 소매인력법칙을 활용할 수 있다. 이 때 꼭 필요한 정보로 옳지 않은 것은?

① 중소도시 C에서 대도시 A까지의 거리
② 중소도시 C에서 대도시 B까지의 거리
③ 중소도시 C의 인구
④ 대도시 A의 인구
⑤ 대도시 A, B 사이의 분기점

》》》》》》》》》 39.③ 40.⑤

ADVICE

39 상권 경쟁분석
㉠ 위계별 경쟁구조 분석 : 도심, 부심, 지역중심, 지구중심의 업종을 파악 및 분석
㉡ 업태 간/업태 내 경쟁구조 분석 : 신규출점 예정 사업체의 분석은 업태 내 경쟁구조 분석이며, 재래시장, 슈퍼마켓, 대형 전문점 등의 분석은 업태 간 경쟁구조 분석
㉢ 잠재적 경쟁구조 분석 : 신규소매업 진출예정 사업체 및 업종의 파악 및 분석
㉣ 보완 및 경쟁관계 분석 : 단골고객의 선호도 조사, 고객 특성 및 쇼핑경향 분석, 소득, 연령, 직업 등의 인구통계학적 특성, 문화, 사회적 특성을 파악 및 분석

40 레일리의 소매인력법칙에 따르면 상권의 규모는 도시의 인구에 비례하고, 각 도시와 중간도시간의 거리의 제곱에 반비례한다.

41 점포입지나 상권에 관한 회귀분석에 관한 설명으로 가장 옳지 않은 것은?

① 점포의 성과에 대한 여러 변수들의 상대적인 영향력 분석이 가능하다.
② 상권분석에 점포의 성과와 관련된 많은 변수들을 고려할 수 있다.
③ 독립변수들이 상호관련성이 없다는 가정은 현실성이 없는 경우가 많다.
④ 분석대상과 유사한 상권특성을 가진 점포들의 표본을 충분히 확보하기 어렵다.
⑤ 시간의 흐름에 따라 회귀모델을 개선해 나갈 수 없어 확장성과 융통성이 부족하다.

42 상권이나 점포입지를 분석할 때는 고객의 동선을 파악하는 것이 중요하다. 인간심리와 동선과의 관계를 설명하는 일반원리로 가장 옳지 않은 것은?

① 최단거리 실현의 법칙
② 집합의 법칙
③ 안전중시의 법칙
④ 보증실현의 법칙
⑤ 규모선호의 법칙

43 지역시장의 소매포화지수(Index of Retail Saturation)에 대한 설명으로 가장 옳은 것은?

① 해당 지역시장의 구매력을 나타낸다.
② 다른 지역과 비교한 해당 지역시장의 1인당 소매매출액을 나타낸다.
③ 해당 지역시장의 특정 소매업태에 대한 수요와 공급의 현재 상태를 나타낸다.
④ 해당 지역시장 거주자들이 다른 지역시장에서 구매하는 쇼핑지출액도 평가한다.
⑤ 해당 지역시장의 특정 제품이나 서비스에 대한 가계소비를 전국 평균과 비교한다.

〉〉〉〉〉〉〉〉〉 41.⑤ 42.⑤ 43.③

ADVICE

41 ⑤ 회귀분석은 시간의 흐름에 따라 회귀모델을 개선해 나갈 수 있어 확장성과 융통성이 확보된다.

42 인간심리와 동선과의 관계를 설명하는 일반원리
- ㉠ **최단거리 실현의 법칙** : 최단거리로 목적지에 가려는 심리
- ㉡ **집합의 법칙** : 군중심리로 인해 사람들이 많이 모이는 곳에 모이게 되는 심리
- ㉢ **안전중시의 법칙** : 위험해 보이거나 잘 모르는 곳은 가지 않는 심리
- ㉣ **보증실현의 법칙** : 먼저 득을 얻는 쪽을 택하게 되는 심리

43 소매포화지수(IRS)는 특정 소매업에 대한 해당 지역 내의 수요와 공급 관계를 정의하는 지수로, 신규점포에 대한 지역시장의 매력도를 측정하는 데 사용된다. 값이 클수록 공급보다 수요가 상대적으로 많음을 의미해 신규점포를 개설할 시장기회가 커진다.

44 입지개발 방법에 따라 각 점포특성을 고려한 소매점포의 입지로서 가장 옳지 않은 것은?

① 표적시장이 유사한 선매품점은 서로 인접한 입지가 좋다.
② 표적시장이 유사한 보완점포는 서로 인접한 입지가 좋다.
③ 표적시장이 겹치는 편의점은 서로 상권이 겹치지 않아야 한다.
④ 쇼핑몰의 핵점포 중 하나인 백화점은 쇼핑몰의 한 가운데 입지해야 한다.
⑤ 근린쇼핑센터 내의 기생점포는 핵점포에 인접한 입지가 좋다.

45 상권내에서 분석대상이 되는 점포의 상대적 매력도를 파악할 수는 있으나 예상매출액을 추정할 수는 없는 방법으로 가장 옳은 것은?

① 유사점포법
② MNL모델
③ 허프모델
④ 회귀분석법
⑤ 체크리스트법

〉〉〉〉〉〉〉〉〉 44.④ 45.⑤

ADVICE

44 ④ 백화점은 여타 점포에 비하여 규모가 크고 주차장 등 확보해야 할 공간이 요구된다. 따라서 쇼핑몰 한 가운데 입지하는 것은 적절하지 않다.

45 ⑤ 체크리스트법은 부지와 주변상황에 관하여 사전에 결정된 변수 리스트에 따라 대상점포를 평가하며, 일반적으로 부지특성, 주변상황, 상권의 특성 등에 관한 변수가 포함된다. 적은 비용으로 간편하게 점포의 상대적 매력도를 파악할 수 있지만 예상매출액을 추정할 수는 없다. 그 밖에 주관성, 변수·해석의 다양성, 변수 선정의 문제 등의 단점이 있다.

Ⅲ 유통마케팅

46 개별고객의 관계가치에 대한 RFM분석의 설명으로 가장 옳지 않은 것은?

① R은 Recency의 약자로서 고객이 가장 최근에 기업과 거래한 시점을 말한다.
② F는 Friendly의 약자로서 고객이 기업을 친근해하고 선호하는 정도를 말한다.
③ M은 Monetary의 약자로서 고객이 기업에서 구매하는 평균금액을 말한다.
④ 분석을 위해서 표본고객에게 R, F, M의 척도에 따라 등급을 부여한다.
⑤ 일반적으로 일정한 기간 내에 한번 이상 거래한 고객을 대상으로 분석한다.

47 단기적 관점의 거래중심 마케팅보다는 관계중심 마케팅의 성과 평가기준으로 가장 옳지 않은 것은?

① 고객자산
② 고객충성도
③ 고객점유율
④ 시장점유율
⑤ 고객생애가치

48 조사에서 해결해야 할 문제를 명확하게 정의하고 마케팅전략 및 믹스변수의 효과 등에 관한 가설을 설정하기 위해, 본 조사 전에 사전 정보를 수집할 목적으로 실시하는 조사로서 가장 옳은 것은?

① 관찰적 조사(observational research)
② 실험적 조사(experimental research)
③ 기술적 조사(descriptive research)
④ 탐색적 조사(exploratory research)
⑤ 인과적 조사(causal research)

》》》》》》》》》 46.② 47.④ 48.④

ADVICE

46 ② F는 Frequency의 약자로서 얼마나 자주 자사제품을 구매했는지에 대한 구매빈도를 말한다.

47 ④ 시장점유율은 경쟁 시장에서 한 상품의 총판매량에서 한 기업의 상품 판매량이 차지하는 비율로, 단기적 관점의 거래중심 마케팅의 성과 평가기준이다.

48 본 조사 전에 사전 정보를 수집할 목적으로 실시하는 조사를 탐색적 조사라고 한다.

49 다른 판촉 수단과 달리 고객과 직접적인 접촉을 통하여 상품과 서비스를 판매하는 인적판매의 장점으로 가장 옳지 않은 것은?

① 고객의 판단과 선택을 실시간으로 유도할 수 있다.
② 정해진 시간 내에 많은 사람들에게 접근할 수 있다.
③ 고객의 요구에 즉각적으로 대응할 수 있다.
④ 고객이 될 만한 사람에게만 초점을 맞추어 접근할 수 있다.
⑤ 고객에게 융통성 있게 대처할 수 있다.

50 종속가격(captive pricing)결정에 적합한 제품의 묶음으로 옳지 않은 것은?

① 면도기와 면도날
② 프린터와 토너
③ 폴라로이드 카메라와 필름
④ 케이블TV와 인터넷
⑤ 캡슐커피기계와 커피캡슐

51 "100만원대"라고 광고한 컴퓨터를 199만원에 판매하는 가격정책으로서 가장 옳은 것은?

① 가격라인 결정
② 다중가격 결정
③ 단수가격 결정
④ 리베이트 결정
⑤ 선도가격 결정

〉〉〉〉〉〉〉〉〉 49.② 50.④ 51.③

ADVICE

49 ② 인적판매는 다른 판촉 수단과 달리 고객과 직접적인 접촉을 해야 하므로 정해진 시간 내에 접근할 수 있는 사람의 수가 한정된다.

50 종속가격결정은 주 제품과 함께 사용하여야 하는 종속 제품에 대한 가격을 함께 고려하여 결정하는 방법이다. ④ 케이블TV와 인터넷은 주 제품과 종속 제품의 관계로 보기 어렵다.

51 단수가격 결정 … 제품의 가격을 100원, 1,000원 등과 같이 현 화폐단위에 맞게 책정하는 것이 아니라, 그 보다 낮은 95원, 970원, 990원 등과 같이 단수로 책정하는 방식이다. 단수가격 결정은 소비자의 입장에서 가격이 상당히 낮은 것으로 느낄 수 있고 더불어서 비교적 정확한 계산에 의해 가격이 책정되었다는 느낌을 줄 수 있다.

52 상품의 코드를 공통적으로 관리하는 표준상품분류 중 유럽상품코드(EAN) 대한 설명으로 가장 옳지 않은 것은?

① 소매점 POS시스템과 연동되어 판매시점관리가 가능하다.
② 첫 네자리가 국가코드로 대한민국의 경우 8800이다.
③ 두 번째 네자리는 제조업체 코드로 한국유통물류진흥원에서 고유번호를 부여한다.
④ 국가, 제조업체, 품목, 체크숫자로 구성되어 있다.
⑤ 체크숫자는 마지막 한자리로 판독오류 방지를 위해 만들어진 코드이다.

53 상품진열방법과 관련된 설명 중 가장 옳지 않은 것은?

① 서점에서 고객의 주의를 끌기 위해 게시판에 책의 표지를 따로 떼어 붙이는 것은 전면진열이다.
② 의류를 사이즈별로 진열하는 것은 아이디어 지향적 진열이다.
③ 벽과 곤돌라를 이용해 고객의 시선을 효과적으로 사로잡을 수 있는 방법은 수직적 진열이다.
④ 많은 양의 상품을 한꺼번에 쌓아 놓는 것은 적재진열이다.
⑤ 여름을 맞아 바다의 파란색, 녹음의 초록색, 열정의 빨간색 등으로 제품들을 구분하여 진열하는 것은 색상별 진열이다.

54 어떤 표준적 상품을 비교적 염가로 판매하여 고객들을 매장 안으로 유도하고, 그 고객들에게 다른 상품을 판매 함으로서 이익을 얻으려는 가격정책으로 옳은 것은?

① 가격선도제(price leadership)
② 로스리더(loss leader)
③ 묶음가격(price bundling)
④ 특별할인가정책(special discount)
⑤ 차별가격(price discrimination)

〉〉〉〉〉〉〉〉〉 52.② 53.② 54.②

ADVICE

52 ② 우리나라의 경우 EAN으로부터 국가번호 코드로 '880'을 부여받았다.

53 ② 아이디어 지향적 진열은 실제적으로 사용하는 가정에 배치했을 때 소비자들에게 어떻게 보일지를 조합되는 품목들과 함께 진열해서 사전에 소비자들에게 보여주는 점포 진열에 가깝다고 할 수 있다.

54 '로스리더'란 원가보다 싸게 팔거나 일반 판매가보다 훨씬 싼 가격으로 판매하는 상품으로, 브랜드 인지도가 있는 인기제품을 로스리더로 선정하여 소비자의 내점빈도를 높이고, 소비자들이 점포 전체의 가격이 저렴하다는 인상을 가지도록 만드는 가격전략이다.

55 고정고객을 확보하는 방안과 관련된 내용으로 가장 옳지 않은 것은?

① 신규고객 10%의 창출보다 기존고객 10%의 이탈을 막는 것이 더 중요하다.
② 고정고객을 확보하면 불특정다수의 고객과 거래하는 것보다 수익성이 높다.
③ 고객고정화는 결국 시장점유율을 높여 기업의 시장 내 위치를 강화한다.
④ 고객고정화를 통해 업셀(up-sell), 다운셀(down-sell), 크로스셀(cross-sell) 등의 시스템 판매(system selling)를 추구할 수 있다.
⑤ 팬클럽제도, 회원제도, 고객등급화 등이 모두 고객고정화와 관련된다.

56 기업이 활용할 수 있는 차별화전략의 유형별로 요구되는 역량에 대한 설명으로 가장 옳지 않은 것은?

① 기술위주 차별화 : 고객이 선호하는 유용한 기술을 개발할 수 있는 능력
② 규모위주 차별화 : 규모의 경제를 활용할 수 있는 사업규모를 가질 수 있는 능력
③ 유통위주 차별화 : 경쟁사보다 우월하게 좋은 제품을 다양하게 만들어 낼 수 있는 능력
④ 시장위주 차별화 : 고객들의 요구와 선호도를 파악하여 만족시킬 수 있는 능력
⑤ 의사소통위주 차별화 : 고객들에게 제품과 서비스를 효과적으로 알릴 수 있는 능력

57 머천다이징(merchandising)은 좁은 의미(협의) 또는 넓은 의미(광의)로 정의할 수 있다. 협의의 머천다이징의 의미로서 가장 옳은 것은?

① 상품화계획 수립
② 판매활동계획 수립
③ 재고관리계획 수립
④ 상품확보계획 수립
⑤ 상품구매계획 수립

〉〉〉〉〉〉〉〉〉 55.③ 56.③ 57.①

ADVICE

55 ③ 고객고정화는 결국 시장점유율을 낮춰 기업의 시장 내 위치를 약화시킨다.

56 ③ 경쟁사보다 우월하게 좋은 제품을 다양하게 만들어 낼 수 있는 능력은 제품위주 차별화에 대한 설명이다. 유통위주 차별화는 유통력의 강화 또는 강력한 유통력을 기반으로 새로운 기회를 창출하는 능력을 말한다.

57 머천다이징(Merchandising)이란 기업의 마케팅 목표를 실현하기 위해 특정의 상품 · 서비스를 장소, 시간, 가격, 수량별로 시장에 내놓을 때 따르는 상품화 계획과 관리로서, 일반적으로는 마케팅의 핵심을 형성하는 활동을 이르는 말이다.

58 소비자를 대상으로 하는 판매촉진 방법 중 쿠폰과 비교한 리베이트의 특징으로 가장 옳은 것은?

① 쿠폰보다 처리비용(handling costs)이 더 낮다.
② 소매업체에게 처리비용을 지불할 필요가 없다.
③ 저가 상품에서도 쿠폰만큼의 판촉효과가 나타난다.
④ 제조업체를 대신해 소매업체가 소비자에게 가격할인을 제공한다.
⑤ 소비자는 리베이트에 따른 소매가격의 인하를 잘 지각하지 못한다.

59 유통업체의 상황에 따른 타당한 촉진수단의 짝(pair)으로 가장 옳지 않은 것은?

① 온라인쇼핑몰에서 고객을 유인할 때 – 현저한 가격 할인의 제공
② 고객의 내점을 증가시키고 싶을 때 – 특매상품(loss leader)의 제공
③ 고객충성도를 강화할 때 – 가격민감도가 높은 고객이 선호하는 내구재를 활용
④ 표적고객의 파악을 위해 데이터베이스를 구축하고 싶을 때 – 회원카드 발행
⑤ 고객집단과 매출의 관계가 파레토법칙을 따를 때 – 단골고객 우대프로그램 활용

60 아래 글상자에서 제조업자의 중간상을 대상으로 한 푸쉬 전략의 예로 옳은 것을 모두 고르면?

㉠ 협동광고	㉡ 수량할인
㉢ 프리미엄	㉣ 판매원 훈련프로그램

① ㉠, ㉡, ㉢ ② ㉠, ㉡, ㉣
③ ㉠, ㉢, ㉣ ④ ㉡, ㉢, ㉣
⑤ ㉠, ㉡, ㉢, ㉣

〉〉〉〉〉〉〉〉〉 58.② 59.③ 60.②

ADVICE

58 ① 리베이트는 쿠폰보다 처리비용이 더 높다.
③ 리베이트의 경우 저가 상품에서는 쿠폰만큼의 판촉효과가 나타나지 않는다.
④ 리베이트는 제조업체에서 소매업체에게 거래 대금의 일부를 환급해 주는 것이다.
⑤ 리베이트에 따른 소매가격이 인하되면 소비자는 더 저렴한 가격으로 구매가 가능하다.

59 ③ 고객충성도는 고객의 동일한 브랜드에 대한 지속적인 재구매 의도와 심리적인 측면의 충성도로서, 가격민감도가 높지 않은 고객이 선호하는 내구재를 활용한다.

60 ㉢ 프리미엄은 상품의 이미지를 향상시키고 호감을 심어주기 위해 소매업체에서 소비자에게 사용하는 전략으로, 판촉물로서 무료선물이나 상품 등을 제공하는 것을 말한다.

61 엔드매대에 진열할 상품을 선정하기 위한 점검사항으로 가장 옳지 않은 것은?

① 주력 판매가 가능한 상품의 여부
② 시즌에 적합한 상품의 여부
③ 대량 판매가 가능한 상품의 여부
④ 새로운 상품 또는 인기상품의 여부
⑤ 전체 매장의 테마 및 이미지를 전달할 수 있는 상품의 여부

62 아래 글상자에서 ㉠이 설명하는 비주얼머천다이징(Visual Merchandising) 요소로 옳은 것은?

> (㉠)은(는) 판매포인트를 연출하기 위해 벽면이나 집기류의 상단 등 고객의 시선이 자연스럽게 닿는 곳에 상품의 포인트를 알기 쉽게 강조하여 보여주는 것을 말한다.

① VMP(visual merchandising presentation)
② VP(visual presentation)
③ PP(point of sale presentation)
④ IP(item presentation)
⑤ SI(store identity)

〉〉〉〉〉〉〉〉〉 61.⑤ 62.③

ADVICE

61 엔드매대 진열은 3면에서 고객이 상품을 볼 수 있기 때문에 가장 눈에 잘 띄는 진열방식으로 가장 많이 팔리는 상품들을 진열할 때 주로 사용된다.

※ 엔드매대 제품구성 시의 점검사항
㉠ 계절이 적절한가? (춘하추동, 휴가철, 신학기철, 김장철, 명절 등)
㉡ 특매 및 기획제품 등의 테마가 명확하고 진열과 밸런스는 좋은가?
㉢ 메뉴 수구가 친밀감이 있는가?
㉣ 신제품, 광고 제품, 히트 제품 등은 유행성이 고려되었는가?
㉤ 제안형으로 생활 감각이 있는 정보 제공에 도움이 되는가?
㉥ 신선식품의 신선한 이미지(fresh image)가 있는가?
㉦ 대량 판매 시 소비성이나 회전력을 감안하는가?

62 제시된 내용은 PP에 대한 설명이다.

※ VMD의 구성요소
㉠ VP(Visual Presentation) : 점포의 콘셉트를 표현하기 위한 점포 전체 이미지화 작업
㉡ PP(Point of sale Presentation) : 고객의 시선이 머무르는 곳에 볼거리를 제공하는 상품 진열 계획의 포인트 전략
㉢ IP(Item Presentation) : 판매촉진을 도모하는 작업으로, 제품에 대한 신선한 정보를 지속적으로 제공

63 효과적인 POP 광고에 대한 설명 중 가장 옳지 않은 것은?

① 소비자들에게 충동구매를 이끌어낼 수 있다.
② 벽면과 바닥을 제외한 모든 공간을 활용할 수 있어 매우 효과적이다.
③ 계산대 옆에 설치하여 각종 정보나 이벤트를 안내하기에 효과적이다.
④ 계절적인 특성을 살려 전체적인 분위기를 연출하기에 효과적이다.
⑤ 소비자의 주목을 끌 수 있어 효과적이다.

64 점포 설계 구성 요소에 대한 설명으로 옳지 않은 것은?

① 점포 외장: 점두, 출입구 결정, 건물외벽 등
② 점포내부 인테리어: 벽면, 바닥, 조명, 통로, 집기, 비품 등
③ 진열: 구색, 카트, 포스터, 게시판, POP 등
④ 레이아웃: 상품배치, 고객동선, 휴게공간, 사무실 및 지원시설 등
⑤ 조닝: 매장의 집기, 쇼케이스, 계산대 등의 매장 내 배치

65 점포를 설계하기 위해서 점검해야 할 사항으로 가장 옳지 않은 것은?

① 많은 고객을 점포로 들어오게 할 수 있는가?
② 매장의 객단가를 높일 수 있는가?
③ 적은 인원으로 매장 환경을 유지할 수 있는가?
④ 검수 및 상품 보충과 같은 작업이 원활하게 이루어질 수 있는가?
⑤ 고객 동선과 판매원 동선을 교차시켜 상품노출을 극대화 할 수 있는가?

〉〉〉〉〉〉〉〉〉 63.② 64.⑤ 65.⑤

ADVICE

63 ② POP 광고는 벽면과 바닥 등 모든 공간을 활용할 수 있다.

64 ⑤ 조닝은 점포 레이아웃이 완료된 후 각 코너별 상품군을 계획하고 진열면적을 배분하는 작업이다.

65 ⑤ 소비자들이 지나다니는 고객 동선은 제품 운반이나 판매원 동선과 교차하지 않도록 설계해야 한다.

66 상품 카테고리의 수명주기단계에서 상품구색의 깊이를 확장하는 전략을 적용하는 것이 가장 옳은 단계는?

① 도입기
② 성장기
③ 성숙기
④ 쇠퇴기
⑤ 재활성화기

67 대형마트에 대한 영업시간 제한과 의무휴업일 지정에 대한 법규의 내용을 소개한 것으로 옳지 않은 것은?

① 영업시간 제한과 의무휴업일 지정은 광역시 및 도 단위로 이루어진다.
② 특별자치시장 · 시장 · 군수 · 구청장은 매월 이틀을 의무 휴업일로 지정하여야 한다.
③ 중소유통업과의 상생발전, 유통질서 확립, 근로자의 건강권을 위한 것이다.
④ 의무휴업일은 공휴일 중에서 지정하되 이해당사자와 합의를 거쳐 공휴일이 아닌 날도 지정할 수 있다.
⑤ 준대규모점포에 대하여도 영업시간 제한 및 의무휴업을 명할 수 있다.

68 아래의 설명과 관련된 서비스 수요관리전략으로 가장 옳은 것은?

- 스키리조트는 여름을 대비하여 물보라 썰매장이나 골프장 같은 다양한 부대시설을 갖추어 놓는다.
- 호텔은 비수기에 대비하여 기업단위의 연수고객을 유치하기 위해 노력한다.
- 업무지구에 있는 호프집은 점심시간에 직장인들을 위한 점심 식사를 제공한다.

① 수요재고화 전략
② 수요조절전략
③ 가용능력변화 전략
④ 가용능력고정 전략
⑤ 목표시장 다변화전략

›››››››› 66.③ 67.① 68.②

ADVICE

66 ③ 성숙기에는 선별적인 투자 전략으로써 성장 세분시장에 대한 상품구색의 깊이를 확장하는 전략을 적용한다.

67 ① 특별자치시장 · 시장 · 군수 · 구청장은 건전한 유통질서 확립, 근로자의 건강권 및 대규모점포등과 중소유통업의 상생발전을 위하여 필요하다고 인정하는 경우 대형마트(대규모점포에 개설된 점포로서 대형마트의 요건을 갖춘 점포를 포함한다)와 준대규모점포에 대하여 영업시간 제한을 명하거나 의무휴업일을 지정하여 의무휴업을 명할 수 있다〈「유통산업발전법」 제12조의2(대규모점포등에 대한 영업시간의 제한 등) 제1항 전단〉.

68 제시된 내용은 비수기의 수요증대를 위한 수요조절전략에 대한 사례이다. 서비스 기업은 상품, 가격, 촉진 등을 통한 수요조절로 수요를 증대시키거나 수요를 감소시킬 수 있다.

69 아래의 글상자는 원가가산 가격결정을 위한 원가구조와 예상판매량이다. 원가가산 가격결정 방법에 의해 책정한 가격으로 옳은 것은?

> 고정비 : 1,000,000원
> 단위당 변동비 : 500원
> 예상 판매량 : 1,000개
> 판매가 대비 마진율 : 20%

① 875원
② 3,000원
③ 1,875원
④ 7,500원
⑤ 1,125원

70 다음 중 격자형 레이아웃의 장점에 해당하는 것은?

① 시각적으로 고객의 주의를 끌어 개별 매장의 개성을 표출할 수 있다.
② 매장의 배치가 자유로워 고객의 충동구매를 유도할 수 있다.
③ 주동선, 보조동선, 순환통로, 설비표준화로 비용이 절감된다.
④ 고급상품 매장이나 전문점 같이 고객 서비스를 강조하는 매장에서 주로 활용한다.
⑤ 의류상품에 적합한 레이아웃으로 쇼핑의 즐거움을 배가시킬 수 있다.

>>>>>>>>> 69.③ 70.③

ADVICE

69 원가가산가격결정법은 재화나 서비스의 생산원가에 일정 이익률을 고려하여 가격을 결정하는 방법이다.
단위당 원가 = 단위당 변동비 + 단위당 고정비 = 500 + 1,000,000/1,000 = 1,500원
가격 = 단위당 원가 / (1 − 희망이익률) = 1,500 / (1 − 0.2) = 1,875원

70 격자형 레이아웃의 장점
㉠ 비용 효율성이 높다.
㉡ 공간이용의 효율성이 높다.
㉢ 고객이 계획한 구매행동을 할 수 있도록 한다.
㉣ 상품진열에 필요한 걸이의 소요량을 감소시킨다.

Ⅳ 유통정보

71 아래 글상자의 괄호에 들어갈 용어로 가장 옳은 것은?

> (　　)은(는) 공공거래 장부로 불리는 데이터 분산 처리 기술로서 네트워크에 참여하는 모든 사용자가 모든 거래 내역 등의 데이터를 분산 · 저장하는 기술을 지칭한다. DHL은 물류 분야의 (　　)의 역할을 ⅰ) 신속, 간결한 국제무역 물류, ⅱ) 공급사슬 내에서의 투명성과 추적가능성, ⅲ) 스마트 계약으로 인한 물류업의 프로세스 자동화로 규정하고 있다. Unilever, Wal-Mart가 도입하여 제품 추적성, 안전성 확보를 도모한 사례가 있다.

① 드론(drone)
② 블록체인(blockchain)
③ 핀테크(FinTech)
④ EDI(electronic data interchange)
⑤ 비트코인(bitcoin)

72 자기의 수요를 예측하여 해당하는 양을 주문하고자 할 때, 수요정보의 처리과정에서 왜곡현상이 나타날 수 있다. 소비자에게 판매될 시점의 데이터를 실시간으로 수집할 수 있도록 기능을 지원하는 정보기술로 가장 옳은 것은?

① POS(Point Of Sales) 시스템
② IoT(Internet of Things)
③ BYOD(Bring Your Own Device)
④ ONO(Online and Offline)
⑤ JRE(Java Runtime Environment)

›››››››››› 71.② 73.①

ADVICE

71 블록체인(blockchain) … 공공거래 장부로 불리는 데이터 분산 처리 기술로서 네트워크에 참여하는 모든 사용자가 모든 거래 내역 등의 데이터를 분산 · 저장하는 기술

※ 물류 분야에서 블록체인의 역할
㉠ 신속, 간결한 국제 무역 물류
㉡ 공급사슬 내에서의 투명성과 추적가능성
㉢ 스마트 계약으로 인한 물류업의 프로세스 자동화

72 ① POS 시스템은 판매시점 정보관리 시스템으로, 점포에서 판매와 동시에 품목 · 가격 · 수량 등 유통정보를 입력시켜 각종 자료를 분석 · 활용할 수 있도록 설계한 유통시스템이다.

73 아래 글상자의 내용을 근거로 경영과학 관점의 의사결정 과정을 순차적으로 나열한 것으로 가장 옳은 것은?

> ㉠ 실행
> ㉡ 문제의 인식
> ㉢ 모형의 구축
> ㉣ 자료의 수집
> ㉤ 실행 가능성 여부 평가
> ㉥ 변수의 통제 가능성 검토
> ㉦ 모형의 정확도 및 신뢰도 검정

① ㉡ - ㉢ - ㉣ - ㉤ - ㉥ - ㉦ - ㉠
② ㉡ - ㉢ - ㉣ - ㉥ - ㉤ - ㉦ - ㉠
③ ㉡ - ㉣ - ㉥ - ㉢ - ㉦ - ㉤ - ㉠
④ ㉡ - ㉣ - ㉥ - ㉦ - ㉢ - ㉤ - ㉠
⑤ ㉡ - ㉣ - ㉦ - ㉤ - ㉢ - ㉥ - ㉠

74 이동성과 접근성을 기반으로 한 모바일 컴퓨팅의 특징으로 가장 옳지 않은 것은?

① 개인화
② 편리성
③ PC의 보편화
④ 접속의 즉시성
⑤ 제품과 서비스의 지역화

›››››››› 73.③ 74.③

ADVICE

73 의사결정과정
문제의 인식 → 자료의 수집 → 변수의 통제 가능성 검토 → 모형의 구축 → 모형의 정확도 및 신뢰도 검정 → 실행 가능성 여부 평가 → 실행

74 ③ 모바일 컴퓨팅이란 스마트폰이나 태블릿 PC 등을 이용하여 옥외에서도 손쉽게 컴퓨터를 다루는 것을 말한다.

75 (주)대한전자의 상품 A의 연간 판매량은 60,000개이다. 또한, 주문한 상품 A가 회사에 도착하기 까지는 10일이 소요되며, 상품 A의 안전재고량은 3,000개이다. (주)대한전자는 연간 300일을 영업할 경우, 상품 A에 대한 재주문점의 크기를 구한 값으로 옳은 것은?

① 2,000개
② 3,000개
③ 4,000개
④ 5,000개
⑤ 6,000개

76 데이터 웨어하우스(Data Warehouse)의 특성으로 옳지 않은 것은?

① 데이터 웨어하우스 내의 데이터는 주제지향적으로 구성되어 있다.
② 데이터 웨어하우스 내의 데이터는 시간의 흐름에 따라 시계열적으로 저장된다.
③ 데이터 웨어하우스 내의 데이터는 거래 및 사건의 흐름에 따라 체계적으로 저장된다.
④ 데이터 웨어하우스는 다양한 정보시스템의 데이터의 통합관리를 지원해준다.
⑤ 데이터 웨어하우스는 데이터 마트(Data Mart)의 하위시스템으로 특정 이용자를 위해 디자인된 특화

>>>>>>>>> 75.④ 76.⑤

ADVICE

75 재주문점 = (최대 리드 타임 × 일일 평균 판매량) + 안전재고량 = (10 × 200) + 3,000 = 5,000개

76 데이터 웨어하우스란 사용자의 의사결정에 도움을 주기 위해 다양한 운영시스템에서 추출 · 변환 · 통합된 데이터베이스를 말한다.
⑤ 데이터 마트는 데이터 웨어하우스와 사용자 사이의 중간층에 위치한 것으로, 하나의 주제 또는 하나의 부서 중심의 데이터 웨어하우스라고 할 수 있다.

77 웹언어에 대한 설명으로 옳지 않은 것은?

① CGI는 서버와 외부 데이터, 응용 프로그램 간의 인터페이스 정의

② XML은 HTML과 달리 규정된 태그만 사용하는 것이 아닌 사용자가 원하는 태그를 만들어 응용 프로그램에 적용 가능

④ HTML, XML 순으로 발전하고 SGML은 HTML, XML단점을 보완하여 등장

⑤ 마크업언어는 웹 서버에 저장된 문자, 그림, 표, 음성, 동영상 등을 모두 포함한 문서를 클라이언트가 다운로드받아 웹 브라우저에서 표현

78 전자상거래 지능형 에이전트가 일반 소프트웨어 프로그램과는 다른 특징에 대한 설명으로 가장 옳지 않은 것은?

① 추론 능력을 갖추고 있어 스스로 문제를 해결할 수 있다.

② 컴퓨터를 작동시키거나 이용하여 업무를 처리할 수 있다.

③ 사용자가 관여하지 않아도 스스로 어떤 목표를 달성하기 위해 일을 완수할 수 있다.

④ 통신능력을 확장하여 다른 에이전트 프로그램 또는 외부 세계와 협동하여 일을 수행할 수 있다.

⑤ 필요에 따라 어떤 일을 수행하는 중에 다른 에이전트프로그램 또는 외부 세계와 통신할 수 있다.

〉〉〉〉〉〉〉〉〉 77.④ 78.②

ADVICE

77 ④ SGML, HTML 순으로 발전하고 XML은 SGML, HTML의 단점을 보완하고 장점을 수렴하여 등장하였다.

78 ② 컴퓨터를 작동시키거나 이용하여 업무를 처리하는 것은 일반 소프트웨어 프로그램에서도 가능하다.

79 아래 글상자의 (　　)안에 공통적으로 들어갈 용어로 가장 옳은 것은?

> (　　)은 전자상거래 환경에서 다양한 고객정보, 구매정보 등 폭넓은 데이터를 정교한 빅데이터 분석을 활용해 상품과 서비스에 대한 개선사항을 지속적으로 분석하고, 분석 결과를 사업화에 반영하는 지속가능 마케팅 방법이다. (　　)은 데이터지표로 말하는 신개념 마케팅 활동이다.

① 피싱(phishing)
② 파밍(pharming)
③ 바이럴 마케팅(viral marketing)
④ 그로스해킹(growth hacking)
⑤ 스미싱(smishing)

›››››››››› 79.④

ADVICE

79 괄호 안에 공통적으로 들어갈 용어는 '그로스해킹'이다.
① 피싱(phishing) : 전자우편이나 메신저 등을 통해 믿을 만한 사람이나 기업이 보낸 것처럼 속여 비밀번호나 신용카드번호 같은 개인 · 금융정보를 빼내려는 수법
② 파밍(pharming) : 사용자를 속여 사용자가 가짜 사이트에 접속하도록 유도하는 수법
③ 바이럴 마케팅(viral marketing) : 어떤 제품을 소비자들이 직접 마케팅 메시지를 퍼트리도록 촉진하는 유형의 마케팅 방식
⑤ 스미싱(smishing) : 문자메시지(SMS)와 피싱(Phishing)의 합성어로, 문자메시지를 통해 개인 · 금융정보를 빼내려는 수법

80 아래 글상자의 괄호에 들어갈 용어를 순서대로 나열한 것으로 가장 옳은 것은?

> 전자상거래는 소비자와의 쇼핑을 위한 접점이 통합되는 추세이다. 오프라인의 연계형인 온-오프 통합추세로 모바일쇼핑, TV쇼핑, 콜센터 등이 모두 소비자의 욕구를 채집하는 채널로 사용된다. 인터넷이든 모바일이든 오프라인 매장이든 간에 소비자가 이용가능한 모든 채널을 쇼핑의 창구로 유기적으로 연결하여 쇼핑에 불편이 없도록 하는 것이다. 이러한 채널의 통합을 (㉠), 상거래형태를 (㉡)(이)라 한다.

① ㉠ 옴니채널(omni channel)
  ㉡ 비콘(beacon)
② ㉠ O2O(online to offline)
  ㉡ 비콘(beacon)
③ ㉠ One채널(one channel)
  ㉡ ONO(online and offline)
④ ㉠ 옴니채널(omni channel)
  ㉡ O2O(online to offline)
⑤ ㉠ One채널(one channel)
  ㉡ BYOD(bring your own device)

81 바코드마킹과 관련된 설명 중에서 가장 옳은 것은?

① 제조업체가 생산시점에 바코드를 인쇄하는 것은 인스토어마킹이다.
② 소매상이 자신의 코드를 부여해 부착하는 것은 소스마킹이다.
③ 소스마킹은 생산시점에서 저렴한 비용으로 바코드부착이 가능하다.
④ 인스토어마킹은 업체간 표준화가 되어 있다.
⑤ 인스토어마킹은 동일상품에 동일코드가 지정될 수 있다.

>>>>>>>>> 80.④ 81.③

ADVICE

80 ㉠ 옴니채널 : 소비자로 하여금 온·오프라인, 모바일 등의 다양한 경로로 상품을 검색하고 구매할 수 있도록 제공하는 서비스
㉡ O2O : 온라인과 오프라인을 연결한 마케팅

81 소스마킹과 인스토어마킹
㉠ 소스마킹 : 제조업체가 자사 상품에 바코드를 일괄적으로 인쇄하여 부착하는 방법
㉡ 인스토어마킹 : 소매업체에서 상품 하나하나에 자체적으로 직접 라벨을 붙이는 방법으로, 소스마킹을 할 수 없는 청과물, 생선, 정육 제품 등에 적용

82 바코드(bar code)에 포함된 정보로 옳지 않은 것은?

① 국가식별코드
② 제조업체코드
③ 상품품목코드
④ 체크디지트
⑤ 제조일시

83 유통업체의 QR 물류시스템(Quick Response Logistics Systems) 도입효과로 가장 옳지 않은 것은?

① 공급사슬에서 효과적인 재고관리를 가능하게 해준다.
② 공급사슬에서 상품의 흐름을 개선한다.
③ 공급사슬에서 정보공유를 통해 제조업체의 효과적인 제품 생산 활동을 지원한다.
④ 공급사슬에서 정보공유를 통해 유통업체의 효과적인상품 판매를 지원한다.
⑤ 공급사슬에서 제조업의 원재료 공급방식이 풀(pull)방식에서 푸시(push) 방식으로 개선되었다.

84 기업들이 지식관리시스템을 구축하는 이유에 대한 설명으로 가장 옳지 않은 것은?

① 기업들은 최선의 관행, 즉 베스트 프랙티스(best practice)를 공유할 수 있다.
② 기업들은 노하우 활용을 통해 제품과 서비스의 가치를 개선할 수 있다.
③ 기업들은 경쟁우위를 창출하기 위한 지식을 용이하게 활용할 수 있다.
④ 기업들은 경영혁신을 위한 적절한 지식을 적절히 포착할 수 있다.
⑤ 기업들은 기업과 기업간 협업을 줄이고, 독자 경영을 할 수 있다.

››››››››› 82.⑤ 83.⑤ 84.⑤

ADVICE

82 바코드는 국가식별코드(3자리), 제조업체코드(4자리), 상품목록코드(5자리), 체크디지트(1자리)로 구성된다.

83 ⑤ 공급사슬에서 제조업의 원재료 공급방식이 푸시(push) 방식에서 풀(pull) 방식으로 개선되었다.

84 ⑤ 지식관리시스템을 통해 기업과 기업 간 협업을 늘리고 새로운 사업이나 이익을 창출할 수 있다.

85 아래의 그림은 조달청에서 제공하는 서비스 화면이다. 협상에 의한 계약 전 과정에 대하여 사업발주를 위한 제안요청서 작성부터 평가, 사업관리 등 사업의 처음부터 끝까지 서비스하는 시스템 명칭으로 가장 옳은 것은?

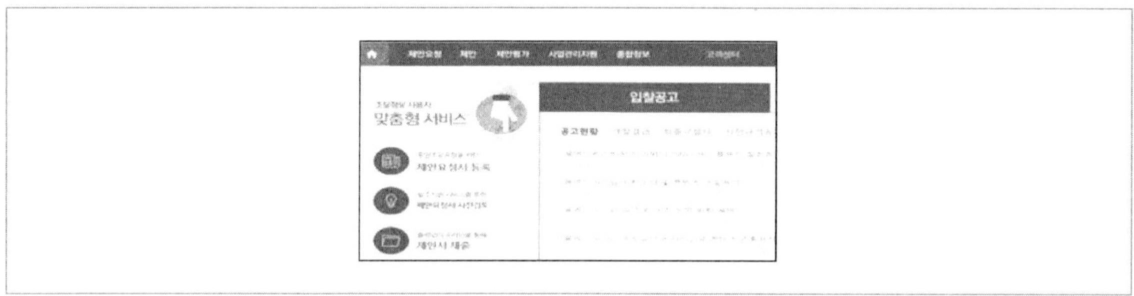

① e-담합감시정보시스템

② e-온라인평가시스템

③ e-협업시스템

④ e-정보공유시스템

⑤ e-발주시스템

>>>>>>>>> 85.⑤

ADVICE

85 조달청의 e-발주시스템은 협상에 의한 계약 전 과정에 대하여 사업발주를 위한 제안요청서 작성부터 평가, 사업관리 등 사업의 처음부터 끝까지를 하나의 시스템을 통해 서비스를 이용할 수 있다.

※ e-발주시스템 서비스 구성도

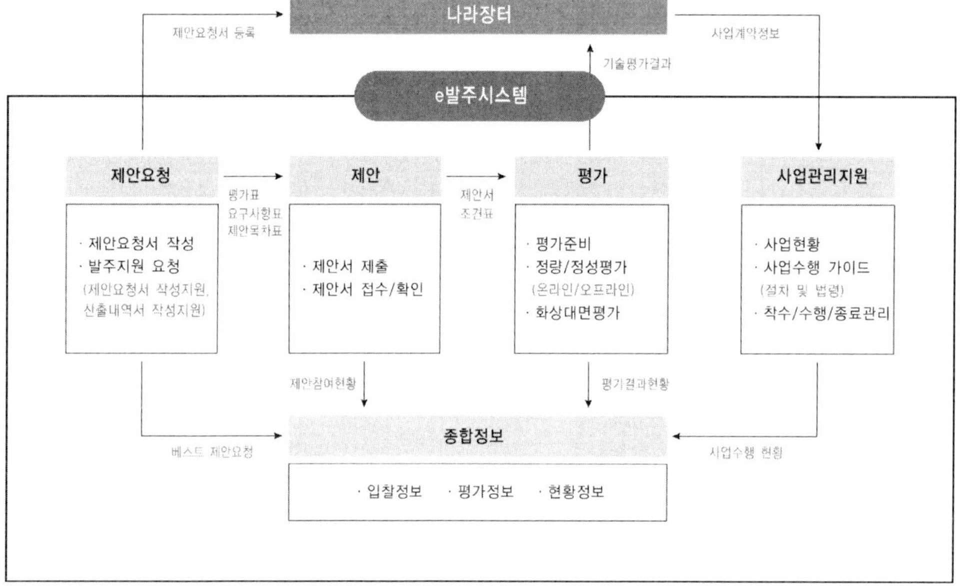

86 POS(point of sales) 시스템으로부터 획득한 정보에 대한 설명으로 가장 옳지 않은 것은?

① 상품분류체계의 소분류까지 업태별, 지역별 판매금액 구성비
② 상품분류체계의 소분류를 기준으로 해당 단품의 월별 판매금액
③ 품목의 자재 조달, 제조, 유통채널 이동 이력 관련 정보
④ 품목의 현재 재고정보
⑤ 제조사별 품목별 판매 순위

87 조직의 혁신적 성과향상을 도모하기 위해 비즈니스 프로세스 재설계(Business Process Reengineering)를 전략적으로 선택한다. 이에 대한 설명으로 옳지 않은 것은?

① 현재의 비즈니스 프로세스를 AS IS PROCESS라고 한다.
② 미래의 비즈니스 프로세스를 TO BE PROCESS라고 한다.
③ BPR은 점진적인 프로세스 개선을 통한 성과창출을 목표로 한다.
④ 기업에서는 ERP 시스템을 구축하기 위한 사전 작업으로 BPR을 추진한다.
⑤ BPR은 비용, 품질, 시간 등 조직의 성과를 혁신적으로 향상시키는 것을 목표로 한다.

88 바코드(bar code)에 대한 설명으로 옳지 않은 것은?

① EAN-8(단축형 바코드)은 단축형 상품식별코드(GTIN-8)를 나타낼 때 사용하는 바코드이다.
② 기존 상품과 중량 또는 규격이 다른 경우 새로운 상품으로 간주하고 새로운 상품식별코드를 부여한다.
③ 바코드 스캐너는 적색계통의 색상을 모두 백색으로 감지하여 백색바탕에 적색 바코드인 경우 판독이 불가능하다.
④ 바코드 높이를 표준 규격보다 축소할 경우 인식이 불가능하다.
⑤ 해당 박스에 특정 상품 입수개수가 다르다면 새로운 표준물류식별코드를 부여한다.

〉〉〉〉〉〉〉〉〉 86.③ 87.③ 88.④

ADVICE

86 POS 시스템은 판매시점 정보관리 시스템으로, 점포에서 판매와 동시에 품목 · 가격 · 수량 등 유통정보를 입력시켜 각종 자료를 분석 · 활용할 수 있도록 설계한 유통시스템이다.
③ 자재 조달, 제조, 유통채널 이동 이력 관련 정보는 POS 시스템을 통한 획득이 어렵다.

87 ③ BPR은 기업의 활동과 업무 흐름을 분석화하고 이를 최적화하는 것으로, 반복적이고 불필요한 과정들을 제거하기 위해 업무상의 여러 단계들을 통합하고 단순화하여 재설계하는 혁신적인 프로세스 개선 기법이다.

89 ④ 바코드는 가장 간단한 넓고 좁은 바와 스페이스로 구성되어 있다. 따라서 높이를 표준 규격보다 축소하여도 인식은 가능하다.

89 기업에서의 지식경영의 중요성은 강조하고, SECI 모델(Socialization, Externalization, Combination, Internalization Model)을 제시한 연구자는?

① 노나카 이쿠지로(Ikujiro Nonaka)　② 빌 게이츠(Bill Gates)
③ 로버트 캐플런(Robert Kaplan)　④ 마이클 포터(Michael Porter)
⑤ 마이클 해머(Michael Hammer)

90 아래 글상자에서 설명하는 e-비즈니스 간접 수익창출 방식으로 가장 옳은 것은?

> 네트워크에 의한 수확체증 효과를 얻을 수 있는 가장 빠른 방법으로, 멀티미디어 기술을 이용해 밀접한 관련이 있거나 인지도가 높은 웹사이트에 자사의 광고를 끼워 넣은 형태이다.

① 프로그램 무상 배포　② 스폰서십
③ 무료메일 제공　④ 제휴 프로그램
⑤ 배너광고

〉〉〉〉〉〉〉〉〉 89.① 90.⑤

ADVICE

88 Nonaka의 지식창조 프로세스(SECI 모델)

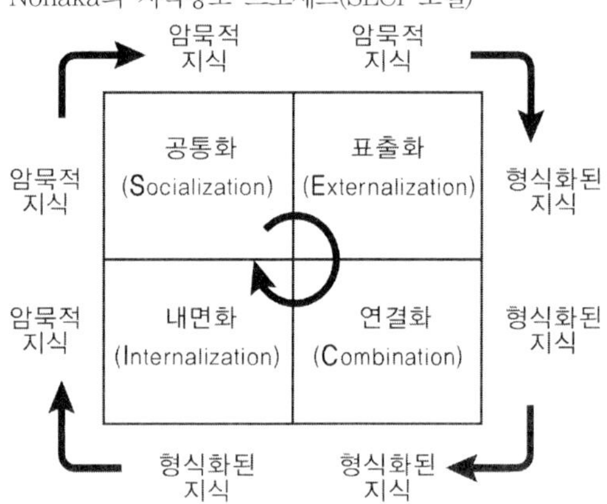

㉠ 공동화 : 의사소통이나 시연 등을 통해 암묵지를 다른 사람에게 공유
㉡ 표출화 : 암묵지를 책이나 매뉴얼 등의 형식지로 표출
㉢ 연결화 : 책이나 매뉴얼 등의 형식지에 새로운 형식지를 추가
㉣ 내면화 : 형식지를 통해 타인의 암묵지를 습득

90 제시된 내용은 배너광고에 대한 설명이다. 배너광고는 많은 사람들이 사용하는 인지도가 높은 웹사이트일수록 자사의 광고가 소비자에게 노출될 확률이 높지만, 광고료가 비싸다.

2020. 11. 1. 제3회 시행

Ⅰ 유통 · 물류일반

1 기업이 물류합리화를 추구하는 이유로 가장 옳지 않은 것은?

① 생산비 절감에는 한계가 있기 때문이다.
② 물류비는 물가상승에 따라 매년 증가하는 경향이 있기 때문이다.
③ 물류차별화를 통해 기업이 경쟁우위를 확보할 수 있기 때문이다.
④ 물류에 대한 고객의 요구들은 동일, 단순하여 고객에게 동일한 서비스를 제공할 수 있기 때문이다.
⑤ 각종 기법과 IT에 의해 운송, 보관, 하역, 포장기술이 발전할 수 있기 때문이다.

2 물류공동화의 효과로 가장 옳지 않은 것은?

① 수송물의 소량화
② 정보의 네트워크화
③ 차량 유동성 향상
④ 수 · 배송 효율 향상
⑤ 다빈도 소량배송에 의한 고객서비스 확대

›››››››››› 1.④ 2.①

ADVICE

1 ④ 물류에 대한 고객의 요구는 다양하기 때문에 고객에게 적합한 서비스를 제공해야 한다.

2 ① 물류공동화는 동종업체 또는 이종 연관 기업들이 전국적 또는 지역적으로 물류시설을 공동으로 설치하고 이용 · 관리하는 것으로 수송물의 대량화 효과가 나타난다.

3 한 품목의 연간수요가 12,480개이고, 주문비용이 5천 원, 제품가격이 1,500원, 연간보유비용이 제품단가의 20%이다. 주문한 시점으로부터 주문이 도착하는 데에는 2주가 소요된다. 이때 ROP(재주문점)는? (1년을 52주, 1주 기준으로 재주문하는 것으로 가정)

① 240개
② 480개
③ 456개
④ 644개
⑤ 748개

4 화주기업과 3자물류업체와의 관계에 대한 설명으로 옳지 않은 것은?

① 물류업무에 관한 의식개혁 공유
② 전략적 제휴에 의한 물류업무 파트너십 구축
③ 정보의 비공개를 통한 효율적인 물류업무개선 노력
④ 주력부문에 특화한 물류차별화를 통해 경쟁우위 확보 의지 공유
⑤ 화주기업의 물류니즈에 기반한 물류업체의 서비스 범위 협의

5 조직 내 갈등의 생성단계와 설명으로 가장 옳지 않은 것은?

① 잠재적 갈등 : 갈등이 존재하지 않는 상태를 의미한다.
② 지각된 갈등 : 상대방에 대해 적대감이나 긴장감을 지각하는 것을 말한다.
③ 감정적 갈등 : 상대방에 대해 적대감이나 긴장을 감정적으로 느끼는 상태를 말한다.
④ 표출된 갈등 : 갈등이 밖으로 드러난 상태를 의미한다.
⑤ 갈등의 결과 : 갈등이 해소되었거나 잠정적으로 억제되고 있는 상태를 말한다.

〉〉〉〉〉〉〉〉〉 3.② 4.③ 5.①

ADVICE

3 재주문점(ROP) = 시간 단위당 평균수요(d) × 리드 타임(L)

따라서 $\frac{12,480}{52} \times 2 = 480$개다.

4 ③ 정보의 공개를 통한 효율적인 물류업무개선 노력

5 ① 잠재적 갈등은 갈등이 표면화되지 않은 채 잠재되어 있는 상태로, 갈등의 가능성을 안고 있는 상태라고 할 수 있다.

6 물류와 관련된 고객서비스 항목들에 대한 설명 중 가장 옳지 않은 것은?

① 주문인도시간은 고객이 주문한 시점부터 상품이 고객에게 인도되는 시점까지 시간을 의미한다.
② 정시주문충족률을 높이면 재고유지비, 배송비가 감소하여 전체적인 물류비는 감소하게 된다.
③ 최소주문량을 낮출수록 고객의 만족도는 높아지지만 다빈도 운송으로 인해 운송비용은 증가한다.
④ 주문의 편의성을 높이기 위해서 주문처리시스템, 고객정보시스템의 구축이 필요하다.
⑤ 판매 이후의 신속하고 효과적인 고객 응대는 사후 서비스수준과 관련이 있다.

7 공급사슬관리에 관련된 내용으로 옳지 않은 것은?

① Lean은 많은 생산량, 낮은 변동, 예측가능한 생산환경에서 잘 적용될 수 있다.
② Agility는 수요의 다양성이 높고 예측이 어려운 생산환경에서 잘 적용될 수 있다.
③ 재고보충 리드타임이 짧아 지속적 보충을 하는 경우는 Kanban을 적용하기 힘들다.
④ 수요예측이 힘들고 리드타임이 짧은 경우는 QR이 잘 적용될 수 있다.
⑤ 적은 수의 페인트 기본색상 재고만을 보유하고 소비자들에게 색깔관점에서 커스터마이즈된 솔루션을 제공하는 것은 Lean/Agile 혼합전략의 예가 된다.

8 기업의 경쟁전략 중 조직규모의 유지 및 축소 전략으로 옳지 않은 것은?

① 다운사이징
② 집중화전략
③ 리스트럭처링
④ 영업양도전략
⑤ 현상유지전략

〉〉〉〉〉〉〉〉〉 6.② 7.③ 8.②

ADVICE

6 ② 정시주문충족률을 높이려면 재고유지비와 배송비가 증가하여 전체적인 물류비가 증가하게 된다.

7 ③ kanban은 수요에 기초해 자재나 부품을 생산하여 필요한 만큼만 생산하는 것을 원칙으로 한다. 따라서 재고 보충 리드타임이 짧아 지속적 보충을 하는 경우 kanban을 적용하기 용이하다.

8 ② 집중화전략이란 경쟁범위를 매우 좁게 하여 전체 시장의 극히 일부분을 집중적으로 공략하여 경쟁자보다 우위에 서는 전략을 말한다.

9 아래 글상자에서 인적자원관리 과정에 따른 구성 내용으로 옳지 않은 것은?

구분	과정	구성 내용
㉠	확보관리	계획, 모집, 선발, 배치
㉡	개발관리	경력관리, 이동관리
㉢	평가관리	직무분석, 인사고과
㉣	보상관리	교육훈련, 승진관리
㉤	유지관리	인간관계관리, 근로조건관리, 노사관계관리

① ㉠
② ㉡
③ ㉢
④ ㉣
⑤ ㉤

10 재무통제(financial control)를 유효하게 행하기 위한 필요 조건 설명으로 옳지 않은 것은?

① 책임의 소재가 명확할 것
② 시정조치를 유효하게 행할 것
③ 업적의 측정이 정확하게 행해질 것
④ 업적평가에는 적절한 기준을 선택할 것
⑤ 계획목표를 CEO의 의사결정에만 전적으로 따를 것

〉〉〉〉〉〉〉〉〉 9.④ 10.⑤

ADVICE

8 ㉣ 보상관리는 임금관리와 복지후생관리가 해당한다. 교육훈련과 승진관리는 개발관리에 해당한다.

9 ⑤ 계획목표는 CEO의 의사결정에 전적으로 따르기 보다는 구성원의 의견을 수렴하고 합의를 통해 최적의 목표를 설정하는 것이 바람직하다.

11 아래 글상자에서 설명하는 시스템으로 가장 옳은 것은?

> 기존의 개별적인 자동화기술 및 시스템을 하나의 생산시스템으로 통합하여 다품종 소량생산방식에 있어서의 융통성과 대량생산에서의 높은 생산성을 동시에 달성하고자 하는 제조시스템을 말하며, 이 시스템의 기술을 가장 효과적으로 적용할 수 있는 분야는 자동차 분야이다.

① 전사적품질관리시스템
② 전사적품질경영시스템
③ 적시생산시스템
④ 유연제조시스템
⑤ 공급체인관리시스템

12 맥킨지 사업포트폴리오 분석은 산업 매력도와 사업 경쟁력 차원으로 구분할 수 있는데 이 경우 사업 경쟁력 평가요소에 포함되지 않는 것은?

① 시장점유율, 관리능력, 기술수준
② 제품품질, 상표이미지, 생산능력
③ 시장점유율, 상표이미지, 원가구조
④ 산업성장률, 기술적변화정도, 시장규모
⑤ 유통망, 원자재 공급원의 확보

›››››››› 11.⑤ 12.④

ADVICE

11 제시된 내용은 공급체인관리시스템에 대한 설명이다.
① **전사적품질관리시스템** : 조직 구성원 전원이 품질관리를 이해하고 조직적으로 제품의 질을 높이기 위해 노력하는 시스템
② **전사적품질경영시스템** : 제품이나 서비스의 품질뿐만 아니라 경영과 업무, 직장환경, 조직구성원의 자질 등 기업 활동의 전반적인 분야의 품질을 높이는 데 주력하는 경영 방식
③ **적시생산시스템** : 생산 일정에 맞춰 필요한 양의 부품 또는 제품을 생산 · 조달하는 시스템
④ **유연제조시스템** : 시장의 상황에 따라 제품의 생산량을 유연성있게 조절하여 생산하는 시스템

12 ④는 산업 매력도 평가 요소에 해당한다. 산업성장률이 높고 경쟁자나 기술적변화정도가 적으면서 시장규모가 크다면 해당 산업의 매력도는 높다.

13 유통경로 성과를 측정하는 변수 중 정량적 측정변수로 가장 옳지 않은 것은?

① 새로운 세분 시장의 수, 악성부채 비율
② 상품별, 시장별 고객 재구매 비율
③ 브랜드의 경쟁력, 신기술의 독특성
④ 손상된 상품비율, 판매예측의 정확성
⑤ 고객불평건수, 재고부족 방지비용

14 아래 글상자 내용은 유통경로의 필요성에 관한 것이다. ㉠~㉤에 들어갈 용어를 순서대로 옳게 나열한 것은?

> • 총거래수 (㉠)원칙 : 유통경로에서는 중간상이 개입함으로써 단순화, 통합화됨
> • (㉡)의 원리 : 유통경로 상 수행되는 수급조절, 수배송, 보관, 위험부담 등을 생산자와 유통기관이 (㉡)하여 참여함
> • (㉢) 우위의 원리 : 유통분야는 (㉣)가 차지하는 비중이 (㉤)보다 크므로 제조와 유통의 역할을 분담하는 것이 비용 측면에서 유리

㉠ ㉡ ㉢ ㉣ ㉤
① 최대, 통합, 변동비, 고정비, 변동비
② 최대, 분업, 변동비, 고정비, 변동비
③ 최대, 통합, 고정비, 변동비, 고정비
④ 최소, 분업, 변동비, 변동비, 고정비
⑤ 최소, 분업, 고정비, 변동비, 고정비

>>>>>>>>> 13.③ 14.④

ADVICE

13 ③ 정량적 측정변수는 수치로 나타낼 수 있는 변수이다. 브랜드의 경쟁력이나 신기술의 독특성은 정성적 측정변수로 볼 수 있다.

14 • 총거래수 (최소)원칙 : 유통경로에서는 중간상이 개입함으로써 단순화, 통합화됨
• (분업)의 원리 : 유통경로 상 수행되는 수급조절, 수배송, 보관, 위험부담 등을 생산자와 유통기관이 (분업)하여 참여함
• (변동비) 우위의 원리 : 유통분야는 (변동비)가 차지하는 비중이 (고정비)보다 크므로 제조와 유통의 역할을 분담하는 것이 비용 측면에서 유리

15 유통경영전략을 수립하기 위한 환경분석 중 내부환경요인분석에서 활용되는 가치사슬모형(value chain model)에 대한 설명으로 옳은 것은?

① 기업활동을 여러 세부활동으로 나누어 활동목표 수준과 실제 성과를 분석하면서 외부 프로세스의 문제점과 개선 방안을 찾아내는 기법이다.
② 기업의 가치는 보조활동과 지원활동의 가치창출 활동에 의해 결정된다.
③ 핵심프로세스에는 물류투입, 운영 · 생산, 물류산출, 마케팅 및 영업, 인적자원관리 등이 포함된다.
④ 지원프로세스에는 기업인프라, 기술개발, 구매조달, 서비스 등이 포함된다.
⑤ 기업 내부 단위활동과 활동들 간 연결고리 문제점 및 개선방안을 체계적으로 찾는데 유용한 기법이다.

16 유통경로 구조를 결정하는데 여러 가지 고려해야 할 요인들을 반영하여 중간상을 결정하는 방법인 체크리스트법에 대한 연결 요인 중 가장 옳은 것은?

① 시장요인 – 제품표준화
② 제품요인 – 기술적 복잡성
③ 기업요인 – 시장규모
④ 경로구성원요인 – 재무적 능력
⑤ 환경요인 – 통제에 대한 욕망

>>>>>>>>> 15.⑤ 16.②

ADVICE

15 포터의 가치사슬분석
㉠ 본원적 활동 : 물류투입, 생산운영, 물류산출, 마케팅과 판매활동, 서비스활동
㉡ 보조적 활동 : 기업전반관리(경영혁신), 인적자원관리, 기술개발, 구매 및 조달활동

16 ① 제품표준화 – 제품요인
③ 시장규모 – 시장요인
④ 재무적 능력 – 기업요인
⑤ 통제에 대한 욕망 – 경로구성원요인

17 아래 글상자에서 설명하는 한정기능도매상으로 옳은 것은?

> • 제조업자로부터 제품을 구매한 도매상이 제조업자로 하여금 제품을 물리적으로 보유하도록 한 상태에서 고객들에게 제품을 판매하여 전달하는 역할을 함
> • 주로 목재나 석탄과 같은 원자재를 취급함

① 현금판매 – 무배달 도매상(cash and carry wholesaler)
② 트럭도매상(truck wholesaler)
③ 직송도매상(drop shipper)
④ 선반도매상(rack jobber)
⑤ 우편주문도매상(mail order wholesaler)

18 아래 글상자에서 소매상의 분류 기준과 해당 내용으로 옳은 것은?

구분	분류 기준	내용
㉠	일정한 형태의 점포유무에 따라	점포소매상, 자판기 등의 무점포소매상(온라인매장 제외)
㉡	마진 및 회전율에 따라	다양성 고,저 / 구색 고,저
㉢	상품 다양성, 구색에 따라	독립소매기관, 체인 등
㉣	소유 및 운영주체에 따라	회전율 고저, 마진율 고저
㉤	고객에게 제공되는 서비스 수준에 따라	완전서비스, 한정서비스, 셀프서비스 등

① ㉠ ② ㉡
③ ㉢ ④ ㉣

〉〉〉〉〉〉〉〉〉 17.③ 18.⑤

ADVICE

17 제시된 내용은 직송도매상에 대한 설명이다.
※ 도매상의 유형
㉠ 제조업자 도매상 : 판매지점, 판매사무소 등
㉡ 상인도매상
• 완전서비스 도매상 : 도매상인, 산업재유통업자 등
• 한정서비스 도매상 : 현금거래도매상, 트럭도매상, 직송도매상, 진열도매상 등
㉢ 대리인 : 제조업자대리점, 판매대리인, 구매대리인, 수수료상인 등
㉣ 브로커

18 ㉠ 무점포소매상에는 온라인매장도 포함된다.
㉡ 마진 및 회전율에 따라 : 마진율 고저, 회전율 고저
㉢ 상품 다양성, 구색에 따라 : 다양성 고저, 구색 고저
㉣ 소유 및 운영주체에 따라 : 독립소매기관, 체인 등

⑤ ㉤

19 조직 내 갈등수준과 집단성과수준에 관한 그래프이다. 해석한 것으로 옳은 것은?

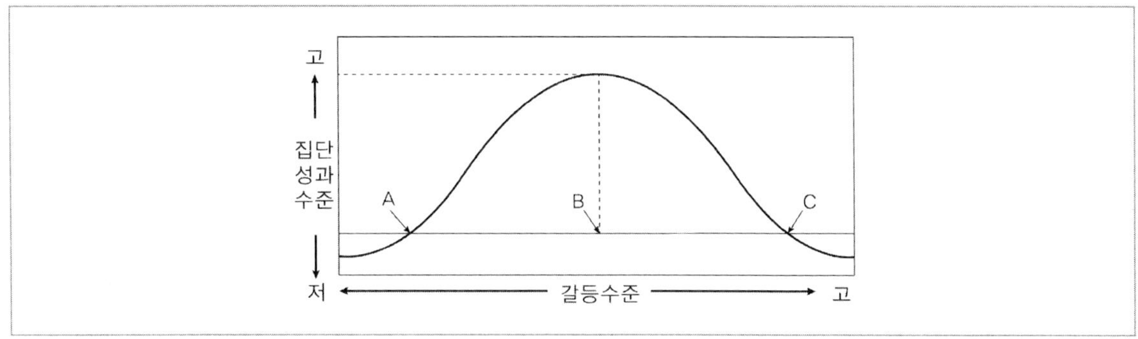

① 조직에서 갈등수준과 성과는 항상 정비례 관계이다.
② A에서 갈등은 순기능을 나타내고 있다.
③ C에서 갈등은 순기능을 나타내고 있으며 조직의 내부수준은 혁신적이며 생동적이다.
④ 갈등은 조직 구성원이나 부서 간의 경쟁을 통하여 구성원들이 서로 경쟁하는 결과만 야기하므로 동기부여에 기여하기 어렵다.
⑤ 경영자는 적당한 갈등수준을 유지하며 갈등의 순기능을 최대화하도록 노력할 필요가 있다.

〉〉〉〉〉〉〉〉〉 19.⑤

ADVICE

19 ① 조직에서 갈등수준은 B에 이를 때까지는 정비례 관계이지만, 갈등수준이 B를 넘어서면 집단성과수준이 하강하면서 반비례 관계가 된다.
② A에서는 낮은 갈등수준을 보인다.
③ C에서는 높은 갈등수준으로 인한 역기능으로 잡단성과수준이 낮다.
④ 갈등은 순기능을 통한 동기부여에 기여한다.

20 아래 글상자의 ㉠~㉡에 들어갈 용어를 순서대로 나열한 것으로 옳은 것은?

> • (㉠)란 물류활동의 범위 내에서 물류조업도의 증감과 관계없이 발생하거나 소비되는 비용이 일정한 물류비를 말한다.
> • (㉡)란 생산된 완제품 또는 매입한 상품을 판매창고에서 보관하는 활동부터 고객에게 인도될 때까지의 물류비를 말한다.

① ㉠ 자가물류비 ㉡ 위탁물류비
② ㉠ 위탁물류비 ㉡ 자가물류비
③ ㉠ 물류고정비 ㉡ 판매물류비
④ ㉠ 물류변동비 ㉡ 사내물류비
⑤ ㉠ 사내물류비 ㉡ 판매물류비

21 수배송물류의 기능으로 옳지 않은 것은?

① 분업화를 촉진시킨다.
② 재화와 용역의 교환기능을 촉진시킨다.
③ 대량생산과 대량소비를 가능하게 하여 규모의 경제를 실현시킨다.
④ 문명발달의 전제조건이 되기는 하나 지역간 국가간 유대를 강화시키지는 못한다.
⑤ 재화의 생산, 분배 및 소비를 원활하게 하여 재화와 용역의 가격을 안정시켜 주는 기능을 한다.

〉〉〉〉〉〉〉〉〉 20.③ 21.④

ADVICE

20 ㉠ 물류고정비 : 물류활동의 범위 내에서 물류조업도의 증감과 관계없이 발생하거나 소비되는 비용이 일정한 물류비
㉡ 판매물류비 : 생산된 완제품 또는 매입한 상품을 판매창고에서 보관하는 활동부터 고객에게 인도될 때까지의 물류비

21 ④ 수배송물류는 지역 간 국가 간 유대를 강화시키는 기능을 한다.

22 기업이 직면하게 되는 경쟁환경의 유형에 대한 설명 중 가장 옳지 않은 것은?

① 할인점과 할인점 간의 경쟁은 수평적 경쟁이다.
② 할인점과 편의점 간의 경쟁은 업태간 경쟁이다.
③ 제조업자와 도매상 간의 경쟁은 수직적 경쟁이다.
④ [제조업자 – 도매상 – 소매상]과 [제조업자 – 도매상 – 소매상]의 경쟁은 수직적마케팅시스템경쟁이다.
⑤ 백화점과 백화점 간의 경쟁은 협력업자 경쟁이다.

23 아래 글상자 A씨의 인터뷰 사례에 관계된 이론에 대해 기술한 것으로 옳지 않은 것은?

> 저는 자원봉사자로서 병원 호스피스로 몇 년간 봉사했어요. 임종을 기다리는 환자에게 성경도 읽어주고 찬송가도 불러주며 그들의 손발이 되어 주는 게 기뻤죠. 그러다가 얼마 전부터 다른 병원에서 하루에 십만원씩 받는 간병인으로 채용되었어요. 환자를 돌보는 것은 예전과 같은데 이상하게도 더 이상 예전같은 행복감을 느낄 수가 없어요.

① 인간이 행동원인을 규명하려는 심리적 속성인 자기귀인(self–attribution)에 근거한 인지평가이론이다.
② 외적동기화가 된 사람들은 과제수행을 보상의 획득이나 처벌회피와 같이 일정한 목적을 달성하기 위한 수단으로 여긴다.
③ 외적인 보상에 의해 동기 유발되어 있는 경우에 급여지급 같은 내적동기를 도입하게 되면 오히려 동기유발정도가 감소한다는 내용이다.
④ 재미, 즐거움, 성취감 등 때문에 어떤 행동을 하는 것은 내재적 동기에 근거한 것이다.
⑤ 보상획득, 처벌, 회피 등 때문에 어떤 행동을 하는 것은 외재적 동기에 근거한 것이다.

>>>>>>>>> 22.⑤ 23.③

ADVICE

22 ⑤ 백화점과 백화점 간의 경쟁은 업태 내 경쟁이다.
※ 경쟁환경의 유형
㉠ 수평적 경쟁 : 유통경로상 동일한 단계에 있는 경로구성원들 사이의 경쟁
㉡ 수직적 경쟁 : 서로 다른 경로수준에 위치한 경로구성원들 사이의 경쟁
㉢ 업태 간 경쟁 : 유사한 상품을 판매하는 상이한 형태의 소매업체 사이의 경쟁
㉣ 업태 내 경쟁 : 유사한 상품을 판매하는 동일한 형태의 소매업체 사이의 경쟁
㉤ 경로시스템 경쟁 : 수직적 또는 수평적 경로시스템 사이의 경쟁

23 ③ 급여 지급은 외적인 보상에 해당한다. 내재적 동기에 근거하여 자원봉사를 할 때는 일에서 기쁨을 느꼈지만, 급여를 받는 간병인으로 채용되면서 오히려 행복감이 감소하였다.

24 기업의 가치를 하락시키지 않도록 하기 위해 새로운 투자로부터 벌어들여야 하는 최소한의 수익률을 의미하는 용어로 가장 옳은 것은?

① 투자수익률
② 재무비율
③ 자본비용
④ 증권수익률
⑤ 포트폴리오

25 물류의 원가를 배분하는 기준에 대한 설명으로 옳지 않은 것은?

① 많은 수익을 올리는 부문에 더 많은 원가를 배분한다.
② 공평성을 기준으로 배분한다.
③ 원가대상 산출물의 수혜 기준으로 배분한다.
④ 자원 사용의 원인이 되는 변수를 찾아 인과관계를 기준으로 배분한다.
⑤ 대상의 효율성을 기준으로 배분한다.

〉〉〉〉〉〉〉〉〉 24.③ 25.⑤

ADVICE

24 자본비용이란 기업이 투자에 필요한 자금을 조달하고 그 자금에 대하여 투자자가 요구하게 되는 최소한의 수익률을 말한다.

※ 자본비용의 분류

㉠ 자기자본 비용 : 주주에 대한 배당
㉡ 타인자본 비용 : 차입금에 대한 이자, 사채이자, 채권에 대하여 발행하는 수익률

25 ⑤ 대상의 효율성은 물류의 원가 배분과 직접적인 상관관계를 갖지 않는다.

11 상권분석

26 소매점의 입지 대안을 확인하고 평가할 때 의사결정의 기본이 되는 몇 가지 원칙들이 있다. 아래 글상자의 설명과 관련된 원칙으로 옳은 것은?

> 고객의 입장에서 점포를 방문하기 용이한 심리적, 물리적 특성이 양호하여야 한다는 원칙으로 교통이나 소요 시간과 관련된 원칙이다.

① 가용성의 원칙(principle of availability)
② 보충가능성의 원칙(principle of compatibility)
③ 고객차단의 원칙(principle of interception)
④ 동반유인원칙(principle of cumulative attraction)
⑤ 접근가능성의 원칙(principle of accessibility)

›››››››››› 26.⑤

ADVICE

26 제시된 내용은 접근가능성의 원칙이다.
② **보충가능성의 원칙**: 서로 고객을 교환할 수 있을 정도로 인접한 지역에 위치할 경우 보충가능성이 높아져 매출이 높아질 수 있다.
③ **고객차단의 원칙**: 중심업무지역 같이 사무실이나 쇼핑몰이 밀집된 지역은 고객이 특정지역에서 다른 지역으로 이동 시 점포를 방문하도록 한다.
④ **동반유인의 원칙**: 유사하거나 보완적인 소매업체들이 분산되어 있거나 독립되어 있는 경우보다 군집하여 있는 경우 동반유인으로 작용하여 더 큰 유인잠재력을 가질 수 있다.

27 아래 글상자는 입지의 유형을 점포를 이용하는 소비자의 이용목적에 따라 구분하거나 공간균배에 의해 구분할 때의 입지특성들이다. 아래 글상자의 ㉠, ㉡, ㉢에 들어갈 용어를 순서대로 나열한 것으로 옳은 것은?

> • (㉠) : 고객이 구체적 구매의도와 계획을 가지고 방문하므로 단순히 유동인구에 의존하기 보다는 상권 자체의 고객창출능력에 의해 고객이 유입되는 입지유형
> • (㉡) : 유사업종 또는 동일업종의 점포들이 한 곳에 집단적으로 모여 집적효과 또는 시너지효과를 거두는 입지유형
> • (㉢) : 도시의 중심이나 배후지의 중심지 역할을 하는 곳에 점포가 위치하는 것이 유리한 입지유형

① ㉠ 생활형입지, ㉡ 집심성입지, ㉢ 집재성입지
② ㉠ 적응형입지, ㉡ 산재성입지, ㉢ 집재성입지
③ ㉠ 집심성입지, ㉡ 생활형입지, ㉢ 목적형입지
④ ㉠ 목적형입지, ㉡ 집재성입지, ㉢ 집심성입지
⑤ ㉠ 목적형입지, ㉡ 집재성입지, ㉢ 국지적집중성입지

28 상권분석기법 중 유추법(analog method)에 대한 설명으로 가장 옳지 않은 것은?

① 신규점포의 판매예측에 활용되는 기술적 방법이다.
② 유사점포의 판매실적을 활용하여 신규점포의 판매를 예측한다.
③ 기존점포의 판매예측에도 활용할 수 있다.
④ 유사점포는 신규점포와 동일한 상권안에서 영업하고 있는 점포 중에서만 선택해야 한다.
⑤ CST(customer spotting technique)지도를 활용하여 신규점포의 상권규모를 예측한다.

〉〉〉〉〉〉〉〉〉 27.④ 28.④

ADVICE

27 ㉠ **목적형입지** : 고객이 구체적 구매의도와 계획을 가지고 방문하므로 단순히 유동인구에 의존하기 보다는 상권 자체의 고객창출능력에 의해 고객이 유입되는 입지유형
㉡ **집재성입지** : 유사업종 또는 동일업종의 점포들이 한 곳에 집단적으로 모여 집적효과 또는 시너지효과를 거두는 입지유형
㉢ **집심성입지** : 도시의 중심이나 배후지의 중심지 역할을 하는 곳에 점포가 위치하는 것이 유리한 입지유형

28 ④ 신규점포와 특성이 비슷한 기존의 유사점포를 선정하여 그 점포의 상권범위를 추정한 결과를 자사 점포의 신규입지에서의 매출액을 측정하는 데 이용하는 방법이다. 특성이 유사하다면 신규점포와 상권이 동일하지 않아도 관계없다.

29 아래 글상자는 Huff모델을 활용하여 어느 지역 신규 슈퍼마켓의 예상매출액을 추정하는 과정을 설명하고 있다. ㉠, ㉡, ㉢에 들어갈 용어로 가장 옳은 것은?

> 신규점포가 각 지역(zone)으로부터 얻을 수 있는 예상 매출액은 각 지역(zone) 거주자의 신규점포에 대한 (㉠)에다 각 지역(zone)의 (㉡) 및 (㉢) 슈퍼마켓 지출비(특정기간)를 곱하여 구해진다.

① ㉠ 방문빈도 ㉡ 가구수 ㉢ 일인당
② ㉠ 방문빈도 ㉡ 가구수 ㉢ 가구당
③ ㉠ 쇼핑확률 ㉡ 가구수 ㉢ 일인당
④ ㉠ 쇼핑확률 ㉡ 인구수 ㉢ 가구당
⑤ ㉠ 쇼핑확률 ㉡ 인구수 ㉢ 일인당

30 아래의 상권분석 및 입지분석의 절차를 진행 순서대로 배열한 것으로 옳은 것은?

> ㉠ 상권분석 및 상권의 선정
> ㉡ 상권후보지의 선정
> ㉢ 입지후보지의 선정
> ㉣ 입지분석 및 입지의 선정
> ㉤ 점포활성화를 위한 전략 수립

① ㉠-㉡-㉣-㉢-㉤
② ㉠-㉡-㉢-㉣-㉤
③ ㉤-㉠-㉡-㉢-㉣
④ ㉡-㉠-㉢-㉣-㉤
⑤ ㉤-㉡-㉢-㉠-㉣

〉〉〉〉〉〉〉〉〉 29.⑤ 30.④

ADVICE

29 신규점포가 각 지역으로부터 얻을 수 있는 예상매출액은 각 지역 거주자의 신규점포에 대한 (쇼핑확률)에다 각 지역의 (인구수) 및 (일인당) 슈퍼마켓 지출비(특정기간)를 곱하여 구해진다.

30 상권분석 및 입지분석의 절차
상권후보지의 선정 → 상권분석 및 상권의 선정 → 입지후보지의 선정 → 입지분석 및 입지의 선정 → 점포활성화를 위한 전략 수립

31 소매입지를 선택할 때는 상권의 소매포화지수(RSI)와 시장확장잠재력(MEP)을 함께 고려하기도 한다. 다음 중 가장 매력적이지 않은 소매상권의 특성으로 옳은 것은?

① 높은 소매포화지수(RSI)와 높은 시장확장잠재력(MEP)
② 낮은 소매포화지수(RSI)와 낮은 시장확장잠재력(MEP)
③ 높은 소매포화지수(RSI)와 낮은 시장확장잠재력(MEP)
④ 낮은 소매포화지수(RSI)와 높은 시장확장잠재력(MEP)
⑤ 중간 소매포화지수(RSI)와 중간 시장확장잠재력(MEP)

32 특정 지역에 다수의 점포를 동시에 출점시켜 매장관리 등의 효율을 높이고 시장점유율을 확대하는 전략으로 가장 옳은 것은?

① 다각화 전략
② 브랜드 전략
③ 프랜차이즈 전략
④ 도미넌트 출점 전략
⑤ 프로모션 전략

33 점포 신축을 위한 부지매입 또는 점포 확장을 위한 증축 등의 상황에서 반영해야 할 공간적 규제와 관련된 내용들 중 틀린 것은?

① 건폐율은 대지면적에 대한 건축연면적의 비율을 말한다.
② 대지에 건축물이 둘 이상 있는 경우에는 이들 건축면적의 합계로 건폐율을 계산한다.
③ 대지내 건축물의 바닥면적을 모두 합친 면적을 건축연면적이라 한다.
④ 용적률 산정에서 지하층·부속용도에 한하는 지상 주차용 면적은 제외된다.
⑤ 건폐율은 각 건축물의 대지에 여유 공지를 확보하여 도시의 평면적인 과밀화를 억제하려는 것이다.

》》》》》》》》》 31.② 32.④ 33.①

ADVICE

31 ② 소매포화지수와 시장확장잠재력이 모두 낮으므로 가장 매력적이지 않은 소매상권이다.

32 도미넌트(dorminant) 출점이란 출점 장소를 일정 지역으로 국한해 그곳에 집중적으로 점포를 세움으로써 경쟁자에 비해 우위를 확보하려는 전략적 차원에서의 출점을 말한다. 도미넌트 출점은 물류나 점포관리 측면에서 비용절감의 효과를 기대할 수 있다.

33 ① 건폐율이란 대지면적에 대한 건물의 바닥 면적의 비율로, 건축 밀도를 나타내는 지표 중 하나이다.

34 정보기술의 발달과 각종 데이터의 이용가능성이 확대되면서 지도작성체계와 데이터베이스관리체계의 결합체인 지리정보시스템(GIS)을 상권분석에 적극 활용할 수 있는 환경이 조성되고 있다. 아래 글상자의 괄호 안에 적합한 GIS 관련 용어로 가장 옳은 것은?

> • GIS를 이용한 상권분석에서 각 점포에 대한 속성값 자료는 점포 명칭, 점포 유형, 매장면적, 월매출액, 종업원수 등을 포함할 수 있다.
> • 이 때 면, 선, 점의 형상들을 구성하는 각 점의 x-y 좌표값들은 통상적으로 경도와 위도 좌표체계를 기반으로 작성되는데 우수한 GIS 소프트웨어는 대체로 (　　)을/를 포함하고 있다.
> • (　　)은/는 지도지능(map intelligence)의 일종이며, 이는 개별 지도형상에 대해 경도와 위도 좌표체계를 기반으로 다른 지도형상과 비교하여 상대적인 위치를 알 수 있는 기능을 부여하는 역할을 한다.

① 버퍼(buffer)
② 레이어(layer)
③ 중첩(overlay)
④ 기재단위(entry)
⑤ 위상(topology)

35 아래 글상자의 내용 가운데 상권 내 경쟁관계를 분석할 때 포함해야 할 내용만을 모두 고른 것으로 옳은 것은?

> ㉠ 주변 동종점포와의 경쟁관계 분석
> ㉡ 주변 이종점포와의 경쟁구조 분석
> ㉢ 잠재적 경쟁구조의 분석
> ㉣ 상권 위계별 경쟁구조 분석
> ㉤ 주변 동종점포와의 보완관계 분석

① ㉠
② ㉠, ㉡
③ ㉠, ㉡, ㉢
④ ㉠, ㉡, ㉢, ㉣
⑤ ㉠, ㉡, ㉢, ㉣, ㉤

〉〉〉〉〉〉〉〉〉 34.⑤ 35.⑤

ADVICE

34 ⑤ 공간 객체 간에 존재하는 공간적 상호관계를 위상관계라고 하며 이러한 위상관계는 객체 간의 인접성, 형상, 계급성 등으로 특징지어진다. 이를 바탕으로 일정 조건을 만족하는 지역에 대한 검색이나 분석이 가능하게 되는데 이것은 GIS의 궁극적인 목적이기도 하다.

35 유의미한 결과를 위해서는 ㉠~㉤ 모두를 포함해야 한다.

36 **넬슨(Nelson)은 소매점포가 최대 이익을 확보할 수 있는 입지의 선정과 관련하여 8가지 소매입지 선정원칙을 제시했다. 다음 중 그 연결이 옳지 않은 것은?**

① 경합의 최소성 – 해당 점포와 경쟁관계에 있는 점포의 수가 가장 적은 장소를 선택하는 것이 유리함
② 상권의 잠재력 – 판매하려는 상품이 차지할 시장점유율을 예측하고 점포개설 비용을 파악하여 분석한 종합적 수익성이 높은 곳이 유리함
③ 양립성 – 업종이 같은 점포가 인접해서 상호보완관계를 통해 매출을 향상시킬 수 있음
④ 고객의 중간유인 가능성 – 고객이 상업지역에 들어가는 동선의 중간에 위치하여 고객을 중간에서 차단할 수 있는 입지가 유리함
⑤ 집적 흡인력 – 집재성 점포의 경우 유사한 업종이 서로 한 곳에 입지하여 고객흡인력을 공유하는 것이 유리함

37 **공동주택인 아파트 단지내 상가의 일반적 상권특성과 거리가 먼 것은?**

① 상가의 수요층이 단지내 입주민들로 제한되어 매출성장에 한계가 있는 경우가 많다.
② 관련법규에서는 단지내 상가를 근린생활시설로 분류하여 관련내용을 규정하고 있다.
③ 상가의 연면적과 단지의 세대수를 비교한 세대당 상가면적을 고려해야 한다.
④ 일반적으로 중소형 평형 보다는 높은 대형 평형 위주로 구성된 단지가 유리하다.
⑤ 기존 상가에서 업종을 제한하여 신규점포의 업종선택이 자유롭지 못한 경우가 있다.

〉〉〉〉〉〉〉〉〉 36.③ 37.④

ADVICE

36 넬슨의 입지선정을 위한 8원칙

구분	내용
상권의 잠재력	현재 관할 상권 내에서 취급하는 상품, 점포의 수익성 확보가 가능한지에 대한 검토
접근가능성	어떠한 장애요소가 고객들의 접근을 방해하는지 검토
성장가능성	인구증가와 소득증가로 인하여 시장규모나 선택한 사업장, 유통 상권의 매출액이 성장할 가능성 평가
중간 저지성	기존점포나 상권 지역이 고객과 중간에 위치하여 경쟁점포나 기존 상권으로 접근하는 고객을 중간에 차단할 가능성
누적적 흡인력	영업 형태가 비슷하고 동일한 점포가 몰려 있어 고객의 흡수력의 극대화 가능성
양립성	상호 보완관계에 있는 점포가 서로 인접함으로써 고객의 흡인력을 높일 가능성 검토
경쟁의 회피	장래 경쟁점이 신규 입점함으로써 기존 점포와의 경쟁에서 우위를 확보할 수 있는 가능성 및 차후 새로운 경쟁점이 입점함에 따른 사업장에 미칠 영향력의 평가
용지 경제성	상권의 입지 가격 및 비용 등으로 인한 수익성과 생산성의 정도를 검토

37 ④ 아파트 단지 내 상가의 상권은 일반적으로 대형 평형보다는 중소형 평형 위주로 구성된 단지가 유리하다.

38 점포가 위치하게 될 건축용지를 나눌 때 한 단위가 되는 땅의 형상이나 가로(街路)와의 관계를 설명한 내용 중 옳은 것은?

① 각지 – 3개 이상의 가로각(街路角)에 해당하는 부분에 접하는 토지로 3면각지, 4면각지 등으로 설명함
② 획지 – 여러 가로에 접해 일조와 통풍이 양호하며 출입이 편리하고 광고홍보효과가 높음
③ 순획지 – 획지에서도 계통이 서로 다른 도로에 면한 것이 아니라 같은 계통의 도로에 면한 각지
④ 삼면가로각지 – 획지의 삼면에 계통이 다른 가로에 접하여 있는 토지
⑤ 각지 – 건축용으로 구획정리를 할 때 단위가 되는 땅으로 인위적, 행정적 조건에 의해 다른 토지와 구별되는 토지

39 임차한 건물에 점포를 개점하거나 폐점할 때는 임차권의 확보가 매우 중요하다. "상가건물 임대차보호법"(법률 제17490호, 2020. 9. 29., 일부개정)과 관련된 내용으로 옳지 않은 것은?

① "상법"(법률 제17362호, 2020. 6. 9., 일부개정)의 특별법이다.
② 기간을 정하지 않은 임대차는 그 기간을 1년으로 본다.
③ 임차인이 신규임차인으로부터 권리금을 회수할 수 있는 권한을 일부 인정한다.
④ 법 규정에 위반한 약정으로 임차인에게 불리한 것은 그 효력이 없는 강행규정이다.
⑤ 상가건물 외에 임대차 목적물의 주된 부분을 영업용으로 사용하는 경우에도 적용된다.

40 소매점포의 입지분석에 활용하는 회귀분석에 관한 설명으로 가장 옳지 않은 것은?

① 소매점포의 성과에 영향을 미치는 다양한 요소들의 상대적 중요도를 파악할 수 있다.
② 분석에 포함되는 여러 독립변수들끼리는 서로 관련성이 높을수록 좋다.
③ 점포성과에 영향을 미치는 영향변수에는 상권내 경쟁수준이 포함될 수 있다.
④ 점포성과에 영향을 미치는 영향변수에는 점포의 입지특성이 포함될 수 있다.
⑤ 표본이 되는 점포의 수가 충분하지 않으면 회귀분석결과의 신뢰성이 낮아질 수 있다.

〉〉〉〉〉〉〉〉〉 38.④ 39.① 40.②

ADVICE

38 ④ 삼면가로각지는 획지의 3면에 계통이 서로 다른 가로에 접하여 있는 토지를 말한다.
※ 획지와 각지
㉠ 획지(劃地) : 건축용지를 갈라서 나눌 때 한 단위가 되는 땅
㉡ 각지(角地) : 2개 이상의 가로각에 해당하는 부분에 접하는 획지

39 ① 「상가건물 임대차보호법」은 상가건물 임대차에 관하여 「민법」에 대한 특례를 규정하여 국민 경제생활의 안정을 보장함을 목적으로 하는 법이다.

40 ② 분석에 포함되는 독립변수들끼리는 서로 관련성이 낮을수록 좋다.

41 소매점포의 입지조건을 평가할 때 점포의 건물구조 등 물리적 요인과 관련한 일반적 설명으로 옳지 않은 것은?

① 점포 출입구에 단차를 만들어 사람과 물품의 출입을 용이하게 하는 것이 좋다.

② 건축선후퇴는 타 점포에 비하여 눈에 띄기 어렵게 하므로 가시성에 부정적 영향을 미친다.

③ 점포의 형태가 직사각형에 가까우면 집기나 진열선반 등을 효율적으로 배치하기 쉽고 데드스페이스가 발생하지 않는다.

④ 건물너비와 깊이에서 점포의 정면너비가 깊이보다 넓은 형태(장방형)가 가시성 확보 등에 유리하다.

⑤ 점포건물은 시장규모에 따라 적정한 크기가 있다. 일정 규모수준을 넘게 되면 규모의 증가에도 불구하고 매출은 증가하지 않을 수 있다.

42 입지의 분석에 사용되는 주요 기준에 대한 설명으로 가장 옳지 않은 것은?

① 신뢰성 – 입지분석의 결과를 믿을 수 있는 정도를 의미한다.

② 접근성 – 고객이 점포에 쉽게 접근할 수 있는 정도를 의미한다.

③ 인지성 – 고객에게 점포의 위치를 쉽게 설명할 수 있는 정도를 의미한다.

④ 가시성 – 점포를 쉽게 발견할 수 있는 정도를 의미한다.

⑤ 호환성 – 해당점포가 다른 업종으로 쉽게 전환할 수 있는 정도를 의미한다.

>>>>>>>>> 41.① 42.①

ADVICE

41 ① 점포 출입구에 단차를 만들면 사람들이 출입하는 중에 다칠 우려가 있으며, 물품의 운반에도 불편을 준다.

42 입지의 분석에 사용되는 주요 기준

㉠ 점포의 가시성 : 점포를 쉽게 발견할 수 있는 정도
㉡ 점포의 접근성 및 주차편의성 : 고객이 점포에 쉽게 접근할 수 있는 정도
㉢ 점포의 홍보성 : 고객에게 점포를 유효하게 알릴 수 있느냐의 정도
㉣ 점포의 인지성 : 고객에게 점포의 위치를 쉽게 설명할 수 있는 정도
㉤ 점포의 호환성 : 해당점포가 다른 업종으로 쉽게 전환할 수 있는 정도

43 일반적인 권리금에 대한 설명으로 가장 옳지 않은 것은?

① 시설권리금은 실내 인테리어 및 장비 및 기물에 대한 권리금액을 말한다.
② 단골고객을 확보하여 상권의 형성 과정에 지대한 공헌을 한 대가는 영업권리금에 해당된다.
③ 시설권리금의 경우 시설에 대한 감가상각은 통상적으로 3년을 기준으로 한다.
④ 영업권리금의 경우 평균적인 순수익을 고려하여 계산하기도 한다.
⑤ 영업권리금의 경우 지역 또는 자리권리금이라고도 한다.

44 서로 떨어져 있는 두 도시 A, B의 거리는 30km이다. 이 때 A시의 인구는 8만명이고 B시의 인구는 A시 인구의 4배라고 하면 도시간의 상권경계는 B시로부터 얼마나 떨어진 곳에 형성되겠는가? (Converse의 상권분기점 분석법을 이용해 계산하라.)

① 6km
② 10km
③ 12km
④ 20km
⑤ 24km

››››››››› 43.⑤ 44.④

ADVICE

43 ⑤ 지역 또는 자리권리금이라고도 하는 것은 바닥권리금이다.

※ 권리금의 종류
㉠ 바닥권리금 : 지역이나 위치에 대한 권리금액
㉡ 영업권리금 : 얼마나 많은 고객을 확보했는지에 대한 권리금액
㉢ 시설권리금 : 실내 인테리어 및 장비 및 기물에 대한 권리금액

44 Converse의 제1법칙 … 경쟁도시인 A와 B에 대해서 어느 도시로 소비자가 상품을 구매하러 갈 것인가에 대한 상권분기점을 찾아내는 것으로, 주로 선매품과 전문품에 적용되는 모델이다.

$D_a = \dfrac{D_{ab}}{1+\sqrt{\dfrac{P_b}{P_a}}}$ or $D_b = \dfrac{D_{ab}}{1+\sqrt{\dfrac{P_a}{P_b}}}$ (단, $D_a / D_b = 1$일 경우 적용 가능)

- D_a : A시로부터 분기점까지의 거리
- D_b : B시로부터 분기점까지의 거리
- D_{ab} : AB 두 도시(지역) 간의 거리
- P_a : A시의 인구
- P_b : B시의 인구

따라서 $D_b = \dfrac{30}{1+\sqrt{\dfrac{80,000}{320,000}}} = \dfrac{30}{1+\sqrt{\dfrac{1}{4}}} = \dfrac{30}{1+\dfrac{1}{2}} = 20$km이다.

45 특정 지점의 소비자가 어떤 점포를 이용할 확률을 추정할 때 활용하는 수정Huff모델에 관한 설명 중 옳지 않은 것은?

① 점포면적과 점포까지의 이동거리 등 두 변수만으로 소비자들의 점포 선택확률을 추정한다.
② 실무적 편의를 위해 점포면적과 이동거리에 대한 민감도를 따로 추정하지 않는다.
③ 점포면적과 이동거리에 대한 소비자의 민감도는 '1'과 '−2'로 고정하여 추정한다.
④ 점포면적과 이동거리 두 변수 이외의 다른 변수들을 반영할 수 없다는 점에서 Huff모델과 다르다.
⑤ Huff모델 보다 정확도가 낮을 수 있지만 일반화하여 쉽게 적용하고 대략적 계산이 가능하게 한 것이다.

>>>>>>>>> 45.④

ADVICE

45 ④ 점포면적과 이동거리의 두 변수 외에 취급상품의 가격, 판매원 서비스, 소비자행동 등 다른 변수들을 반영할 수 없다는 점에서 Huff모델과 동일한 한계가 있다.

Ⅲ 유통마케팅

46 아래 글상자에서 설명하고 있는 유통마케팅조사의 표본추출 유형으로 옳은 것은?

> • 모집단이 상호 배타적인 집단으로 나누어진다.
> • 조사자는 나누어진 배타적인 집단들 중 면접할 몇 개 집단을 표본으로 추출한다.
> • 확률표본추출 중 한 유형이다.

① 단순 무작위표본
② 층화 확률표본
③ 판단표본
④ 군집표본
⑤ 할당표본

47 고객관리에 대한 설명으로 옳지 않은 것은?

① 일반적으로 새로운 고객을 획득하는 것보다 기존 고객을 유지하는데 드는 비용이 더 높다.
② 고객과 지속적으로 좋은 관계를 유지하는 것은 기업경영의 중요 성공요소 중 하나이다.
③ 경쟁자보다 더 큰 가치를 제공하여야 고객 획득률을 향상시킬 수 있다.
④ 효과적인 애호도 증진 프로그램 등을 통해 고객 유지율을 향상시킬 수 있다.
⑤ 제품과 서비스에 대한 고객 만족도를 높임으로써 고객 유지율을 향상시킬 수 있다.

›››››››› 46.④ 47.①

ADVICE

46 제시된 내용은 군집표본에 대한 설명이다.
① **단순 무작위표본** : 모집단의 모든 개체를 대상으로 하여 무작위에 의해 표본을 추출하는 방법
② **층화 확률표본** : 모집단을 동질적인 몇 개의 층으로 나눈 후 각 층으로부터 단순 무작위에 의해 표본을 추출하는 방법
③ **판단표본** : 조사목적에 적합할 것으로 판단되는 특정집단을 표본으로 추출하는 방법
⑤ **할당표본** : 모집단을 동질적인 몇 개의 층으로 나눈 후 각 층으로부터 작위적으로 할당된 표본을 추출하는 방법

47 ① 일반적으로 새로운 고객을 획득하는 데 드는 비용이 기존 고객을 유지하는 데 드는 비용보다 더 많다.

48 고객에 대한 원활한 판매서비스를 위해 판매원이 보유해야 할 필수적 정보들로 옳지 않은 것은?

① 기업에 대한 정보
② 제품에 대한 정보
③ 판매조직 구조에 대한 정보
④ 고객에 대한 정보
⑤ 시장과 판매기회에 대한 정보

49 가격에 관한 설명으로 가장 옳지 않은 것은?

① 마케팅 관점에서 가격은 특정제품이나 서비스의 소유 또는 사용을 위한 대가로 교환되는 돈이나 기타 보상을 의미한다.
② 대부분의 제품이나 서비스는 돈으로 교환되고, 지불가격은 항상 정가나 견적가치와 일치한다.
③ 기업관점에서 가격은 총수익을 변화시키므로 가격결정은 경영자가 직면한 중요하고 어려운 결정 중의 하나이다.
④ 소비자관점에서 가격은 품질, 내구성 등의 지각된 혜택과 비교되어 순가치를 평가하는 기준으로 사용된다.
⑤ 가격결정 방법에는 크게 수요지향적 접근방법, 원가지향적 접근방법, 경쟁지향적 접근방법 등이 있다.

50 가격탄력성은 가격 변화에 따른 수요 변화의 탄력적인 정도를 나타낸다. 가격탄력성에 대한 설명으로 가장 옳지 않은 것은?

① 고려할 수 있는 대안의 수가 많을수록 가격탄력성이 높다.
② 대체재의 이용이 쉬울수록 가격탄력성이 높다.
③ 더 많은 보완적인 재화, 서비스가 존재할수록 가격탄력성이 높다.
④ 가격변화에 적응하는데 시간이 적게드는 재화가 가격탄력성이 높다.
⑤ 필수재보다 사치품의 성격을 갖는 경우가 가격탄력성이 높다.

››››››››› 48.③ 49.② 50.③

ADVICE

48 ③ 판매조직 구조에 대한 정보는 원활한 판매서비스를 위해 판매원이 보유해야 할 필수적 정보에 해당하지 않는다.

49 ② 지불가격이 정가나 견적가치와 항상 일치하는 것은 아니다.

50 ③ 가격탄력성은 가격에 대한 수요의 탄력성으로, 상품에 대한 수요량은 그 상품의 가격이 상승하면 감소하고, 하락하면 증가한다. 더 많은 보완적인 재화, 서비스가 존재할 경우 가격 변화에 대한 수요의 변화폭이 반감되어 가격탄력성이 낮아질 수 있다.

51 상품관리의 기본적 개념에 대한 설명으로 옳지 않은 것은?

① 거의 모든 상품들은 유형적인 요소와 무형적인 요소를 함께 가지고 있으며, 흔히 유형적인 상품을 제품이라 부르고 무형적 상품을 서비스라고 한다.
② 대부분의 상품들은 단 한가지의 편익만 제공하는 것이 아니라 여러가지 편익을 동시에 제공하기 때문에 상품을 편익의 묶음이라고 볼 수 있다.
③ 고객 개개인이 느끼는 편익의 크기는 유형적 상품에 집중되어 객관적으로 결정된다.
④ 일반적으로 회사는 단 하나의 상품을 내놓기보다는 여러 유형의 상품들로 상품라인을 구성하는 것이 고객확보에 유리하다.
⑤ 상품라인 내 어떤 상품을, 언제, 어떤 상황 하에서 개발할 것인지 계획하고, 실행하고, 통제하는 것이 상품관리의 핵심이다.

52 소매업체의 상품구색에 관한 설명으로 가장 옳지 않은 것은?

① 다양성은 상품구색의 넓이를 의미한다.
② 다양성은 취급하는 상품 카테고리의 숫자가 많을수록 커진다.
③ 전문성은 상품구색의 깊이를 의미한다.
④ 전문성은 각 상품 카테고리에 포함된 품목의 숫자가 많을수록 커진다.
⑤ 상품가용성은 다양성에 반비례하고 전문성에 비례한다.

〉〉〉〉〉〉〉〉〉 51.③ 52.⑤

ADVICE

51 ③ 고객 개개인이 느끼는 편익의 크기는 주관적으로 결정된다.

52 ⑤ 상품가용성이란 수요량만큼 매장 내 재고를 확보하고 있는 것을 말한다. 다양성과 전문성이 커지면 그만큼 재고 확보도 많아져야 하므로 상품가용성이 커져야 한다.

53 아래 글상자의 서비스 마케팅 사례의 원인이 되는 서비스 특징으로 가장 옳은 것은?

> 호텔이나 리조트는 비수기동안 고객을 유인하기 위해 저가격 상품 및 다양한 부가서비스를 제공한다.

① 서비스 무형성
② 서비스 이질성
③ 서비스 비분리성
④ 서비스 소멸성
⑤ 서비스 유연성

54 아래 글상자에서 설명하고 있는 소매상의 변천과정과 경쟁을 설명하는 가설이나 이론으로 옳은 것은?

> 기존업태에 비해 경쟁우위를 갖는 새로운 업태가 시장에 진입하면, 치열한 경쟁과정에서 이들은 각자의 경쟁우위요인을 상호 수용하게 된다. 이에 따라 결국 서로의 특성이 화합된 새로운 소매업태가 생성된다.

① 소매수명주기 이론
② 소매수레바퀴 이론
③ 소매아코디언 이론
④ 자연도태 이론
⑤ 변증법적 이론

〉〉〉〉〉〉〉〉〉 53.④ 54.⑤

ADVICE

53 제시된 마케팅 사례는 비수기 동안 판매되지 않아 사라질 서비스를 저가격 상품이나 다양한 부가서비스를 제공함으로써 판매하고자 하고 있다. 따라서 서비스의 소멸성과 관련 있다.

※ 서비스의 특징

㉠ 무형성 : 서비스는 형태가 없어 소비자들이 제품을 구매하기 전에 보고 듣거나 느낄 수 없다.
㉡ 소멸성 : 판매되지 않은 서비스는 사라지며 또한 재고로서 보관할 수 없다.
㉢ 비분리성 : 생산과 동시에 소비가 이루어진다.
㉣ 이질성 : 서비스의 생산 및 인도 과정에서의 가변적인 요소로 인해서 서비스의 내용과 질 등이 달라질 수 있다.

54 제시된 내용은 변증법적 이론에 대한 설명이다.

① 소매수명주기 이론 : 한 소매기관이 출현하여 사라지기까지 일반적으로 도입단계(초기 성장단계), 성장단계(발전단계), 성숙단계, 그리고 쇠퇴단계를 거친다.
② 소매수레바퀴 이론 : 시장진입 초기에는 저가격, 저마진, 최소 서비스의 소구방식을 유지하다가 시장에 성공적으로 진입하고 나면 고가격, 고마진, 높은 서비스의 소매점으로 전환한다.
③ 소매아코디언 이론 : 소매상의 변천은 제품구색의 변화에 초점을 맞추어 제품구색이 넓은 소매상(종합점)에서 제품구색이 좁은 소매상(전문점)으로, 다시 종합점으로 되돌이하는 것으로, 아코디언처럼 제품구색이 늘었다 줄었다 하는 과정을 되풀이한다.

55 상시저가전략(EDLP: everyday low price)과 비교했을 때 고저가격전략(high-low pricing)이 가진 장점으로 옳지 않은 것은?

① 고객의 지각가치를 높이는 효과가 있다.
② 일부 품목을 저가 미끼 상품으로 활용할 수 있어 고객을 매장으로 유인할 수 있다.
③ 광고 및 운영비를 절감하는 효과가 있다.
④ 고객의 가격민감도 차이를 이용하여 차별가격을 통한 수익증대를 추구할 수 있다.
⑤ 다양한 고객층을 표적으로 할 수 있다.

56 아래 글상자는 유통구조에 변화를 일으키고 있는 현상에 대한 설명이다. (　　)안에 들어갈 단어로 옳은 것은?

> (　　) 증가로 인해 대형마트의 방문횟수가 줄어들고 근거리에서 소량의 필요한 물품만 간단히 구입하는 경향이 늘어나고 있다. 그 결과 근처 편의점이나 기업형 슈퍼마켓 방문횟수를 증가시킬 수 있다.

① 웰빙(well-being) 추구
② 1인 가구
③ 소비 양극화
④ 소비자 파워(consumer power)
⑤ 소비 트레이딩 업(trading up)

57 소매점의 판매촉진의 긍정적 효과로 옳지 않은 것은?

① 즉시적인 구매를 촉진한다.
② 흥미와 구경거리를 제공한다.
③ 준거가격을 변화시킬 수 있다.
④ 소비자의 상표전환 또는 이용점포전환이 가능하다.
⑤ 고객의 데이터베이스를 구축할 수 있다.

〉〉〉〉〉〉〉〉〉 55.③ 56.② 57.③

ADVICE

55 ③ 고저가격전략은 상시저가전략에 비해 광고 및 운영비가 많이 든다.

56 '소량의 필요한 물품만 간단히 구입'에서 1인 가구를 알 수 있다. 1인 가구가 점점 증가함에 따라 그들의 수요에 맞춘 유통구조의 변화가 일어나고 있다.

57 ③ 준거가격(Reference Pricing)이란 구매자가 어떤 제품에 대해 자기 나름대로의 기준이 되는 가격을 설정한 것이다. 소매점의 판매촉진은 준거가격이 낮게 변화시킬 수 있는데, 이러한 경우 준거가격보다 비싸면 구매를 하지 않는 부정적인 효과를 불러올 수 있다.

58 유통마케팅 조사방법 중 대규모 집단을 대상으로 체계화된 설문을 통해 자료를 수집하는 대표적인 서베이 기법으로 옳은 것은?

① HUT(home usage test)
② CLT(central location test)
③ A&U조사(attitude and usage research)
④ 패널조사(panel survey)
⑤ 참여관찰조사(participant observation)

59 광고의 효과를 측정하는 중요한 기준의 하나가 도달(reach)이다. 인터넷 광고의 도달을 측정하는 기준으로 가장 옳은 것은?

① 해당광고를 통해 이루어진 주문의 숫자
② 사람들이 해당 웹사이트에 접속한 총 횟수
③ 해당 웹사이트에 접속한 서로 다른 사람들의 숫자
④ 해당 웹사이트에 접속할 가능성이 있는 사람들의 숫자
⑤ 해당 웹사이트에 접속한 사람들이 해당 광고를 본 평균 횟수

〉〉〉〉〉〉〉〉〉 58.③ 59.③

ADVICE

58 A&U(Aattitude&Usage)조사 … 기업들이 마케팅 전략을 수립하기 위해 가장 많이 이용하는 조사이다. 소비자의 상표선택 과정과 제품사용 과정을 조사 · 분석함으로써 마케팅믹스 전략의 문제점을 확인할 수 있다.
① HUT(Home Usage Test) : 일정기간 동안 조사대상자가 생활 속에서 제품 · 서비스를 사용한 후 평가하는 방법
② CLT(Central Location Test) : 조사대상자들을 일정한 장소에 모이게 한 후 제품 · 서비스 등에 대한 소비자들의 반응을 조사하는 방법
④ 패널조사(panel survey) : 기업과 계약을 맺고 지속적으로 자료를 제공하기로 한 소비자 집단인 패널을 대상으로 이루어지는 조사
⑤ 참여관찰조사(participant observation) : 관찰자가 관찰을 하는 대상에 직접 참여하여 관찰하는 방식

59 인터넷 광고의 도달은 해당 웹사이트에 접속한 서로 다른 사람들의 숫자로 측정한다. 즉, 해당 웹사이트에 방문한 개개의 사람들에게 한 번씩은 광고가 노출되었을 것이라고 파악하는 것이다.

60 유통경로 상에서 판촉(sales promotion)활동이 가지는 특성에 대한 설명으로 가장 옳지 않은 것은?

① 판촉활동은 경쟁기업에 의해 쉽게 모방되기에 지속적 경쟁우위를 가져오기는 어렵다.
② 판촉활동은 단기적으로 소비자에게는 편익을 가져다주지만, 기업에게는 시장유지비용을 증가시켜 이익을 감소시키기도 한다.
③ 판촉활동은 장기적으로 기업의 이미지를 개선하는데 큰 도움이 된다.
④ 경쟁기업의 촉진활동을 유발하여 시장에서 소모적 가격경쟁이 발생할 수 있다.
⑤ 단기적으로는 매출액 증대가 가능하나 장기적으로는 매출에 부정적인 영향을 미칠 수 있다.

61 아래 글상자에서 설명하는 머천다이징(merchandising) 유형으로 옳은 것은?

- 소매상 자신의 책임 하에 상품을 매입하고 이에 대한 판매까지 완결 짓는 머천다이징 정책을 의미
- 판매 후 남은 상품을 제조업체에 반품하지 않는다는 전제로 상품 전체를 사들임
- 제조업체와 특정한 조건 하에서의 매입이 이루어질 수 있기 때문에 제조업체로부터 가격적인 프리미엄(가격할인)도 제공받을 수 있음

① 크로스 머천다이징(cross merchandising)
② 코디네이트 머천다이징(coordinate merchandising)
③ 날씨 머천다이징(weather merchandising)
④ 리스크 머천다이징(risk merchandising)
⑤ 스크램블드 머천다이징(scrambled merchandising)

›››››››››› 60.③ 61.④

ADVICE

60 ③ 판촉활동은 장기적으로 볼 때 기업의 이미지에 좋지 않은 영향을 줄 수 있다.

61 판매 후 남은 상품을 제조업체에 반품하지 않는 것을 전제로 하기 때문에 소매상이 재고에 대한 리스크를 부담하는 리스크 머천다이징에 대한 설명이다.

62 고객관계관리(CRM) 프로그램에서 사용하는 고객유지 방법에 대한 설명으로 가장 옳지 않은 것은?

① 다빈도 구매자 프로그램 : 마일리지 카드 등을 활용하여 반복구매행위를 자극하고 소매업체에 대한 충성도를 제고할 목적으로 사용하는 방법

② 특별 고객서비스 : 수익성과 충성도가 높은 고객을 개발하고 유지하기 위해서 높은 품질의 고객 서비스를 제공하는 방법

③ 개인화 : 개별 고객 수준의 정보 확보와 분석을 통해 맞춤형 편익을 제공하는 방법

④ 커뮤니티 : 인터넷 상에서 고객들이 게시판을 통해 의사소통하고 소매업체와 깊은 관계를 형성하는 커뮤니티를 운영하는 방법

⑤ 쿠폰제공 이벤트 : 신제품을 소개하거나 기존제품에 대한 새로운 자극을 만들기 위해 시험적으로 사용할 수 있는 양만큼의 제품을 제공하는 방법

63 소비자가 점포 내에서 걸어다니는 길 또는 괘적을 동선(動線)이라고 한다. 이러한 동선은 점포의 판매전략 수립에 매우 중요한 고려요소이다. 동선에 대한 일반적 설명으로 옳지 않은 것은?

① 소매점포는 고객동선을 가능한 한 길게 유지하여 상품의 노출기회를 확보하고자 한다.

② 고객의 동선은 점포의 레이아웃에 크게 영향받는다.

③ 동선은 직선적 동선과 곡선적 동선으로 구분되는데, 백화점은 주로 직선적 동선을 추구하는 레이아웃을 하고 있다.

④ 동선은 상품탐색에 용이해야 하고 각 통로에 단절이 없어야 한다.

⑤ 동선은 상품을 보기 쉽고 사기 쉽게 해야하고 시선과 행동에 막힘이 없게 해야 한다.

〉〉〉〉〉〉〉〉〉 62.⑤ 63.③

ADVICE

62 ⑤ 샘플 제공에 대한 설명이다. 쿠폰제공은 구매를 유도하기 위해 가격을 할인해 주는 쿠폰 등을 제공하는 방법을 말한다.

63 ③ 백화점은 주로 곡선적 동선을 추구하는 레이아웃을 하고 있다. 직선적 동선은 고객이 진열상품을 무심코 스쳐 지나가기 쉬운 데 비해 곡선적 동선은 상품 하나하나에 대한 주목도를 높이고, 고객을 오래 붙잡아두기 용이하다.

64 소매점에서 사용하는 일반적인 상품분류기준으로 옳지 않은 것은?

① 소비패턴을 중심으로 한 분류
② TPO(time, place, occasion)를 중심으로 한 분류
③ 한국표준상품분류표를 중심으로 한 분류
④ 대상고객을 중심으로 한 분류
⑤ 상품의 용도를 중심으로 한 분류

65 상품들을 상품계열에 따라 분류하여 진열하는 방식으로 특히 슈퍼마켓이나 대형 할인점에서 주로 채택하는 진열방식은?

① 분류 진열(classification display)
② 라이프스타일별 진열(lifestyle display)
③ 조정형 진열(coordinated display)
④ 주제별 진열(theme display)
⑤ 개방형 진열(open display)

66 제조업체의 촉진 전략 중 푸시(push)전략에 대한 설명으로 옳지 않은 것은?

① 최종소비자 대신 중간상들을 대상으로 하여 판매촉진 활동을 하는 것이다.
② 소비자를 대상으로 촉진할 만큼 충분한 자원이 없는 소규모 제조업체들이 활용할 수 있는 촉진 전략이다.
③ 제조업체가 중간상들의 자발적인 주문을 받기 위해 수행하는 촉진 전략을 말한다.
④ 가격할인, 수량할인, 협동광고, 점포판매원 훈련프로그램 등을 활용한다.
⑤ 판매원의 영향이 큰 전문품의 경우에 효과적이다.

〉〉〉〉〉〉〉〉〉 64.③ 65.① 66.③

ADVICE

64 소매점에서는 일반적으로 소비패턴, TPO, 대상고객, 상품의 용도 등을 중심으로 한 분류를 적용한다.

65 슈퍼마켓이나 대형 할인점은 상품계열에 따라 분류하여 진열하는 분류 진열을 주로 채택하고 있다.

66 ③ 풀 전략에 대한 설명이다. 풀 전략은 제조업체가 최종 소비자들을 대상으로 촉진믹스를 사용하여 이들이 소매상에게 제품을 요구하도록 하는 전략이다.

67 **소매점이 사용하는 원가지향 가격설정정책(cost-oriented pricing)의 장점으로 가장 옳은 것은?**

① 마케팅콘셉트에 가장 잘 부합한다.
② 이익을 극대화하는 가격을 설정한다.
③ 가격책정이 단순하고 소요시간이 짧다.
④ 시장 상황을 확인할 수 있는 근거자료를 활용한다.
⑤ 재고유지단위(SKU)마다 별도의 가격설정정책을 마련한다.

68 **공급업체와 소매업체 간에 나타날 수 있는 비윤리적인 상업거래와 관련된 설명으로 옳지 않은 것은?**

① 회색시장 : 외국에서 생산된 자국 브랜드 제품을 브랜드 소유자 허가 없이 자국으로 수입하여 판매하는 것
② 역청구 : 판매가 부진한 상품에 대해 소매업체가 공급업체에게 반대로 매입을 요구하는 것
③ 독점거래 협정 : 소매업체로 하여금 다른 공급업체의 상품을 취급하지 못하도록 제한하는 것
④ 구속적 계약 : 소매업체에게 구매를 원하는 상품을 구입하려면 사고 싶지 않은 상품을 구입하도록 협정을 맺는 것
⑤ 거래거절 : 거래하고 싶은 상대방과 거래하고 싶지 않은 상대방을 구분하는 경우에 발생

>>>>>>>>> 67.③ 68.②

ADVICE

67 원가지향 가격설정은 제조 원가를 기준으로 가격을 결정하는 방법으로 가격책정이 단순하고 소요시간이 짧은 장점이 있다.

68 ② **역청구** : 소매업체가 제조업체로부터 야기된 상품 수량의 차이에 대해 대금을 공제하는 것으로, 제품이 소비자로부터 반응이 좋지 않아 판매되지 않았을 때 송장에서 대금을 공제하는 것이 그 사례에 해당한다.

69 아래 글상자에서 설명하는 촉진수단에 해당하는 것으로 옳은 것은?

> • 뉴스기사, 스폰서십, 이벤트 등을 활용한다.
> • 다른 촉진 수단보다 현실감이 있고 믿을 수 있다는 특징이 있다.
> • 판매지향적인 커뮤니케이션이 아니기 때문에 판매원을 기피하는 가망고객에게도 메시지 전달이 용이하다.

① 광고
② 판매촉진
③ 인적판매
④ PR(public relations)
⑤ SNS 마케팅

70 유통경로의 성과평가 방법 중 재무성과를 평가하기 위해 사용되는 지표로 가장 옳지 않은 것은?

① 순자본수익률
② 자기자본이익률
③ 매출액증가율
④ 부가가치자본생산성
⑤ 재고회전율

›››››››› 69.④ 70.④

ADVICE

69 제시된 내용은 불특정 일반 대중을 대상으로 기업 이미지의 제고나 제품의 홍보 등을 목적으로 전개하는 PR에 대한 설명이다.

70 주요 재무성과 지표로는 순자본수익률, 자기자본이익률, 매출액증가율, 재고회전율 등이 있다.
④ 생산성 관련 평가를 위한 지표에 해당한다.

Ⅳ 유통정보

71 물류활동의 기본 기능 중에서 유통효용의 하나인 형태효용을 창출해 내는 것으로 가장 옳은 것은?

① 보관기능
② 운송기능
③ 정보기능
④ 수배송기능
⑤ 유통가공기능

72 아래 글상자의 내용을 근거로 암묵지에 대한 설명만을 모두 고른 것으로 가장 옳은 것은?

> ㉠ 구조적이며 유출성 지식이다.
> ㉡ 비구조적이며 고착성 지식이다.
> ㉢ 보다 이성적이며 기술적인 지식이다.
> ㉣ 매우 개인적이며 형식화가 어렵다.
> ㉤ 주관적, 인지적, 경험적 학습에 관한 영역에 존재한다.

① ㉠, ㉢, ㉣
② ㉠, ㉢, ㉤
③ ㉡, ㉣, ㉤
④ ㉠, ㉢, ㉣, ㉤
⑤ ㉡, ㉢, ㉣, ㉤

〉〉〉〉〉〉〉〉〉 71.⑤ 72.③

ADVICE

71 ⑤ 유통가공기능은 상품이나 화물의 유통과정에서 물류효율을 더욱 향상시키기 위해 가공하는 활동으로, 형태효용을 창출할 수 있다.

72 ㉠㉢ 형식지에 대한 설명이다.

※ 형식지와 암묵지
㉠ 형식지 : 문서나 매뉴얼과 같이 형식을 갖추어 외부로 표출되어 여러 사람이 공유할 수 있는 지식
㉡ 암묵지 : 학습과 경험을 통하여 개인에게 체화되어 있지만 말이나 글 등의 형식을 갖추어 표현할 수 없는 지식

73 디지털 데이터들 중 비정형 데이터의 예로 옳지 않은 것은?

① 동영상 데이터
② 이미지 데이터
③ 사운드 데이터
④ 집계 데이터
⑤ 문서 데이터

74 아래 글상자는 고객가치에 대한 개념과 구성하는 요소들을 보여주는 공식이다. 각 요소들에 대한 설명으로 옳지 않은 것은?

> ㉠ 고객가치 = $\frac{\text{지각된이익}}{\text{총소유비용}}$
>
> ㉡ 고객가치 = $\frac{\text{품질} \times \text{서비스}}{\text{비용} \times \text{시간}}$

① 고객가치의 총소유비용은 구매의사결정에 중요한 영향을 미친다.
② 고객가치의 구성요소로서 품질은 제안된 기능, 성능, 기술명세 등이다.
③ 고객가치의 구성요소로서 서비스는 고객에게 제공되는 유용성, 지원, 몰입 등이다.
④ 고객가치의 구성요소로서 비용은 가격 및 수명주기비용을 포함한 고객의 거래비용이다.
⑤ 고객가치의 구성요소로서 시간은 고객이 제품을 지각하고 구매를 결정하는 데까지 걸리는 시간이다.

75 정보통신 기술의 발전과 이에 따른 의식의 변화로 나타난 유통산업의 변화 현상과 가장 거리가 먼 것은?

① 브랜드 가치 증대
② 퓨전(fusion) 유통
③ 소비자의 주권 강화
④ 채널간의 갈등 감소
⑤ 디지털 유통의 가속화

〉〉〉〉〉〉〉〉〉 73.④ 74.⑤ 75.④

ADVICE

73 비정형 데이터는 형태와 구조가 복잡하여 정형화되지 않은 데이터를 말한다. 집계 데이터는 정형화된 데이터이다.

74 ⑤ 고객가치의 구성요소로서 시간은 고객이 서비스를 제공받기 위해 투자하는 시간을 말한다.

75 ④ 정보통신 기술의 발달로 채널 간 갈등이 증가하였다.

76 아래 글상자 괄호에 들어갈 용어로 가장 옳은 것은?

> (   )은(는) 배송 상품에 대한 정보를 담고 있는 것으로, 배송상자 안에 들어 있거나, 배송상자 밖에 부착되어 있다. 여기에는 배송 상품의 품목과 수량 등이 기재되어 있다.

① 패킹 슬립(packing slip)
② 인보이스(invoice)
③ 송금통지서(remittance advice)
④ 선하증권(bill of lading)
⑤ ATP(available to promise)

77 아래 글상자의 내용은 인먼(W. H. Inmon)이 정의한 데이터웨어하우징에 대한 개념이다. 괄호에 들어갈 수 있는 단어로 옳지 않은 것은?

> 경영자의 의사결정을 지원하는 (   )이고, (   )이고, (   )이며, (   )인 데이터의 집합

① 통합적(integrated)
② 비휘발성(nonvolatile)
③ 주제 중심적(subject-oriented)
④ 일괄 분석처리(batch-analytical processing)
⑤ 시간에 따라 변화적(time-variant)

>>>>>>>>> 76.① 77.④

ADVICE

76 패킹 슬립(packing slip) … 포장된 상품의 내용 · 출하지 등을 기재하여 첨부하는 서류
② 인보이스 : 상품을 멀리 떨어진 곳으로 보낼 때 그 물건을 받을 사람에게 상품에 관한 내용을 자세하게 적어 보내는 문서
④ 선하증권 : 해상 운송에서 화물의 인도 청구권을 표시한 유가 증권
⑤ ATP(available to promise) : 납품을 약속한 최종 생산품의 수량

77 데이터웨어하우스란 사용자의 의사결정에 도움을 주기 위해 다양한 운영시스템에서 추출 · 변환 · 통합된 데이터베이스를 말한다.
※ W. H. Inmon이 정의한 데이터웨어하우스의 특징
㉠ 주제 지향성(Subject Oriented)
㉡ 통합성(Integrated)
㉢ 시계열성(Time Variant)
㉣ 비휘발성(Non-volatile)

78 상품 판매를 위한 애널리틱스에 대한 설명으로 옳지 않은 것은?

① 프로파일링(profiling)은 고객들의 나이, 지역, 소득, 라이프스타일(lifestyle)에 대한 분석을 통해 고객군을 선정하고, 차별화하는 기능이다.

② 세분화(segmentation)란 유사한 제품과 서비스 또는 유사한 고객군으로 분류하는 기능이다.

③ 개별화(personalization)란 인구통계학적 특성, 구매기록 등과 같은 데이터에 기반해 상품 판매를 위한 개인화된 시장을 만들어 판매를 지원하는 기능이다.

④ 가격결정(pricing)은 고객들의 구매 수준, 생산 비용 등을 고려해 상품 판매를 위한 적절한 가격을 결정하는 기능이다.

⑤ 연관성(association)은 현재 상품 판매 데이터를 이용해 미래에 판매될 상품에 대하여 모델링하는 기능을 의미한다.

79 B2B의 대표적인 수행수단으로 활용되는 정보기술인 EDI에 대한 설명으로 가장 옳지 않은 것은?

① EDI 사용은 문서거래시간의 단축, 자료의 재입력 방지, 업무처리의 오류감소 등의 직접적 효과가 있다.

② EDI 표준전자문서를 컴퓨터와 컴퓨터간에 교환하는 전자적 정보전달 방식이다.

③ 웹 EDI는 사용자가 특정문서의 구조를 만들어 사용할 수 있기 때문에 타 업무 프로그램과의 연계가 용이하다.

④ 웹 EDI는 복잡한 EDI 인프라 구축 없이도 활용 가능하다.

⑤ 기존 EDI에 비해 웹 EDI의 단점은 전용선 서비스 기반이라 구축 비용이 높다는 것이다.

〉〉〉〉〉〉〉〉〉 78.⑤ 79.⑤

ADVICE

78 ⑤ 연관성(association)은 데이터 내부의 연관성, 즉 상품과 상품 간의 상호 관계 또는 종속 관계를 찾아내는 기능이다.

79 ⑤ 웹 EDI는 인터넷 웹브라우저를 통해 전자문서를 교환하는 방식으로, 별도의 프로그램 설치 없이도 인터넷의 웹을 통해 전자문서를 교환하기 때문에 따로 S/W 구입비 등의 비용이 들지 않는다.

80 아래 글상자의 괄호에 들어갈 용어로 옳은 것은?

> (   )는 전자상거래에서 지불이 원활하게 이루어지도록 지원하는 대행 서비스이다. 이는 일반적으로 전자상거래에서 판매자를 대신하는 계약을 맺고 구매자가 선택한 은행, 신용카드 회사 및 통신사업자 등으로부터 대금을 지급받아 일정액의 수수료를 받고 판매자에게 지급해주는 서비스를 의미한다.

① 전자지불게이트웨이
② Ecash
③ 가상화폐대행서비스
④ EBPP(Electronic Bill Presentment and Payment)
⑤ 전자화폐발행서비스

81 공급사슬관리 성과측정을 위한 SCOR(supply chain operation reference) 모델은 아래 글상자의 내용과 같이 5가지의 기본관리 프로세스로 구성되어 지는데 이 중 ㉠에 해당되는 내용으로 가장 옳은 것은?

> 계획 – 조달 – (㉠) – 인도 – 반환

① 제품 반송과 관련된 프로세스
② 재화 및 용역을 조달하는 프로세스
③ 완성된 재화나 용역을 제공하는 프로세스
④ 조달된 재화 및 용역을 완성 단계로 변환하는 프로세스
⑤ 비즈니스 목표 달성을 위한 수요와 공급의 균형을 맞추는 프로세스

›››››››› 80.① 81.④

ADVICE

80 제시된 내용은 전자지불게이트웨이에 대한 설명이다. 전자지불게이트웨이는 고객의 지불 계정과 웹 사이트 계정을 연결할 수 있어 개인의 신용 계정에 대한 세부 정보를 유지하는 데 유리하다.

81 ㉠은 제조이다. SCOR은 계획(Plan), 조달(Source), 제조(Make), 배송(Deliver), 반품(Return)의 다섯 가지 관리 프로세스를 가진다.

82 지식관리시스템은 지식이 시간의 흐름에 따라 역동적으로 개선되기 때문에 6단계의 사이클을 따르는데 이에 맞는 주기 단계가 가장 옳은 것은?

① 지식 생성 – 정제 – 포착 – 관리 – 저장 – 유포
② 지식 생성 – 정제 – 포착 – 저장 – 관리 – 유포
③ 지식 생성 – 정제 – 저장 – 관리 – 포착 – 유포
④ 지식 생성 – 포착 – 정제 – 저장 – 관리 – 유포
⑤ 지식 생성 – 포착 – 정제 – 관리 – 저장 – 유포

83 정보기술의 발전으로 인한 기업들의 경쟁 원천 환경변화로 가장 옳지 않은 것은?

① 제품수명주기가 단축되고 있다.
② 고객의 요구가 다양해지고 있다.
③ 독특한 질적 차이를 중시하는 추세로 변화하고 있다.
④ 국가 간의 시장 장벽이 높아지고 있으며, 이로 인해 시장확대의 기회가 어려워지고 있다.
⑤ 소비자의 요구에 맞는 제품을 신속하게 생산할 수 있는 시간경쟁이 가속화되고 있다.

››››››››› 82.④ 83.④

ADVICE

82 지식관리시스템의 주기
㉠ 지식 생성 : 일하는 방식 변경이나 노하우 개발 과정에서 창조되거나 외부지식이 유입
㉡ 포착 : 지식의 가치를 입증하고 합리적으로 표현
㉢ 정제 : 지식이 현실적으로 기여할 수 있도록 상황에 연계
㉣ 저장 : 접근 가능하도록 저장소에 저장
㉤ 관리 : 적절성과 정확성에 대한 지속적인 관리
㉥ 유포 : 지식을 필요로 하는 사람에게 제공

83 ④ 국가 간 시장 장벽이 낮아지고 있으며, 이로 인해 시장확대의 기회가 발생하고 있다.

84 다음은 데이터웨어하우스를 구축하고, 사용자에게 필요에 맞는 정보를 제공해 주는 데이터 마트를 구축한 개념도이다. 그림의 (가)에 해당하는 기술 용어로 가장 옳은 것은?

〈보기〉

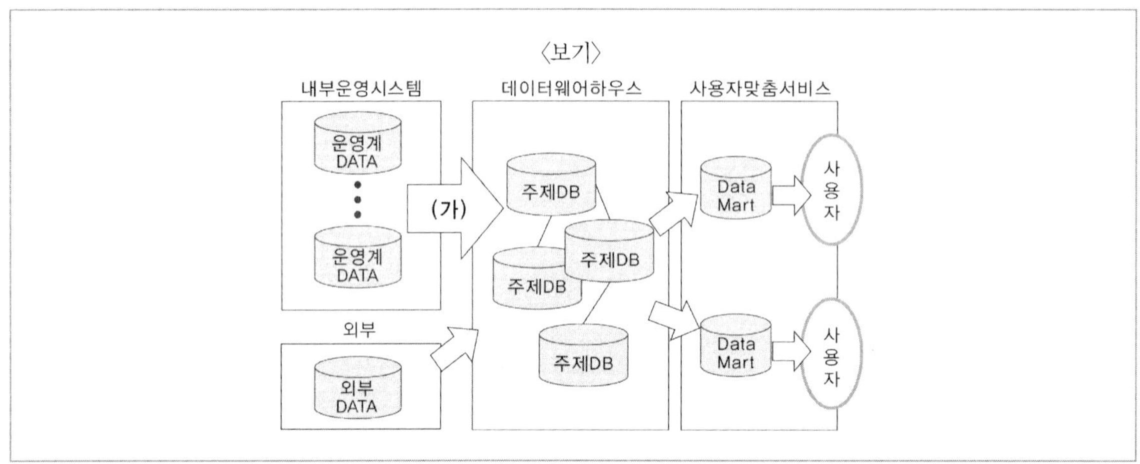

① Classify
② Multi−D(demension)
③ IC(integration cycle)
④ STAR(simple target apply regular)
⑤ ETL(extraction transformation loading)

〉〉〉〉〉〉〉〉〉 84.⑤

ADVICE

84 ETL(Extraction Transformation Loading)이란 데이터웨어하우스 구축 시 내부운영시스템에서 데이터를 추출하여 변환 · 정제한 후 데이터웨어하우스에 적재하는 과정을 말한다. 데이터 변환 · 정제 과정에는 필터링, 정렬, 집계, 데이터 조인 및 정리, 중복 제거, 유효성 검사 등이 포함된다.

85 아래 글상자의 내용에 부합되는 용어로 가장 옳은 것은?

> • 시간기반 경쟁의 장점을 성취하기 위해 빠른 대응 시스템을 개발하는 것이다.
> • 시스템의 프로세싱 시간이 빨라짐으로서 총 리드타임이 줄어든다는 효과를 내게 된다.
> • 베네통의 경우 시장판매정보를 빠르게 피드백하는 유통 시스템으로 신속한 대응을 달성하였다.

① RFID ② ECR
③ VMI ④ JIT
⑤ QR

86 가트너(Gartner)에서 제시한 빅데이터의 3대 특성으로 가장 옳은 것은?

① 데이터 규모, 데이터 생성속도, 데이터 다양성
② 데이터 규모, 데이터 가변성, 데이터 복잡성
③ 데이터 규모, 데이터 다양성, 데이터 가변성
④ 데이터 생성속도, 데이터 가변성, 데이터 복잡성
⑤ 데이터 생성속도, 데이터 다양성, 데이터 복잡성

>>>>>>>>> 85.⑤ 86.①

ADVICE

85 제시된 내용은 상품을 적시에 적당량만큼 공급하는 QR(Quick Response)에 대한 설명이다.
① RFID(Radio Frequency Identification) : 반도체 칩이 내장된 태그, 라벨, 카드 등에 저장된 데이터를 무선 주파수를 이용하여 비접촉으로 읽어내는 인식시스템
② ECR(Efficient Consumer Response) : 소비자에게 더 나은 가치를 제공하기 위해 식품산업의 공급업체와 유통업체들이 밀접하게 협력하여 효율적으로 대응하려는 공동전략
③ VMI(Vendor Managed Inventory) : 유통업체가 제조업체에 판매 · 재고정보를 제공하면 제조업체는 이를 분석하여 상품의 적정 납품량을 결정하는 공급자 주도형 재고관리
④ JIT(Just In Time) : 발주회사의 생산에 필요한 자재를 공급업체로 하여금 적기에 공급하도록 함으로써 발주회사의 재고유지비용을 극소화하여 원가를 절감하려는 경영기법

86 빅데이터의 3대 특성(3V) … 규모(Volume), 생성속도(Velocity), 다양성(Variety)

87 **노나카(Nonaka)의 지식변환 유형에 대한 설명으로 옳지 않은 것은?**

① 사회화 – 최초의 유형으로 개인 혹은 집단이 주로 경험을 공유함으로써 지식을 전수하고 창조한다.

② 사회화 – 암묵지에서 암묵지를 얻는 과정이다.

③ 외부화 – 개인이나 집단의 암묵지가 공유되거나 통합되어 그 위에 새로운 지가 만들어지는 프로세스이다.

④ 종합화 – 개인이나 집단이 각각의 형식지를 조합시켜 새로운 지를 창조하는 프로세스이다.

⑤ 내면화 – 형식지에서 형식지를 얻는 과정이다.

88 **소비자가 개인 또는 단체를 구성하여 상품의 공급자나 생산자에게 가격, 수량, 부대 서비스 조건을 제시하고 구매하는 역경매의 형태가 일어나는 전자상거래 형태로 가장 옳은 것은?**

① B2B ② P2P

③ B2C ④ C2C

⑤ C2B

〉〉〉〉〉〉〉〉〉 87.⑤ 88.⑤

ADVICE

87 Nonaka의 지식창조 프로세스

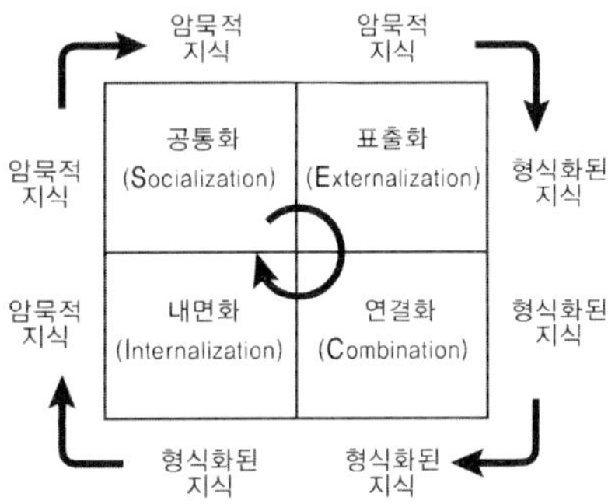

㉠ 공동화(사회화) : 의사소통이나 시연 등을 통해 암묵지를 다른 사람에게 공유

㉡ 표출화(외부화) : 암묵지를 책이나 매뉴얼 등의 형식지로 표출

㉢ 연결화(종합화) : 책이나 매뉴얼 등의 형식지에 새로운 형식지를 추가

㉣ 내면화 : 형식지를 통해 타인의 암묵지를 습득

88 ⑤ C2B(Customer to Business) : 소비자 대 기업 간 전자상거래(소비자 주도)

① B2B(Business to Business) : 기업 간 전자상거래

② P2P(Peer to Peer) : 인터넷에서 개인과 개인이 직접 연결되어 파일을 공유하는 것

③ B2C(Business to Consumer) : 기업과 소비자 간의 전자상거래(기업 주도)

④ C2C(Consumer to Customer) : 소비자 간 전자상거래

89 아래 글상자 괄호에 들어갈 용어로 가장 옳은 것은?

> 노나카(Nonaka)에 의하면, 조직의 케이퍼빌리티(Capability)와 핵심역량(Core Competency)은 조직의 본질적 능력, 표면적으로 나타나는 경쟁력의 토대가 되는 무형의 지적 능력을 말한다고 한다. 기업의 능력을 확대해 나가기 위해서 최고경영자는 조직의 학습을 촉진시켜 나가야 한다. 이러한 개념을 (㉠)이라 하고, 이를 보급시키는데 힘쓴 피터 생게(Peter M. Senge)는 (㉡) 사고를 전제로 하여 개인의 지적 숙련, 사고모형, 비전의 공유, 팀학습의 중요성을 주장하였다.

① ㉠ 학습조직, ㉡ 자율적
② ㉠ 시스템학습, ㉡ 자율적
③ ㉠ 학습조직, ㉡ 인과적
④ ㉠ 학습조직, ㉡ 시스템적
⑤ ㉠ 시스템학습, ㉡ 인과적

90 아래 글상자는 공급사슬관리를 위한 제조업체의 구매- 지불 프로세스의 핵심 기능이다. 프로세스 흐름에 따라 순서대로 나열한 것으로 옳은 것은?

> ㉠ 구매주문서 발송
> ㉡ 대금 지불
> ㉢ 재화 및 용역 수령증 수취
> ㉣ 공급업체 송장 확인
> ㉤ 조달 확정
> ㉥ 재화 및 용역에 대한 구매요청서 발송

① ㉥ → ㉤ → ㉣ → ㉢ → ㉡ → ㉠
② ㉠ → ㉤ → ㉣ → ㉢ → ㉥ → ㉡
③ ㉠ → ㉡ → ㉢ → ㉣ → ㉤ → ㉥
④ ㉠ → ㉤ → ㉣ → ㉢ → ㉡ → ㉥
⑤ ㉥ → ㉤ → ㉠ → ㉢ → ㉣ → ㉡

〉〉〉〉〉〉〉〉〉 89.④ 90.⑤

ADVICE

89 제시된 내용은 학습조직에 대한 설명이다. 학습조직은 시스템적 사고를 전제로 개인의 지적 숙련, 사고모형, 비전의 공유, 팀학습의 중요성 등을 강조하는 조직이다.

90 제조업체의 구매-지불 프로세스
재화 및 용역에 대한 구매요청서 발송 → 조달 확정 → 구매주문서 발송 → 재화 및 용역 수령증 수취 → 공급업체 송장 확인 → 대금 지불

온라인강의와 함께 공부하자!

공무원 | 자격증 | NCS | 부사관·장교

네이버 검색창과 유튜브에 소정미디어를 검색해보세요.
다양한 강의로 학습에 도움을 받아보세요.